U0906278

工程机械运用与维护专业工学结合
系列教材编写委员会

国家示范性高职院校建设项目成果

工程机械运用与维护专业工学结合系列教材

主　编◎吴丽丽
副主编◎高　杰
主　审◎张爱山

工程机械液压与液力传动

GONGCHENG JIXIE YEYA YU YELI CHUANDONG

云南出版集团
云南人民出版社

图书在版编目（CIP）数据

工程机械液压与液力传动 / 吴丽丽主编. —昆明：云南人民出版社，2017.6（2019.9 重印）

工程机械运用与维护专业工学结合系列教材

ISBN 978-7-222-16120-7

Ⅰ. ①工… Ⅱ. ①吴… Ⅲ. ①工程机械-液压传动系统-高等职业教育-教材 Ⅳ. ①TH137

中国版本图书馆 CIP 数据核字（2017）第 121064 号

出 品 人：赵石定
策划统筹：冯　琰
责任编辑：冯　琰
王　昱
责任校对：解彩群
责任印制：马文杰

工程机械液压与液力传动

主　编　吴丽丽
副主编　高　杰
主　审　张爱山

出　版　云南出版集团公司　云南人民出版社
发　行　云南人民出版社
社　址　昆明市环城西路 609 号
邮　编　650034
网　址　www.ynpph.com.cn
E-mail　ynrms@sina.com
开　本　787mm×1092mm　1/16
印　张　16.75
字　数　370 千
版　次　2017 年 6 月第 1 版　2019 年 9 月第 2 次印刷
印　刷　昆明理煜印务有限公司
书　号　ISBN 978-7-222-16120-7
定　价　38.00 元

云南人民出版社微信公众号

如需购买图书、反馈意见，请与我社联系
总编室：0871-64109126　发行部：0871-64108507　审校部：0871-64164626　印制部：0871-64191534

前 言

液压与液力传动是工程机械基础性技术，是不同设备主机产业升级、技术进步的重要保障，是工程机械的核心技术之一。为满足高职高专工程机械相关专业和近机类专业学生职业能力需求，本教材采用工学结合的方式，引入常用工程机械应用实例，提高学生的学习兴趣，使其更好地掌握和应用液压与液力传动这门技术，为从事工程领域的技术、保养和维修等服务打下坚实的理论基础。

本教材主要面向高职高专工科院校的学生，也可用于相关专业的资格培训和各类在职培训，或供技术人员参考。遵循校企合作、工学结合的宗旨，并参考大量与工程机械液压与液力传动相关的资料和书籍，结合编者多年从事工程机械教学与研究的实践经验编写而成。本书共设立九个项目，每个项目设定既定目标，下达各项任务，按照任务内容由浅及深，由表及里，循序渐进，遵循“基础知识——元件——回路（液力传动是结构）——系统”的内容特点，建立单体元件与整个系统的关系，构建出完整的液压和液力传动系统体系的基本组织架构。利用工程机械不同工况特点作为范例详尽解析原理及应用，尽量做到难易适度，并注重理论与实践的结合。书中引入当前各行业主流及应用较广的先进技术进行液压系统分析，其目的是拓宽学生的知识面，使之更好地适应社会需求，为提升和扩展学生能力打下基础。

教材使用特点：

1. 教材内容面向工程机械相关行业领域，兼顾高职高专学生培养高技能型人才的目标，内容选择上既照顾了一定的广度，又控制应有的深度。目的是使学生在学习上有延伸和发展能力的空间，同时能满足相关专业职业培训的需求，也能供有关技术人员参考。

2. 书中教学内容可根据不同专业适当调整，以满足学生后续专业课程及职业岗位需求，在规定的课时内，保证本课程知识的完整性，即达到基本看懂工程机械液压系统典型回路，弄懂液力传动的特点和工作特性。为提升和扩展学生的能力，书中许多内容鼓励学生自学。

3. 在每个项目后，都设立了思考与练习，帮助教师、学生和读者检查知识的掌握程度和巩固相应知识。

4. 针对大多数高职高专学生对直观对象比较感兴趣，逻辑推理能力略有欠缺的特点，结合每项任务特点尽量采用多媒体课件与板书相结合的教学手段，辅助实体拆装或仿真形式，让学生亲自动手，加深对所学知识的掌握和动手能力的培养。

本教材由云南交通职业技术学院吴丽丽副教授担任主编，云南交通职业技术学院高杰高级工程师担任副主编，云南交通职业技术学院张爱山教授担任主审。吴丽丽老师提供整部书的初稿，高杰老师对项目八、项目九的内容结构进行大量的增补和完善，并对项目八中的内容：ZL50C 装载机、QY－8 型汽车起重机、振动压路机三种机型的液压系统原理图进行重新绘制，对附表中常用液压元件图形符号进行修正。在编书过程中，听取了李海莹、杨友等教师的建议，对内容的增删取舍起到至关重要的作用，在这里表示感谢。由于书中部分内容借鉴了校企合作单位广西柳工国内事业部编著的装载机、挖掘机维修技术培训教材，使全书内容更贴合实际，满足了高职高专学生和广大技术服务人员学习和交流的需求，使整部书更具有实用性，在此由衷表示感谢！

由于编者水平有限，教材中难免存在不妥之处，敬请专家和广大读者批评指正。

编　者

2017 年 5 月

目　　录

项目一　认识液压传动

☞知识目标

1. 掌握液压传动的工作原理及传动特点。
2. 掌握液压传动系统的组成、作用。
3. 掌握液压传动系统原理图及图形符号的规定。
4. 认识工作介质——液压油的物理性质。

☞能力目标

1. 通过学习液压千斤顶的工作过程，能理解和掌握液压传动的工作原理和传动特点。
2. 能从液压系统原理图中分清各元件职能符号代表系统组成部分所对应元件。
3. 能根据工程机械设备的使用条件，正确选用液压油。

任务 1.1　认识传动机构及液体传动

任务目标：理解传动机构在机器中的作用；掌握液压传动与液力传动的不同特点。
学习内容：传动机构在机器中的作用及类型，液体传动的不同形式和传动特点。

1.1.1　传动机构的作用

“传动”机构是机器的一个组成部分。

一般机器是由原动机、传动机构、工作机组成。

原动机通常为动力源，它可以是电动机、内燃机、燃气轮机、人力等形式。工作机是机器实现工作目的的最终环节，实现对外做功。传动机构用于实现动力（能量）的转换与控制，以满足工作机对力（转矩）、工作速度（或转速）及位置的要求。

最简单的机器是把原动机和工作机直接连接起来，把输入功率直接转为输出功率，这种原动机的力和运动等因素就转换和传递给工作机。但是，绝大多数机器不能这样做。由于工作原理和经济指标等的限制，原动机所输出的机械功率、运动状况并不能满足工作机的需要，也就需要由一个“传动”机构，把原动机的力、力矩、速度（角速度）变换为工作机所需的力、力矩、速度（角速度），其中包括把原动机的旋转运动，变换成工作机的直线运动，或反之。所以，传动机构有两种基本功能：一是把原动机的机械功率传输给工作机，形成工作机所需功率，这称作机械能的“传递功能”；二是变换力因素或运动因素的“变换功能”。

传动机构总有一个主动元件，接受原动机的机械功率或力，然后把它变换成某种介质的（机械的、流体的或电的）能量。另外总有一个被动元件，把这种介质的能变换成工作机所需机械能。有的机器，其原动机的力和运动性质与工作机需要之间的矛盾，不能只具有主动元件和被动元件的简单传动机构协调，还需要在传动机构内部对主动和被动元件施加“控制”，即用控制元件加以协调，所以传动机构还有“控制功能”。

1.1.2　传动机构的类型和液体传动特点

由于各种传动机构中工作介质不同，所以就有机械传动、流体传动和电气传动的区别，它们有着各自的优缺点。流体是液体和气体的总称，流体传动就相应有液体传动和气体传动之分。液体传动又分为液压传动和液力传动两种。

在液体传动中，有一种元件称为“泵”，它可以做主动元件，其原理是将原动机的机械功率用来提高液体介质的能量。液压与液力传动的共性原理如图 1－1 所示。

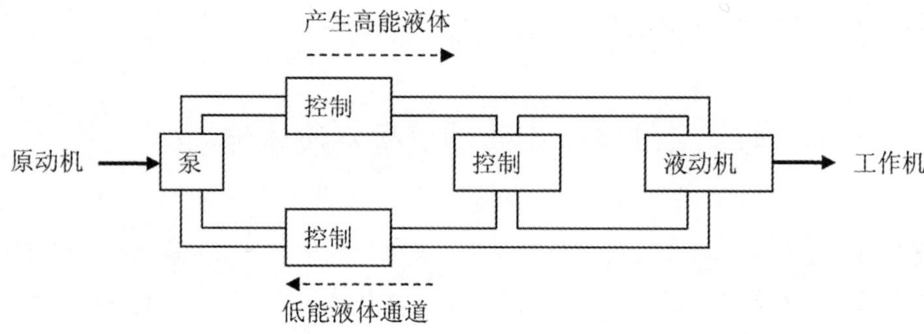

图 1－1　液体传动机构的组成

图 1－1 中的另一种元件称为“液动机”，可做被动元件，它使液体介质的有效能降低，用以变换为工作机的机械功率，克服负载阻力或阻力矩而使机器运动。液动机是工作机产生驱动功率的能源，而液动机是被液体驱动的。

液压与液力传动的区别在于：

液压传动主要利用液体的压力能的变化来实现机械能的转换；液力传动则既利用液体的压力能变化，又利用液体的动能变化来转换为机械能。

正因为有以上能量变换原理上的差别，液压传动中的泵（液压泵）、液动机（分液压马达和液压缸两类）与液力传动中的泵（泵轮）、液动机（涡轮），在原理上和结构上有着根本的区别，理解、分析、研究和设计它们基础理论和应用学科知识也大相径庭，甚至它们具体应用的覆盖面也只有很少部分相同。一般说，液压传动的应用范围要比液力传动广泛得多。

大体上可以对两种液体传动的功能做如下的分析比较：

液力传动比液压传动的能容（即传动装置单位重量所传递的机械能）大得多，所以在传递同样大小的功率时，液力传动轻得多，体积也小得多。目前，液力传动传递的最大功率达几千千瓦，而液压传动一般只能达200～300 kW（千瓦）。

液力传动内部没有摩擦副，所以寿命比液压传动长。液力传动内部压力不高，密封条件要求低，而且对液体介质清洁度和对液体介质黏温特性要求都远低于液压传动，因此，在运行、维护和制造成本等方面显示了优越性。

但是，液力传动的最高效率和高效率工作范围内的平均效率不及液压传动（传动效率偏低），而且液压传动有很强的变换功能和控制功能，这是液力传动无法比拟的。正因为如此，在大多数场合，液力传动无法取代液压传动，例如，在工程车辆（机械）上，有许多作业机构，它们对传动的要求相差悬殊，只能采用液压传动，往往只有行走机构是用液力传动的。

任务1.2　学习液压传动的基本知识

任务目标： 通过学习液压千斤顶的工作过程，理解和掌握液压传动的基本概念、工作原理和传动特点；熟知液压传动系统的基本组成及作用。

学习内容： 液压传动的概念和工作原理；液压传动系统的基本组成和传动特点；液压元件职能符号的意义。

1.2.1　液压传动的概念

液压传动是利用密封工作容积内液体的压力能来完成能量或动力的传递、转换与控制。

1.2.2　液压传动的工作原理

一　工作原理

对于不同的液压装置和设备，它们的液压传动系统虽然不同，但液压传动的基本工作原理是相同的。为了了解液压传动的基本工作原理，可以用液压千斤顶的工作原理来说明。

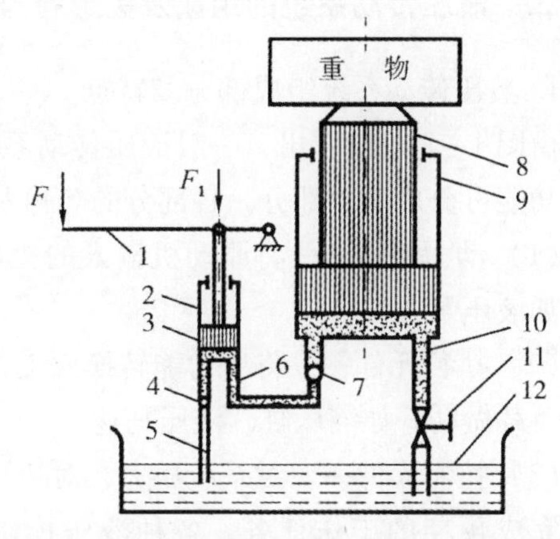

图1－2　液压千斤顶工作原理图
1—杠杆手柄；2—小油缸；3—小活塞；4、7—单向阀；5—吸油管；6、10—管道；8—大活塞；9—大油缸；11—截止阀；12—油箱

图1－2是液压千斤顶的工作原理图。它由手动柱塞液压泵和液压缸两大部分所构成。大油缸9和大活塞8组成举升液压缸。

杠杆手柄1、小油缸2、小活塞3、单向阀4和7组成手动液压泵。大小活塞与缸体及泵体接触面之间，要维持良好的配合。不仅能使活塞移动，而且能形成可靠的密封。液压千斤顶的工作过程如下：

工作时关闭截止阀11（或放油阀）提起手柄使小活塞向上移动，小活塞下端油腔容积增大，形成局部真空。于是油箱12中的油液在大气压力的作用下，推开（钢球）单向阀4，阀口打开，通过吸油管5从油箱12中吸油；用力压下手柄，小活塞下移，小活塞下腔的密封容积减小，油液受到外力挤压产生压力，迫使单向阀4关闭，并使单向阀7的钢球受到一个向上的作用力。手压手柄的力越大，向上的作用力就越大。当这个作用力大于油腔10中油液对钢球的作用力时，钢球被推开，油腔6中的油液的压力传递到油腔10，油液就被压入油腔10，使大活塞8和重物上升，从而达到顶起重物的目的。

如果提升手柄1的速度越快，则单位时间内压入油腔10中的油液就越多，重物上升的速度就越快；重物越重，下压手柄所需的力就越大，于是油液的压力也就越大。再次提起手柄吸油时，单向阀7自动关闭，使油液不能倒流，从而保证了重物不会自行下落 。不断地往复扳动手柄，就能不断地把油液压入举升油缸下腔，使重物逐渐地升起。

如果打开截止阀11（放油阀），举升缸下腔的油液通过管道10、截止阀11流回油箱，重物就向下移动并回复到原位。这就是液压千斤顶的工作原理。

液压千斤顶虽然是一个简单的液压传动装置，但是从对它工作过程的简单介绍中，我们可以看出，液压传动是利用有压力的油液作为传递动力的工作介质。压下杠杆时，小油缸2输出压力油，是将机械能转换成油液的压力能，压力油经过管道6及单向阀7，推动大活塞8举起重物，是将油液的压力能又转换成机械能。大活塞8举升的速度取决于单位时间内流入大油缸9中油液容积的多少。

由此可见，液压传动装置实质上是一种能量转换装置，它先将机械能转换为便于输送的液压能，然后又将液压能转换为机械能，以驱动工作机构完成所要求的各种动作。

二　液压传动系统的组成及图形符号

1. 液压传动系统组成部分及特点

由图1－2可以看出，一般液压传动系统除能量传输介质——液压油外，各液压元件按其功能可分成四大部分，各部分的名称及作用为：

（1）动力元件——将原动机输入的机械能转换为液体压力能，作为系统供油能源装置。如液压泵。

（2）执行元件——将压力能转换成工作装置的直线往复式、摆动或旋转式的机械能，而对负载做功。如液压缸、液压马达。

（3）控制元件——对系统压力，对执行机构的运动速度和方向实行控制，以保证执行元件完成预期的工作任务。各种液压控制阀，即压力控制阀、流量控制阀、方向控制阀等。

（4）辅助元件——起辅助作用，是液压系统不可缺少的组成部分。如油箱、滤油器、油管、密封装置等分别起贮油、过滤、输送和防漏保压等作用。

图 1－3 所示为它们相互之间的关系：

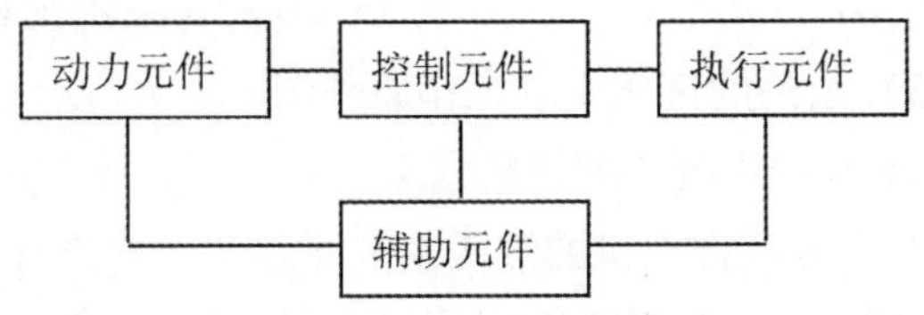

图 1－3　液压系统组成方框图

2. 液压传动系统原理图、职能符号

图 1－4 所示为液压系统的工作原理图。我国已经制定了一种用规定的图形符号来表示液压原理图中的各液压元件和连接管路的国家标准，即《液压系统图图形符号》（GB/T786. 1－1993）。我国制定的《液压系统图图形符号》（GB/786. 1－1993）中，对于这些图形符号有以下几条基本规定。

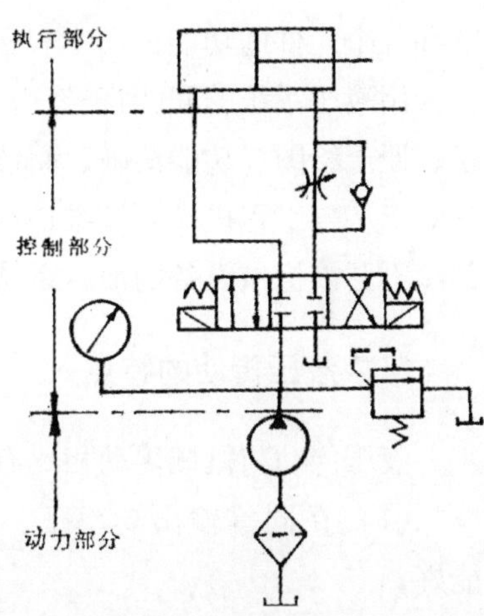

图 1－4　液压传动系统工作原理

（1）符号只表示元件的职能，连接系统的通路，不表示元件的具体结构和参数，也不表示元件在机器中的实际安装位置。

（2）元件符号内的油液流动方向用箭头表示，线段两端都有箭头的，表示流动方向可逆。

（3）符号均以元件的静止位置或中间零位置（初始位置）表示，当系统的动作另有说明时，可做例外。

（4）对于具有特殊性能的非标准液压元件，允许用半结构图表示其结构特征。

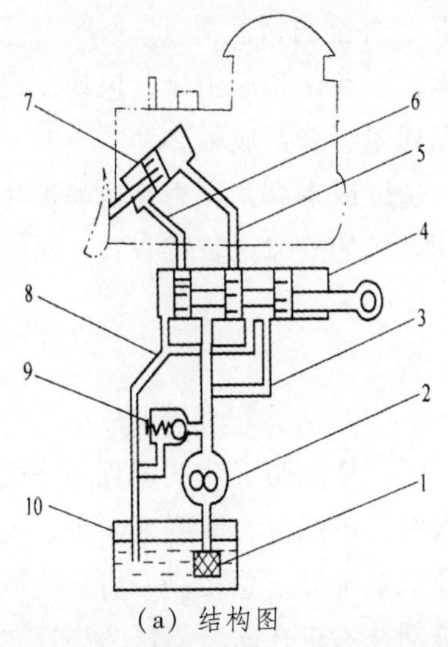

（a）结构图

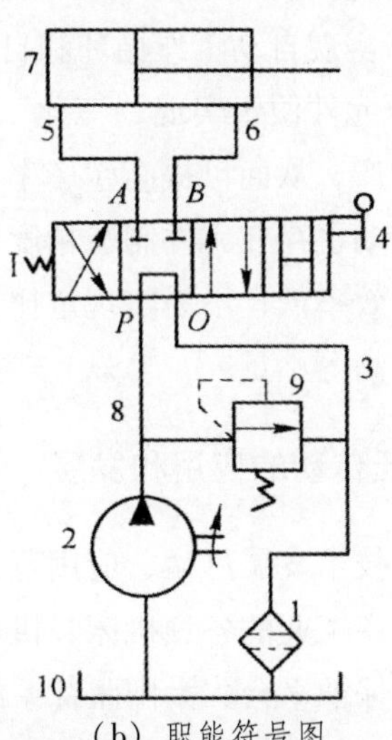

（b）职能符号图

图 1－5 液压传动系统图

1—滤油器；2—液压泵；3、5、6、8—油管；4—换向阀；7—液压缸；9—溢流阀；10—油箱

图1－5（a）所示为一东方红推土机的液压系统结构图，这里的每个液压元件只表示其内部结构原理，外部形状一律不表示。图1－5（b）为采用国标《液压系统图图形符号》（GB/T786.1－1993）绘制的液压系统工作原理图。

3. 用职能符号表示的液压系统原理图的意义

图1－5（b）所示为东方红推土机的液压系统原理图，它诠释了推土机的推土铲工作装置能实现的功能及工作特点。这里要指出的是：在液压系统中，凡是功能相同的液压元件（例如各种形式的液压泵），尽管其结构和工作原理不同，均用同一种符号表示，这种图形符号称为液压元件的职能符号，用职能符号绘制的液压传动系统原理图，只表示了系统和各个元件的功能，而不表示其具体结构、参数和在系统中的安装位置。

用液压系统的职能符号（国家标准）绘制的液压系统原理图，可使液压系统图简单明了、便于绘图、功能清晰、阅读容易，非常适合于分析系统工作性能和元件的功能等，尤其对于从事工程机械领域维护和修理、技术服务的从业者来说，推理分析和判断故障现象都离不开该机械设备的液压系统原理图，它是我们熟悉液压设备功能特点的“工程语言”。

三　液压传动的特点

液压传动与机械传动相比有许多优点：

（1）在同等输出功率下，液压传动装置的体积小、重量轻、运动惯量小、动态性能好。

（2）可实现无级调速且调速范围大，调速范围在100∶1～200∶1。

（3）能实现“力的放大”，达到万吨级力的输出。

（4）采用液压传动可实现无间隙传动，运动平稳，可吸收冲击和振动。

（5）反应速度快，操纵方便、省力，易于实现自动控制。

（6）便于实现自动工作循环和自动过载保护，并能自行润滑。

（7）液压元件便于实现“三化”，即系列化、标准化和通用化，也易于设计和组织专业性大批量生产，从而可提高生产率、提高产品质量、降低成本。

但液压传动也存在元件制造精度要求较高，造成成本高；压力高也易产生漏油，动力传递损失大、效率低；不易实现定比传动；液压系统的故障比较难查找，对操作人员的技术水平要求较高等不足。

四　液压传动的应用和发展

液压传动技术发展迅猛，应用范围越来越广泛。从国防工业的坦克、飞机、舰艇、导弹、火箭到民用工业的各种机床、机器人、装载机、挖掘机、混凝土泵车、大型材料试验机、油压机、采油平台、太阳跟踪系统、地震模拟系统等。总之，一切有机械设备存在的工程领域中都可能采用液压传动。目前，液压传动技术正在向着高压、高速、高效率、大流量、大功率、微型化、低噪声、低能耗、经久耐用、高度集成化方向发展，向着用计算机控制的机电液一体化方向发展。

从1795年第一台水压机问世，到19世纪已制造出了液压传动的龙门刨床和磨床。第二次世界大战中，因军事上的需要又出现了液压伺服系统。近20年来，液压传动又在比例控制、二通插装阀、逻辑阀、新型的液压元件和液压系统的计算机辅助设计方面出现了大量新技术，使液压传动从一般传动进入到了高精度、全自动、智能化的高技术领域，出现了大量的机、电、液、计算机一体化的现代化设备。例如工程机械的典型机种挖掘机、摊铺机等已朝着此方向迈进。

任务1.3　认识工作介质——液压油

任务目标：了解液压油的性质、分类；能够合理地选用和使用液压油。
学习内容：液压油的性质；液压油的选用和使用要求。

液压油是液压传动系统中的传动介质，它既是传递功率的介质，又是液压元件的冷却、防锈和润滑剂。因此液压油的质量优劣，直接影响液压系统的工作性能。故此，合理地选用和使用液压油、了解它的性质是很重要的。

1.3.1　认识液压油的性质

1. 液体的密度ρ（单位体积液体内所含有的质量）

$$\rho = \frac{m}{V}(\mathrm{kg/m^3}) \qquad (1.1)$$

式中：V——液体的体积，$\mathrm{m^3}$；

m——体积内液体的质量，kg。

液体的密度随温度或压力而变化，但这种变化量不大，在实际使用中可认为不受温度和压力的影响，一般取$\rho = 890 \sim 920\mathrm{kg/m^3}$。

2. 液体的压缩性（液体受压力作用而使体积会减小的性质）

体积压缩系数k：液体在单位压力变化下的体积相对变化量。

$$k = \frac{1}{\triangle p}\frac{\triangle V}{V} \qquad (1.2)$$

3. 液体的黏性

（1）黏性：流体在外力作用下流动或有流动趋势时，液体内分子间的内聚力要阻止液体分子间的相对运动，因而产生一种内摩擦力。

实验测定指出，液体流动时相邻液层间的内摩擦力F_f与液层接触面积A、液层间的速度梯度$\mathrm{d}u/\mathrm{d}y$成正比。如图1-6所示，即

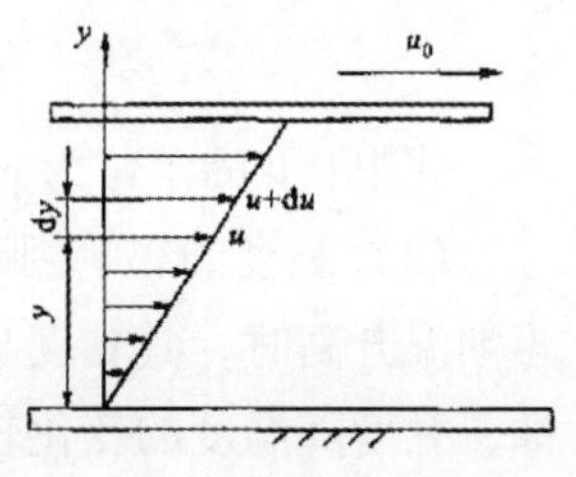

图1-6　液体黏性示意图

$$F_f = \mu A \frac{\mathrm{d}u}{\mathrm{d}y} \qquad (1.3)$$

式中：μ 是黏性系数，称为动力黏度或绝对黏度。

以 τ 表示切应力，即单位面积上的内摩擦力，这就是牛顿的液体内摩擦定律。则

$$\tau = \frac{F_f}{A} = \mu \frac{\mathrm{d}u}{\mathrm{d}y} \qquad (1.4)$$

液体静止时，由于速度梯度 $\mathrm{d}u/\mathrm{d}y = 0$，内摩擦力为零，即静止液体不呈黏性。因此液体只有在流动（或有流动趋势）时才会呈现黏性。

（2）黏度。液体的黏性大小可用黏度来表示。黏度的表示方法有：动力黏度 μ、运动黏度 ν、相对黏度。

①动力黏度 μ（又称为绝对黏度）：是指油液在单位速度梯度下流动时单位面积上产生的内摩擦力。由于 μ 与力有关，所以称动力黏度。在 IS 单位制中，绝度黏度用帕·秒（Pa·s），其中 $1\mathrm{Pa\cdot s} = 1\mathrm{N\cdot s/m^2}$，$1\mathrm{Pa\cdot s} = 10\mathrm{P}$（泊）$= 1000\ \mathrm{cP}$（厘泊）。

②运动黏度 ν：液体动力黏度与液体密度之比。

$$\nu = \frac{\mu}{\rho} \qquad (1.5)$$

比值 ν 无物理意义，但习惯上常用它来标志液体黏度。单位为 $\mathrm{m^2/s}$。由于单位中只有长度和时间量纲，其类似运动学量，所以称运动黏度。单位换算关系为

$$1\ \mathrm{m^2/s} = 10^6\ \mathrm{mm^2/s} = 10^6\ \mathrm{cSt}(\text{厘斯},\mathrm{cSt})$$

③相对黏度：又称条件黏度。它是采用特定的黏度计在规定的条件下测量出来的黏度。可分为恩氏黏度、赛氏黏度、雷氏黏度等。中国、德国和俄罗斯等一些国家采用恩氏黏度（$°E$），美国采用塞氏黏度（SSU），英国采用雷氏黏度（$''R$）。

恩氏黏度是用恩氏黏度计测定：测出 200 mL 温度为 t ℃的被测液体从恩氏黏度计的容器内底部 Φ2.8 mm 的小孔流尽所需时间 t_1，再测出 200 mL 温度为 20 ℃的蒸馏水所需的时间 t_2，在 t ℃下的恩氏黏度为

$$°E = \frac{t_1}{t_2} \qquad (1.6)$$

工业中常以 20 ℃、50 ℃、100 ℃作为测量恩氏黏度的标准温度，相对黏度以符号 $°E_{20}$、$°E_{50}$、$°E_{100}$ 来表示。在液压传动中，一般以 50 ℃作为测量标准温度，相对表示符号为 $°E_{50}$。

恩氏黏度与运动黏度之间的换算关系式

$$\nu = (7.31°E - \frac{6.31}{°E}) \times 10^{-6} \qquad (1.7)$$

式中：ν 的单位为 $\mathrm{m^2/s}$。

（3）黏度的影响因素。黏度主要受温度、压力的影响，随液体的温度和压力而变化。当油温升高时，其黏度显著下降。黏度随温度变化特性称黏温特性。黏温特性好的液压油，黏度随温度的变化较小。

当压力增大时，黏度增大。但在一般的液体系统使用的压力范围内，黏度变化的数值很小，可以忽略不计。

1.3.2　对液压油的基本要求及选用

一　液压油的使用要求

工程机械常在露天环境下使用，而且负荷复杂多变，要求液压油应具有以下使用性能：

（1）低凝点。也就是好的流动性，工程机械要在露天的寒冷气温下工作，要求低温起动液压装置时，液压油容易被油泵吸入并在系统内循环，所以油的低温流动性要好。

（2）黏度适宜。黏度过高，油泵吸油困难，流动阻力增大，压力损失也增大，机械效率也下降；黏度过小，泄漏损失增大，磨损增加，泵的容积损失增大，压力难以维持，甚至控制系统失调。所以液压油的黏度必须适宜。

（3）黏温特性好。液压油起动前温度低，冬季在寒冷的北方可达 -55 ℃，而转动后油温却很高，有的可高达 120 ℃以上。如黏温性能不好，则低温时黏度过高，难以起动；高温时黏度过低，密封性差。所以，在使用温度范围内，油液黏度随温度的变化越小越好，即应具有良好的黏温性能。

（4）良好的润滑性。液压元件中有许多相对运动的摩擦副。这些摩擦副，往往承受很大的负荷，同时又有相当高的相对运动速度。这些部位要靠液压油来润滑，以免发生磨损和烧伤，因此液压油应该具有良好的润滑性。润滑性的好坏通常是以零件表面生成的油膜强度来衡量的。若油膜越不易破裂，则润滑性能越好。

（5）抗氧化稳定性好。液压油在工作过程中和空气接触，又存在金属和杂物催化的影响，油容易被氧化。氧化生成胶质等污染物，堵塞滤油器和管道，使液压系统工作不稳定，降低效率，甚至停止工作，所以要求液压油抗氧化稳定性好。

（6）防锈性和抗腐蚀性好。液压油在使用过程中，由于水和空气的共同作用，液压元件会发生锈蚀，锈蚀粒子随油循环，造成磨料损失，致使液压元件损坏，所以液压油防锈性和抗腐蚀性的好坏关系到液压元件寿命的长短，是重要的性质之一。

（7）抗泡沫性好。液压油中侵入空气，会使系统工作显著恶化。因为低压空气的可压缩性为油液的1000 倍，所以混有空气泡的液压油，能量传递不稳，产生振动和噪声。气泡的存在，使油与空气接触面增大，加速油氧化变质。所以要求液压油释放空气的性能好。通常加入抗泡剂以提高油的抗泡沫性。

（8）对密封材料适应性好。液压系统的密封是保证系统安全可靠工作的重要条件。通常密封材料是橡胶，如果不适应就会使橡胶溶胀、软化或变硬，均丧失密封性，故要求液压油的适应性好。

二　液压油的选用

液压系统通常采用矿物油，常用的有机械油、汽轮机油、变压器油及合成锭子油等。随着液压技术的发展，对液压油提出了更高的和不同的要求，油液经过精炼或在其中加入各种改善其性能的添加剂，如抗氧化、抗泡沫、抗磨损、防锈等添加剂，以提高其使用性能。

液压油品种的选择，一般根据液压装置本身的使用性能和工作环境等因素确定。当品种选定后，主要考虑油液的黏度。在确定油液黏度时应考虑下列因素：工作压力的高低、液压泵的类型、工作环境温度的高低、工作部件运动速度的快慢等。

当系统工作压力较高、环境温度较高、工作部件运动速度较低时，为了减少漏损，宜采用黏度较高的液压油；当系统工作压力较低、环境温度较低、工作部件运动速度较高时，这时泄漏对系统的影响相对减少，而液体的内摩擦力影响较大，应选用黏度较低的液压油。此外，各类油泵对液压油的黏度有一个许用范围。其最大黏度主要取决于该类泵的自吸能力，而其最小黏度则主要考虑摩擦时的润滑和泄漏。

在液压系统所有元件中，以液压泵的转速最高，承受压力最大，且温升高，工作时间最长。因此，常根据液压泵类型及其要求选用液压油的黏度。表 1－1 为按液压泵类型推荐用油黏度，可供选用时参考。

表 1－1　按液压泵类型推荐用油黏度

黏度单位：cSt（50 ℃）

泵的类型		工作温度 5 ℃～40 ℃	工作温度 40 ℃～80 ℃
齿轮泵		19～42	58～98
叶片泵	工作压力 7≤MPa	19～29	25～44
	工作压力 7＞MPa	31～42	35～55
轴向柱塞泵		26～42	42～93
径向柱塞泵		19～29	38～135

三　工程机械常用液压油

按国家标准规定，液压油属于石油类产品 L 类（润滑剂和有关产品）中的 H 组（液压系统用油）。我国液压油的牌号是以40 ℃时的运动黏度［以 mm^2/s（cSt）计］平均值来表示。其表达形式为：类别－品种＋数字。例如：L－HL 32 液压油，就是这种油在 40 ℃时运动黏度平均值为 32 mm^2/s（L 表示润滑剂类，H 表示液压油，L 表示防锈抗氧型）。

工程机械液压系统多为中高压系统，需使用具有抗磨性好的液压油。在 GB 11118.1－2011 液压国家标准中，一般用 L－HM、L－HV、L－HS 三个质量等级均具有抗磨性的液压油。

（1）L－HM（高压）包括 4 个黏度等级，分别为 32、46、68、100。它具有良好的抗氧化、防锈和抗磨性能，适用于中压、高压工程机械、港口机械和车辆的液压系统。

（2）L－HV 包括 7 个黏度等级，分别为 10、15、22、32、46、68、100。它具有良好的黏温特性和较低的凝点，以及良好的抗氧、抗泡、抗磨、防锈和一定的抗剪切性能，适用于寒区或温度变化范围较大的野外作业的工程机械引进设备和车辆的中压、高压液压系统。常用的有 L－HV32、L－HV46、L－HV68。

（3）L－HS 包括 5 个黏度等级，分别为 10、15、22、32、46。属超低温液压油。比 L－HV低温液压油的低温性能更好，特别适用于冬季严寒地区户外作业机械的润滑。可完全替代同级别 HM、HV 及国外进口低温液压油产品。它的抗磨性能、防锈、防腐、抗泡性、抗乳化性以及密封件的适应性能更好。

思考与练习

一 填空题

1. 常用黏度的表示方法有____________、____________和____________。

2. 我国液压油的牌号采用____________表示液体的黏度，它是用____________测量的。

二 简答题

1. 何谓液压传动？液压传动的基本原理是什么？

2. 液压传动系统若能正常工作，必须由哪几部分组成？各组成部分的作用是什么？

3. 液压传动与其他传动方式相比，有哪些优缺点？其最突出的优点是什么？其难以克服的缺点是什么？

4. 液压油黏度选择考虑哪些因素？

5. 根据题图 1 - 1 指出哪些是动力元件、执行元件、控制元件和辅助元件。学画液压泵、液压缸、换向阀、滤油器的图形符号。

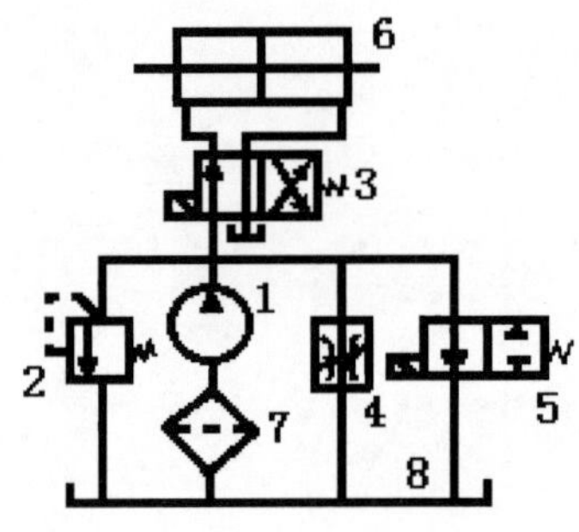

题图 1 - 1　液压传动职能符号图

项目二　学习液压传动的力学基础知识

☞知识目标

1. 掌握流量、平均流速的概念及它们之间的关系。
2. 理解压力的传递和压力的建立；静压力的特性。
3. 理解流动液体的三大定律在液压传动中的物理意义。
4. 弄懂液压传动中的能量损失的概念。
5. 理解液压冲击和空穴现象产生的原因。

☞能力目标

1. 能解析流量和流速、压力和负载相互之间的关系。
2. 能通过帕斯卡原理，解析液压传动中力的“放大”功能的概念。
3. 能初步诠释流动液体的三大定律在液压传动中的物理意义。
4. 油液在管道中流动或经过小孔、缝隙时，能理解液阻和能力损失的概念。
5. 能解析液压冲击和空穴现象产生的原因和解决措施。

任务 2.1　掌握液压传动中的静力学概念

任务目标：学习掌握流量、压力的基本概念；理解掌握流量与流速的关系、压力与负载的关系；理解静压力特性。

学习内容：流量和流速；压力的概念和压力的表示方法；静压力的特性；液压系统中压力的建立和传递。

2.1.1　流量和平均流速

液压传动是依靠密封容积的变化来传递运动的。而密封容积的变化必然要引起油液的流动，为此，需要了解有关油液流动的一些基本概念和规律。

流量和平均流速是描述油液流动时的两个主要参数。

1. 流量

流量是指单位时间内流过管道或液压缸某一截面的油液体积，通常用 Q 表示。

若在时间 t 内，流过管道或液压缸的油液体积为 V，则流量为

$$Q = \frac{V}{t} \qquad (2.1)$$

式中:Q 的单位为 m^3/s,它和目前使用的单位 l/min 换算关系为 $1\ m^3/s = 6 \times 10^4$ l/min。

2. 额定流量

按试验标准规定，连续运转（工作）所必须保证的流量称为额定流量。它是液压元件基本参数之一。

3. 活塞（或液压缸）运动速度与流量的关系

活塞（或缸）的运动是由于流入的油液迫使密封容积增大所导致的结果，显然活塞（或缸）的运动速度和所流入的油量直接有关。

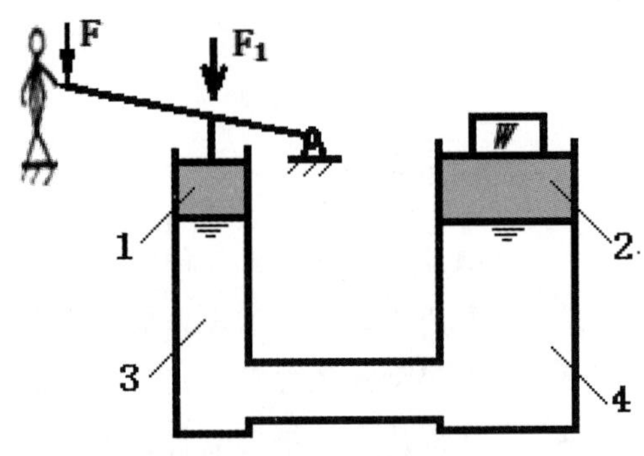

图 2－1　液压千斤顶工作示意图
1—小活塞；2—大活塞；3、4—油液

为了说明它们的关系，以液压千斤顶为例，如图 2－1 所示。在液压千斤顶压油过程中，现假定在时间 t 内，活塞 2 移动的距离为 L_2，其密封容积和变化所需要流入的油液体积为 A_2L_2(A_2 为活塞 2 的有效作用面积)，流入的流量 Q_2 为

$$Q_2 = \frac{A_2L_2}{t}$$

也可以写成　$$\frac{L_2}{t} = \frac{Q_2}{A_2} \qquad (2.2)$$

式中：L_2/t—— 活塞 2(或缸) 的运动速度(用 v 表示),m/s;

Q_2/A_2—— 液压缸内油液的平均流速 $\bar{v}$

由于油液与容器壁、油液与油液之间的摩擦力大小不同，所以流动时，在同一截面上各点的真实流速并不相等，但我们可以用平均流速这个概念来近似计算。

4. 平均流速

平均流速是指油液通过管道或液压缸的平均流速。

由以上分析可得：

(1) 活塞（或缸）的运动速度等于液压缸内油液的平均流速。所以我们可以通过求平均流速的公式来求活塞（或缸）的运动速度。即

$$\bar{v} = v = \frac{Q}{A} (2.3)$$

式中：v—— 活塞 2(或缸) 的运动速度,m/s;

Q—— 流入液压缸的流量,m^3/s;

A—— 活塞的有效作用面积,m^2。

(2) 公式 (2.3) 表明，活塞（或缸）的运动速度仅仅和活塞（或缸）的有效作用面积 A 及流入液压缸的流量 Q 两个因素有关，而和压力大小无关。

（3）当活塞（或缸）有效作用面积一定时，活塞（或缸）的运动速度，决定于流入液压缸中的流量 Q。若要改变运动速度，只要改变流入液压缸中的流量即可。

以上三点，是液压传动两大问题（速度和力）中有关速度的重要概念。

2.1.2　液压传动系统压力的建立与压力传递

1. 液压系统压力的概念

从图 1－1 液压千斤顶工作原理图建立了“液压传动”的基本概念，从图 2－1 所示的液压千斤顶工作示意图（模型图）形成压力的概念。在图 2－1 中，只有活塞 2 上有了重物 W（负载），活塞 1 上才能施加上作用力 F_1。而有了负载和作用力，才产生液体压力。所以就负载和液体压力二者来说，负载是第一性的，压力是第二性的。即有了负载，液体才会有压力，并且压力大小决定于负载。简单的说，液压传动中液体压力决定于负载。这是一个很重要的概念，今后在分析液压传动中元件和系统的工作原理时经常要用到它。

油液中的压力主要是由油液自重或油液表面受外力作用所产生的。在液压传动中前者与后者相比数值很小，一般忽略不计。以后我们所说油液压力主要就是指油液表面受外力（可以是工作阻力、摩擦力、弹簧力。大气压力除外）作用所产生的压力。

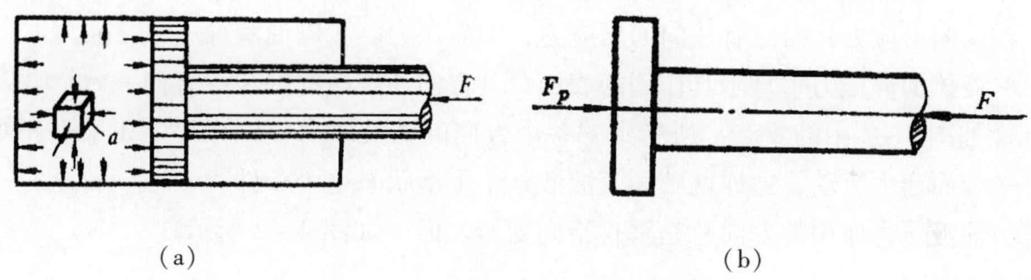

图 2－2　液体受外力作用形成压力

在图 2－2（a）中，油液充满于密闭液压缸的左腔，当有效面积为 A 的活塞上受到外力 F 作用时，由于油液几乎不可压缩，密闭的油液又无去处，所以液压缸左腔的油液就处于被挤压状态。对活塞作用一个向右的力，使活塞处于平衡状态。这个作用力的大小可以通过对活塞受力的分析得到。忽略活塞本身的重量。画出活塞的受力图 2－2（b）。作用在活塞上的力有两个：一是外力 F，二是液体作用于活塞上的力 F_p。显然 $F_p = F$，所以油液作用在活塞单位面积上的力应为 $F_p/A = F/A$。由力的作用与反作用定理可知，活塞反作用在油液单位面积上的力也应为 $F/4$。我们把这种垂直压向单位面积上的力称为压力，并用 p 表示。即

$$p = \frac{F}{A} \qquad (2.4)$$

式中：p ——油液的压力，N/m^2，又称 Pa（帕）；

F ——作用在油液表面上的外力，N；

A ——油液表面承压面积，m^2。

显然，压力为 p 的油液作用在面积为 A 的物体上，所产生的液压作用力 F_p 为

$$F_p = pA \qquad (2.5)$$

式中：F_p——液压作用力，N，p、A 与上式相同。

现在压力的单位用 Pa（帕），过去工程上以 kgf/cm^2。（公斤力/平方厘米）为压力单位。$1kgf/m^2 \approx 10^5 Pa$。液压传动中的压力按其大小由表 2－1 进行分级。

表 2－1 液压压力分级

单位：MPa

压力分级	低压	中压	中高压	高压	超高压
压力范围	0～2.5	2.5～8.0	8.0～16	16～32	32

2. 额定压力

在正常条件下，按试验标准规定连续运转（工作）的最高压力称为额定压力。液压元件大多以此作为基本参数。

3. 油液静压力的特征

我们研究的是液体处于相对平衡状态下的力学规律和这些规律在实际中的应用。这里所说的相对平衡是指液体内部质点和质点之间没有相对位移，至于液体整体而言完全可以如同刚体似的作各种运动。由于液体在相对平衡（或静止）状态下不呈现黏性，因此液体内不存在切向剪应力，而只有法向的压应力，即静压力。所以油液静压力特征为：

（1）液体的静压力垂直于其作用的表面，其方向和该面的内法线方向一致。并且任何一质点（如图 2－2 中的 a 点）所受到的各个方向的油液压力应该相等。如果不相等，就会失去平衡而产生流动，这样就破坏了油液处于平衡状态这个条件。

（2）油液压力作用的方向总是垂直指向受压表面（如图 2－2 所示）。

4. 压力的表示方法

（1）绝对压力。以绝对真空为基准进行度量而得到的压力值叫绝对压力。

（2）表压力（相对压力）。以大气压为基准进行度量而得到的压力值叫表压力或相对压力。表压力表示了绝对压力超过大气压的那部分数值。绝大部分测压仪/表外部都受大气压作用，内部受绝对压力作用，其指示出来的压力是相对压力。同理，对盛有液体的容器来说，液体对容器壁产生作用的压力也只是相对压力那部分。

（3）真空度。绝对压力不足大气压的那部分压力数值叫真空度。真空度实际上也是以大气压为基准度量而得到的压力数值，与相对压力不同的是相对压力是正表压力，而真空度则是负表压力。例如，液体内某点的真空度为 0.35 pa（大气压），则该点的绝对压力为 0.65 pa，相对压力为－0.35 pa，这就是说，在进行数值计算时，真空度可以用负表压力来表示。真空度最大值不超过一个大气压。绝对压力、相对压力、真空度三者的关系如图 2－3 所示。

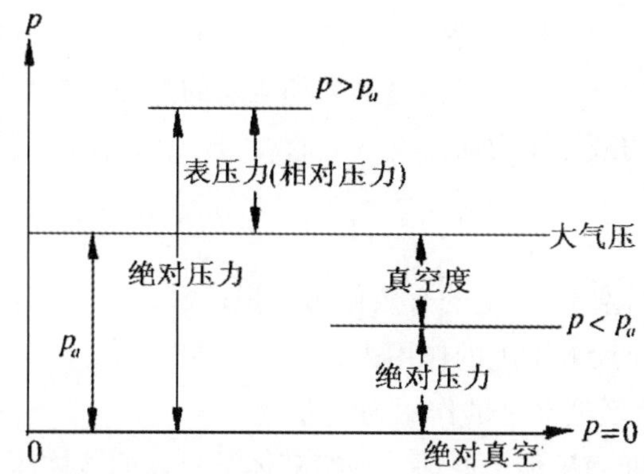

图 2-3　绝对压力、相对压力、真空度间的相互关系

5. 静止液体内压力的传递

根据帕斯卡原理，在密闭容器中的静止油液，当一处受到压力作用时，这个压力将通过油液传到连通器的任意点上，而且其压力值处处相等。这个原理又称为静压传递原理。如图 2-4 所示的密闭连通器中，各容器上压力表指示的数值都相同。

图 2-4　密闭连通器内压力处处相等

在液压系统中，由液体自重引起的压力往往比外界施加于液体的压力 p 小得多，因此常忽略不计，即静止液体中的压力处处相等，都等于外界所施加的压力。

就以液压千斤顶（大、小油缸可视为连通器）的工作原理来说明帕斯卡定律的应用，进一步理解利用液体内部压力传递动力的原理。将图 2-1 改画成图 2-5 所示。

人手加力 F（图 2-1 中）于杠杆一端，通过杠杆可使小活塞 1 上端受到一个机械力 F_1 作用，小活塞 1 下行，密封容积 3 内的油液受到挤压，产生一定的压力 p，液体压力 p 又作用在活塞 2 上。使大活塞 2 的下表面受到压力 p 的作用，产生向上的推力，重物上移，完成机械移动。

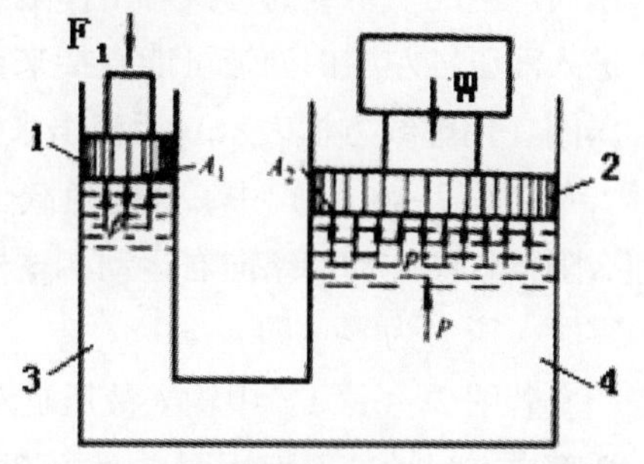

图 2-5　帕斯卡定律的应用

1—小活塞；2—大活塞；3、4—油液

在这里活塞 1 单位面积上受到的压力 p（压强）为

$$p_1 = \frac{F_1}{A_1} \qquad (2.6)$$

与此同时，把杠杆处的机械能转换为液体的压力能，压力能再转换成大活塞处的机械能，这个过程是利用的液体压力能来传递动力和运动的，即称之为液压传动。

同样，活塞2受到的液体压力为

$$p_2 = \frac{W}{A_2} \qquad (2.7)$$

式中：A_1、A_2——活塞1、2上的有效作用面积；

F_1——小活塞1上的作用力；

W——大活塞2上的作用力（重物）。

根据帕斯卡原理（即静压传递原理：平衡液体某一点的液体压力等值地传递到液体内各处），我们进一步探讨液压千斤顶利用液体内部压力传递动力原理，即

$$p_1 = p_2 = p = \frac{F_1}{A_1} = \frac{W}{A_2}$$

由上式可得：$W = \frac{A_2}{A_1}F_1$　　或　　$\frac{W}{F_1} = \frac{A_2}{A_1}$　　(2.8)

上式2.8表明，活塞2所受的液压作用力 W 与活塞2的有效面积 A_2 成正比。如果 A_2 很大，A_1 很小，则只要在小活塞1上作用很小的力 F_1，就能获得数值很大的力，用以推动重物（W）。即 $A_1 \ll A_2$；$F_1 \ll W$，所以省力。这就是液压千斤顶用很小的力却能顶起很重物体的道理。在这种能量的层层转换中，虽有损失，但却能实现将大于人力 F 数百倍的重物 W 向上移动的要求。

综上所述，液压传动是依靠油液内部的压力来传递动力的，在密闭容器中压力是等值传递的。所以静压传递原理也是液压传动基本原理之一。

此外，液体流动时还有动压力，但在一般液压传动中动压力很小，可以不计。所以在液体流动时，主要是考虑静压力。

6. 液压传动系统中压力的建立

前面曾介绍密闭容器内，静止液体受到外力挤压而产生压力。对于液压传动系统来说，液压泵连续不断地供油，流动油液在某处的压力也是因为受到其后各种形式负载的挤压而产生的。负载的形式有工作阻力、摩擦力、弹簧力等。如图2－6所示的液压系统中，进入液压缸左腔的油液可能直接来自液压泵，也可能是自液压泵输出后，中间经过许多液压阀（用虚线方框表示）后流出来的。不论哪种情况，分析得出的结论都是同样适用的。

在图2－6（a）中，假定负载阻力 F 为零，液压泵输入液压缸左腔的油液没有受到什么阻挡就能推动活塞向右运动，这样液压缸左腔处的压力 p 就建立不起来。即外界负载为零时，压力为零（即 $p=0$）。

若图2－6（a）中输入液压缸左腔的油液由于受到外界负载 F 的阻挡，不能立即推动活塞向右运动，但液压泵总是不断地供油，液压缸左腔中的油液必然受到挤压，这和图2－5中油液受到挤压情况相似，随着泵不断供油，挤压作用不断加剧，油液压力由小到大迅速升高，作用在活塞有效面积 A 上的液压作用力 F_p 也迅速增大。当这个力足以克服外界负载时，液压泵输出的油液就迫使液压缸左腔的密封容积增大，从而推动活塞向右

运动。

在一般情况下活塞运动的速度是均匀的，作用在其上的力相互平衡，所以液压作用力 F_p 等于负载阻力 F，由此可知油液对活塞的压力，也就是油液所产生的压力为 p ＝F/A，和公式 2.4 相同。如果活塞在运动过程中，负载 F 保持不变，则油液就不再受更大的挤压，压力也就不会继续上升。所以液压传动系统中某处油液的压力是油液由于前面受负载阻力的阻挡，后面受液压泵输出油液的不断推动，即在所谓“前阻后推”的状态下产生的。

图 2－6（b）表示运动着的活塞碰到固定挡铁 4，液压缸 3 左腔的容积无法继续增大。但液压泵 1 仍继续供油，且油液又是几乎不可压缩，所以油液将受到极大的挤压，压力急剧升高。如果液压系统没有保护措施，则系统中的薄弱环节就将损坏。所以，在液压传动系统中常在液压泵 1 出口处加装液压阀（安全阀），来保证液压系统的安全。

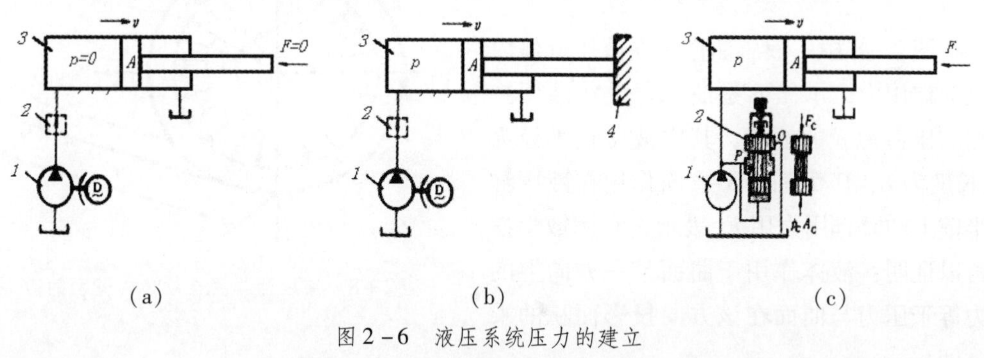

图 2－6　液压系统压力的建立

1—液压泵；2—液压阀；3—液压缸；4—挡铁

图 2－6（c）中的液压阀 2（安全阀）与液压缸 3 相当于液压系统中两个并联的负载，即液压泵出口处有两个负载并联。其中负载阻力 F_c 是溢流阀的弹簧力。当油液压力较小时，阀芯在弹簧力作用下，处于最下端位置，把进油口 P 与出油口 O 堵死。假定油液压力达到 p_c 时，阀芯在作用于其底部的油液压力的推动下，克服弹簧力而上移，使 P 口与 O 口相通，液压泵输出的油液可由此路流回油箱。另一负载阻力是作用在活塞杆上的 F，假定使活塞运动所需的油液压力为 p，且 $p_c < p$ 。在这种情况下，液压泵出口处压力建立的过程是：压力由零值上升，当升到 p_c 值时，阀芯上移，P 口与 O 口相通，油液由此路回油箱。与此同时，根据帕斯卡原理，此压力必然迅速地传递到整个系统。但此压力作用在活塞上的力不足以克服负载阻力 F，因此活塞静止不动。这样液压泵出口处的压力由负载 F_c 来决定。

综上所述，液压系统中某处油液的压力是由于受到各种形式负载的挤压而产生的，压力的大小决定于负载，并随负载变化而变化，当某处有几个负载并联时，则压力取决于克服负载的各个压力值中的最小值。压力建立的过程是从无到有，从小到大迅速进行的。

7. 液体压力作用于固体壁面上的力

静止液体和固体壁面接触时，固体壁面上各点在某一方向上所受静压力的总和就是液体在这一方向上作用于固体壁面上的总压力。

(1) 作用于平面上的力。在图2－7中，活塞表面为一平面，平面上各点处的静压力（不计重力作用）不但大小相等，而且方向相同，作用于该平面上的力即等于液体静压力 p 与承压面积的乘积。设活塞的直径为 D。则

$$F = pA = \frac{\pi D^2}{4}p$$

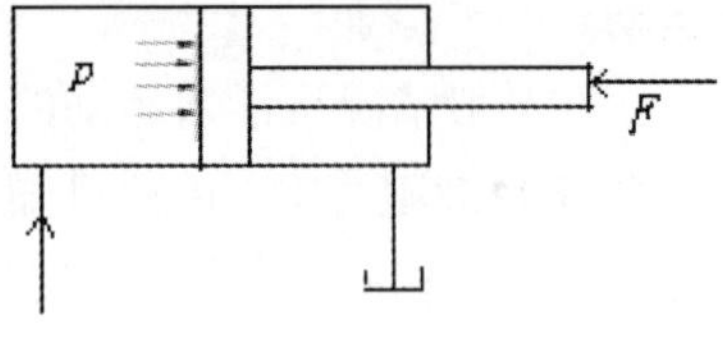

图2－7　活塞上受力示意图

(2) 作用于曲面上的力。在液压传动中，常需要计算压力油作用在圆柱形表面、圆锥形表面、球面上的作用力。这些表面均是曲面，压力油作用在曲面上的所有压力的方向均垂直于曲面，所以是互相不平行的。在工程上通常只需要计算作用于曲面上的力在某一指定方向上的分力。

在图2－8中，液压油作用在液压缸体内壁上的作用力，承压面是曲面。设在液压缸中充满压力为 p 的油液，其中液压缸半径为 r，长度为 L，压力油沿 x 方向作用在液压缸右半壁上的总作用力用 F_x 表示，利用数学推导可以证明：液体作用于曲面某一方向上的分力等于压力与曲面在该方向投影面积的乘积，即

$$F_x = 2pLr \qquad (2.9)$$

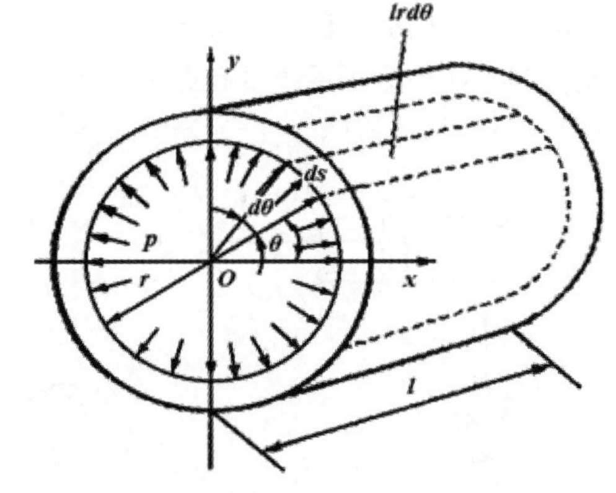

图2－8　液压油作用在缸体内壁面的力

如图2－9（a）、2－9（b）中，液体作用在锥（形）阀、球（形）阀表面所受的液压力为

$$F = F_y = p\frac{\pi d^2}{4}$$

如图2－9（c）中，在球（形）阀表面上加装一弹簧，液体作用在球形阀上的作用力：

$$p_1\frac{\pi d^2}{4} = F_{弹} + p_2\frac{\pi d^2}{4}$$

式中：d——阀孔的直径。

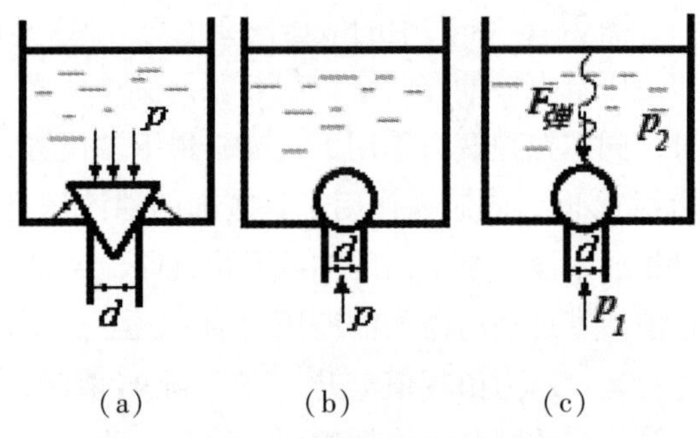

图2－9　液体对固体壁面的作用力

任务2.2　学习液体流动时的动力学概念

任务目标： 掌握流动液体的基本概念；认识、理解流动液体的三大定律在液压传动中

的应用范畴。

学习内容：液体流动的基本概念；液流的连续性方程、伯努利方程、动量定理三大定律在液压传动中的应用。

液压系统中的压力油在不断流动，所以液体在液压系统的不同位置的流动状态是不同的，表达液体流动状态的参数，如流速、压力、能量、动量等也在不断变化。然而，各参数的变化以及它们之间的关系都有一定的规律。通过研究这些规律，以进一步认识整个液压系统，解决液压技术中的问题。

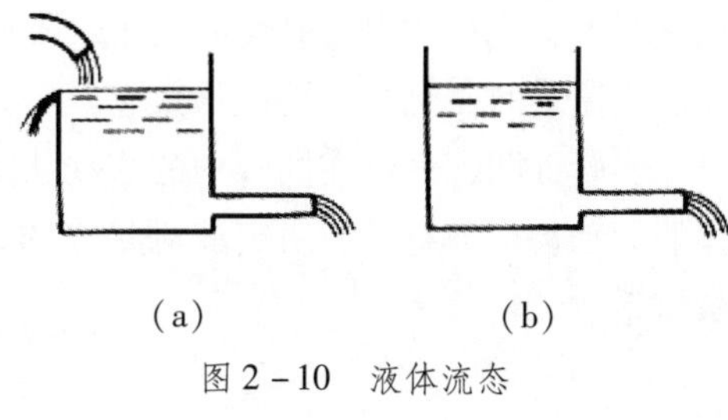

图 2－10　液体流态

2.2.1　基本概念

1. 理想液体

把既无黏性又不可压缩的假想液体称之为理想液体。把实际上既有黏性又有压缩性的液体叫作实际液体。很显然，理想液体没有黏性，在流动时不存在内摩擦，没有摩擦损失，这给研究问题带来很大方便。

2. 稳定流动

液体流动时，若液体中任何一点的压力、速度和密度都不随时间而变化，就叫稳定流动，如图 2－10（a）。否则，只要压力、速度和密度有一个量随时间变化，则这种流动就称为非定常流动，如图 2－10（b）。

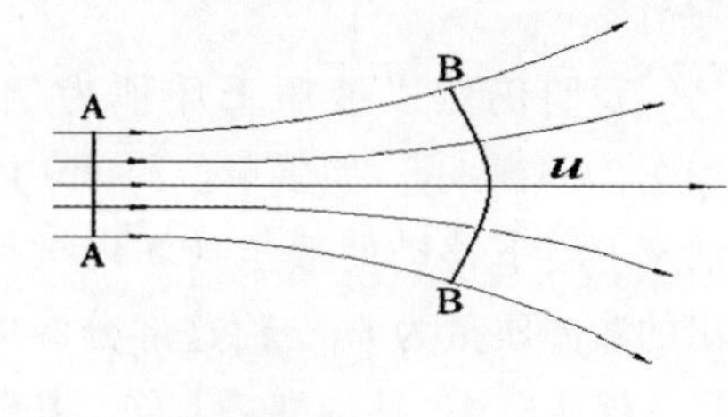

图 2－11　流　束

3. 通流截面

通流截面是指在流束中与所有流线正交的截面。在液压传动系统中，液体在管道中流动时，垂直于流动方向的截面即为通流截面，也称为过流断面。如图 2－11 中的 A－A 面。若流线不平行，则通流截面是曲面。如图 2－11 中的 B－B 面。

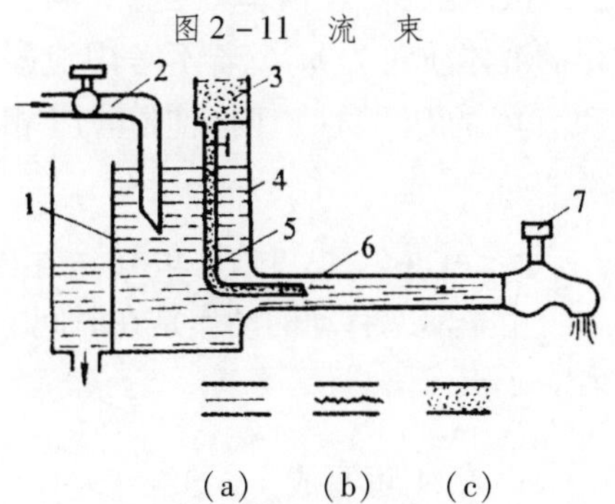

图 2－12　液体流态实验

1—溢水箱；2—稳流注水管；3—容器（承有色液体）；4—水箱；5—水管；6—透明水管；7—阀门

4. 流态、雷诺数

通过图 2－12 液体流态实验发现，液体在管道中流动时存在两种流动状态。

层流：指液体流动时，液体质点没有横向运动，互不混杂，呈线状或层状的流动。图 2－12（a）。

紊流：指液体流动时，液体质点有横向流动（或产生小漩涡），呈现混杂紊乱的流动状态。如图 2－12（c）。

图 2－12（b）为紊流变到层流时的临界状态。

层流和紊流是两种不同性质的流动状态。层流时黏性力起主导作用，惯性力与黏性力相比不大，液体质点受黏性的约束，不能随意运动。紊流时惯性力起主导作用，液体质点在高速流动时，黏性不再能约束它。

实验证明，液体在圆管中的流动状态不仅与管内的平均流速 v 有关，还和管径 d、液体的运动黏度 ν 有关。决定液流状态的是这三个参数所组成的一个称之为雷诺数 Re 的无量纲系数。

$$Re = \frac{vd}{\nu} \qquad (2.10)$$

工程上常用一个临界雷诺数 Re_{er} 来判别液流状态。当 $Re < Re_{er}$ 视液流为层流；当 $Re > Re_{er}$ 视液流为紊流。

2.2.2　流动液体的质量守恒定律——液流的连续性方程

根据物质不灭定理，油液流动时既不能增多，也不会减少，而且油液又被认为是几乎不可压缩的。这样，油液流经无分支管道时，单位时间内通过任一横截面上的液体的质量一定是相等的，即流动液体的质量守恒。

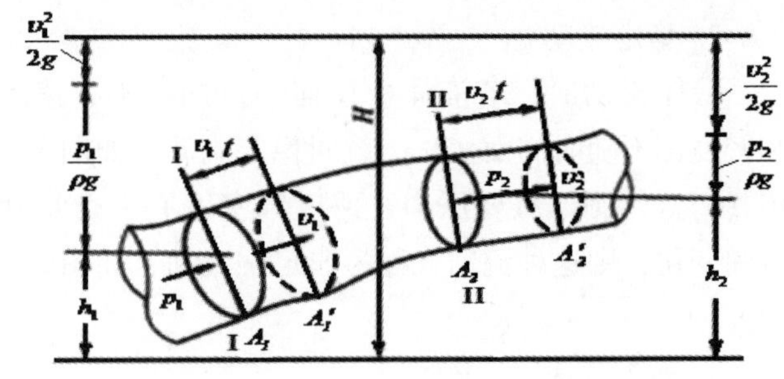

图 2－13　伯努利方程推导简图

我们仍然以液压千斤顶为例，如图 2－1 所示。如果单位时间 t 内活塞 1 向下移动使液压缸 3 内被挤出的液体质量为 m_1，而这部分液体进入液压缸 4，使活塞 2 上移，其获得的液体质量为 m_2，若不考虑泄漏和液体的压缩性，两者质量应相等。即

$$m_1 = m_2 \quad \text{也可为} \ \rho_1 v_1 A_1 = \rho_2 v_2 A_2 \qquad (2.11)$$

由于活塞移动的动作是在时间 t 内完成，且液体稳定流动，不考虑液体可压缩性，则有 $\rho_1 = \rho_2$，

$$\text{式 2.11 可写成} \quad v_1 A_1 = v_2 A_2 \qquad \text{即} \ \frac{v_2}{v_1} = \frac{A_1}{A_2} \qquad (2.12)$$

$$\text{也可写成} \quad Q_1 = Q_2 = Q = \text{常数} \qquad (2.13)$$

式 2.12 或式 2.13 在流体力学中称为液流连续性方程，它反映了物理学中质量守恒这一事实。其物理意义在于：在稳定流动情况下，当不考虑液体可压缩性时，单位时间内流过缸体（或管道）各个截面的流量相等，因而平均流速与通流截面的面积成反比。当流量

一定时，管子细（即通流面积小）的地方流速大；当通流截面的面积一定时，流量越大流速也越大。

要注意式 2. 12 或式 2. 13 液流的连续性方程式适应条件：① 必须是不可压缩的液体；②必须是稳定流动；③由于不存在力的关系，因此，适合任何液体，与黏度无关；④运动速度取决于流量，而与流体的压力无关。

2. 2. 3　流动液体的能量守恒定律——伯努利方程

在液压系统中是利用具有压力的流动液体来传播能量的。能量是做功本领的额度量，而功则是能量的表现形式。现在就对理想液体在管道内流动时所具有的能量及其变化规律进行分析，然后再推广应用于实际液体。

1. 理想液体的伯努利方程

为了研究方便，先假定液体是理想液体，并做稳定流动。根据能量守恒定律，同一管道任何截面上的总能量都应相等。

图 2 －13 所示为液体流经管子的情况。在管子断面 I 处流速为 v_1 ，压力为 p_1 ，断面中心到地面的距离为 h_1 。管子断面 II 处，流速为 v_2 ，压力为 p_2 ，断面中心距地面高度为 h_2 。

如果在断面 I 处取出一块重量为 mg 的油液（m 为油的质量，g 为重力加速度），则这部分油液具有的能量分别为：

①位能。由于距地面有一定的高度，故有位能 mgh_1。因此，单位重量的油液其位能为 $\frac{mgh_1}{mg} = h_1$ 。

②动能。质量为 m 的油液具有的动能为 $\frac{mv_1^2}{2}$ ，所以单位重量的动能为 $\frac{mv_1^2}{2mg} = \frac{v_1^2}{2g}$ 。

③压力能。由于油液具有压力，故它具有压力能。当压力为 p_1，流量为 Q_1 时的压力能为 p_lQ_1t。因此，单位重量油液的压力能为 $\frac{p_1Q_1t}{mg} = \frac{p_1}{\rho g}$ 。

在断面 I 处，单位重量油液具有的总能量为 $h_1 + \frac{v_1^2}{2g} + \frac{p_1}{\rho g}$ 。

同样的这块单位重量的油液，流到断面 II 时，如果没有能量损失，那么断面 II 处单位重量油液的总能量为 $h_2 + \frac{v_2^2}{2g} + \frac{p_2}{\rho g}$ 。

根据能量守恒定律，油液流经断面 I、II 时的总能量是相等的，即

$$h_1 + \frac{v_1^2}{2g} + \frac{p_1}{\rho g} = h_2 + \frac{v_2^2}{2g} + \frac{p_2}{\rho g} = 常数 \qquad (2.14)$$

等式 2. 14 叫理想液体的伯努利方程。液体运动的实质就是在一定条件下的能量互相转化。其物理意义是：做稳定流动的理想液体在任意截面上具有的能量，即位能、动能和压力能，它们之间可以互相转化，在任一处这三种能量的总和是一定的。

2. 实际液体的伯努利方程

以上是针对理想液体进行分析的。在实际的液压传动装置中，由于液体具有黏性，因此液体在流动时为克服内摩擦阻力必然要损失一部分能量。因此，单位重量的油液自断面I流到断面II时，能量损失为$h_损$，根据能量守恒定律，则有

$$h_1 + \frac{v_1^2}{2g} + \frac{p_1}{\rho g} = h_2 + \frac{v_2^2}{2g} + \frac{p_2}{\rho g} + h_损 \qquad (2.15)$$

式中：$h_损$——单位重量液体从一个过流断面流向另一个过流断面的总的能量损失。

如果管道是直管并水平放置，则$v_1 = v_2, h_1 = h_2$，于是伯努利方程变为

$$\frac{p_1}{\rho g} = \frac{p_2}{\rho g} + h_损$$

式中的$h_损$就是液流的压力损失，以Δp表示。故

$$p_1 - p_2 = \Delta p \qquad (2.16)$$

上式（2.16）说明实际液体在管道中的能量损失转变为压力损失。

在液压传动中，由于液体的高度所产生的位能和压力能相比很小，可略去，同时液流的压力能也远大于其具有的动能，常忽略。因此，液压传动主要是依靠液体的压力能传递动力，液力传动则主要依靠液体的动能传递动力，因而其动能远大于压力能（其后章节讲）。

2.2.4 流动液体的动量守恒定律——动量定理

液体在管道中流动时，当其动量（质量m与速度v的乘积）发生变化时，它会对管道的固体壁面或容腔产生作用力（液压力）。这个力很重要，有时会直接影响系统或液压元件的使用性能。这里可通过动量定理来解决这个问题。

流动液体的动量定理也是流体的力学基本规律之一。它反映的是液体运动时动量的变化与作用在液体上的外力之间的关系。

根据流动液体的特性，其动量定理可以这样叙述：

在某一时间间隔内，流出控制容积的液体所具有的动量与流入控制容积的液体所具有的动量之差，应等于同一时间间隔内作用于控制容积液体上外力的冲量。

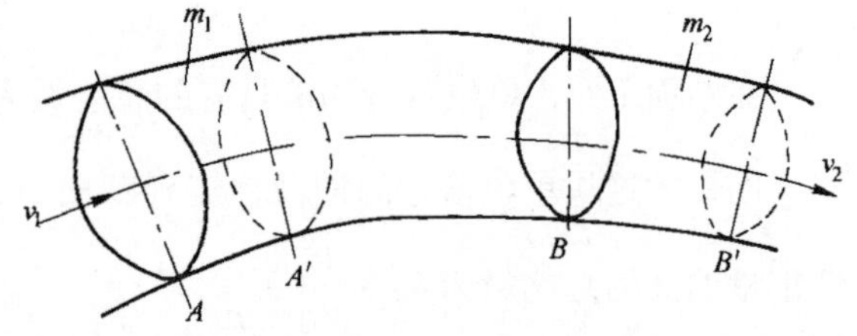

图2-14 液流的动量变化

如图2-14所示，液体在管道中做稳定流动，取AB段液体作为控制容积，它在外力的作用下经过时间间隔Δt后流到$A'B'$的位置。由于是稳定流动，$A'B'$段液体所具有的动量不会发生变化。有变化的仅是AA'小段液体移动到了BB'，它的流速改变了，因此动量也就发生了改变。所以，在时间间隔Δt内控制容积中液体动量的变化应等于BB'段液体与AA'段液体的动量之差，即

$$\sum F = \frac{mv_2 - mv_1}{\Delta t} \qquad (2.17)$$

根据液流的连续性原理，在时间间隔 Δt 内流经截面 A 和截面 B 的液体质量应当相等，即

$$m_1 = m_2 = m = \rho Q \Delta t \qquad (2.18)$$

对于稳定流动的液体，若忽略压缩性，将式（2.18）代入式（2.17），经整理后可得如下形式的液体稳定流动的动量方程式

$$\Sigma F = \rho Q(v_2 - v_1) \qquad (2.19)$$

式中：ΣF ——作用在液体上所有外力的矢量和；

ρ ——液体的密度；

Q ——液体的流量；

v_1、v_2 ——液流在前后两个过流断面上的平均流速矢量。

上式（2.19）为矢量方程，在使用时根据具体问题将矢量向某一指定方向投影，就可以列出在该指定方向上的动量方程。

在液压传动中常用滑阀和锥阀来控制油液的压力、流量和流动方向。当油液从滑阀或锥阀的阀口流入及流出时，液流速度的大小和方向将发生变化。液流将有作用力作用在滑阀或锥阀的阀芯上，这个力称作液动力。现以滑阀为例，用流动液体的动量方程来求得滑阀阀芯所受的液动力。

图 2－15 所示为油液流经滑阀时产生的液动力。取滑阀进、出口之间的油液为控制容积中的液体。对控制容积中的液体列出沿轴向的动量方程。以 F 代表液流在轴向上所受到的外力。对于图 2－15（a）则

$$F = \rho Q(v_2 \cos 90^\circ - v_1 \cos\theta) = -\rho Q v_1 \cos\theta$$

阀芯上所受到的轴向液动力 F_1 与 F 大小相等方向相反，即

$$F_1 = -F = \rho Q v_1 \cos\theta \qquad (2.20)$$

由上式可看出，轴向液动力 F_1 的方向与 $v_1\cos\theta$ 的方向一致，它是使阀口趋于关闭的力。

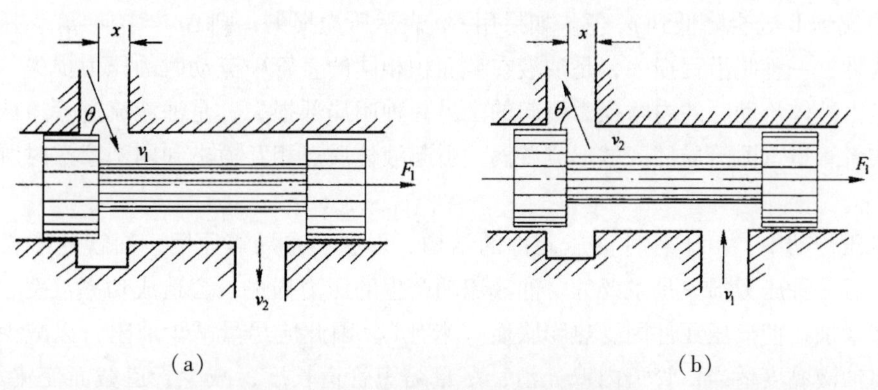

图 2－15　液流作用在滑阀上的作用力

当液流方向如图 2－15（b）所示时，控制容积液体在轴向所受的外力为

$$F = \rho Q(v_2\cos\theta - v_1\cos90^\circ) = \rho Q v_2\cos\theta$$

从而，液流对阀芯的轴向液动力为

$$F_1 = -F = -\rho Q v_2\cos\theta$$

液动力 F_1 的方向与 $v_2\cos\theta$ 的方向相反，它也是使阀口趋于关闭的力。

轴向液动力对液压系统的工作性能是不利的，它增加了移动滑阀所需的操纵力，降低了滑阀工作的灵敏度，有时还会引起系统的振动。因此，在工作性能要求较高的液压系统中，往往采取一定的措施以消除轴向液动力的影响。

任务 2.3　理解液压传动中的压力、流量损失

任务目标：掌握液体在管道中流动时能量损失的概念。

学习内容：液体流动中的压力损失；液体在小孔和缝隙中的流动。

2.3.1　液体流动中的压力损失

一　液阻和压力损失

由帕斯卡原理可知，密闭的静止油液具有等值传递压力的性质，但在管道中流动的油液情况并非如此。如图 2－16 所示，油液自 A 处流到 B 处，中间经过较长的直管、弯管和各种阀孔，管道截面也会发生变化，这个过程中，油液各质点之间以及油液与管壁之间的摩擦与碰撞会产生阻力，这种阻力叫作液阻。由于系统存在着液阻，油液流动时会引起能量损失，这主要表现为压力损失。即油液在 A 处的压力为 p_1，流到 B 处会降低到 p_2 值。如果用 Δp 表示压力损失，则 $\Delta p = p_1 - p_2$。压力损失可分为两种：一种叫沿程损失，是油液在截面积相同的直管中流动时的压力损失。这类压力损失是由液体流动时的内摩擦力引起的。另一种叫局部损失，是油液流过管道截面积突然改变或者管道弯曲等局部区域形成漩涡，引起液体质点相互撞击和剧烈摩擦时所造成的损失。

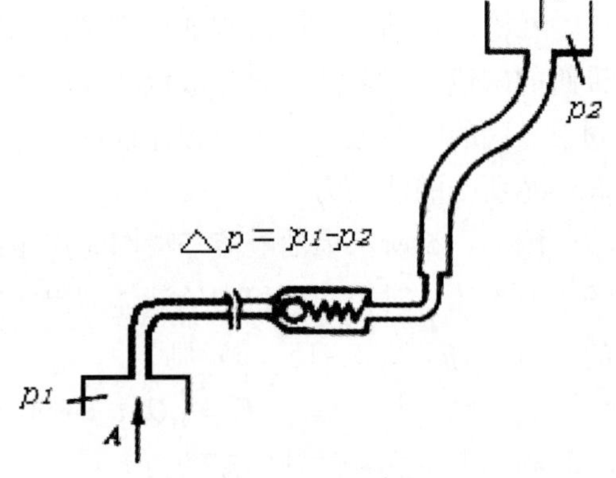

图 2－16　液体流动中的压力损失

在液压传动中，由于各种液压元件的结构、形状、布局等原因，油管的形式比较复杂，所以后一种压力损失是主要的。油液流动产生的压力损失，会造成功率浪费、油液发热、泄漏增加，使液压元件因受热膨胀而“卡死”。因此应尽量减少液阻，以减少压力损失。只要油液黏度适当，管道内壁光滑，尽量缩短管道长度，减少管道截面变化及弯曲，就能使压力损失控制在很小的范围内。

二　圆管中的压力损失计算

1. 沿程压力损失

沿程压力损失是由液体流动时的内摩擦阻力所引起的，主要取决于管道的长度，管子的内径，流速和黏度等。液流的流动状态不同，流经直管时的压力损失也不同，可用下面的半经验公式确定。

$$\Delta p = \lambda \frac{l}{d} \frac{\rho v^2}{2} \qquad (2.21)$$

式中：v ——液体的平均流速；

ρ ——液体的密度；

l —— 管子的长度；

d ——管子的直径；

λ ——沿程损失系数。

沿程压力损失系数的理论值为：$\lambda = \frac{64}{Re}$，实际中液压油在金属圆管中流动时常取 $\lambda = \frac{75}{Re}$，如果管道是橡胶软管，常取 $\lambda = \frac{80}{Re}$，沿程损失系数 λ 的数值与液体流动状态有关，可参考液压传动设计手册。

2. 局部压力损失

当液流经过弯头、阀门或管子断面突然变化处时，液流速度大小和方向要发生急剧变化，结果在这些区域造成涡流。液体质点在涡流区域内相互碰撞和摩擦，从而消耗能量，造成局部压力损失。局部压力损失可由下式确定。

$$\Delta p = \xi \frac{\rho v^2}{2} \qquad (2.22)$$

式中：ξ ——局部损失系数。

液流经过局部障碍处的流动现象很复杂，局部阻力系数只有在很少数情况下可根据理论推导得出，绝大多数都从实验求得。具体数据可查阅有关液压设计手册。

3. 管路系统的总压力损失

整个管路系统的总压力损失，等于系统中所有沿程压力损失和所有局部压力损失之和，即

$$\Sigma \Delta p = \Sigma \Delta p_{沿} + \Sigma \Delta p_{局} \qquad (2.23)$$

总之，管路液压的损失，导致功率的浪费和油液的发热，使泄漏增加，传动效率降低，影响液压的工作性能，所以要尽量减少管路的液压损失。

2.3.2 液体在缝隙和小孔中的流量计算

在液压系统中，经常遇到油液流过缝隙和小孔的情况。例如许多液压元件的相对运动表面间存在间隙，以及液压元件上常有节流小孔、阻尼小孔等，当缝隙或小孔两端压力不

相等时，在压力差的作用下就会有油液通过。研究油液通过缝隙和小孔时的压力和流量变化规律，对于分析泄漏和有关计算具有重要意义。

一　油液在缝隙中的流动计算

液压元件有相对运动的配合表面必然有一定的配合间隙——缝隙，这样液压油就会在缝隙两端压差的作用下经过缝隙向低压区流动（称为内泄漏）或向大气中流动（称为外泄漏）。泄漏的存在不仅会造成系统效率和性能的降低，使传动准确性下降，而且外泄漏还会污染环境。因此研究液体经缝隙的泄漏规律，对提高液压元件的性能和保证系统正常工作是很重要的。

由于缝隙一般都很小（几微米到几十微米），液压油又具有一定黏度，受固体壁面影响很大，因此油液在缝隙中的流动一般为层流。现将各种缝隙的流量公式列于表 2－2 中，便于理解各参数之间的相互关系及进行计算时选用。

表 2－2　各类缝隙流量计算表

缝隙类型	结构简图	计算公式	说明	备注
平行平板缝隙		$q=\dfrac{bh^3\Delta p}{12\mu l}$ l、b、h 分别为缝隙的长、宽、高； μ 为油液动力黏度； Δp 为缝隙两端压差。	通过缝隙的流量与 Δp 和 h^3 成正比，即间隙稍有增大，就会引起泄漏量大增，液压元件内间隙的大小对其泄漏量的影响是很大的。	上下两平板固定不动，缝隙两端只存在压差流。
有相对运动的平行平板缝隙		$q=\dfrac{bh^3\Delta p}{12\mu l}\pm\dfrac{u_0}{2}bh$ μ_o 为相对下板的移动速度；其余参数同上。公式中的正负号确定：动平板移动方向与压差方向一致时，取“＋”；反之，取“－”。	同上。	两平板即有相对运动，两端又有压差的流动。
同心圆柱环形缝隙		$q=\dfrac{\pi dh^3\Delta p}{12\mu l}$ b 用 πd 代换。其余参数同上。	通过同心圆柱环形间隙，偏心距e＝0。	
偏心圆柱环形缝隙		$q=\dfrac{\pi dh^3\Delta p}{12\mu l}(1+1.5\varepsilon^2)$ ε 为相对偏心率，$\varepsilon=e/h$ 其余参数同上。	完全偏心时的泄漏量是同心时的 2.5 倍。故圆柱环形间隙的偏心会使泄漏量增加。	完全偏心 e＝h，即 ε＝1

续　表

缝隙类型	结构简图	计算公式	说明	备注
圆环形平面缝隙	$p+\Delta p$　$2r$　h　p　R	$q=\frac{\pi h^3\Delta p}{6\mu\ln\frac{R}{r}}\Delta p$ R 为圆盘的外半径； r 为圆盘中心孔半径； 其余参数同上。	两平行圆盘相距间隙 h 很小的，液流由中心向四周沿径向呈放射形流出。	柱塞泵和液压马达中的滑履和斜盘之间，喷嘴挡板阀的喷嘴与挡板之间等均属这类流动。

二　油液在小孔中流动的计算

在液压技术中常采用节流小孔和阻尼小孔控制流量和压力。在液压元件中，小孔一般分为薄壁小孔和细长小孔。油液在两种小孔中流动特性是不同的。

薄壁小孔是指长径比 $l/d\leqslant 0.5$ 的小孔。它常在管道中对油液起节流作用，油液流经薄壁小孔时多为紊流状态。细长小孔是指长径比 $l/d\geqslant 4$ 的小孔，压力控制阀中的阻尼孔均属细长小孔。油液流经细长小孔时一般呈层流状态。将各类小孔流量公式列于表 2－3 中，便于理解各参数之间的相互关系及计算时选用。

表 2－3　各类小孔流量计算表

小孔类型	计算公式	说明	备注
各种小孔的通用公式	$q=CA_T\Delta p^{\varphi}$ C 是由孔的形状、尺寸和液体性质决定的系数。 φ 是由孔的长径比决定的指数。	薄壁小孔、短孔 $\varphi=0.5$；细长孔 $\varphi=1$。	对薄壁小孔（短孔）$C=C_q\sqrt{2/\rho}$； 对细长小孔 $C=d^2/(32\mu l)$。
薄壁小孔 1　2　d_1　q　v_1　d　v_2　d_2　q　2　1	$q=CA\sqrt{\frac{2}{\rho}\Delta p}$ A 为小孔面积； Δp 为进出油口压力差； ρ 为油液密度； C 为流量系数。	流量与黏度无关，受油温的影响较小，在液压系统中，常用于薄壁孔作为节流元件的阀口。	当小孔的通道长度与孔径 d 之比 $l/d\leqslant 0.5$ 时，为薄壁小孔。

续 表

小孔类型	计算公式	说明	备注
细长小孔	$q=\frac{\pi d^4}{128\mu l}\Delta p$ d 为小孔直径； l 为小孔长度； μ 为油液动力黏度； Δp 为缝隙两端压差。	在液压技术中常作为阻尼孔。油液流经细长小孔时的流动状态一般为层流，因此可用液流流经圆管的流量公式计算。流量受油温影响较大。	当小孔的通道长度与孔径 d 之比 $l/d \geqslant 4$ 时，为细长小孔。

任务 2.4　认识液压冲击和空穴现象

任务目标： 掌握液压冲击、空穴现象的产生、危害和解决措施。

学习内容： 液压冲击的成因、危害和防止措施；空穴现象的原因、危害及防止措施。

2.4.1　液压冲击

一　液压冲击现象

在液压系统中，由于某种原因引起液体压力在某一瞬间急剧升高，形成很高的压力峰值，这种现象叫作液压冲击。

二　液压冲击的成因

如图 2－17 所示，设活塞及所有与活塞相连的运动部件的质量为 $\sum m$，并以速度 v 相对于液压缸从左向右运动，右侧回油管路中油液的流速为 v_T。下面简单说明一下液压冲击的成因。

（1）液流突然停止运动时产生的液压冲击。在图 2－17 中，当回油管路突然关闭时，管路中的液流速度由 v_T 突然降为零，液体质点的全部动能都转变为液体的弹性势能，因而使回油管路中的油压急剧升高，油温上升，产生很大的压力峰值。

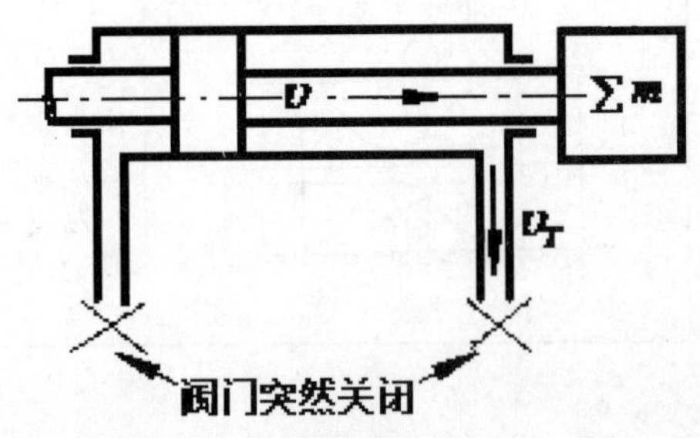

图 2－17　液压冲击

（2）运动部件制动或换向时产生的压力冲击。如图 2－17 所示，当液压缸制动或换向时（换向阀突然关闭液压缸的进出油口通道），由于运动部件的惯性，活塞将继续运动一段距离后才停止，使液压缸右腔油液受到压缩（即运动部件的全部动能 $\Sigma mv^2/2$ 都转变成液压缸右腔油液的压力能），从而引起液体压力急剧增加，形成压力峰值，产生液压冲击。

（3）液压系统中某些液压元件动作失灵或不灵敏产生的液压冲击。当溢流阀在系统中做安全阀使用、对系统起过载保护作用时，若系统过载时安全阀不能及时打开（动作不灵敏）或根本打不开（动作失灵），也要导致系统管道压力急剧升高，产生液压冲击。

三　液压冲击的危害

（1）产生液压冲击时，系统压力在极短时间内达到很高值，要比正常压力大几倍甚至十几倍，并产生噪声和振动。这不但影响传动精度和加工质量，而且会使某些液压元件的密封装置遭到破坏，降低设备的使用寿命。

（2）使某些液压元件（如阀、压力继电器等）产生误动作，并可能因此而损坏设备。

四　防止措施

（1）增加管道内径以减少管道中液流速度，从而减少转变成压力能的动能。

（2）尽可能延缓或加长执行元件（运动部件）换向或制动的时间，如采用具有缓冲措施的液压缸结构。

（3）选择动作灵敏、响应较快的液压元件。

2.4.2　空穴现象

一　空穴现象

在液流中，如果某点的压力低于当时温度下油液的空气分离压时，溶解在油液中的空气将迅速、大量地分离出来，形成气泡；如果某点的压力低于当时温度下油液的饱和蒸气压时，不但溶解在油液中的空气将大量分离出来，而且油液本身也将沸腾、汽化，产生大量气泡。这些气泡夹杂在油液中便产生了气穴，使充满在管道或液压元件中的油液成为不连续状态，这种现象叫作空穴现象。

二　产生的原因及部位

1. 过流断面非常狭窄的地方

由伯努利方程式可知，在流量一定的情况下，过流断面越小，其流速越高，则该处液压力越低，越易导致空穴现象。

2. 液压泵的吸油管道

当液压泵吸油管道较细、吸油管道阻力较大、滤油网堵塞、吸油面过低或液压泵转速过高时，液压泵吸油腔不能被油液完全充满，在该处就可能产生一定的真空，以致产生空穴现象。

三 危 害

（1）液流中产生的气泡随液流到高压区时，因承受不住高压而破灭，并又凝结成液体。由于这一过程发生在一瞬间，所以引起局部液压冲击，其温度急剧升高，引起强烈的振动和噪声。

（2）发生气蚀使零件表面受腐蚀。由于从液体中分离出来的空气中含有氧气，且有较强的酸化作用（使油液氧化，生成酸性化合物），因而使零件表面易受腐蚀，降低元件的工作寿命。这种因空穴现象而产生的腐蚀，一般称为气蚀。

四 防止措施

（1）系统管路中应尽量避免有狭窄和急剧转弯处。

（2）正确设计液压泵的结构参数，特别注意使吸油管道有足够的直径。对高压液压泵应采用低压泵供油，及时清洗、更换滤油网。

（3）采用抗腐蚀能力强的金属材料制造液压件，降低零件表面粗糙度。

思考与练习

一　填空题

1. 液体的流态分为__________和__________，判别流态的准则是__________。

2. 液压系统中的压力，即常说的表压力，指的是__________压力。

3. 液压管路中的压力损失可分为两种，一种是__________，一种是__________。

4. 在液压系统中，由于某些原因使液体压力突然急剧上升，形成很高的压力峰值，这种现象称为__________。

二　简答题

1. 什么是流量？它与流速的关系？
2. 静压力的基本特征是什么？
3. 液压系统压力是如何建立的？压力大小取决于什么？
4. 什么是液体的层流、紊流和雷诺数？
5. 什么是液流的连续性原理？说明它的应用。
6. 伯努利方程的物理意义是什么？说明它的应用。
7. 什么是沿程压力损失和局部压力损失？
8. 什么是液压冲击？产生液压冲击的原因及危害？采取何种措施可减小液压冲击？
9. 什么是空穴现象？产生的原因及危害？如何避免？

项目三　学习掌握液压泵和液压马达

☞知识目标

1. 学习几种典型的液压泵（齿轮式、叶片式、柱塞式）以及液压马达的类型。

2. 掌握这几种泵和液压马达的工作原理（如各种泵是如何吸油、压油和配流的；马达是如何将液压能转化成机械能，产生旋转，输出转矩的）。

3. 基本掌握不同类型的液压泵和液压马达的性能特点、结构特征及应用。

4. 了解液压泵和马达常见故障和排除方法。

☞能力目标

1. 能简单分析和掌握齿轮泵、叶片泵、柱塞泵及相对应的液压马达的工作原理、应用特点。

2. 通过液压泵和液压马达的拆装实训，会分析典型液压泵及其对应液压马达的结构上的特点和它们之间的区别。

3. 能够熟练识读各种液压泵、液压马达的图形符号。

4. 学会分析变量机构的变量特性（恒功率、恒压等）。

5. 初步学会选择液压泵和液压马达的类型。

6. 会简单分析液压泵和液压马达的常见故障。

☞实训任务

实训 1　CB－B 型齿轮泵的拆装与结构原理分析。

实训 2　YB 型双作用叶片泵和限压式叶片泵的拆装和结构原理分析。

实训 3　CY14－1 型斜盘式轴向柱塞泵的拆装和结构原理分析。

实训 4　曲轴连杆式径向柱塞马达的拆装和结构原理分析。

任务3.1　学习掌握液压泵和液压马达的基本原理及性能

任务目标： 液压泵和液压马达都是能量转换装置，它们之间有哪些区别和相同点；了解液压泵和液压马达的主要基本参数（流量、排量、压力、功率、效率）。

学习内容： 液压泵和液压马达的工作原理、类型和主要性能。

液压泵和液压马达都是液压传动系统的能量转换装置。液压泵将机械能转换为液压能，是液压传动系统中的动力元件（即主动元件），由原动机（发动机或电动机）驱动，为系统提供压力油液。液压马达将液体的压力能转换为机械能，是液压传动系统的执行元件（即液动机）。它俩从原理上是可逆的。它们是液压系统的核心元件，其性能好坏将直接影响到系统是否正常工作。

3.1.1　液压泵和液压马达的工作原理及分类

一　工作原理

1. 液压泵的工作原理

液压泵是将发动机（或电动机）驱动的机械能转换成液体压力能的能量转换装置，是液压系统中的能源。

容积式泵的工作原理如图3－1所示，图中柱塞2依靠弹簧3紧压在凸轮1上，凸轮1的旋转使2做往复运动。当柱塞向右运动时，它和缸体7所围成的油腔4（密封工作腔）的容积由小变大，形成部分真空，油箱中的油液便在大气压的作用下，经吸油管顶开单向阀5进入油腔4，实现了吸油。当柱塞向左移动时，油腔4的容积由大变小，其中的油液受压，当油的压力大于等于单向阀6的弹簧力时，便顶开单向阀6流入系统中，实现了压

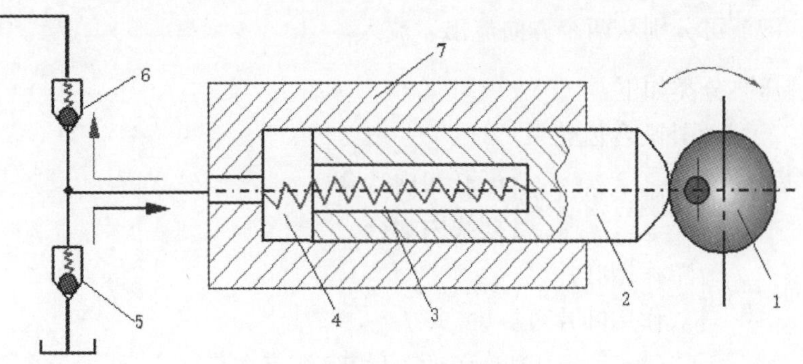

图3－1　容积式泵的工作原理

1—凸轮；2—柱塞；3—弹簧；4—密封容积；5、6—单向阀；7—缸体

油。凸轮不断地旋转，泵就不断地吸油和压油。这种泵的输油能力（输出流量的大小）是由密封工作腔的数目、容积变化的大小及容积变化的快慢决定的，所以称这种泵为容积式泵。

液压泵的工作过程就是吸油和压油的过程，其正常工作必备的基本条件是：

（1）具有密封容积（密封工作腔）。

（2）密封容积能交替变化，泵的输油量和密封容积变化大小及单位时间变化次数成正比。

（3）具有配流装置。其作用是保证密封容积在吸油过程中与油箱相通，同时关闭供油通路；压油时与供油管路相通，而与油箱切断。

（4）吸油过程中油箱必须与大气相通。这是吸油过程的必要条件。压油过程中，实际油压取决于输出油路中所遇到的阻力，即决定于外界负载，这是形成油压的条件。

2. 液压马达工作原理

液压马达是把输入液体的压力能转换成机械能输出的能量转换装置。就液压系统来说，液压马达是一个执行元件。容积式液压马达的工作原理，从原理上讲是把容积式泵倒过来使用，即向液压泵输入压力油，输出的是转速和转矩。

容积式泵与其相应的马达从原理上讲是可逆的，但由于功用不同，它们的实际结构有所差别。有的泵可直接做马达使用，即通入压力油后就可以旋转。但某些泵通入压力油后，根本不能旋转。这是由于两者的用途不同，结构上有些差别。马达要求正反转，其结构具有对称性。而泵为了保证其自吸性能，结构上采取了某些措施。因此不同类型的液压马达其具体的工作原理有所不同，这将在具体讲液压泵和液压马达时加以说明。

二　分类及符号

常用液压泵及液压马达按其结构形式可分为齿轮式、叶片式、柱塞式三大类，每种类型又有很多种。液压泵和液压马达的几何特征参数是排量，分别用 q_B 和 q_M 表示，排量是否可调又分为定量泵、定量液压马达和变量泵、变量液压马达两大类。按输出、输入液流的方向是否可调又分为单向泵、单向液压马达和双向泵、双向液压马达。对于双向液压泵和液压马达，液流可分别从两个方向流出、流入。

容积式液压泵分类如下：

- 液压泵
  - 齿轮泵
    - 外啮合齿轮泵
    - 内啮合齿轮泵
      - 渐开线内啮合
      - 摆线内啮合
  - 叶片泵
    - 单作用叶片泵
    - 双作用叶片泵
  - 柱塞泵
    - 轴向柱塞泵
      - 斜盘式轴向柱塞泵(可变量)
      - 斜轴式轴向柱塞泵(可变量)
    - 径向柱塞泵
      - 回转式径向柱塞泵
      - 曲轴式径向柱塞泵

容积式液压马达分类如下：

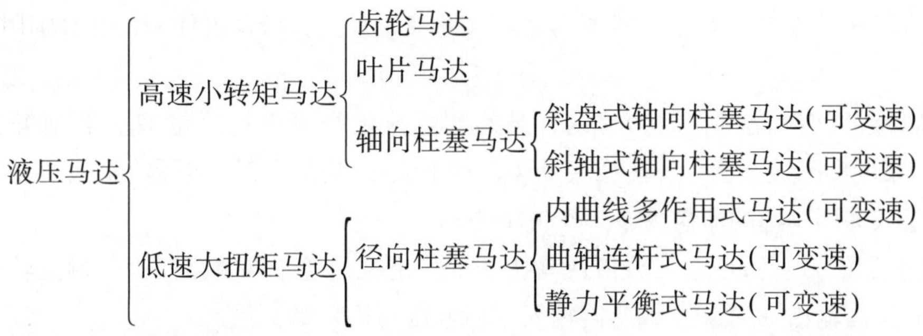

液压泵和液压马达的职能图形符号如图 3－2 所示。

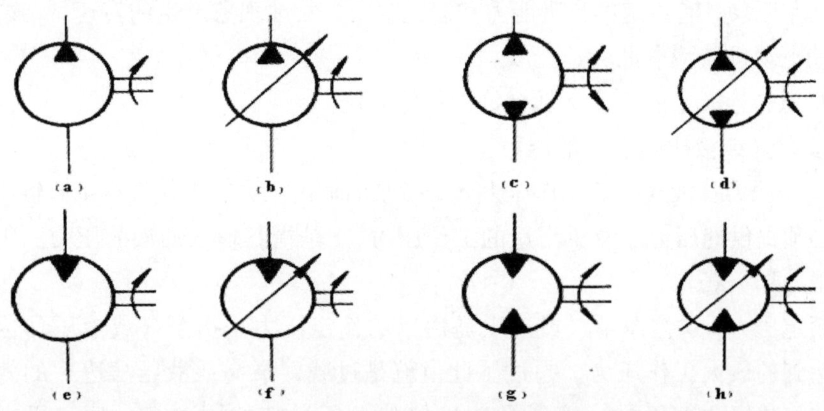

图 3－2　液压泵和液压马达职能图形符号图

(a) 单向定量泵；(b) 单向变量泵；(c) 双向定量泵；(d) 双向变量泵

(e) 单向定量马达；(f) 单向变量马达；(g) 双向定量马达；(h) 双向变量马达

三　液压泵（或液压马达）的主要性能参数

为了说明液压泵和马达的工作能力和范围，通常要列出许多主要性能参数，写在产品铭牌、产品说明书和技术设计说明书上。这里分别列出液压泵和液压马达的主要性能参数。

1. 液压泵（或液压马达）的排量和流量

（1）排量：是指在不考虑泄漏的情况下，液压泵（或液压马达）每一转一转理论上所输出（或所需输入）液体的体积，并以 q_B（对液压泵）和 q_M（对液压马达）来表示。排量的单位是 m^3/r（立方米/转），但这个单位太大，习惯上常用 cm^3/r（或 ml/r，即毫升/转）。排量与转速无关，只取决于液压泵或液压马达的密封工作腔的几何尺寸。

（2）平均理论流量 Q_t：液压泵（或液压马达）的理论流量是指在不考虑泄漏的情况下，泵（或液压马达）在单位时间内所输出（或所需输入）液体的体积，并以 Q_{tB}（对泵）和 Q_{tM}（对液压马达）来表示，其值为排量与转速 n_p（对泵）或 n_M（对液压马达）的乘积

$$Q_{tB} = q_B n_B \quad \text{（对液压泵）} \quad (3.1)$$

$$Q_{tM} = q_M n_M \quad \text{（对液压马达）} \quad (3.2)$$

(3) 实际流量 Q：液压泵或液压马达的实际流量是指在考虑泄漏的情况下，泵和液压马达在单位时间内所输出（对泵）或所需输入（对液压马达）液体的体积，并分别用 Q_B、Q_M 表示。

对于液压泵的实际流量，因为泄漏，泵的实际流量小于理论流量 Q_t，若泄漏量为 ΔQ，则液压泵的实际流量为 $Q_B = Q_t - \Delta Q$。对于液压马达而言，实际流量大于理论流量，则实际输入液压马达的流量为 $Q_M = Q_t + \Delta Q$。

(4) 额定流量 Q_s：液压泵（或液压马达）的额定流量是指在额定压力，额定转速下允许连续运转所需输出（对泵）或所需输入（对液压马达）的流量。

(5) 额定转速 n_B：额定压力下能连续长时间正常运转的最高转速，也是泵的最佳工作转速，且保证泵具有一定的自吸能力和避免空穴、气蚀现象产生的转速。与之配套的原动机（例如电动机）应按此转速选取。

(6) 最低转速 n_{Bmin}：正常运转允许的最低转速。

2. 液压泵（或液压马达）的压力

(1) 工作压力：液压泵的工作压力 p 是指泵的输出压力，即使液压泵所输出的油液克服阻力所必须提供的压力。液压马达的工作压力 p_M 是指其输入油液的压力。工作压力的大小决定于外界负载。

(2) 额定压力 p：液压泵（或液压马达）的额定压力是指泵（或液压马达）在使用中所允许达到的最大工作压力，超过了此值就是过载，泵（或液压马达）的效率就将下降，寿命就将减短。液压泵（液压马达）铭牌上所标定的压力就是额定压力。液压泵（或液压马达）长时间工作的最大压力，受密封、轴承、摩擦副磨损和效率等因素约束。

(3) 最大工作压力 p_{max}：液压泵（或液压马达）短时间工作不致损坏的极限压力，高于额定压力。

(4) 最低吸入压力 p_{min}：泵从油箱（通大气）吸入液体时的最大真空度，常以泵吸入口标高比油箱液面高出的毫米数标出。

3. 液压泵和液压马达的功率和效率

(1) 液压泵的功率和效率。液压泵由电机驱动，它的输入量取决于转矩和转速（角速度），输出量取决于液体的流量和压力。如果不考虑液压泵在能量转换过程中的能量损失，其输出功率应等于输入功率，即液压泵的输入功率为 $P_{入} = M\omega$，泵输出液压功率为 $P_{出} = pq$，即其理论功率是

$$P_t = pq = M\omega \qquad (3.3)$$

式中：M 为液压泵的理论转矩，ω 为液压泵的角速度。

实际上，液压泵在能量转换过程中是存在能量损失的，其输出功率小于输入功率。液压泵的效率可分为容积效率 η_v 和机械效率 η_m

容积效率 η_v 的高低反映了泵内流量方面的损失情况，这种损失是由于泵内液体从高压向低压泄漏（即内泄漏）以及吸油过程中密封腔内未能吸满而引起的，其值为泵实际能输出的流量 Q 和理论上可以输出的流量 Q_t 之比

$$\eta_v = \frac{Q}{Q_t} = \frac{Q_t - \Delta Q}{Q_t} = 1 - \frac{\Delta Q}{Q_t} \qquad (3.4)$$

机械效率的高低反映了泵内由于液体黏性而引起的液体摩擦损失以及泵内机件相对运动时机械摩擦引起的机械损失的大小，其值为理论上需要的扭矩值（$M_{理}$）和实际输入的必须大于理论值的实际扭矩值（$M_{实}$）之比

$$\eta_m = \frac{M_{理}}{M_{实}} \qquad (3.5)$$

用此式可计算泵的实际输入扭矩 $M_{实}$。

泵的总效率 η 为输出功率 $P_{出}$ 与输入功率 $P_{入}$之比，亦为容积效率和机械效率之积。

$$\eta_{总} = \frac{P_{出}}{P_{入}} = \eta_v \cdot \eta_m \qquad (3.6)$$

（2）液压马达的功率和效率。液压马达也有容积损失和机械损失，产生的原因也与泵相同。与泵不同的是液压马达理论需要的流量 $Q_{理}$，由于泄漏，实际必须输入的流量 $Q_{实}$（Q_M）大于其理论流量 $Q_{理}$（Q_{tm}）值，实际输出转矩 M_M 小于其理论转矩 M_{tM}。因此液压马达的容积效率 η_{vM} 和机械效率 η_{mM} 分别为

$$\eta_v = \frac{Q_{理}}{Q_{实}} = \frac{Q_{tM}}{Q_M} \qquad (3.7)$$

$$\eta_{mM} = \frac{M_{实}}{M_{理}} = \frac{M_M}{M_{tM}} \qquad (3.8)$$

液压马达的总效率 η_M 为其输出功率与输入功率的比值，经推导可得

$$\eta_{总} = \frac{P_{M出}}{P_{M入}} = \eta_{vM} \cdot \eta_{mM} \qquad (3.9)$$

3.1.2　认识泵和马达的主要性能相关概念

无论在选用泵和马达产品来设计系统，或是分析系统工作情况时，都必须了解以下几个相关泵和马达的概念。

1. 有关泵的概念

第一是几个有关流量概念：由于泵的结构原理所致，泵的流量随时间不同而不同，即所谓流量脉动。每一时刻的流量，就是“瞬时流量”Q_B，它有最大值 Q_{Bmax} 和最小值 Q_{Bmin}。泵的流量脉动越小，泵的性能越平稳。而几何流量 Q_B 是瞬时流量的平均值，也可称为平均几何流量。所以实际流量 Q_B 也是具有平均值意义的。

第二是定量泵必须高于最低转速 n_{Bmin}。当 n_B 很低时，η_B 将很小。甚至面临 $\eta_{Bv}=0$，泵将无实际流量 Q_B 供给系统。再加上有流量脉动现象，则在 n_B 很低时，泵就处于时有流量时无流量的状况，这使系统无法稳定工作，这就必须规定一个最低转速 n_{min}。

第三是变量泵在一定的 n_B 下必须在高于最小排量 q_{Bmin} 的情况下工作，其原因也可用容积效率 η_{Bv} 和流量脉动现象结合起来说明，所以必须规定一个最小排量 q_{Bmin}。

2. 有关马达的概念

第一是瞬时输出力矩 M_m。由于马达结构原理所致，马达输出力矩随时间而变化，即所谓力矩脉动，每一时刻的输出力矩，就是瞬时输出力矩 M_M，它有最大值 M_{Zmax} 和最小值 M_{Zmin}。通常马达的力矩脉动越小，马达性能越平稳。

第二是马达即使在压入流量 Q 是常数的情况下，其转速也将是脉动的，如果 Q 随时间变化，转速更将随时间变化，所以马达有瞬时转速 n，也有最大值和最小值，在每一个相应的平均转速 n 值的上下脉动。

除了以上主要性能指标和相关概念外，泵和马达工作时的噪声，也是性能指标，对于一般行走机械应将泵和马达的噪声控制在 90dB 以下。

任务 3.2　学习掌握齿轮泵和齿轮马达

任务目标：掌握齿轮泵和齿轮马达的结构、工作原理。齿轮泵在结构上存在的问题，对泵性能的影响，如何解决；齿轮马达在结构上也存在同样的问题，考虑哪些因素，与泵有哪些不同点。了解齿轮泵和齿轮马达的常见故障。

学习内容：外啮合齿轮泵和齿轮马达的工作原理、结构特点和应用场合；齿轮泵在结构上存在的问题对泵性能的影响及采取的措施；内啮合齿轮泵的工作原理、特点及应用。齿轮泵和齿轮马达的常见故障分析。

齿轮泵（或齿轮马达）是由一对齿轮相互啮合的运动方式进行工作的定量泵（或定量马达）。工程机械中齿轮泵、齿轮马达的应用广泛（尤其是外啮合齿轮泵）。

3.2.1　外啮合齿轮泵

齿轮泵按结构分为内啮合和外啮合两种，其中外啮合齿轮泵应用更广泛。齿轮泵的种类很多，按工作压力大致可分为低压齿轮泵（P≤2.5 MPa）、中压齿轮泵（2.5 MPa＜P≤8 MPa）、中高压齿轮泵（8 MPa＜P≤16 MPa）和高压齿轮泵（16 MPa＜P≤16 32 MPa）四种。目前国内生产和应用较多的是中压、低压和中高压齿轮泵，正向高压齿轮泵方向发展和迈进。

一　外啮合齿轮泵的工作原理

图 3－3 所示为齿轮泵的工作原理图。该泵的壳内装有一对相同的外啮合的齿轮，齿轮两侧靠端盖（图中未画出）封闭。壳体、端盖（前、后端盖）和一对大小相同的齿轮组成了密封的工作腔，密封工作腔又被啮合齿轮的啮合线、端盖及泵体（壳体）分隔成左右两个密封腔。即吸油和压油腔。当齿轮按图示方向旋转时，右侧吸油腔由于啮合着的轮齿逐渐脱开，密封工作腔的容积逐渐增大，因而形成部分真空。油箱里的油液在大气压的作用下，经吸油管被吸入吸油腔并进入齿槽随转动轮齿带到左侧压油容腔内。在左侧压油区，由于轮齿在这里逐渐进入啮合，密封工作腔的容积不断减小，因而油液被挤压出去。

液压泵不断地旋转，吸油、压油过程便连续进行。这就是齿轮泵的工作原理。

显然，齿轮泵的工作过程中，只要两齿轮的旋转方向不变，其吸油腔和排油腔的位置也是确定不变的，这里的啮合点处的齿面啮合线一直起到分隔高、低压油腔的作用，所以，在齿轮泵中不需要专门设置配流机构，这是齿轮泵和其他液压泵（后面叙述的叶片泵和柱塞泵）的不同之处。

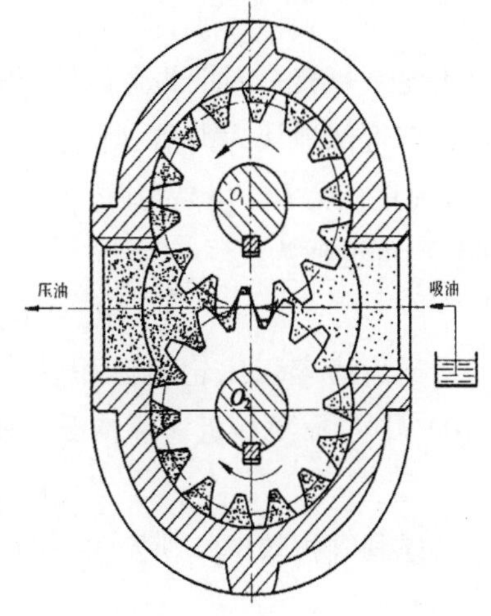

图 3-3　齿轮泵（外啮合）的工作原理

二　外啮合齿轮泵结构

图 3-4 是 CB-B 型齿轮泵结构图。它采用三片结构。三片分别是前端盖 8、后端盖 4 和泵体 7。它们之间通过两个圆柱销 17 定位，六个螺钉 9 紧固。其中主动齿轮 6 用键 5 固定在传动轴 12 上，并与电动机相连而转动，带动啮合的从动齿轮旋转。在后端盖上开有吸油口和压油口，开口大的为吸油口，小的为压油口。两根轴 12、15 用四个滚针轴承 3 分别装在前、后端盖上，油液通过轴向间隙润滑轴承，然后经泄油口通道 14 回吸油口。为使齿轮转动灵活，同时泄漏量最小，在齿轮端面留有轴向间隙，齿顶留有径向间隙。为防止齿顶与泵体相碰，间隙可稍大些。为防止油泄漏到泵外，减小泵体与端面之间的油压作用，减小螺钉紧固力，在泵体的两端面开有卸荷槽 16。该系列泵额定压力为 2.5 MPa，流量为 0.00047 ~ 0.0333 m^3/s（2.5 ~ 200 L/min）。其型号“CB”是“齿”“泵”二字汉语拼音的第一个字母。

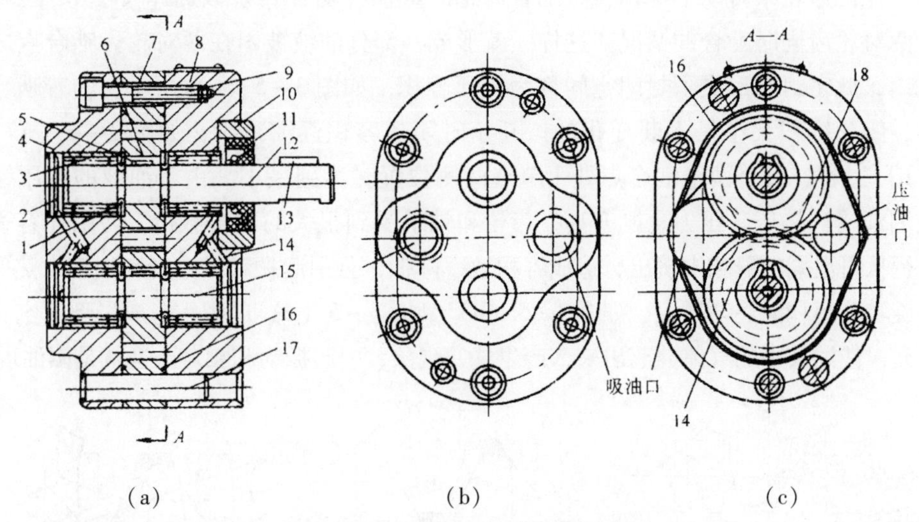

图 3-4　CB-B 型齿轮泵结构图

1—弹簧挡圈；2—轴承端盖；3—滚针轴承；4—后端盖；5、13—平键；6—主动齿轮；7—泵体；8—前端盖；9—螺钉；10—端盖（透盖）；11—密封圈；12—传动轴；14—卸油通道；15—从动轴；16—卸荷槽；17—定位销；18—困油卸荷

三　排量和流量

齿轮泵每转一周把两个齿轮所有齿槽中所存的油液（不包括齿根间隙中的油液）全部排出。若近似地认为齿槽（除去齿根间隙后）的容积等于轮齿的体积，则当齿轮齿数为 Z、节圆直径为 D、齿高为 h、模数为 m、齿宽为 B 时，齿轮泵每转一周所排出液体的体积（排量）可近似为

$$q = \pi DhB = 2\pi Z m^2 B \qquad (3.10)$$

由于齿槽容积比轮齿体积稍大，因而实际几何排量还要大一些，故以 3.33 代替式（3.10）中的 π 更接近实际情况，所以通常取

$$q = 6.66Z m^2 B \qquad (3.11)$$

考虑到容积效率，则齿轮泵的实际输出流量为

$$Q = 6.66Z m^2 Bn\eta_v \qquad (3.12)$$

式（3.12）中的 Q 是齿轮泵的平均流量。实际上，因为在轮齿的不同啮合点工作腔容积的变化率不一样，因此在每一瞬时所压出的流量也不一样，故齿轮泵的瞬时流量是脉动的。

齿轮泵的流量脉动率与其齿数有关，齿数越少，其流量脉动率越大，故齿轮数应尽量多些。内啮合齿轮泵比外啮合齿轮泵的流量脉动率要小得多。

四　齿轮泵在结构上存在着几个问题

1. 困油现象

为了保证齿轮泵传动平稳，常将啮合齿轮的重叠（啮合）系数选择大于 1，也就是说存在着两对轮齿同时啮合的情况。这样，就形成一部分油液被困在两对轮齿啮合点之间的密封腔内，此密封腔形成了封闭空间称为闭死容积，如图 3－5（a）所示。随着啮合齿轮的旋转，闭死容积大小是不断变化的。开始时闭死容积逐渐减少，如图 3－5（a）到图 3－5（b）过程，直至两个啮合点处于节点两侧位置时达到最小，由于油液的可压缩性很小，被困油受到挤压，压力急剧升高，齿轮和轴承受到很大的冲击载荷，使困死容积的高压油强行从可泄漏的缝隙中挤出，造成容积效率降低，且引起振动、噪音和油液发热等。当齿轮再旋转，容积又逐渐增大，如图 3－5（b）到图 3－5（c）过程，造成局部真空，由于无油补充，使油液中的气体分离出来，产生气穴现象，引起振动和噪声。这就是困油现象。

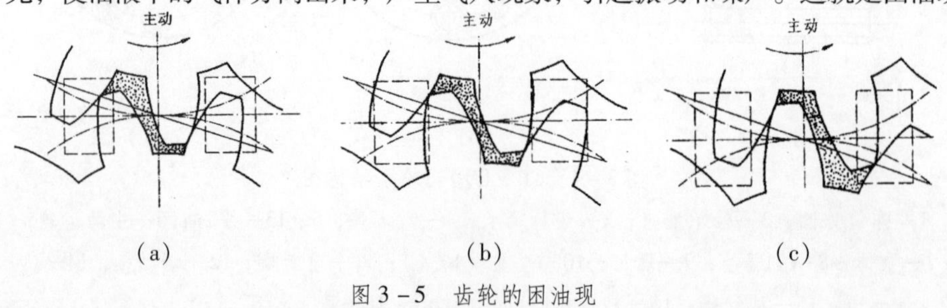

图 3－5　齿轮的困油现

困油现象的危害：使闭死容积中的压力急剧升高，使轴承受到很大的附加载荷，同时产生功率损失及液体发热等不良现象，或使溶解于油液中的空气析出产生气泡，产生气蚀现象，引起振动和噪声。

清除齿轮泵上述困油现象的办法，通常是在端盖（或在浮动侧板、浮动轴套）上开出卸荷槽（如图 3－5 中的虚线所示位置）。开卸荷槽的原则是：当闭死容腔由大减小时，让卸荷槽与泵的压油腔相通，这样可使封闭容腔中的高压油排到压油腔中去，使闭死容腔内的压力不会急剧升高。当封闭容腔由小增大时，使卸荷槽与泵的吸油腔相通，使吸油腔的油及时补入到封闭容腔中，从而避免产生真空，这样使困油现象得以消除。

在开卸荷槽时，必须保证齿轮泵吸、压油腔任何时候不能通过卸荷槽直接相通，否则将使泵的容积效率降低很多。

2. 泄漏问题

齿轮泵的泄漏比较大，其高压腔的压力油通常通过三条途径泄漏到低压腔：一是通过齿顶圆和泵体内孔间的径向间隙；二是通过齿轮端面与端盖之间的轴向间隙；三是轮齿啮合线处的接触间隙。途径一、三的泄漏量较小，途径二的泄漏量较大，一般约占总泄漏量的 75% ~80% 。因此，普通齿轮泵的容积效率比较低，输出压力也不易提高。在高压齿轮泵中，一般都使用轴向间隙补偿装置以减少轴向泄漏，提高其容积效率。CB－B 型齿轮泵轴向间隙不能调节，端面磨损后就不能正常工作，该泵只用于 2.5 MPa 的低压系统。

提高齿轮泵工作压力的关键是有效降低内部的端面泄漏。为了适应高压系统的需要，额定压力大于 8 MPa 的高压、中压齿轮泵在齿轮和端盖之间增加一个轴向间隙自动补偿零件。其大致可分浮动轴套（如 CB 泵）、浮动侧板（如 CB－H、CB－L 泵）和挠性侧板。无论采用哪种形式的补偿措施，其工作原理都是把泵内压油腔的压力油引到轴套（或侧板）外侧或侧板上，从而自动补偿端面磨损和减小端面间隙。

如图 3－6（a）所示为浮动轴套式轴向间隙补偿装置。通过泵中的孔道把压油腔的高压液体引到轴套背后的腔室 A。压力液体便推动浮动轴套，使其端面与齿轮端面贴紧如图 3－6（b）所示，从而减少了轴向间隙泄漏，磨损后可自动补偿。

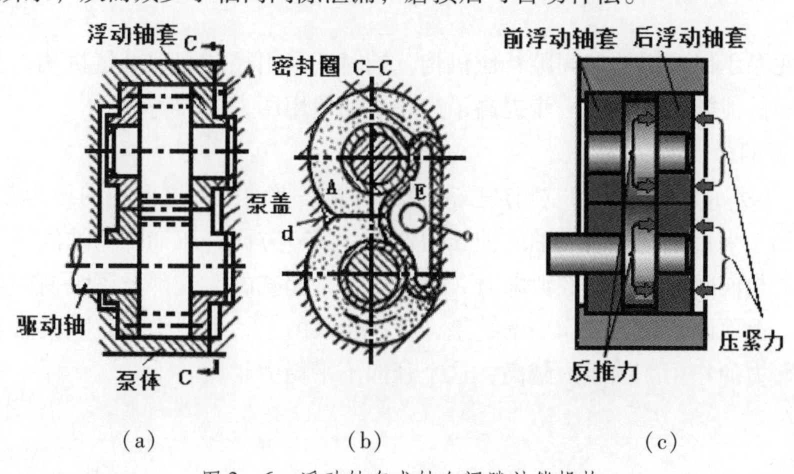

图 3－6　浮动轴套式轴向间隙补偿机构

轴套或侧板与齿轮端面的接触面间存在着一层油膜，形成不均匀的压力分布，靠吸入区和轴承处越近则压力越低，靠压油区越近则压力越高，油膜的分布压力欲使轴套或侧板与齿轮脱开，即给轴套、侧板以推开力，因油膜的压力不是均匀分布，所以推开合力的作用点是偏向压油区一侧。由于这种情况，在图 3－6（a）所示轴套（或侧板）的背后一般都由密封圈围成互不相通的两个腔室 A 和 E，A 通过槽 d 与压出区相通，而 E 是通过孔 O 与吸入区相通。这样，A 腔液体给轴套作用压紧力，其合力作用点也偏向压出区一侧，通过正确设计，可使压紧力合力与推开力合力的作用点趋向重合，防止轴套承受弯矩而产生偏磨。A 腔的面积也应设计成使压紧力合力略大于推开力合力，以消除轴向间隙，但不宜大太多，以减少磨损。这种泵不能反转使用，因 A 腔只能偏在压出区一边。其他补偿方法如图 3－7、3－8 所示。图 3－8 所示是挠性侧板式间隙补偿装置，它将泵出口的压力油引到侧板的背面后，靠侧板自身的变形来补偿端面间隙。侧板的厚度较薄，内侧面要耐磨（如烧结有 0.5～0.7mm 的磷青铜），这种结构采取一定措施后，易使侧板外侧面的压力分布大体上和齿轮侧面的压力分布相适应。

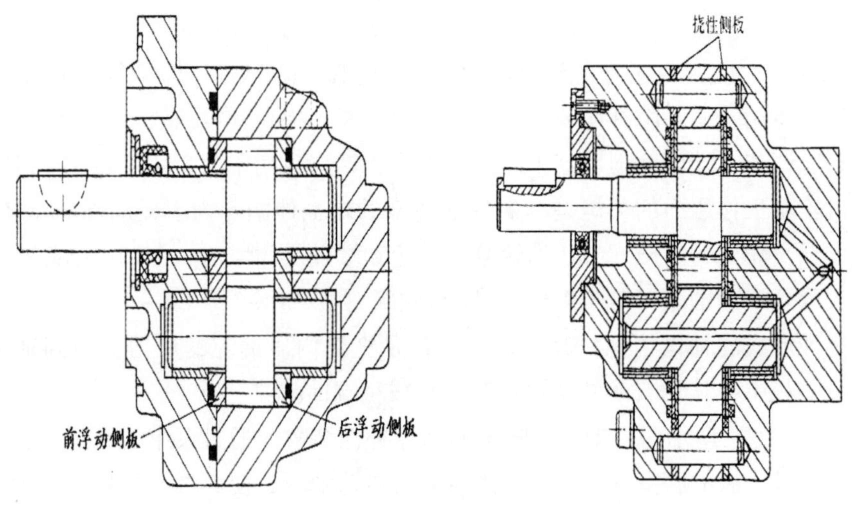

图 3－7　浮动侧板补偿　　　　图 3－8　挠性侧板补偿

有的齿轮泵不但采用轴向间隙补偿机构，同时还采用径向间隙补偿机构，从而也减少了沿径向间隙的泄漏，这就进一步提高了齿轮泵的使用压力。

3. 不平衡的径向力

如图 3－9 所示，齿轮泵的左侧是压油腔，右侧是吸油腔，这两腔的压力是不平衡的，因此齿轮受到了来自压油腔高压油的油压力作用。另一方面，压油腔的油液沿泵体内孔和齿顶圆之间的径向间隙向吸油腔泄漏时，其油压力是递减的，这部分不平衡的油压力也作用于齿轮上。上面两个力联合作用的结果，使齿轮泵的上、下两个齿轮及其轴承都受到一个径向不平衡力的作用。油压力越高，这个径向不平衡力越大。

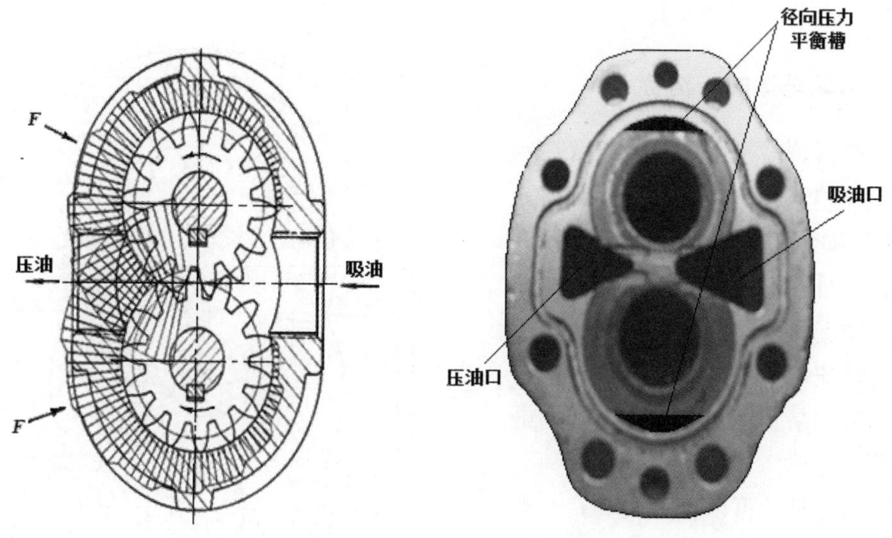

图 3－9 齿轮泵的径向受力　　　　图 3－10 开径向压力平衡槽

解决的办法有：①缩小压油口，这种方法应用较广，以减少高压区接触的齿数来减小不平衡的径向力。②加大齿轮轴和轴承的承载能力，如 CB－G 泵。③在浮动侧板（或浮动轴套）上开径向压力平衡槽（见图 3－10）。④缩短径向间隙密封区（CB－H 泵）。

五 齿轮泵的优缺点及应用

齿轮泵的主要优点是结构简单紧凑，体积小，重量轻，工艺性好，价格便宜，自吸能力强，对油液污染不敏感，转速范围大，维护方便，工作可靠。它的缺点是径向不平衡力大，泄漏大，流量脉动大，噪声较高，不能做变量泵使用。低压齿轮泵已广泛应用在低压（25×10^5Pa 以下）的液压系统中，如工程机械的各种补油、润滑和冷却装置等。齿轮泵在结构上采取一定措施后，可以达到较高的工作压力。中压齿轮泵主要用于机床、轧钢设备的液压系统。中高压和高压齿轮泵主要用于农林机械、工程机械、船舶机械和航空技术中。

3.2.2 齿轮马达的工作原理和结构

一 齿轮液压马达工作原理

齿轮液压马达的工作原理如图 3－11 所示。图中 P 点为两齿轮的啮合点。设齿轮的齿高为 h，啮合点 P 到两齿根的距离分别为 a 和 b。由于 a 和 b 都小于 h，所以当压力油作用到齿面上时（如图中箭头所示，凡齿面上两边受力平衡部分都未用箭头表示），在两个齿轮上就各有一个使它们产生转矩的作用力：$pB(h-a)$ ——作用于下齿轮的力，$pB(h-b)$ ——作用于上齿轮的力。其中 p 为输入油液压力，B 为齿宽。在上述力作用下，两齿轮按图示方向回转，并把油液带到低压腔随着轮齿的啮合而排出。同时在液压马达的输出轴上输出一定的转矩和转速。

二　齿轮马达的结构特点

和一般齿轮泵一样，齿轮液压马达由于密封性差，容积效率较低，所以输入的油压不能过高，因而不能产生较大的转矩，并且它的转速和转矩都是随着齿轮啮合情况而脉动的。齿轮液压马达多用于高转速低转矩的液压系统中。齿轮马达和齿轮泵基本相似，从原理上讲是可逆的。

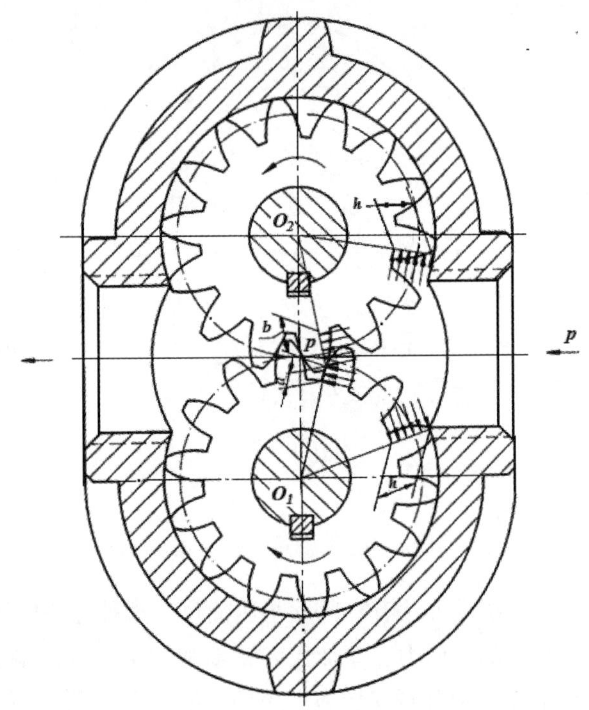

图 3－11　齿轮马达的工作原理图

目前齿轮马达可以分为两类：一类是以齿轮泵为基础的齿轮马达，如 CB－E型齿轮泵可不经改装便作为齿轮马达（CM－E 型）使用。另一类是专门设计的齿轮马达。专门设计的齿轮马达由于考虑了液压马达的一些特殊要求，如需要带载荷起动，要经受外载荷的冲击，要能正反向旋转等，因此在实际结构上与齿轮泵相比有些差别。其结构特点是：

（1）进、回油通道对称，孔径相同，以使正反转时性能一样。

（2）采用外泄漏油孔。一方面因为马达回油有些背压，另一方面因为马达正反转时其进回油腔也互相变化，如果采用内部泄油容易将轴端油封冲坏。所以齿轮马达与齿轮泵不同，必须采用外泄漏油孔。

（3）对于轴向间隙自动补偿的浮动侧板的结构，必须适应正反转时都能工作的要求。同时困油卸荷槽也必须是对称布置的结构。

（4）使用滚动轴承较多，主要是为了减少摩擦损失，改善启动性能。

齿轮马达与其他类型马达相比具有结构简单、体积小、重量轻，对油液污染不敏感，耐冲击等优点。但是它的容积效率较低，起动力矩小，低速稳定性差。适用于汽车车辆、工程机械、港口机械等液压系统中的回转运动结构。

3.2.3　内啮合齿轮泵

图 3－12 所示为内啮合齿轮泵，有渐开线齿轮泵和摆线齿轮泵两种形式。

图 3－12（a）所示为渐开线齿形内啮合齿轮泵，小齿轮和内齿轮之间要装一块月牙隔板，以便把吸油腔和压油腔隔开。图 3－12（b）所示为摆线齿轮泵又称为转子泵，两齿轮相差一个齿，因而不需设置隔板。内啮合齿轮泵中的小齿轮是主动轮，大齿轮为从动

轮，在工作时大齿轮随小齿轮同向旋转。

内啮合齿轮泵的流量脉动比外啮合齿轮泵流量脉动小，结构紧凑，尺寸小，重量轻，运转平稳，噪声低，自吸性能好。但在低速、高压下工作时，压力脉动大，容积效率低。所以，一般用于中、低压系统，或作为补油和润滑使用。大、中型车辆和工程机械的液压转向系统常采用摆线转子泵，下面介绍摆线转子泵的工作原理和结构。

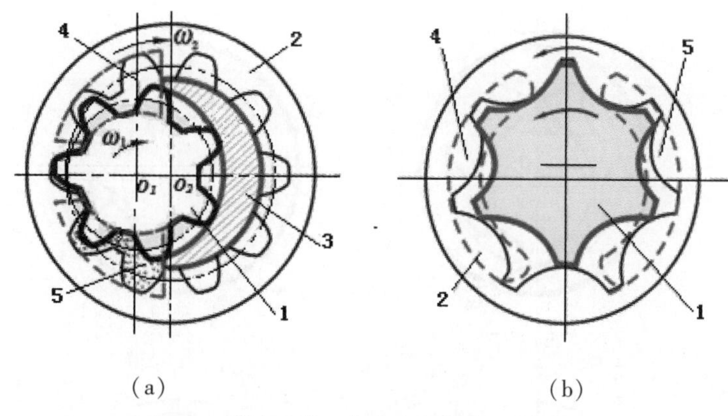

图 3－12　内啮合齿轮泵

1—外齿轮；2—内齿轮；3—月牙板；4—吸油窗口；5—压油窗口

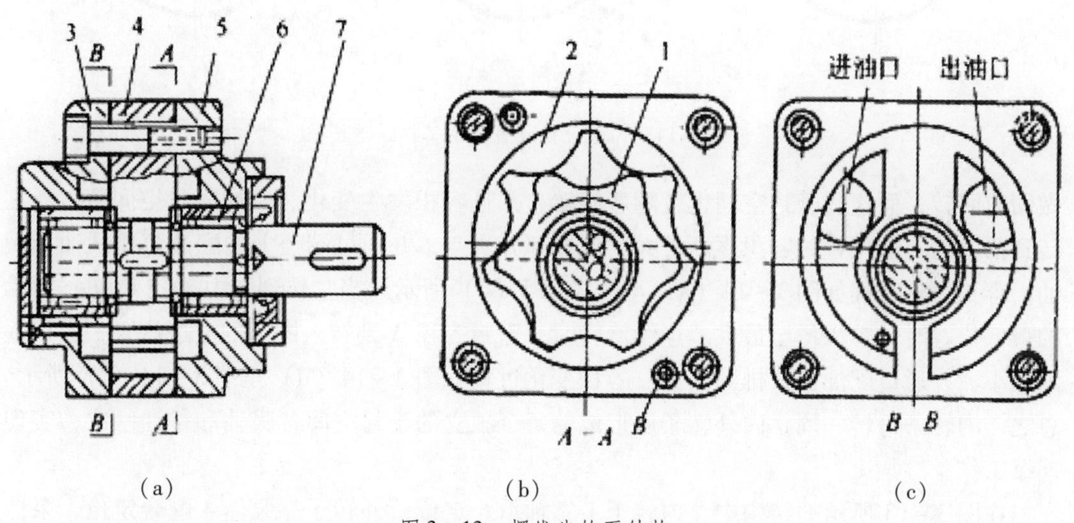

图 3－13　摆线齿轮泵结构

1—内转子；2—外转子；3—前盖；4—泵体；5—后盖；6—滚针轴承；7—主动轴

摆线转子泵的结构如图 3－13 所示。这种泵主要由一对内啮合的转子（齿轮）和配油盘、泵体、端盖等组成。内转子 1 是外齿轮（齿数为 Z_1）为主动件，转动轴线为 O_1。外转子 2 是内齿轮（齿数为 Z_2）为从动件，轴线为 O_2。内转子旋转时将带动外转子同向旋转。轴线 O_1 和 O_2 之间有一偏心距 e。内转子齿数比外转子齿数少一个齿（即 $Z_2 = Z_1 + 1$），图中的内转子是 6 个齿，外转子是 7 个齿（内转子也有 4 齿、8 齿或 10 齿的）。摆线转子泵工作时，由于多齿啮合（多点接触的特点），内转子的 6 个齿将全部与外转子的轮齿啮合，因此有 6 条啮合线，内外转子之间就形成了 7 个密封空间，如图 3－14 所示，为其工作原理图。当内转子由原动机带动绕 O_1 做逆时针回转时，外转子就转 O_2 随同内转子

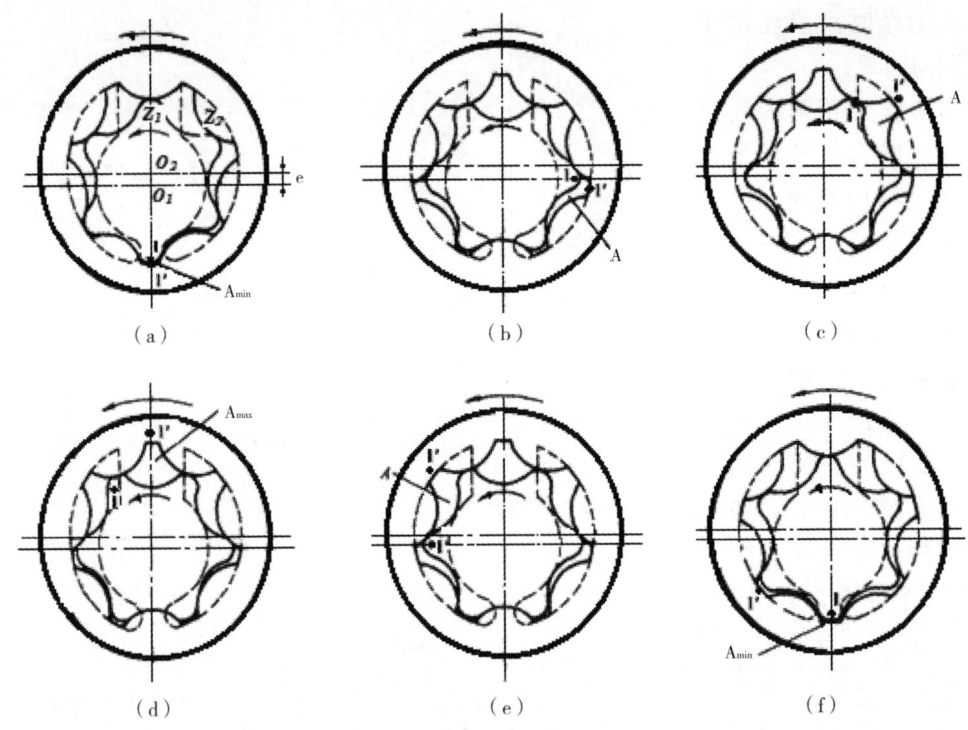

图 3 – 14　内啮合摆线齿轮泵工作原理图

做同向回转，而这些密封空间也就随着旋转，并且容积发生变化。例如密封空间 A，当它转到图示的右边位置时容积逐渐扩大，形成部分真空，并通过端盖上的配油窗口从油箱吸油。容积变化过程如图 3 – 14（a）至图 3 – 14（d）所示。当它转到图中 3 – 14（d）所示的最低位置时，容积增至最大。连续旋转时，密封容积 A 到转入图示的左边位置，容积逐渐缩小，并通过配油窗口排油出去。容积变化过程如图 3 – 14（d）至图 3 – 14（f）所示。总之，内转子每转一周，内外转子所形成的每个独立的密封空间各吸油和排油一次，实现连续工作。

在图 3 – 13 所示的结构中，内转子 1 靠轴承 6 定位，外转子靠泵体 4 配合定位，泵体和前、后盖用锥销定位，以保证内外转子的偏心量 e 和轴承的同心度。在前后盖上对应于吸油区和排油区开挖配油窗口，并在前盖上钻有吸油口和排油口。在后盖板上开挖配油窗口是为了保持转子两端面轴向压力的平衡。

3.2.4 齿轮泵和齿轮马达常见故障与故障排除

1. 外啮合齿轮泵常见故障与排除方法

表3－3 外啮合齿轮泵常见故障与排除

故障现象	产生原因	排除方法
泵不排油或排量与压力不足	1. 泵反向旋转。 2. 滤油器或吸油管道堵塞。 3. 液压泵吸油侧及吸油管处密封不良有空气吸入，其表现为压力显示值最低，液压缸无力，油箱起泡等。 4. 油液黏度在造成吸油困难，或温升过高导致油液黏度降低造成内泄漏过大。 5. 零件磨损，间隙增大，泄漏较大。 6. 泵的转速太低。 7. 油箱中油面太低。 8. 溢流阀有故障。	1. 调换改变泵转向。 2. 拆洗滤油器及管道或更换油液。 3. 检查并紧固有关螺纹连接件或更换密封件。 4. 选择合适黏度的油液，检查诊断温升过高故障，防止油液黏度过大变化。 5. 检查有关磨损零件，进行修磨达以到规定间隙。 6. 检查有关打滑现象。 7. 检查油面高度，并使吸油管插入油面以下。 8. 检查溢流阀的阀芯、弹簧及阻尼孔等，诊断溢阀故障。
噪声及压力脉动较大	1. 液压泵吸油侧及轴油封和吸油管段密封不良，有空气吸入。 2. 吸油管及滤油器堵塞或阻力太大造成液压泵吸力不足。 3. 吸油管外露或伸入油面下较浅或吸油高度过大。 4. 由于装配质量造成困油现象，卸荷槽（或卸荷孔）的位置偏移，导致液压泵泵油时产生困油噪声，表现为随着油泵的旋转，不断交替地发出爆炸声，使人难以忍受，规律性很强。 5. 齿形精度不高、节距有误差或轴线不平行。 6. 泵与电动机轴不同心或松动。	1. 加黄油于连接处，若噪声减少，说明油封不良，应拧紧接头或更换密封。 2. 检查滤油器的容量及堵塞情况，及时处理。 3. 吸油管应伸入油面以下的2/3处，防止吸油管口露出油面，吸油高度应不大于500mm。 4. 打开液压泵的一侧端盖，轻轻地转动主轴，检查两齿轮啮合与卸荷槽（孔）的微通情况，采用刮刀微量刮削，多次修整多次试验，直至消除噪声为止。 5. 更换齿轮或研配与调整。 6. 按技术要求进行高速调整，检查直线性，保持同轴度在0.1mm内。
液压泵旋转不灵活或咬死	1. 轴向间隙或径向间隙过小。 2. 装配不良，致使盖板轴承孔与主轴、泵与电动机的联轴器的同心度不好。 3. 油液中杂质吸人泵内卡死运动。	1. 修复或更换泵的机件。 2. 修整、重装。 3. 加强滤油或更换新油。
温升过高	1. 装配不当，轴向间隙小油膜破坏，形成干摩擦，机械效率低。 2. 液压泵磨损严重，间隙过大泄漏增加。 3. 油液黏度不当（过高或过低）。 4. 油液污染变质，吸油阻力过大。 5. 液压泵连续吸气，特别是高压泵，由于气体在泵内受绝热压缩，产生高温，表现为液压泵温度瞬时急剧升高。	1. 检查装配质量，调整间隙。 2. 修磨磨损件使其达到合适间隙。 3. 改用黏度合适的油液。 4. 更换新油。 5. 停车检查液压泵进气部位，及时处理。

2. 齿轮马达的故障与排除

表 3-4　齿轮马达的常见故障与排除方法

现象	产生原因	排除方法
转速低，输出扭矩低	1. 供油液压泵因吸油口滤油器堵塞、油的黏度过大、端面间隙过大等原因造成供油不足。 2. 液压马达功率不匹配，转速低于额定值。 3. 各连接处密封不严，有空气混入。 4. 油液污染，堵塞或部分堵塞了液压马达内部通道。	1. 清洗滤油器，更换成黏度适合的油液。 2. 选用能满足要求的液压马达。 3. 紧固各连接处，提高密封性能。 4. 拆卸液压马达，换清洁的油液。 5. 更换成黏度适合的油液。 6. 对侧板和齿轮进行修复。 7. 对齿轮和马达，仔细清洗并更进行修复。 8. 修理溢流阀。
转速低，输出扭矩低	5. 油液黏度过小，致使内泄露增大。 6. 侧板和齿轮两侧面磨损，内部泄露。 7. 径向间隙过大。 8. 溢流阀失灵。	
转速低，输出扭矩低	1. 供油液压泵因吸油口滤油器堵塞、油的黏度过大、端面间隙过大等原因造成供油不足。 2. 液压马达功率不匹配，转速低于额定值。 3. 各连接处密封不严，有空气混入。 4. 油液污染，堵塞或部分堵塞了液压马达内部通道。 5. 油液黏度过小，致使内泄露增大。 6. 侧板和齿轮两侧面磨损，内部泄露。 7. 径向间隙过大。 8. 溢流阀失灵。	1. 清洗滤油器，更换成黏度适合的油液。 2. 选用能满足要求的液压马达。 3. 紧固各连接处，提高密封性能。 4. 拆卸液压马达，换清洁的油液。 5. 更换成黏度适合的油液。 6. 对侧板和齿轮进行修复。 7. 对齿轮和马达，仔细清洗并更进行修复。 8. 修理溢流阀。

任务 3.3　学习掌握叶片泵和叶片马达

任务目标： 掌握叶片泵和叶片马达的工作原理、结构特征、性能特点。

学习内容： 单、双作用叶片泵的工作原理、工作特点和应用形式分析；叶片马达的工作原理和特点。叶片泵和叶片马达的常见故障分析。

叶片泵具有流量均匀、噪声低、体积小、质量轻等优点。叶片泵的缺点是：自吸能力较齿轮泵差一些，又因叶片甩出力、吸油速度和磨损等因素的影响，泵的转速范围要受到一定的限制，且对油液的污染较敏感等。因此在工作环境较污秽、速度范围变化较大的工程机械上应用相对较少。

叶片泵按其每个密封工作腔在泵每转一周时吸油排油的次数，分为单作用式和双作用式两大类。单作用式常做变量泵使用，其额定压力较低（6.3 MPa），常用于组合机床、压力机械等。双作用式只能做定量泵使用，其额定压力可达14～21 MPa，在各类机床（尤其是精密机床）设备中，如注塑机、运输装卸机械等中压系统中得到广泛应用。至于液压马达则只有双作用式的。

3.3.1　叶片泵

一　叶片泵的工作原理

1. 单作用叶片泵的工作原理

图3－15为单作用叶片泵的工作原理图。泵由转子1、定子2、叶片3、配流盘（图中未画出）和泵体4等零件组成。定子的内表面是个圆柱面，转子与定子偏心地安装在轴上。转子上开有槽，叶片装在槽内并可在槽中滑动。转子旋转时，在离心力作用下，叶片从槽中伸出，其顶部紧贴在定子的内表面上。这样，在定子的内表面、转子的外圆柱表面、相邻的两个叶片表面及两侧配油盘表面之间就形成了若干个密封的工作腔。当转子按图示方向回转时（定子、配油盘不动），图3－15中右半部分叶片逐渐从槽中伸出，密封工作腔的容积逐渐变大，产生局部真空，油箱中的油液在大气压的作用下，由泵的吸油口经配油盘的配油（吸油）窗口（图中虚线弧形槽）进入这些密封腔，把油吸入。这就是吸油过程。与此同时，图3－15中左半部分的叶片随着转子的回转被定子内表面逐渐推入转子槽内，密封工作腔的容积逐渐减少，腔内油液经配油盘的配油（压油）窗口压出泵外。这就是压油过程。在吸油区和压油区之间，各有一段封油区把它们隔开。这种泵

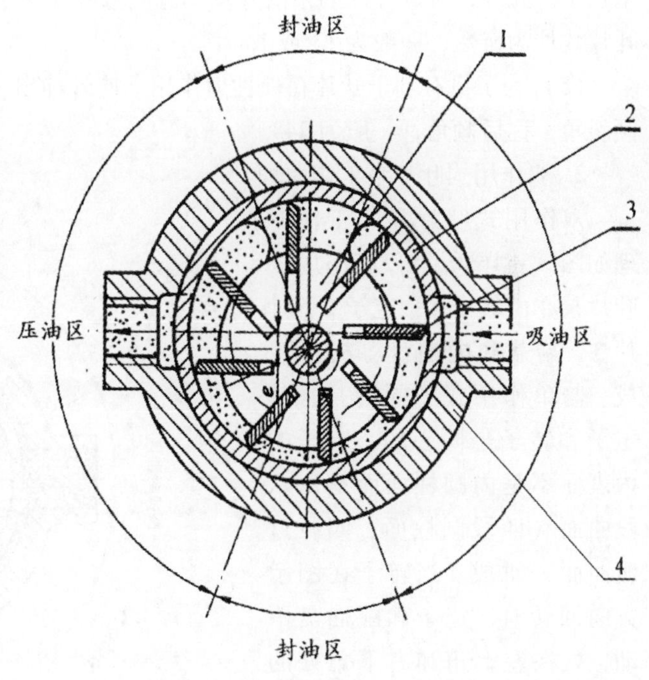

图3－15　单叶片泵工作原理图

1—转子；2—定子；3—叶片；4—泵体

的转子每转一周，泵的每个密封的工作腔完成一次吸油和一次压油过程，所以称其为单作用式叶片泵。

若将单作用叶片泵的偏心距做成可调节的，则可成为变量叶片泵。这种泵的最大特点是：

(1) 只要改变转子和定子中心的偏心距 e 大小和偏心距方向，就可改变泵的排量和泵的进、出油口方向，即改变了泵的流量和液流方向，可成为双向变量叶片泵。实际应用中单作用叶片泵一般做成变量泵。

(2) 处在压油腔的叶片顶部受到压力油的作用，该作用要把叶片推入转子槽内。为了使叶片顶部可靠地和定子内表面相接触，压油腔一侧的叶片底部要通过特殊的沟槽和压油腔相通。吸油腔一侧的叶片底部要和吸油腔相通，这里的叶片仅靠离心力的作用顶在定子内表面上。

(3) 由于单作用叶片泵的压油区和吸油区的液压力不平衡，其转子受到单向径向不平衡力的作用，故这种泵又称为非卸荷式叶片泵。这种泵的工作压力提高受到一定限制，一般使用压力为 2.5 ~ 14 MPa。

(4) 单作用叶片泵的流量也是有脉动的，理论分析表明，泵内叶片数越多，流量脉动率越小，此外，奇数叶片的泵的脉动率比偶数叶片的泵的脉动率小，所以单作用叶片泵的叶片数均为奇数，一般为 13 或 15 片。

(5) 为了更有利于叶片在惯性力作用下向外伸出，而使叶片有一个与旋转方向相反的倾斜角，称后倾角，一般为 24°。

2. 双作用式叶片泵工作原理

双作用式叶片泵的工作原理如图 3 - 16 所示。双作用式叶片泵亦由转子 1、定子 2、叶片 3、端盖和配油盘等构件组成。与单作用式不同的是，其定子和转子是同心的，定子的内表面不是内圆柱面而是由八段曲面（四段圆柱面、四段过渡曲面）拼成。当转子在图示方向回转时，定子和配油盘不动，处在左上角和右下角处的密封工作腔的容积逐渐变大，为吸油区，处在右上角和左下角处的密封工作腔的容积逐渐缩小，为压油区。吸油区和压油区之间各有一段封油区将二者隔开。这种泵的转子每转一周，每个密封的工作腔完成两次吸油和两次压油过程，所以叫双作用式叶片泵。

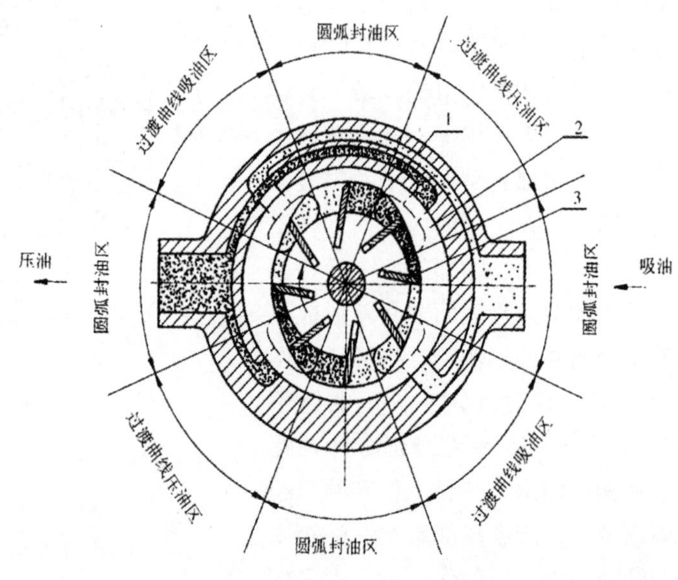

图 3 - 16　双作用叶片泵

1—转子；2—定子；3—叶片

双作用叶片泵的转子和定子中心重合，不能通过调节偏心距改变泵的排量，故为定量泵。又由于这种泵的两个吸油区和两个压油区是对称分布的，作用在转子上的液压力径向平衡，所以又叫卸荷式叶片泵。这种泵改善了轴和轴承的受力状况，可以提高工作压力。目前双作用叶片泵额定压力达 16 ~ 21 MPa。

二　排量和流量的计算

1. 单作用式叶片泵的排量和流量计算

图 3 – 17 是用来计算单作用式叶片泵排量、流量的简图。图中 V_{max}、V_{min} 分别是各密封工作腔在泵回转一周中的最大容积和最小容积，e 是定子与转子的偏心距，R 为定子半径，r 为转子半径，B 为定子亦即叶片宽度。

根据定义，排量为泵回转一周时，每个密封工作腔排出油液的体积与密封工作腔数目的乘积。每个工作腔排出油液的体积等于泵回转一周中，工作腔的最大容积与最小容积之差值，即 $\triangle V = V_{max} - V_{min}$。若设叶片数（即密封工作腔）为 Z，则排量为

$$q = Z\Delta V = Z\left[\frac{\pi}{Z}(R+e)^2B - \frac{\pi}{Z}(R-e)^2B\right]$$

$$q = \pi\left[(R+e)^2 - (R-e)^2\right]B = 4\pi eRB$$

即　$$q = 2\pi DeB \qquad (3.13)$$

实际流量为　$$Q = 2\pi eDBn\eta_v \qquad (3.14)$$

2. 双作用式叶片泵的排量和流量计算

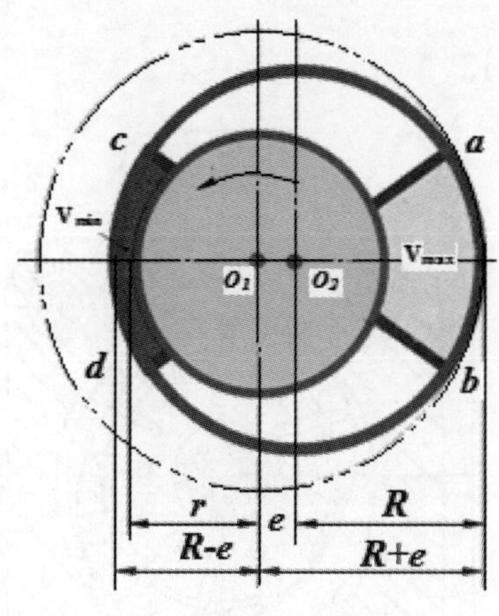

图 3 – 17　单作用叶片泵的排量计算图

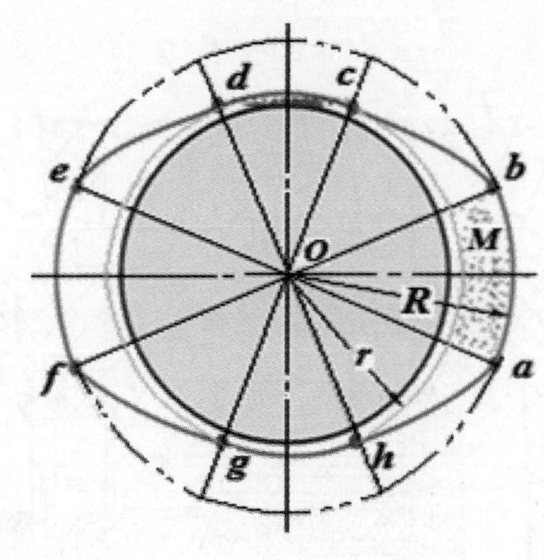

图 3 – 18　双作用式叶片泵排量计算图

图 3 – 18 为计算双作用式叶片泵排量和流量计算图。图中 R 为定子长半径，r 为定子短半径，B 为转子厚度。当两叶片从 a，b 位置转到 c，d 位置时，排出容积为 M 的油液，从 c、d 转到 e、f 时，吸进了容积为 M 的油液。从 e、f 转到 g、h 时又排出了容积为 M 的油液，再从 g、h 转回到 a、b 时又吸进了容积为 M 的油液。因此，转子转一周，两叶片间吸油两次，排油两次，每次容积为 M。当叶片数为 Z 时，转动一周所有叶片的排量为 $2Z$ 个 M 容积，若不计叶片厚度，此值正好为环行体积的两倍。故泵的排量为

$$q = 2\pi(R^2 - r^2)B \qquad (3.15)$$

平均流量为

$$Q = 2\pi(R^2 - r^2)Bn\eta_v \qquad (3.16)$$

双作用叶片泵的流量脉动很小。理论研究表明，当叶片数为4的倍数时流量脉动率最小，所以双作用叶片泵的叶片数一般取12或16。应当指出的是，有的双作用式叶片泵叶片根部的槽与该叶片所处的工作区相通：叶片处于吸油区时，叶片根部的槽与吸油腔相通；叶片处于压油区时，叶片根部槽与压油区相通。这样，叶片在槽中往复运动时，根部槽也在吸油和压油，这一部分输出的油液正好弥补了由于叶片厚度所造成的排量损失。

三　双作用叶片泵的结构

图3－19所示为YB型双作用叶片泵机构简图。泵的壳体分成左泵体6与右泵体8两部分，用四个螺钉连接成一体。左泵体内装有定子5、转子4及左右配流盘2和7，左右配流盘压紧在定子5的两侧面上，由圆柱销使这三个构件固定在泵体6和8内，并保证了配流盘上吸排油窗口位置与对应的定子内孔的过渡曲线段（即工作曲线段）对准。在左右配流盘与定子所组成的密封空间里有转子4，在转子上开有径向狭槽（12条或16条狭槽），槽内装有叶片（12片或16片），叶片与槽的配合间隙为0.01～0.02mm。叶片可在槽内自由滑动。转子通过内花键与传动轴3相连接，传动轴两端分别支承在滚针轴承1和滚珠轴承9上。工作时传动轴带动转子转动。密封圈11安装在端盖上，防止油液泄漏和空气进入。工作时转子逆时针旋转。

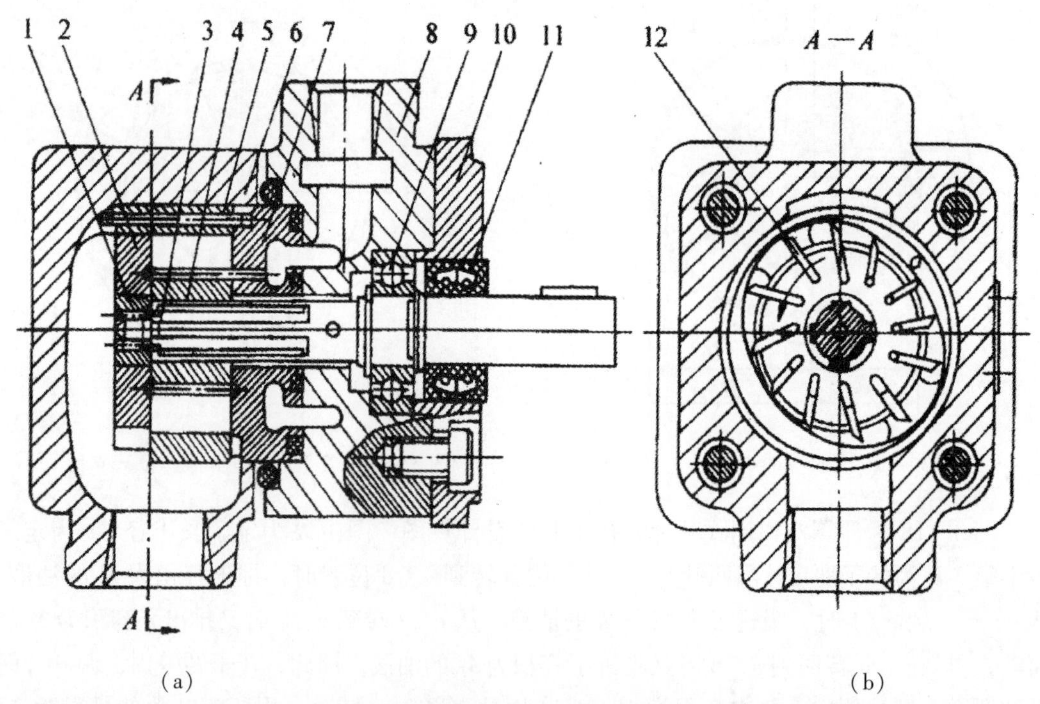

图3－19　YB型双作用叶片泵结构简图

1—滚针轴承；2、7—配流盘；3—传动轴；4—转子；5—定子；6、8—泵体；9—滚珠轴承；10—盖板；11—密封圈；12—叶片为保证双作用叶片泵有良好的工作性能，YB 型叶片泵采取如下措施：

（1）配油盘。如图 3－20 所示为 YB 型双作用叶片泵的配油盘，在盘上有两个吸油窗口 1、3 和两个压油窗口 2、4，吸、压油窗口之间为封油区，通常应使封油区对应的中心角 β 稍大于或等于两个叶片之间的夹角，否则会使吸油腔和压油腔连通，造成泄漏，当两个叶片间密封油液从吸油区过渡到封油区（长半径圆弧处）时，其压力基本上与吸油压力相同，但当转子再继续旋转一个微小角度时，使该密封腔突然与压油腔相通，使其中油液压力突然升高，油液的体积突然收缩，压油腔中的油势必会倒流进该密封腔，使液压泵的瞬时流量突然减小，引起液压泵的流量脉动、压力脉动和噪声，为此在配油盘的压油窗口靠叶片从封油区进入压油区的一边开有一个截面形状为三角形的三角眉槽，所夹角度为 φ（如图 3－20 所示），使两叶片之间的封闭油液在未进入压油区之前就通过该三角槽与压力油相连，其压力逐渐上升，因而减缓了流量和压力脉动，并降低了噪声。环形槽 c 与压油腔相通并与转子叶片槽底部相通，使叶片的底部作用有压力油。在叶片底部引入压力油，以使叶片顶端与定子内表面紧密接触，保证泵的径向密封。

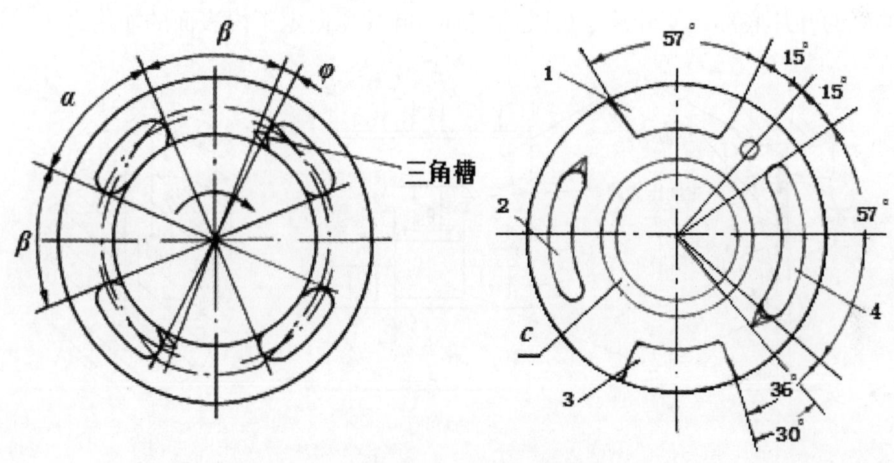

图 3－20　YB 型叶片泵的配有盘

1、3—吸油窗口；2、4—压油窗口

（2）定子曲线。定子曲线是由四段圆弧和四段过渡曲线组成的。过渡曲线应保证叶片贴紧在定子内表面上，保证叶片在转子槽中径向运动时速度和加速度的变化均匀，使叶片对定子的内表面的冲击尽可能小。

（3）叶片的倾角。叶片在工作过程中，受离心力和叶片根部压力油的作用，使叶片和定子紧密接触。当叶片转至压油区时，定子内表面迫使叶片推向转子中心，它的工作情况和凸轮相似，叶片与定子内表面接触有一压力角 β，且大小是变化的，其变化规律与叶片径向速度变化规律相同，即从零逐渐增加到最大，又从最大逐渐减小到零，因而在双作用叶片泵中，将叶片顺着转子回转方向前倾一个 α 角，使压力角减小到 β'，这样就可以减小侧向力 F_T，使叶片在槽中移动灵活，并可减少磨损，如图 3－21 所示。一般取 $\alpha = 10° \sim 14°$。YB 型叶片泵叶片相对于转子径向连线前倾 13°。

近年的研究表明，叶片倾角并非完全必要，某些高压双作用叶片泵的转子槽是径向的，且使用情况良好。

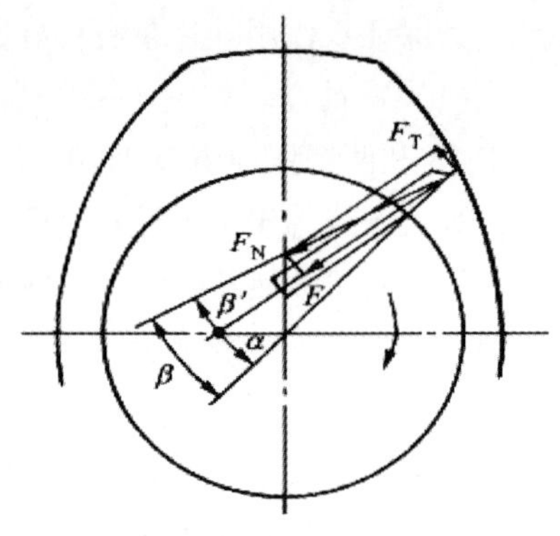

图 3－21　叶片的安装倾角

四　提高双作用叶片泵压力措施的结构分析

由于一般双作用叶片泵的叶片底部通压力油，就使得处于吸油区的叶片顶部和底部的液压作用力不平衡，叶片顶部以很大的压紧力抵在定子吸油区的内表面上，使磨损加剧，影响叶片泵的使用寿命，尤其是工作压力较高时，磨损更严重，因此吸油区叶片两端压力不平衡，限制了双作用叶片泵工作压力的提高。所以在高压叶片泵的结构上必须采取措施，使叶片压向定子的作用力减小。常用的措施有：

（1）减小作用在叶片底部的油液压力。将泵的压油腔的油通过阻尼槽或内装小减压阀通到吸油区的叶片底部，使叶片经过吸油腔时，叶片压向定子内表面的作用力不致过大。

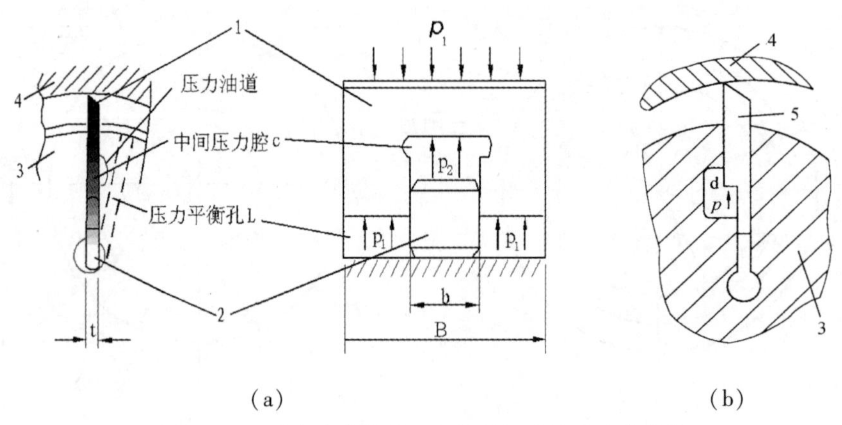

图 3－22　减小叶片作用面积的高压叶片泵叶片结构

1—母叶片；2—子叶片；3—转子；4—定子；5—叶片

（2）减小叶片底部承受压力油作用的面积。叶片底部受压面积为叶片的宽度和叶片厚度的乘积，因此减小叶片的实际受力宽度和厚度，就可减小叶片受压面积。减小叶片实际受力宽度结构如图 3－22（a）所示。这种结构中采用了复合式叶片（亦称子母叶片），叶片分成母叶片 1 与子叶片 2 两部分。通过配油盘使压力油道总是接通压力油，引入子母叶片间的小腔（中间压力腔 c）内，而母叶片底部 L 腔，则借助于虚线所示的油孔，始终与顶部油液压力相同。这样，无论叶片处在吸油区还是压油区，母叶片顶部和底部的压力油总是相等的，当叶片处在吸油腔时，只有 c 腔的高压油作用而压向定子内表面，减小了叶片和定子内表面间的作用力。图 3－22（b）所示的为阶梯片结构，在这里，阶梯叶片和阶梯叶片槽之间的油室 d 始终和压力油相通，而叶片的底部和所在腔相通。这样，叶片在 d 室内的油液压力作用下压向定子表面，由于作用面积减小，使其作用力不致太大，但这种结构的工艺性较差。

(3) 使叶片顶端和底部的液压作用力平衡。图 3－23（a）所示的泵采用双叶片结构，叶片槽中有两个可以做相对滑动的叶片 1 和 2，每个叶片都有一棱边与定子内表面接触，在叶片的顶部形成一个油腔 a，叶片底部油腔 b 始终与压油腔相通，并通过两叶片间的小孔 c 与油腔 a 相连通，因而使叶片顶端和底部的液压作用力得到平衡。适当选择叶片顶部棱边的宽度，可以使叶片对定子表面既有一定的压紧力，又不致使该力过大。为了使叶片运动灵活，对零件的制造精度将提出较高的要求。

图 3－23（b）所示为叶片装弹簧的结构，这种结构叶片 1 较厚，顶部与底部有孔相通，叶片底部的油液是由叶片顶部经叶片的孔引入的，因此叶片上下油腔油液的作用力基本平衡，为使叶片紧贴定子内表面，保证密封，在叶片根部装有弹簧。

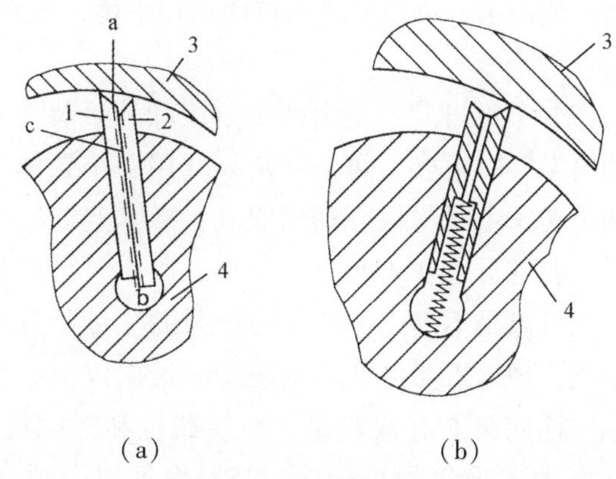

图 3－23　叶片液压力平衡的高压叶片泵叶片结构

1、2—叶片；3—定子；4—转子

五　双级叶片泵和双联叶片泵

(1) 双级叶片泵为了要得到较高的工作压力，也可以不用高压叶片泵，而用双级叶片泵，双级叶片泵是由两个普通压力的单级叶片泵装在一个泵体内在油路上串接而成的，如果单级泵的压力可达 7 MPa，双级泵的工作压力就可达 14 MPa。

如图 3－24 所示为双级叶片泵的工作原理和图形符号，两个单级叶片泵的转子装在同一根传动轴上，当传动轴回转时就带动两个转子一起转动。第一级泵经吸油管从油箱吸油，输出的油液就送入第二级泵的吸油口，第二级泵的输出油液经管路送往工作系统。设第一级泵输出压力为 p_1，第二级泵输出压力为 p_2。正常工作时 $p_2 = 2p_1$。但是由于两个泵的定子内壁曲线和宽度等不可能做得完全一样，两个单级泵每转一周的容量就不可能完全相等。如查第二级泵每转一周的容量大于第一级泵，第二级泵的吸油压力（也就是第一级泵的输出压力）就要降低，第二级泵前后压力差就加大，因此

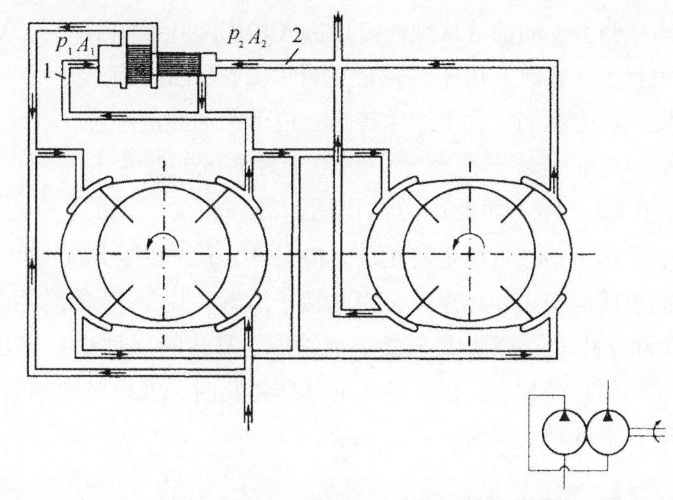

图 3－24　双级叶片泵的工作原理和图形符号

1、2—管路

载荷就增大。反之，第一级泵的载荷就增大。为了平衡两个泵的载荷，在泵体内设有载荷平衡阀。第一级泵和第二级泵的输出油路分别经管路 1 和 2 通到平衡阀的大滑阀和小滑阀的端面，两滑阀的面积比 $A_1/A_2=2$。如第一级泵的流量大于第二级时，油液压力 p_1 就增大，使 $p_1>1/2p_2$，因此 $p_1A_1>p_2A_2$，平衡阀被推向右，第一级泵的多余油液从管路 1 经阀口流回第一级泵的进油管路，使两个泵的载荷获得平衡；如果第二级泵流量大于第一级时，油压 p_1 就降低，使 $p_1A_1<p_2A_2$，平衡阀被推向左，第二级泵输出的部分油液从管路 2 经阀口流回第二级泵的进油口而获得平衡，如果两个泵的容量绝对相等时，平衡阀两边的阀口都封闭。

(2) 双联叶片泵是由两个单级叶片泵装在一个泵体内在油路上并联组成。两个叶片泵共用一个泵体，其叶片泵的两个转子由同一根驱动轴驱动，泵体上有一个共同的吸入口，有各自独立的两个压出口，两个泵可以是相等流量的，也可以是不等流量的。两个泵的流量可分别供给不同的系统，根据需要也可合流使用。根据以上原理，齿轮泵和轴向柱塞泵亦有双联泵，在装载机和挖掘机上很常见。双联泵的图形符号见图 3－25，根据以上原理亦可有多联泵。

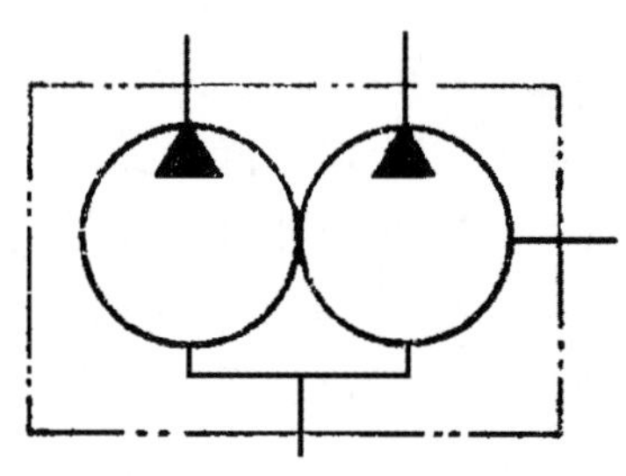

图 3－25　双联泵的符号

3.3.2　叶片式液压马达

一　工作原理

双作用叶片液压马达的工作原理见图 3－26。当压力为 p 的油液从配油窗口进入相邻两叶片间的密封工作腔时，位于进油腔的叶片 2、6 因两面所受的压力相同，故不产生转矩。位于回油腔的叶片 8、4 也同样不产生转矩。而位于封油区的叶片 1、5 和 3、7 因一面受压力油作用，另一面受回油的低压作用，故可产生转矩，且叶片 1、5 的转矩方向与叶片 3、7 的相反，但因叶片 3、7 的承压面积大、转矩大，因此转子沿着叶片 3、7 的转矩方向做顺时针方向旋转。叶片 3、7 和叶片 1、5 产生的转矩差就是液压马达的（理论）输出转矩。当定子的长短径差越大、转子的直径越大，以及输入的油压越高时，液压马达的输出转矩也越大。当改变输油方向时，液压马达反转。

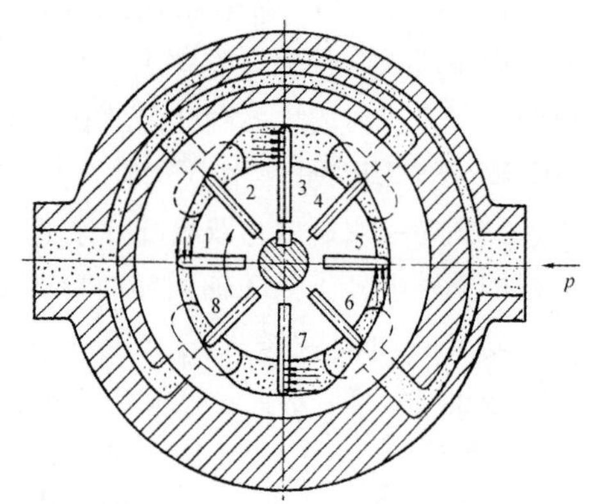

图 3－26　双作用叶片液压马达的工作原理

二　结构特点

叶片液压马达与相应的叶片泵相比有以下几个特点：

(1) 叶片液压马达进出油口相等，有单独的泄油口。

（2）叶片底部有燕式弹簧，以保证在初始条件下叶片能紧贴在定子内表面上，以形成密封工作腔。否则进油腔和回油腔将串通，就不能形成油压，也不能输出转矩。

（3）叶片是径向放置的，其顶端两边对称倒角，以便叶片液压马达双向都可以旋转。

（4）在壳体中装有梭阀（或选择阀），以使叶片底部能始终通压力油（使叶片与定子内表面压紧）而不受叶片液压马达回转方向的影响。

叶片液压马达的最大特点是体积小，惯性小，动作灵敏，允许换向频率很高，甚至可在几毫秒内换向。但其最大弱点是泄漏较大，机械特性较软，不能在较低转速下工作，调速范围不能很大。因此适用于低转矩、高转速以及对惯性要求较小、对机械特性要求不严的场合。

3.3.3 叶片泵（马达）的故障与排除

一　叶片泵的常见故障与排除

表 3－5　叶片泵常见的故障

故障现象	产生原因	排除方法
噪声严重伴有振动	1. 滤油器和吸油管堵塞，使液压泵吸油困难。 2. 油液黏度过大，使液压泵吸油困难。 3. 泵盖螺钉松动或轴承损坏。 4. 压力冲击过大，配油盘上三角槽有堵塞或太短，导致困油器噪声。 5. 定子曲面有伤痕，叶片与之接触时，发生跳动撞击噪声。 6. 油箱油面过低，液压泵吸油侧和吸油管段及液压泵主轴油封不良，有空气进入。 7. 叶片倒角太小，运动时，其作用力有突然变化的现象。 8. 叶片高度尺寸误差较大。 9. 叶片侧面与顶面垂直度及配油盘端面跳动过大。 10. 液压泵的主轴密封过紧，温升较大（用手摸轴和轴盖有烫手现象）。 11. 转速过高。 12. 联轴器的同心度较差或安装不牢靠，导致机械噪声。	1. 检查清洗。 2. 检查油液黏度，及时换油。 3. 检查、紧固、更换已损零件。 4. 检查三角槽有否堵塞情况，若太短则用什锦锉刀将其适当修长。 5. 修整抛光定子曲面。 6. 检查有关密封部位是否有泄露，并加以封严，保证有足够油液和吸油道畅通。 7. 将叶片一侧的倒角适当加大，一般为 1×45°。 8. 重新检查组件保证并修整叶片高度不超过 0.01mm。 9. 检查并修整叶片的侧面及配油盘断面，使其垂直度在 10μm 以内。 10. 调整密封装置，使轴的温升不致过高，不得有烫手的感觉。 11. 降低转速。 12. 检查、调整同心度，并加强紧固。

续 表

故障现象	产生原因	排除方法
不吸油或无压力（执行机构不动）	1. 转向有错。 2. 油箱液面较低吸油有困难。 3. 油液黏度过大，叶片滑动阻力较大，移动不灵活。 4. 泵体内部有砂眼，高低压腔串连。 5. 液压泵严重进气，根本吸不上油。 6. 组装泵盖螺钉松动，致使高低压腔互通。 7. 组装泵盖螺钉松动，致使高低压腔互通。 8. 叶片槽的配合过紧。 9. 配油盘刚度不够或盘与泵体接触不良。	1. 更换、改变旋转方向。 2. 检查油箱中的油面的高度（观察油指标示）。 3. 更换黏度较低的油液。 4. 更换泵体。 5. 检查液压泵吸油区段的有关密封部位并严加密封。 6. 紧固。 7. 修磨叶片或槽，保证叶片移动灵活。 8. 更换或修整其接触面。
排油量及压力不足，表现为液压缸动作迟缓	1. 叶片与转子装反。 2. 有关连接部位密封不严，有空气进入泵内。 3. 配合零件之径向或轴向间隙过大。 4. 定子内曲面与叶片接触不良。 5. 配油盘磨损较大。 6. 叶片槽配合间隙过大。 7. 吸油有阻力。 8. 叶片不灵活。 9. 系统泄漏大。 10. 泵盖螺钉松动，液压泵轴向间隙增大而内泄。	1. 纠正叶片与转子的安装方向。 2. 检查各连接处及吸油口是否有泄露，紧固或更换密封。 3. 检查并修整，使其达到设计要求，情况严重的可返修。 4. 进行修磨。 5. 修复或更换。 6. 单片进行选配，保证达到配合要求。 7. 拆洗滤油器，使吸油道畅通。 8. 不灵活的叶片应单槽配研。 9、10. 对系统进行顺序检查。
主轴密封冲出	油封与泵端盖配合太松或泵内泄油通道堵塞形成高压。	检查配合和清洗回油孔道，或更换油封。
泵盖螺钉断裂	液压泵内压同窗口口径过小（加工检验错误）。	按液压泵设计要求扩孔铰孔。
发热	1. 配油盘与转子间隙过小或变形。 2. 定子曲面伤痕大，叶片跳动厉害。 3. 转子密封过紧或轴承单边发热。	1. 调整间隙，防止配油盘变形。 2. 整修抛光定子曲面。 3. 修整或更换。

二　叶片马达常见故障与排除

表 3－6　叶片泵常见故障与排除方法

故障现象	产生原因	排除方法
转速低，输出功率不足	1. 液压泵供油不足。 2. 液压泵出口压力（输出液压马达）不足。 3. 液压马达结合面没有拧紧或密封不好，有泄漏。 4. 液压马达内部泄漏。 5. 配油盘的支撑弹簧疲劳，失去作用。	1. 调整供油。 2. 提高液压泵出口压力。 3. 拧紧结合面，检查密封情况或更换密封圈。 4. 排除内漏。 5. 检查、更换支撑弹簧。
泄漏	1. 内部泄漏： （1）配油盘磨损严重。 （2）轴向间隙过大。 2. 外部泄漏： （1）轴端密封的磨损。 （2）盖板处的密封圈损坏。 （3）结合面有污物或螺栓未拧紧。 （4）管接头密封不严。	1. 排除内泄： （1）检查配油盘接触面，并加以修复。 （2）检查并将轴向间隙调至规定范围。 2. 排除外泄： （1）更换密封圈，并查明磨损原因。 （2）更换密封圈。 （3）检查、清除、并拧紧螺栓。 （4）拧紧管接头。
异常声响	1. 密封不严，进入空气。 2. 进油口堵塞。 3. 油液污染严重或有气泡混入。 4. 联轴器安装不同心。 5. 油液黏度过高，液压泵吸油困难。 6. 叶片易磨损。 7. 叶片与定子接触不良，有冲撞现象。 8. 定子磨损。	1. 拧紧有关的管接头。 2. 清洗、排除污物。 3. 更换清洁油液，拧紧接头。 4. 校正同心度，使其在规定范围，排除外来振动影响。 5. 更换黏度较低的油液。 6. 尽可能修复或更换。 7. 进行修复。 8. 进行修复或更换。如因弹簧过硬造成磨损加剧，则应更换刚度小的弹簧。

任务 3.4　学习掌握轴向柱塞泵和轴向柱塞马达

任务目标：掌握轴向柱塞泵和轴向柱塞马达的工作原理、不同结构形式的特点。基本掌握不同形式变量机构的变量原理；了解轴向柱塞泵和马达的常见故障。

学习内容：斜盘和斜轴式轴向柱塞泵（马达）的工作原理及不同结构形式的特点；手动、恒功率、恒压变量机构的变量原理；轴向柱塞泵和马达的常见故障分析。

柱塞泵是依靠柱塞在其缸体内做往复直线运动时所造成的密封工作腔的容积变化来实

现吸油和压油的。由于构成密封工作腔的构件——柱塞和缸体内孔均为圆柱表面，加工方便，容易得到较高的配合精度，密封性能好、容积效率高，故可以达到很高的工作压力。同时，这种泵只要改变柱塞的工作行程就可以很方便地改变其流量，易于实现变量。因此，在高压、大流量、大功率的液压系统中和流量需要调节的场合，如在液压机、工程机械、矿山机械、船舶机械、龙门刨床等上面得到广泛应用。

柱塞泵（液压马达）按其柱塞的排列方式和运动方向的不同，可分为轴向柱塞泵（轴向柱塞液压马达）和径向柱塞泵（径向柱塞液压马达）两大类。

3.4.1 轴向柱塞泵

轴向柱塞泵和轴向柱塞马达具有结构紧凑、单位功率重量轻、体积小、容积效率高、工作压力高（额定工作压力一般可达 32 ~ 40 MPa）、易于变量等优点；缺点是对油液的污染比较敏感，结构复杂、造价高，使用、维修要求严格。这类泵和马达在工程机械中应用非常广泛。

轴向柱塞泵的配流方式分为：配流盘配流和阀式配流两大类。其中由配流盘配流的轴向柱塞泵（或轴向柱塞马达）分为斜盘式和斜轴式两类。当缸体轴线和传动轴轴线重合时，且与斜盘倾斜一定角度 δ 的轴向柱塞泵称为斜盘式轴向柱塞泵；当缸体轴线和传动轴轴线不在一条直线上，而成一个夹角 γ 时，称为斜轴式轴向柱塞泵。这里斜盘式的又主要分为不通轴式和通轴式两种。

一　斜盘式轴向柱塞泵

1. 工作原理

图 3 - 27 为斜盘式轴向柱塞泵工作原理及结构简图。该泵主要由传动轴 1、斜盘 2、柱塞3、缸体4、配油盘5 等零件组成。柱塞3 装在缸体4 的柱塞孔中，平行于传动轴，并沿圆周均匀分布。由泵的吸油口供给的油液经配油盘 5 上的吸油窗口进入柱塞底部的密封腔，通常柱塞 3 靠机械装置（如弹簧等，图中未画出）或底部的低压油作用，使柱塞端部紧压在斜盘 2 上。配油盘和斜盘均固定不动。当原动机通过传动轴 1 带动缸体按图示方向旋转时，柱塞 3 在其自下向上回转的半周内从缸体孔中逐渐向外伸出，柱塞密封工作腔（由柱塞底部、缸体内孔和配油盘所围成的容腔）的容积不断扩大，形成部分真空，将液压油从油箱经油管、进油窗口 a 吸进来；柱塞在其自上而下回转的半周内又向缸体孔内逐渐缩回，使密封工作腔的容积不断减小，将油液从配油窗口 b 向外压出。缸体每转一周，每个柱塞就吸油、压油各一次；当缸体连续旋转时，就不断地输出压力油。

这种泵要求配油盘上的封油区宽度 l 与柱塞底部的通油口长度 l_1 不能相差太大，否则困油严重。为避免引起冲击和噪声，一般在油窗的近封油区处开有小三角眉槽卸载。

由图 3 - 27 可看出，改变斜盘倾角 δ_p，可改变柱塞往复的工作行程的大小，因而也就改变了泵的排量；改变斜盘倾角的倾斜方向（泵的转向不变），可使泵的进、出油口互换，成为双向变量泵。

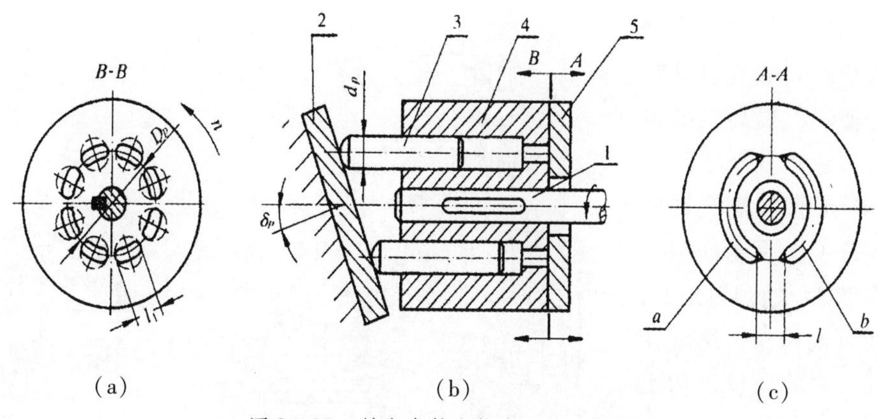

(a)　　　　(b)　　　　(c)

图 3－27　斜盘式轴向柱塞泵工作原理

1—传动轴；2—斜盘；3—柱塞；4—缸体；5—配油盘

2. 斜盘式轴向柱塞泵的排量和流量计算

设柱塞直径为 d_P，柱塞数为 Z，柱塞中心分布圆直径为 D_P，斜盘倾角为 δ_P，则柱塞行程：$h = D_P\tan\delta_p$，缸体转一转时，泵的排量为

$$q = \frac{\pi}{4}d_P^2 Z D_P \tan\delta_P \qquad (3.17)$$

泵的实际输出流量 Q 为

$$Q = qn\eta_v = \frac{\pi}{4}d_P^2 D_P Z n \eta_v \tan\delta_P \qquad (3.18)$$

式中：n——泵的转速；

η_v——泵的容积效率。

轴向柱塞泵的输出流量是脉动的。理论分析和实验研究表明，当柱塞个数多且为奇数时流量脉动较小。从结构和工艺考虑，柱塞个数多采用 7 或 9 个。

3. 斜盘式轴向柱塞泵结构分析

（1）非通轴式轴向柱塞泵。非通轴轴向柱塞泵是指其传动轴没有穿过斜盘。如图 3－28 为 CY14－1 型斜盘式轴向柱塞泵（非同轴式）的结构图。它由泵主体和变量机构两部分组成。传动轴 11 通过花键带动缸体 9 连同其上的 7 个柱塞 13 一起旋转。柱塞 13 的球状头部铰接在滑靴 15 内，滑靴 15 跟随柱塞 13 做轴向运动，并以球头的中心为中心自由摆动，这样滑靴的平面可与斜面保持一致。缸体 9 旋转时，斜盘 7 的斜面通过滑靴 15 迫使柱塞 13 向里运动。传动轴 11 中心有预紧弹簧 5，它的弹簧力通过内套筒 6 及其前端的钢球 19 作用于回程盘 8 上。回程盘 8 的孔套在滑靴 15 上，这样在预紧弹簧力的作用下，通过钢球、回程盘使每个柱塞的滑靴平面贴紧在斜盘的斜面上，从而柱塞得到回程（向外）运动。

缸体 9 上有一个较大的滚珠轴承 16，用以承受斜盘通过柱塞而产生的对缸体的反作用力的径向分力和翻转力矩，保证缸体右端面与配油盘 12 更好地接触。另外，柱塞密封工作腔底部的压力油和传动轴中心的预紧弹簧的作用力作用在外套筒 14 上，外套筒 14 凸缘又作用在缸体 9 的左端面上，二者的共同作用，使缸体 9 紧压在配油盘 12 上，其作用力

随泵的工作压力的增大而增大，实现端面间隙的自动补偿，减少泄漏，提高泵的容积效率。

CY14－1 型斜盘式轴向柱塞泵，是一个手动伺服变量泵，改变斜盘的倾斜角度，就可改变泵的排量，达到变量的目的。它的变量机构也可以是恒功率变量、恒压变量等形式（变量机构后续单独讲述）。CY14－1 泵不可逆转，不能做马达使用。

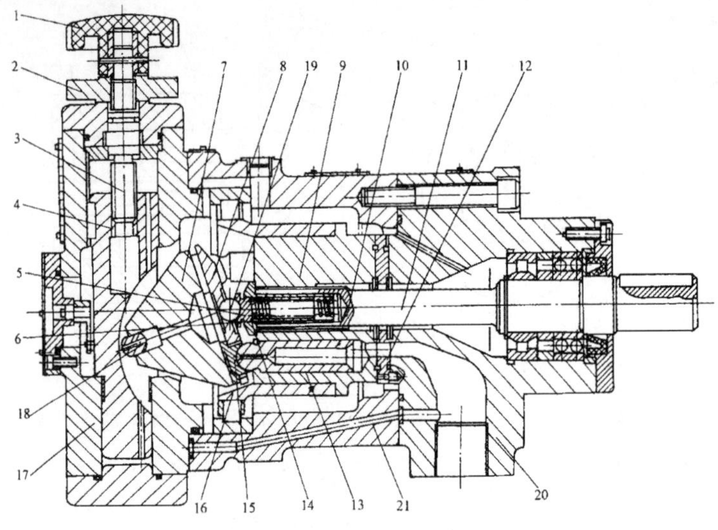

图 3－28　CY14－1 型轴向柱塞泵结构

1—手轮；2—锁紧螺母；3—调节螺杆（伺服阀芯）；4—变量活塞；5—预紧弹簧；6—内套筒；7—斜盘；8—回程盘；9—缸体；10—缸套；11—传动轴；12—配油盘；13—柱塞；14—外套筒；15—滑靴；16—滚柱轴承；17—变量壳体；18—销轴；19—钢球；20—后盖；21—壳体

（2）通轴式轴向柱塞泵。斜盘式轴向柱塞泵的传动轴通过斜盘并支承在两端轴承上，称为通轴式轴向柱塞泵。

图 3－29 所示为通轴式轴向柱塞泵的结构图。其特点是传动轴 2 穿过斜盘 9 由两端滚动轴承支承，即在传递力矩的同时，也承受缸体传来的弯矩，去掉了非通轴泵缸体外大轴承。与非通轴泵比较，由于柱塞径向力引起的缸体径向力可以由传动轴的轴承承受，因而取消了缸体外大轴承，为泵的转速和压力的提高创造了条件。传动轴和花键配合段的中点是缸体受径向作用力的支承点。为了不使缸体承受过大的倾覆力矩，此支点应通过或接近缸体径向合力的作用线，由于支承传动轴的两轴承跨距较远且受径向力的作用，为了减小传动轴的弯曲变形、减小缸体倾斜量，传动轴 2 做得较粗。

通轴泵的变量机构与传动轴平行，作用于斜盘外缘，因此既有利于缩小泵的径向尺寸，又可以减小变量机构所需要的操纵力。

通轴泵的传动轴 2 的右端可伸出柱塞泵的泵体，在其轴端可安装辅助泵，可作为工程机械先导系统的供油泵和闭式系统的补油泵等用，从而减少了系统的连接管路，有利于实现集成化。此泵的上部可安装各种形式的变量机构，变量机构与泵的轴线平行，因此结构紧凑。

4. 轴向柱塞泵的滑靴和配流盘

（1）滑靴的静压平衡。为防止磨损，一般轴向柱塞泵都在柱塞头部装一滑靴。滑靴是按静压轴承原理设计的，缸体中的压力油经过柱塞球头中间小孔 f 流入滑靴油室 A，使滑靴和斜盘间形成液体润滑（间隙为 h），改善了柱塞头部和斜盘的接触情况。

图 3－30 所示为滑靴和柱塞的结构图，设液体压力通过柱塞给滑靴的法向压紧力为 p_N，滑靴和斜盘间的液体压力对滑靴的反推力为 p_c。其静压平衡过程如下：当泵开始工作

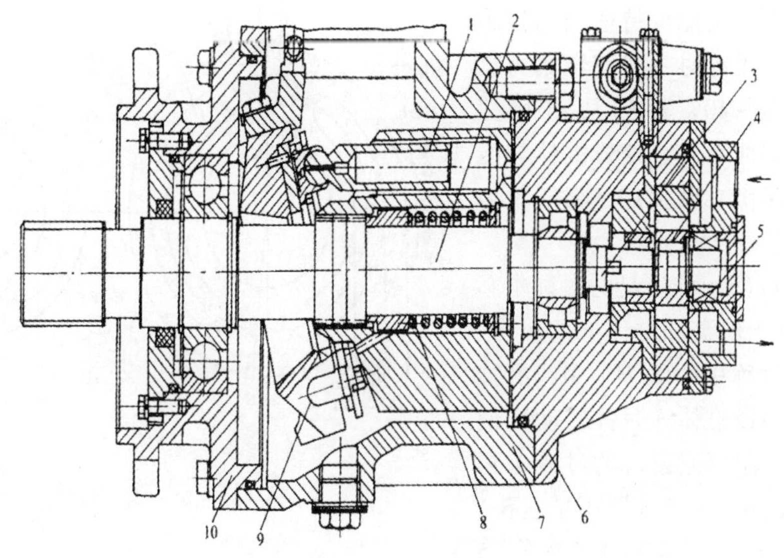

图 3-29　通轴泵的结构图

1—缸体；2—传动轴；3—联轴节；4、5—辅助泵内外转子；6—后泵盖；7—泵体；8—弹簧；9—斜盘；10—前泵盖

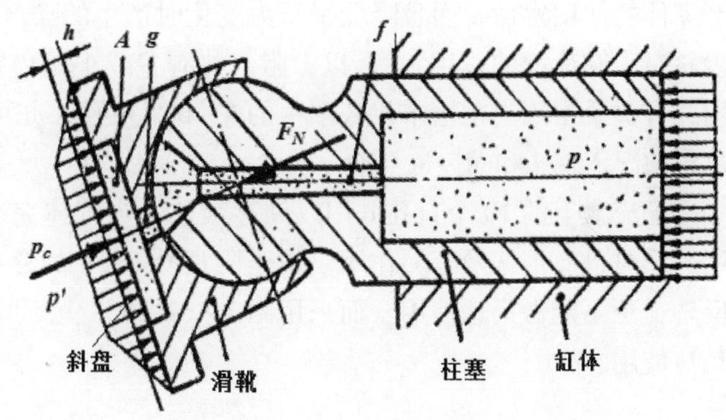

图 3-30　滑靴的工作原理图

时，滑靴紧贴斜盘，A 腔中的液体没有流动，此时腔 A 中液体压力 p' 等于柱塞孔中液体压力 p，在设计上，使处于这种状态时，反推力 p_cA 大于压紧力 F_N，滑靴被推开，产生间隙 h，A 腔中液体经过间隙 h 泄漏出并形成油膜，由于泄漏和 f、g 孔的节流作用，p'下降形成 $p'<p$，由于反推力 p_c 与 p'成正比，而压紧力 F_N 与 p 成正比，因此出现了 p_c 下降而 F_N 保持不变现象，直至 $P_cA=F_N$ 时，滑靴便处于平衡状态，使滑靴和斜盘间以一定的泄漏形成一定厚度 h 的油膜，即形成静压轴承。

当 p 变化时，h 自动作相应变化，使 F_N 和 p_cA 力相平衡，h 总能比摩擦表面凸起处的高度大一些，所以摩擦副的两个固体表面不会接触。这样，由于泄漏会稍引起容积效率下降，经过正确的设计，既能使滑靴与斜盘间磨损很小，又能保证仅有很小的泄漏。

（2）配流盘的结构。泵工作时，缸体旋转而配流盘固定不动，两者接触表面的结构将直接影响泵的容积效率、寿命和噪声。有些泵采用了如图 3-31 所示的配流盘（相当于从图 3-28 左侧看配流盘面）。泵工作时，处于压油区的柱塞孔中液体压力施加给缸体的合力和泵中心弹簧的预紧力共同作用于缸体，使缸体底部紧贴着配流盘上；配流盘和缸体间泄漏液体的压出压力则产生推开力，欲把缸体推开。为了保证缸底与配流盘间的密封性，不使泄漏太多，又能保持适当的油膜以减少磨损，设计时一般使压紧力比推开力大6%～10%。这时，干摩擦和油膜现象同时存在。这样缸体与配流盘的轴间间隙在磨损后，靠压紧力可以得到补偿。

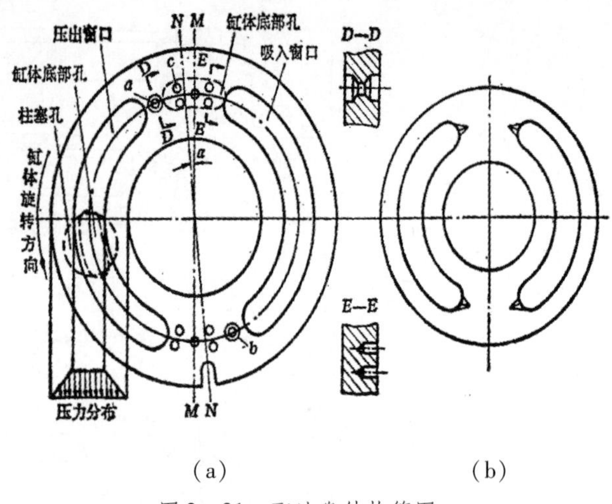

图3－31　配油盘结构简图

图3－31（a）配流盘的对称中心线N－N相对于斜盘和缸体上的压出、吸入窗口的对称中心线M－M，沿缸体旋转方向（设缸体逆时针转动）偏转角度为α，在配流窗口的过渡密封区内开有阻尼孔a和b（图中是通孔）和盲孔c（图中，过渡密封区共5＋5个）。这样，当柱塞工作容腔由吸油区向压油区过渡时，首先通过阻尼孔a与压油区接通，使柱塞工作容腔升压缓慢，避免和压油区突然接通时柱塞工作容腔中液体压力产生突变。阻尼孔b是使柱塞工作容腔由压油区向吸油区过渡时降压缓慢。这样可以提高柱塞与滑靴等零件的使用寿命，而且降低了压力变化时产生的噪声，还有效地减少了困油现象（类似齿轮泵中卸荷槽的作用）。所以，阻尼孔有着减小压力突变引起的冲击、振动和噪声的作用；有些泵中用三角槽来代替图中的a、b阻尼孔，亦可起到上述作用，如图3－31（b），这种情况N－N和M－M重合。

配流盘上的10个盲孔c用以储存液体，当缸体完全遮盖它们时起支持油膜的润滑作用。同时也有消振及存垢作用。由于阻尼孔a、b的存在，使用上述配流盘的液压泵不能反转，更不能做马达使用。而采用图3－31（b）上所示对称配流盘的泵可以反转，亦可做马达使用。

二　斜轴式轴向柱塞泵

1. 工作原理

图3－32所示为斜轴式轴向柱塞泵的工作原理图。它由带圆盘的驱动轴1、连杆2、柱塞3、缸体4、配流盘5和泵体6等主要零件组成。带圆盘的驱动轴1轴线相对于缸体轴线倾斜一定角度γ，故称斜轴式泵。连杆两端分别与驱动轴上的圆盘和柱塞铰接。驱动轴旋转，带动连杆运动，通过各个连杆的锥面A轮流与柱塞内壁接触，带动缸体旋转，且迫使柱塞一方面随缸体一起旋转，另一方面在缸体轴向孔中做往复运动，每个缸体轴向孔中的工作容腔在柱塞向外运动时容积增大，构成吸油区，向里运动时容积减小，构成压油区。通过和斜盘式轴向柱塞泵结构一样的配流盘5配流，配流盘上的吸入和压出窗口经泵体6中孔道分别与泵的吸油和压油口相通。中心轴7上蝶形弹簧8的预紧力将缸体压在配流盘上，以消除它们之间的间隙，使泵在起动时建立起压力。

若增设能使缸体围绕O点上下摆动的机构，即成为变量泵。调整缸体与驱动轴的倾角

γ，即可改变柱塞往复运动的行程 L，从而改变排量 q 和流量 Q 。斜轴式轴向柱塞泵除泵的主体部分外，也有伺服变量部分。它有恒功率变量和恒压变量等形式，原理和斜盘泵相似。(后续讲)

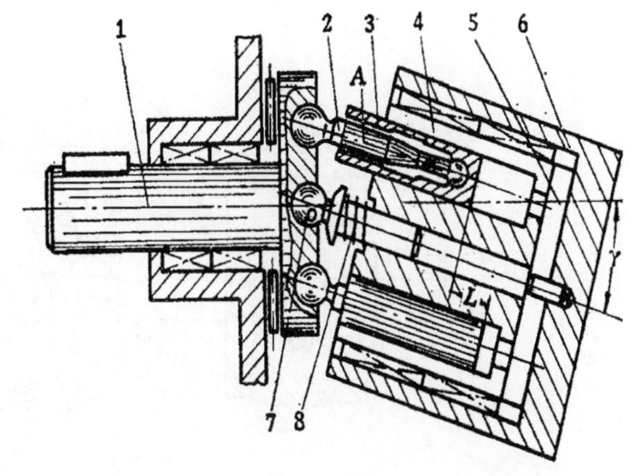

图 3－32　斜轴式轴向柱塞泵工作原理简图

1—驱动轴；2—连杆；3—柱塞；4—缸体；5—配流盘；6—泵体；7—中心轴；8—弹簧

2. 流量计算

通过工作原理图可以看出，驱动轴旋转一周，每个柱塞的行程 L 为

$$L = 2r\sin\gamma \qquad (3.19)$$

$$q = \frac{1}{4}\pi d^2 LZ = \frac{1}{2}\pi d^2 Zr\sin\gamma \qquad (3.20)$$

泵的流量为

$$Q = \frac{1}{2}\pi d^2 Zrn\eta_v\sin\gamma \qquad (3.21)$$

式中：d——柱塞直径；

L——柱塞行程；

r——柱塞中心分布圆的半径；

γ——缸体轴线的倾斜角；

Z——柱塞数；

n——泵的转速；

η_v——容积效率。

3. 典型结构

图 3－33 所示为 A7V 型斜轴式轴向柱塞泵，其额定压力为 35 MPa，最大压力达 40 MPa，有恒压变量和恒功率变量两种变量形式。

该泵由主体和变量两部分组成。驱动轴 1 右端带圆盘，连杆 3 的左端大球头通过压板、垫圈和螺钉等铰接在驱动轴圆盘的球窝内，右端的小球头铆接在柱塞内孔的球窝内；在柱塞底部和连杆中心开有小孔，使压力油进入大小球窝，起润滑和静压平衡作用。缸体中心轴 20 的一端支承在圆盘上，另一端支承在配油盘 18 上。碟形弹簧 21 和柱塞缸中的油压力使缸体紧贴在配油盘 18 的端面上。配油盘的结构与斜式泵类似，也有两个弧形进出油窗口，但配油盘 18 和缸体 19 端面是球面配合。球面配合不改变泵的配油原理，但却具有一定的自动复位作用，即使缸体与配油盘中心线有所倾斜，也不致影响配油端的密封。

变量机构装于泵体右端，拔销 11 装在大变量活塞 16 和配油盘 18 的中心孔中。当拔销 11 在大、小变量活塞 16 和 9 的作用下运动时，使配油盘 18 沿变量壳体 7 上的圆导轨面做上下运动，从而使缸体轴线与传动轴 1 的夹角改变，泵的流量亦随之变化。该泵的变量机构是恒压变量。

斜轴式轴向柱塞泵发展较早，构造成熟。与斜盘式轴向柱塞泵相比，有如下特点：

（1）斜轴式轴向柱塞泵中的柱塞是由连杆带动运动的，所受径向力很小，因此允许传

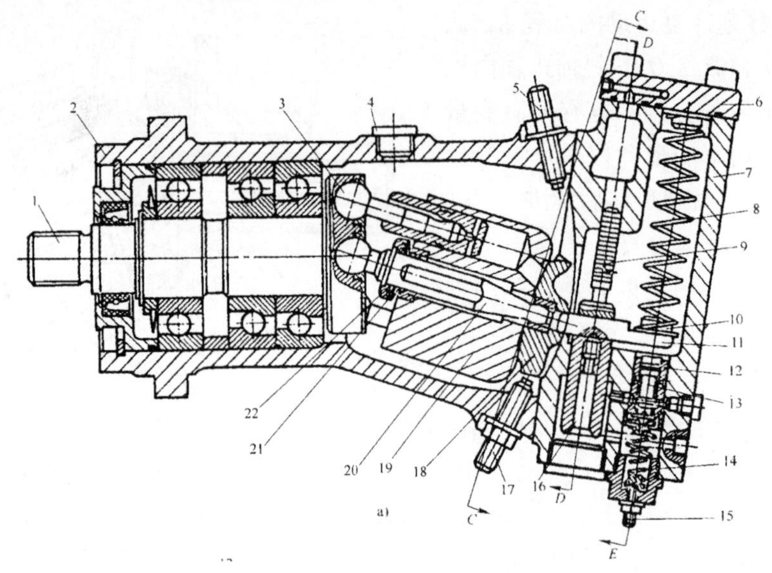

图 3－33　A7V 型斜轴式轴向柱塞泵结构简图

1—驱动轴；2—泵体；3—连杆；4—油口螺塞；5、17—限位螺钉；6—变量壳体上盖；7—变量壳体；8、14—弹簧；9、16—变量活塞；10—定位销；11—拔销；12—控制阀体；13—阀芯；15—调节螺钉；18—配油盘；19—缸体；20—缸体中心轴；21、22—蝶形弹簧、弹簧座

动轴与缸体轴线之间的夹角达到 25°，个别甚至达到 40°，因而泵的排量较大。而斜盘式轴向柱塞泵的斜盘倾角受径向力的限制，一般不超过 20°。

（2）缸体受到的倾覆力矩很小，缸体端面与配流盘贴合均匀，泄漏损失小，容积效率高；摩擦损失小，机械效率高。

（3）结构坚固，抗冲击性能好。

（4）由于斜轴泵的传动轴要承受相当大的轴向力和径向力，需采用承载能力大的推力轴承。轴承寿命低是斜轴泵的薄弱环节。

（5）斜轴泵的总效率略高于斜盘泵。但斜轴泵的体积大，流量的调节靠摆动缸体使缸体轴线与传动轴线的夹角发生变化来实现，运动部件的惯性大，动态响应慢。

（6）由于不存在斜盘泵的阻尼小孔，对油液的污染不如斜盘泵敏感。

三　轴向柱塞泵的变量机构

斜盘式和斜轴式轴向柱塞泵都能成为变量泵，下面介绍手动伺服变量机构、恒功率伺服变量机构、恒压伺服变量机构等形式，工程机械上应用较多的变量机构有恒功率伺服变量和总功率变量机构。

1. 斜盘式轴向柱塞泵的变量机构

（1）手动变量机构。在图 3－34 所示左端为手动伺服变量机构，这里把它单独取出（即变量机构和斜盘）。如图 3－34 所示。在变量机构的壳体 5 中装有变量活塞 2，变量活塞 2 内孔中装有伺服滑阀 3，伺服滑阀 3 上端嵌入拉杆 4 的 T 形槽内，变量活塞 2 上的销子穿在斜盘6的尾槽中。工作时，泵出口的压力油通过单向阀1引入变量壳体5的下腔室A。当手推拉杆4下移时，伺服滑阀3也随之下移，使油口a打开，如图3－34（b），下腔室A的压力油便经a油道进入上腔室B。由于变量活塞上部面积比下部大，故油压作用力推动变量活塞2下移，并通过销子带动斜盘6增大倾角，泵流量增大。当变量活塞2的移动量等于拉杆4的移动量时，油口a重新被伺服滑阀3封闭，变量活塞2便停下来。若拉杆4带动伺服滑阀3向上移动，油口a仍被封闭，而卸压油口b打开，如图3－34（b），上腔室B的压力油经b油道泄入泵内的泄漏口流回油箱。此时变量活塞2在下腔室A油压的作用下上升，斜盘倾角减小，泵流量减小。当变量活塞2上升量等于拉杆4提升量时，油口b重新被伺服滑阀3封闭，变量活塞停止上升。可以看出，斜盘6的倾角完全跟随伺服滑阀的位移而变化，故称为伺服变量。伺服变量的最大优点是操作力小，控制灵活，适用于高压工作且需改变流量的场合。图3－34（c）为手动液压伺服变量泵的图形符号。

（2）恒功率变量机构。若将图3－28左边的手动伺服变量机构换成如图3－35所示的机构，则可进行恒功率变量又称压力补偿变量。

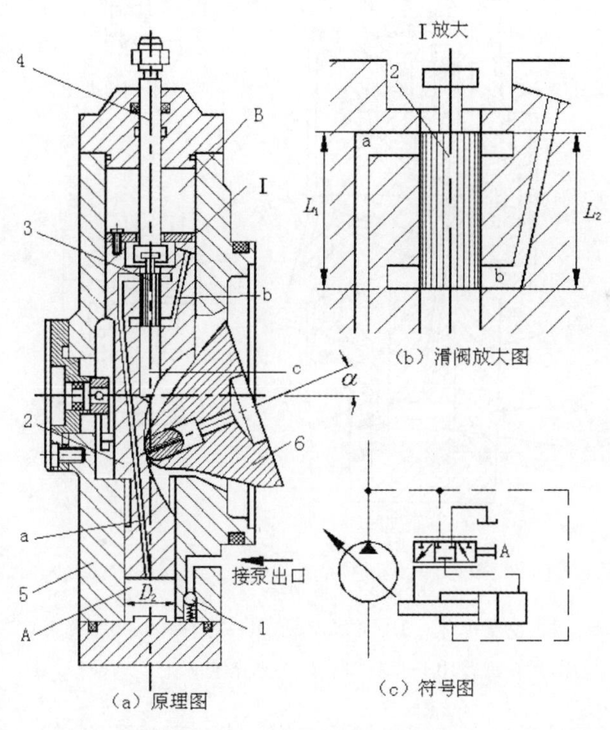

图3－34　手动伺服变量机构

1—单向阀；2—变量活塞；3—伺服滑阀；4—拉杆；5—变量壳体；6—斜盘

其恒功率变量的工作原理如图3－35（a）所示：压力油经单向阀7、下腔室d、油道e进入环槽f和h。在环槽f内，由于$D_1 > D_2$，因此油压对伺服滑阀3产生了向上的作用力。当泵出口油压高，油压作用力大于外弹簧5的预紧力时，伺服滑阀3压缩弹簧上升，将环槽h封闭，环槽g打开，如图3－35（b），变量活塞1上腔室a内的油液经卸压油道i、环槽g和伺服滑阀3的中心孔泄入泵体内流回油箱。于是变量活塞1被d腔室的压力油推向上移，斜盘 8 倾角减小，泵的流量减小。直到作用在伺服滑阀 3 上的油压作用力和弹簧力平衡，变量活塞 1 上升到将环槽 g 封闭为止。反之，当泵出口油压降低，油压作用力小于弹簧力时，弹簧就推动伺服滑阀 3 下降，将环槽 h 打开，压力油进入变量活塞的上腔室 a。于是变量活塞 1 也就随之下降，斜盘 8 倾角增大，流量增加。这种变量机构液压泵的流量随着油压力增高而减小，随压力的降低而增大，可使液压泵的输出功率接近于不变，即 $pQ=$ 常量，故称为恒功率变量。图 3－35（c）为恒功率液压伺服变量泵的图形符号。

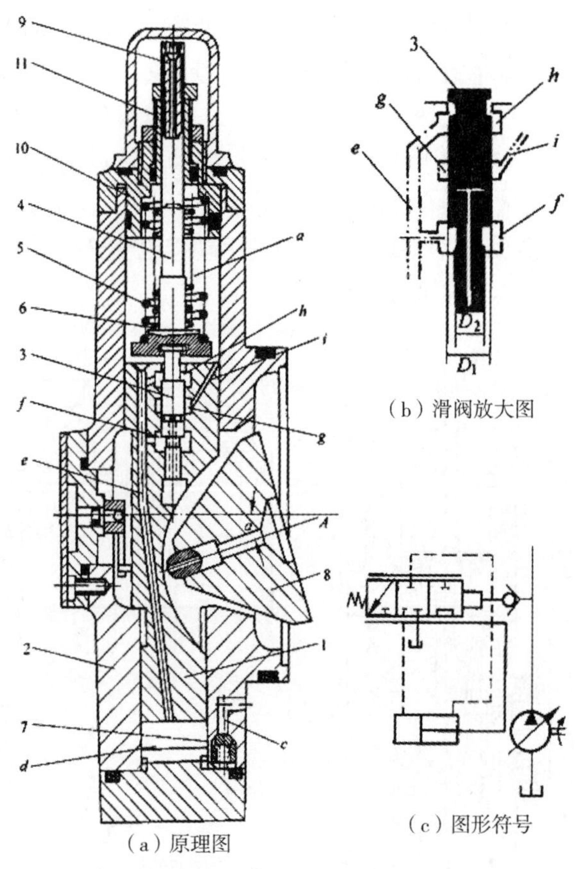

（a）原理图　（b）滑阀放大图　（c）图形符号

图 3－35　恒功率变量机构

1—变量活塞；2—变量壳体；3—伺服滑阀；4—导杆；5、6—弹簧；7—单向阀；8—斜盘；9—调节螺钉；10—弹簧套；11—调节套

恒功率变量泵的特性适合于工程机械的工作要求，可进行自动调速。当载荷大、压力高时，流量相应减少使速度降低，保证工作平稳可靠。反之载荷小时流量相应增加，使速度提高，从而提高了机械效率。

2. A7V 型斜轴式轴向柱塞泵的变量机构

（1）恒压变量机构。图 3－36 所示为 A7V 型斜轴式轴向柱塞泵变量机构及原理图，其变量机构为恒压变量，其原理如图 3－36（b）所示。

变量活塞 4 的面积为变量活塞 11 的一半，其油腔和泵的出油口相通。变量活塞 11 的油腔和控制阀体7上的沉割槽（x腔）连通。活塞11所受压力的大小由阀芯8的位移来控制。阀芯8上的上腔与泵的供油腔相连，其台肩宽度稍小于阀体沉割槽宽度。当阀芯8处于图示中位时，a、b处形成两个同样大小的开口，其阻力相等，则活塞11油腔内的压力为泵供油压力的1/2，与活塞4上的作用力相等。这时拔销6固定在某一位置不动，泵的流量不变。当泵的压力较低时，阀芯8被其下端的弹簧9推到最上位置，x腔与回油相通，缸体的倾角最大，泵流量最大。当泵供油压力升高，使阀芯8向下移动到中位时，活塞4和11仍保持不动，流量也不变化，如图3－36（c）中FG线。当泵压力进一步提高，阀芯偏离中位向下时x腔压力增加，活塞11和4上升，缸体倾角减小，泵的流量减小，如GH线。弹簧9的刚度很小，故泵的供油压力只要有很小的变化，x腔压力就可能有较大变化。同时弹簧3的刚度也很小，所以泵的油压再增加不多时就使流量降至零，也就是说GH线的斜度很陡。工作时当泵的流量大于所需量时，系统压力就要增加，随之泵的流量就自动减少直至与外界需要量相适应为止。当泵的流量小于所需量时，系统压力降低，随之泵流量就自动增加。GH线很陡，实际引起的系统压力变化很小，故泵能自动改变流量而维持系统压力基本恒定，因此称为恒压变量。调整弹簧9的预紧力可改变恒压值，即图3－36（c）中G点。采用恒压变量泵可使泵的流量自动地和需要量相适应，没有流量浪费，能最大限度节约能量。

A7V型斜轴式轴向柱塞泵具有压力高、体积小、重量轻、转速高、耐冲击等优点，传动轴能承受一定的径向负荷，适用于工程机械的液压系统。

（2）恒功率变量机构。A7V型泵的恒功率变量机构如图3－37（a）所示。在变量壳体上盖1上有先导活塞C，在变量壳体2内有内外双弹簧组成的反馈弹簧3，随动阀芯8，调压弹簧9及调整螺钉10，大小变量活塞4、11，拔销6等组成变量机构。

恒功率变量机构的工作原理如图3－37（b）所示，通过调整螺钉10可调节调压弹簧9的预紧力F，当泵出口压力p小于p_{min}时，如图3－37（c），即先导活塞C上的液压力$pA_{先}$（$A_{先}$为先导活塞的面积）小于调压弹簧9的预紧力F，故随动阀芯8就在调压弹簧9的作用下上移，使阀口B打开，变量活塞的大腔经d孔与吸油口S接通，变量活塞在小腔压力（泵出口压力p经a孔、b孔进入变量活塞小腔c）作用下下移，拔销6向下偏斜，从而带动配油盘14向下摆动，使其摆角达到最大，流量值为Q_{max}，这时的反馈弹簧3呈自由状态。

当泵的压力p增大，当大于p_{min}时，在先导活塞C上的液压力大于弹簧9的预紧力F时，先导活塞C和随动活芯8下移，使阀口A与B连通，液压泵出口的压力油经a孔、b孔、c腔、阀口A、阀口B，沿d孔进入变量活塞11的大腔，由于大、小变量活塞的面积差，从而使变量活塞上移，拔销6向上偏斜，带动配油盘14向上摆动，使其摆角减小。同时，变量活塞上摆压缩反馈弹簧3的外弹簧，推动先导活塞C上移，直至弹簧力与液压力平衡，随动阀芯8复位，阀口B又被堵死，使变量活塞及缸体摆角就固定在某位置。这时泵的特性曲线沿EF线，直至反馈弹簧3的内弹簧开始接触弹簧座（开始被压缩），其泵的压力达到p_1。

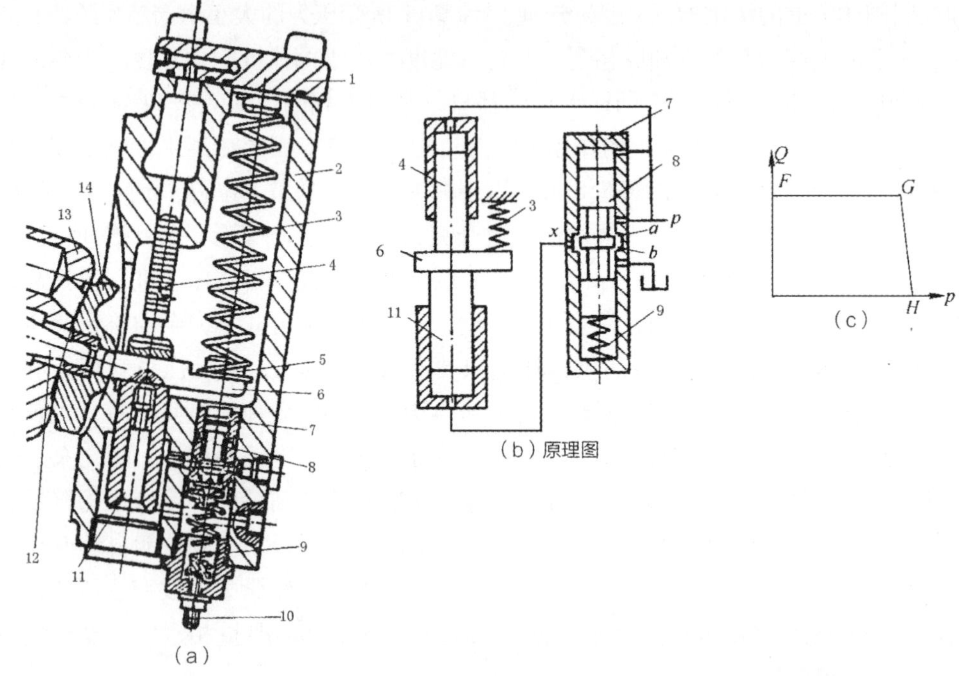

图 3-36　A7V 型斜轴式轴向柱塞泵变量机构及原理图

1—变量壳体上盖；2—变量壳体；3、9—弹簧；4、11—大小变量活塞；5—定位销；6—拔销；7—控制阀体；8—阀芯；10—调整螺钉；12—缸体中心轴；13—缸体；14—配油盘

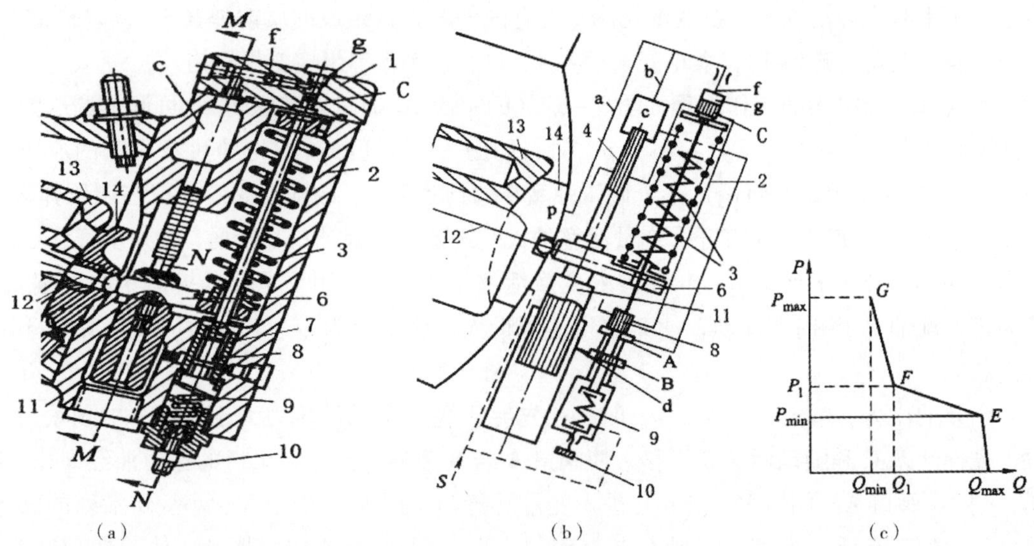

图 3-37　A7V 型泵恒功率变量机构的原理图

1—变量壳体上盖；2—变量壳体；3、9—弹簧；4、11—大小变量活塞；5—限位螺钉；6—拔销；7—控制阀；8—随动阀芯；10—调整螺钉；12—缸体中心轴；13—缸体；14—配油盘；C—先导活塞

当泵的压力再进一步增大，即大于 p_1 时，先导活塞上的液压力大于调压弹簧 9 和预紧弹簧 3 的力，随动阀芯 8 下移，又重复上述流量减小的过程。因这时内、外的预紧弹簧 3 同时都被压缩，弹簧刚度达到最大，故特性曲线按照 FG 曲线运行，直到缸体摆动角度达到最小值。缸体摆动的最大和最小值由上、下限位螺钉来限定。恒功率特性是使 $N = p_{min}Q_{max} = p_{max}Q_{min} = p_1Q_1 =$ 常数。它的特性曲线越接近双曲线，恒功率特性就越好。

3.4.2　轴向柱塞马达

轴向柱塞马达和轴向柱塞泵在结构上非常相似，有些泵（如 ZB 型的柱塞泵）就可以做马达使用。

一　斜盘式轴向柱塞马达的工作原理

如图 3－38 所示，当高压液体经马达配流盘 4 上的压油窗口 a 进入柱塞 3 密封工作容腔时，柱塞受到了液压作用力 P_M，柱塞 3 在该力作用下，使滑靴压向斜盘 1，斜盘给滑靴一反作用力 F。力 F 可分解成两个分力 F_x、F_y，分力 F_x 沿柱塞轴线向右，与柱塞 3 所受液压作用力 P_M 相平衡，另一分力 F_x 与柱塞轴线垂直且向下，这个力对马达旋转中心产生力矩，通过柱塞、缸体施加于输出轴上，使其旋转。输出的总力矩就是所有处于压油区的柱塞所受的力矩之和（如图 3－38）。压油区的柱塞均向外推出。当柱塞运动到缸体的另一半部时，柱塞被推入，将工作过的液体经配流盘上的排出窗口 b 排出。

这里只要改变高压油的供油方向就可改变液压马达的旋转方向，若改变斜盘倾斜角度 δ_M 的大小，即排量大小改变，不仅影响马达的转矩，而且影响它的转速。斜盘倾角越大，产生的转矩越大，转速越低。

斜盘式轴向柱塞泵或马达的斜盘最大倾角一般在 20°以下，否则将使 F_x 力过大，柱塞将因承受的弯矩过大而磨损加剧。

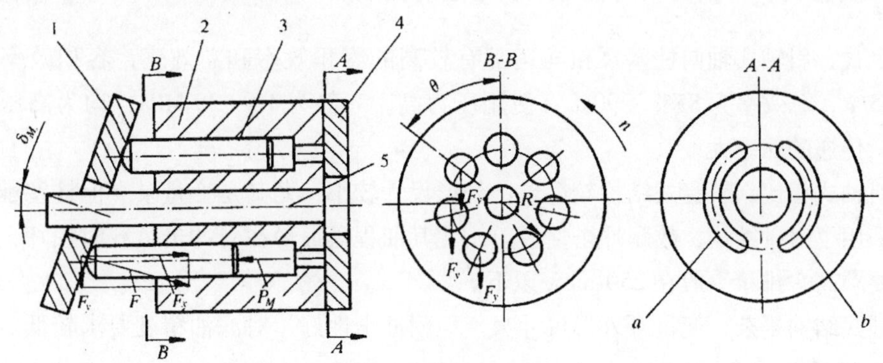

图 3－38　轴向柱塞液压马达工作原理图

1—斜盘；2—缸体；3—柱塞；4—配油盘；5—输出轴

二　斜轴式轴向柱塞马达的工作原理

其工作原理见图 3－39，当压力液体通过配流盘 5 上的压油窗口进入马达的柱塞密封工作容腔，柱塞 3 受到液压作用力 F，力 F 经柱塞、连杆作用给输出轴 1 上的圆盘，它可分解成两个分力 F_x、F_y，平行于驱动轴 1 方向的分力为 F_x，由圆盘背后的轴向止推轴承承受，垂直驱动方向的分力 F_y 对输出轴产生力矩，驱动输出轴旋转，输出总力矩为处于压油区一侧的所有柱塞产生的力矩之和。

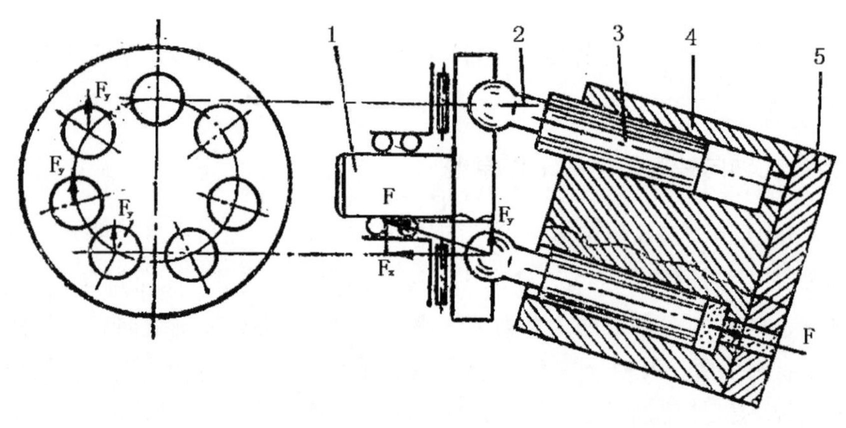

图 3－39　斜轴式轴向柱塞马达工作原理图

1—输出轴；2—连杆；3—柱塞；4—缸体；5—配油盘

从以上原理可知，斜轴式马达的柱塞和缸体不承受有效力矩（斜轴泵亦如此），因为输出轴并不与缸体相连，所以缸体和柱塞不承受与外阻力矩平衡的输出力矩。柱塞只承受缸体旋转所受到的摩擦阻力矩。所以斜轴式泵或马达的缸体倾角较大，一般可达 25°。

三　斜盘式、斜轴式轴向柱塞泵和马达的优缺点

斜盘式、斜轴式轴向柱塞泵和马达都有较高的容积效率和总效率，容积效率一般为 88%～95%，总效率为 85%～90%，使用压力高，一般为 16～35 MPa，均为高压泵和高压马达，传递的功率大。

与斜轴式相比，斜盘式结构较简单，外形尺寸较小，尤其是变量泵。但柱塞承受有效力矩且采用了滑靴结构，故耐冲击性较差，尤其回程盘最易在受冲击负载时损坏，泵的滤油精度要求高。排量一般在 250 ml/r 以下。

斜轴式结构复杂，变量泵外形尺寸大。但耐冲击性好，对滤油精度要求较低。排量一般在 500 ml/r 以下。

无论是斜盘式，还是斜轴式轴向液压马达都属于高速小扭矩马达，其优点是体积小，重量轻，转动惯量小，调速反应快，换向灵敏方便。缺点是需要一套减速机构配合使用，方能带动低速的工作机构。例如全液压履带挖掘机的回转和行走装置就是采用轴向柱塞液压马达配合行星齿轮减速机构实现回转与行走功能。

3.4.3　轴向柱塞泵和轴向柱塞液压马达常见故障与排除

一　轴向柱塞泵常见故障与排除

表 3－7　轴向柱塞泵常见故障与排除

故障现象	产生原因	排除方法
排油量不足	1. 吸油管及滤油器堵塞或阻力太大。 2. 油箱油面过低。 3. 泵体内没充满油，有残存空气。 4. 柱塞与柱塞孔或配油盘与缸体间隙磨损。 5. 柱塞回程不够或不能回程，引起缸体与配油盘间失去密封，系中心弹簧断裂所致。 6. 变量机构失灵，达不到工作要求。 7. 油温不当或泵吸气，造成内泄或吸油困难。	1. 排除油管堵塞，清洗滤油器。 2. 检查油量，适当加油。 3. 排除泵内空气（向泵内灌油即排气）。 4. 更换柱塞，修磨配油盘与缸体的接触面。 5. 检查中心弹簧，加以更换。 6. 检查变量机构，看变量活塞及变量头是否灵活，并纠正其调整误差。 7. 根据温升实际情况，选择合适的油液，紧固可能漏气的连接处。
压力不足或压力脉动较大	1. 吸油口堵塞或通道较小。 2. 油温较高，油液黏度下降，泄漏增加。 3. 缸体与配油盘之间磨损，柱塞与缸孔之间磨损，内泄过大。 4. 变量机构偏角太小，流量过小。 5. 中心弹簧疲劳，内泄增加。 6. 变量机构不协调（如伺服活塞与变量活塞失调，使脉动增大）。	1. 清除堵塞现象，加大通油截面。 2. 控制油温，更换黏度较大的袖液。 3. 修整缸体与配油盘接触面，更换柱塞，严重者应送厂返修。 4. 调大变量机构的偏角。 5. 更换中心弹簧。 6. 若偶尔脉动；可更换新油，经常脉动，可能是配合件研伤或别劲，应拆下研修。
噪音过大	1. 泵内有空气。 2. 轴承装配不当，或单边磨损或损伤。 3. 滤油器被堵塞，吸油困难。 4. 油液不干净。 5. 油液黏度过大；吸油阻力大。 6. 油箱的油面过低或液压泵吸气导致噪声。 7. 泵安装不同心使泵增加了径向载荷。 8. 管路振动。 9. 柱塞与滑靴球头连接严重松动或脱落。	1. 排除空气，检查可能进空气的部位。 2. 检查轴承损坏情况；及时更换。 3. 清洗滤油器。 4. 抽样检查，更换干净的油液。 5. 更换黏度较小的油液。 6. 按油标高度注油，并检查密封。 7. 重新调整，使在允差范围内。 8. 采取隔离消振措施。 9. 检查修理或更换组件。
内部泄漏	1. 缸体与配油盘间磨损。 2. 中心弹簧损坏，使缸体与配油盘间失去密封。 3. 轴向间隙过大。 4. 柱塞与缸孔间磨损。 5. 油液黏度过低，导致内泄。	1. 修整接触面。 2. 更换中心弹簧。 3. 重新调整轴向间隙，使符合规定。 4. 更换柱塞，重新配研。 5. 更换黏度适当的油液。

续 表

故障现象	产生原因	排除方法
外部泄漏	1. 传动轴上的密封损坏。 2. 各接合面及管接头的螺栓及螺母未拧紧，密封损坏。	1. 更换密封圈。 2. 紧固并检查密封性，以便更换密封。
液压泵发热	1. 内部漏损较大。 2. 液压泵吸气严重。 3. 有关相对运动的配合接触面有磨损。例如：缸体与配油盘，滑靴与斜盘。 4. 油液黏度过高，油箱容量过小或转速过高。	1. 检查和研修有关密封配合面。 2. 检查有关密封部位，严加密封。 3. 修整或更换磨损件，如配油盘、滑靴等。 4. 更换油液，增大油箱或增设冷却装置，或降低转速。
变量机构失灵	1. 在控制油路上出现堵塞。 2. 变量头与变量壳体磨损。 3. 伺服活塞，变量活塞以及弹簧芯轴卡死。 4. 控制油道上的单向阀弹簧折断。	1. 净化油液，必要时冲洗。 2. 修刮配研或更换。 3. 机械卡死时，研磨各运动件，油脏则更换。 4. 更换弹簧。
泵不能转动	1. 柱塞与缸孔卡死，系油脏或油温变化或高温黏连所致。 2. 滑靴脱落，系柱塞卡死拉脱或有负载起动拉脱。 3. 柱塞球头折断，系柱塞卡死或有负载起动扭断。	1. 油脏换油；油温太低时更换黏度小的油，或用刮刀刮去黏连金属，配研。 2. 更换或重新装配滑靴。 3. 更换。

二 轴向柱塞马达常见故障与排除

轴向柱塞式液压马达常见的故障有：输出转速低，输出扭矩也低，内外泄漏，异常声响等。

表 3－8 轴向柱塞马达常见故障与排除

故障现象	产生原因	排除方法
转速低，扭矩小	1. 液压泵供油量不足： （1）转速不够。 （2）吸油滤油器滤网堵塞。 （3）油箱中油量不足或管径过小造成吸油困难。 （4）密封不严，有泄漏，空气进入内部。 （5）油的黏度过大。 （6）液压泵的轴向间隙过大，泄漏量大，容积效率低。	1. 设法改善供油。 （1）进行调整。 （2）清洗或更换滤芯。 （3）加足油量，适当加大管径，使吸油通畅。 （4）选择黏度小的油液。 （5）适当修复液压泵。

续　表

故障现象	产生原因	排除方法
转速低，扭矩小	2. 液压泵输入油压不足： （1）液压泵效率太低。 （2）溢流阀调整压力不足或发生故障。 （3）管道细长，阻力太大。 （4）油温较高，黏度下降，内部泄漏增加。 3. 液压马达各结合面有严重泄漏。 4. 液压马达内部零件磨损，泄漏严重。	2. 设法提高油压： （1）检查液压泵故障，并加以排除。 （2）检查溢流阀故障，并加以排除，重新调高压力。 （3）适当加大管径，并调整其布置。 （4）检查油温升高原因，降温，更换黏度较高的油。 3. 拧紧其损伤部位并修磨或更换零件。 4. 检查其损伤部位并修磨或更换零件。
泄漏	1. 内部泄漏： （1）配油盘与缸体端面磨损，轴向间隙过大。 （2）弹簧疲劳。 （3）柱塞与缸孔磨损严重。 2. 外部泄漏： （1）轴端密封不良或密封圈损坏。 （2）结合面及管接头的螺栓松动或没有拧紧。	1. 排除内泄： （1）修磨缸体及配油端面。 （2）更换弹簧。 （3）研磨缸体孔，重配柱塞。 2. 排除外泄： （1）更换密封圈。 （2）将有关联接部位的螺栓及管接头拧紧。
异常声响	1. 轴承装配不良或磨损。 2. 密封不严，有空气进入内部。 3. 油被污染，有气泡混入。 4. 联轴器不同心。 5. 油的黏度过大。 6. 液压马达的径向尺寸严重磨损。 7. 界外振动的影响紧。	1. 重装或更换。 2. 检查有关进气部位的密封，并将各连接处加以紧固。 3. 更换清洁油液。 4. 修磨缸孔，重配柱塞。 5. 换油。 6. 修磨或更换。 7. 采取隔离外界振源的措施（加隔离罩）。

任务 3.5　径向柱塞泵和径向柱塞马达

任务目标：弄懂径向柱塞泵和径向柱塞马达的工作原理；了解其常见故障现象。

学习内容：不同结构类型径向柱塞泵和径向柱塞马达的工作原理；常见故障现象分析。

通常将柱塞沿传动轴径向布置的泵和液压马达称为径向柱塞泵和径向柱塞马达。径向柱塞马达近年来发展迅速，在工程机械上应用日益广泛。

3.5.1 径向柱塞泵的工作原理

径向柱塞泵根据柱塞布置方式分为曲轴式和回转式两大类。

一 曲轴式径向柱塞泵

如图 3 - 40 所示，柱塞在曲轴带动下往复运动时，柱塞缸密封容积交替地（增大、减小）变化。容积增大时，油箱中油液在大气压力作用下顶开吸油单向阀 1 进入柱塞缸。此时排油单向阀 2 因压力作用而关闭。容积减小时，缸内油液被挤压而打开排油单向阀 2 进入系统工作。此时吸油单向阀 1 因压力作用而关闭。这样曲轴连续转动柱塞便连续往复运动而交替吸油和排油。

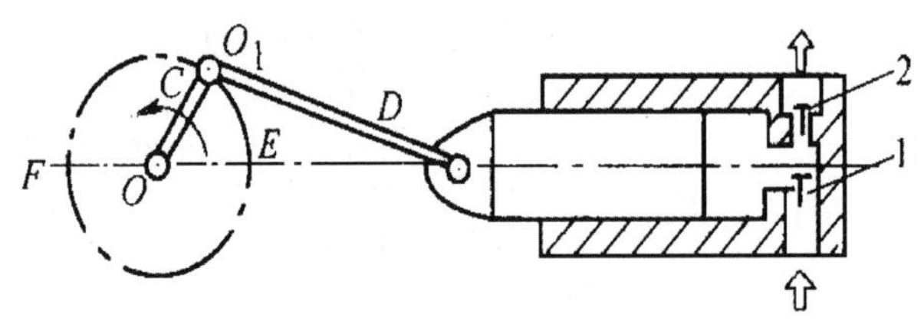

图 3 - 40 曲轴式径向柱塞泵的工作原理
1—吸油单向阀；2—出油单向阀

曲轴式径向柱塞泵由于采用配油阀式配油，与轴向柱塞泵相比没有滑动配油面，因此密封性好，容积效率和工作压力都比较高。且具有耐振动、耐冲击、压力高，其额定压力可达 25 ~ 28 MPa，最高压力达 32 ~ 40 MPa。有一定的自吸能力，对油液过滤精度要求较低等特点。

二 回转式径向柱塞泵

柱塞沿转子半径方向呈辐射状布置称为回转式径向柱塞泵。其工作原理见图 3 - 41 所示。转子 2 的中心与定子 1 的中心之间有一个偏心量 e。在固定不动的配油轴 5 上，相对于柱塞孔的部位有相互隔开的上下两个配流窗口 b、c，该配流窗口又分别通过所在部位的二个轴向孔 a、d 与泵的吸、排油口连通。当转子在原动机带动下如图示顺时针方向旋转时，在离心力作用下柱塞 2 经过上半周时向外伸出，在转子 2、柱塞 1 和配油轴 5 形成的密封容积逐渐增大形成部分真空。此时经过衬套 3（衬套 3 压紧在转子内和转子一起旋转）上的油孔和固定的配油轴 5 上的吸油口 b 吸油；当柱塞转到下半周时，定子内壁将柱塞向里推，其密封容积逐渐减小，油液经配油轴 5 的排油口 c 压出。转子旋转一周，每个柱塞孔内各密封容积吸油、排油一次。转子不断旋转即可连续输油。

为了进行配油，配油轴在和衬套 3 接触的一段上加工出上、下两个缺口，形成吸油口 b 和排油口 c，留下部分为封油区。封油区的弧长应能封住衬套上的孔使吸、排油口不串通，但又不能过大以免困油现象严重。

此种泵若将偏心距做成可调的即为变量泵。如偏心距方向改变，吸、排油口就互换。

该泵由于配油轴与衬套采用间隙配合，而且高、低压腔封油尺寸小，故容积效率不高，一般最高压力多在 20 MPa 左右。由于该泵的径向尺寸较大，结构复杂，且配油轴受到径向不平衡液压力作用，易于磨损，因而限制了转速和压力提高，故在工程机械上应用不多。

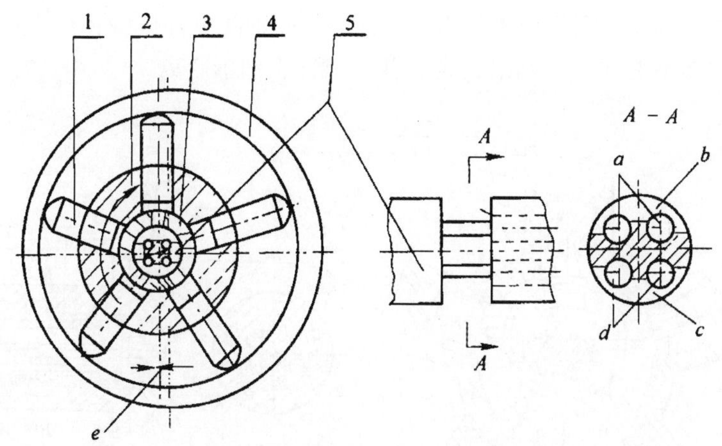

图 3 -41　回转式径向柱塞泵的工作原理

1—柱塞；2—转子；3—衬套；4—定子；5—配油轴

3.5.2　径向柱塞马达

径向柱塞马达是柱塞沿输出轴径向分布的液压马达。径向柱塞马达输出转速低（一般可在 10 r/min 以下平稳运转）、驱动转矩大，多称为低速大转矩马达。

目前液压马达分为高速小扭矩马达和低速大扭矩马达两大类。前面所叙述的马达均为高速马达，高速马达的排量 q 小，所以力矩也小，低速不平稳，一般不能直接驱动工作机构，须加减速装置以提高力矩并降低转速。这在液压传动中称为“高速方案”，它使机器结构变得复杂，而且大功率的齿轮减速器工艺制造水平很高，况且齿轮运行的振动和噪声很大，所以人们力图研制一种转速低和力矩大的马达，即低速大扭矩液压马达。低速马达的排量 q 大，所以力矩大，低速平稳，即最低转速很低，液压传动中称为“低速方案”。低速马达一般直接驱动工作机构，可以避免使用减速器，使机器的传动机构大为简化，但这类马达的结构和制造工艺复杂。目前高速方案和低速方案都被采用，并且在技术上进行激烈的竞争。

低速马达常见形式有曲轴连杆式、内曲线式和静力平衡式等径向柱塞马达和双斜盘式轴向柱塞马达等，前两种较为常用。

一　曲轴连杆式径向柱塞马达

曲轴连杆式低速大力矩液压马达应用较早，国外称它为斯达法（staffa）液压马达。

图 3 -42 所示为曲轴连杆式径向柱塞马达结构原理图。该马达由五星状壳体 1、柱塞 2、连杆 3、带有滚柱轴承的曲轴 4、配油轴 5、十字滑块联轴器 6 和端盖 7 等组成。5 个油缸沿径向在圆周均匀分布，形成星状壳体，油缸中装有柱塞 2。连杆 3 小端与柱塞 2 以球头铰接，并以卡环锁紧。连杆大端做成闸瓦形的圆弧面紧贴在曲轴 4（输出轴）的偏心轴颈上，偏心轴颈圆心为 O′，曲轴旋转中心为 O。配流轴 5 和曲轴通过十字联轴器 6 相连

接，使配油轴随曲轴一起同步旋转。为了使连杆与曲轴能更好接触，在连杆大端闸瓦背部两边的卡槽内用两个卡箍（未画出）夹持住，保证它们不脱离。

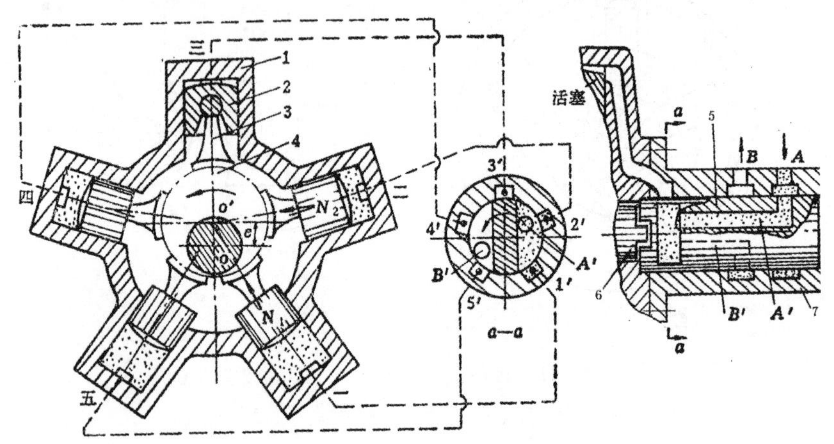

图 3－42　曲轴连杆式径向柱塞马达

1—壳体；2—柱塞；3—连杆；4—带滚柱轴承的曲轴；5—配油轴；6—十字联轴器；7—端盖

配油轴的侧面油孔与端盖上的供油口 A 相通，配油轴的轴向孔 A′与壳体 1 的油道对应柱塞（2 个或 3 个柱塞）的顶端进油道相通，另外柱塞（2 个或 3 个柱塞）的回油通过壳体油道与配油轴中心油道 B′相通，且通过端盖上出油口 B 回油。五个油缸的顶端各有油道通过壳体油道通向配油轴颈的进、排油窗口。

在图 3－42 径向柱塞马达的工作原理图所示中，压力油液从端盖进油口 A 进入，通过配油轴侧面油口经孔 A′和壳体上的孔道 1′、2′（图中用虚线表示）进入一、二两个柱塞容腔，柱塞便受到液体压力作用，通过连杆对偏心轴颈的圆心 O′产生作用力，分别为 N_1 和 N_2，这两个力均对曲轴旋转中心 O 产生力矩，推动曲轴按逆时针方向旋转。在图中位置时，柱塞腔三处于过渡状态，和供油口、排出口均不通，柱塞腔三上的液压力通过曲轴回转中心 O，其力由支承曲轴的轴承承担。柱塞腔四、五中的柱塞沿径向向外运动，将液体经壳体孔道 4′、5′、B′从排出口 B 排出。

随着曲轴的旋转，配流轴 5 也跟随一起转动，有节奏地依次对应各柱塞腔进行压入和排出液体，使曲轴不断连续地运转。曲轴转一周，各柱塞往复运动一次，故属于单作用式。

这种马达的力矩和转速脉动较大，低速稳定性较差，一般须在 5～10 r/min 以上才可能不出现爬行现象。起动时机械效率较低，一般为 80%～85%。该马达结构简单，工艺性较好，工作可靠。

二　内曲线多作用径向柱塞马达

图 3－43 为内曲线径向柱塞马达的结构原理图。内曲线多作用径向柱塞马达通常称为内曲线马达。它由定子、转子（缸体）、柱塞组和配油轴等主要部件组成。定子 4 的内表

面由几段均匀分布的形状相同的曲线组成；转子1与输出轴相连，中心部分是固定不动的配油轴5，转子中沿径向分布着柱塞缸。柱塞2的顶端滚轮3沿定子的内曲面滚动，马达的进排油口通过配油轴的轴向及径向油道与柱塞缸孔相通。配油轴通往转子的进油道（图中带黑点的油道）与定子内曲面的工作段相对，而回油道与定子内曲的回油段相对。

压力油经配油轴进入位于工作段的柱塞缸孔Ⅱ、Ⅲ使其相应的滚轮顶紧在定子曲面上。在接触点上，定子给滚轮一个反作用力 N，其方向垂直于定子的内曲面，作用线通过滚轮中心。力 N 可分解为径向分力 F 和切向分力 T。力 F 与柱塞缸孔油压作用力平衡，力 T 通过滚轮和柱塞作用于转子产生转矩使转子转动。与此同时，处于回油段的柱塞Ⅴ、Ⅵ受到定子曲面的推挤而向内收缩，其缸孔内油液经配油轴回油道从出油口排出。过渡区段

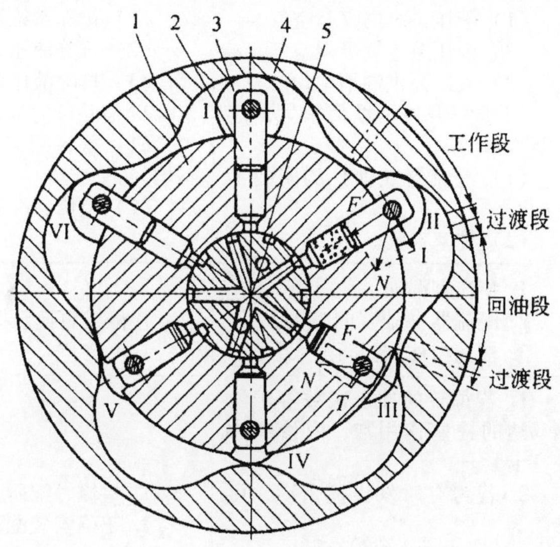

图 3-43　内曲线径向柱塞马达

1—转子；2—柱塞；3—滚轮；4—定子；5—配油轴

上的柱塞Ⅰ、Ⅳ与其缸孔油口在极短时间内被配油轴的密封间隔封闭，此时柱塞不沿径向运动。改变马达的进、回油方向，便可改变马达的旋转方向。这时定子曲面的工作段变成回油段，而回油段变成工作段。

这种马达输出轴转一圈，每个柱塞便相应有几个双行程，柱塞密封工作容腔多次压入和排出液体，故又称为多作用式马达。与前面讲过的单作用式（转子每转一周每个柱塞只有一次双行程，如曲轴连杆式）马达相比，在柱塞直径和行程相同时，内曲线径向柱塞马达比单作用式马达的排量 q 大，获得力矩 M 大。而且这种马达的柱塞缸孔既可以做成单排的，也可做成双排或三排，所以输出转矩比单作用式大得多。

内曲线马达一般为定量马达。但可以通过改变柱塞排数的方法，或通过改变有效作用柱塞数，或改变有效作用次数的方法，实现有级变速。

内曲线马达额定压力多为25 MPa，最大压力为32 MPa。它具有转矩脉动小、径向力平衡、启动转矩大、结构紧凑、工作可靠、能在低速下稳定运转，普遍用于工程、建筑、起重运输、煤矿、船舶、农业等机械中。

3.5.3 径向柱塞式大转矩液压马达液压系统故障诊断

径向柱塞式液压马达常见的故障有：输出轴的转动不均匀，发出激烈的撞击声，转速达不到设定值，输出扭矩达不到要求，输出轴不旋转外泄漏等。

表3-9 径向柱塞式液压马达常见的故障

故障现象	产生原因	排除方法
输出轴的转动不均匀	1. 压力表显示值较低，应诊断为： （1）液压系统内存有空气。 （2）液压泵连续吸入空气。 （3）液压泵供油不均匀。 2. 压力表显示波值很大，应诊断为： （1）配流器（轴）的安装不正确。 （2）柱塞卡紧。	1. 提高供油压力： （1）排除系统及液压马达内的气体。 （2）排除液压泵进气故障。 （3）排除液压泵供油不均匀故障。 2. 消除压力波动： （1）重装配流器（轴），至消除转动不均匀。 （2）检修，配研。
转速达不到设定值	1. 集流器漏油。 2. 配流器（轴）间隙太大。 3. 柱塞与柱缸孔间隙太大。	检修或更换已损件。
发出激烈的撞击声	1. 若每转的冲击次数等于液压马达的柱塞作用数，应诊断为柱塞卡紧。 2. 若为有时发出撞击声，可诊断为： （1）配流器（轴）错位。 （2）凸轮环工作表面损坏。 （3）滚轮轴承损坏。	1. 检修、配研。 2. 正确安装配流器（轴）。
扭矩达不到设定值	1. 同转速达不到设定值。 2. 柱塞被卡紧。	1. 检修或更换已损件。 2. 研修配研。
输出轴不旋转	1. 配流器（轴）被卡紧。 2. 滚轮的轴承损坏。 3. 主轴其他零件损坏。	检修或更换已损零件。
外泄漏	1. 紧固螺栓松动。 2. 轴密封及其他密封件损坏。	1. 拧紧、紧固。 2. 更换。

任务3.6 液压泵和液压马达的选用与维护

任务目标： 初步掌握液压泵和液压马达的选用原则、使用和维护。
学习内容： 液压泵和液压马达的选型、使用和基本维护。

3.6.1 液压泵和液压马达的选型

一、液压泵的选型

在工程机械上常用的液压泵和液压马达有齿轮式、叶片式、柱塞式。在实际工作中到底选择哪种液压泵、液压马达才合适，应根据具体情况来决定。

首先应综合考虑主机工况、功率大小、系统要求、元件技术性能及可靠性等因素。

齿轮泵结构简单、体积小、价格便宜、工作可靠、维修方便，可以适应多尘、温度高和剧烈冲击的恶劣使用条件。工程机械环境差，加上工作空间的限制，对低压和中高压泵多选用齿轮泵。随着齿轮泵性能的提高，高压系统已有选用齿轮泵的。对于双泵和多泵系统，可选用双联或三联齿轮泵，这样只需要一根传动轴，结构简单便于布置。齿轮泵的不足之处是寿命短、流量较小、不能变量。

叶片泵的结构比较复杂，对油液污染敏感。目前在工程机械的液压系统中只有少数选用中高压叶片泵。

在高压、大功率的情况下一般选用柱塞泵。斜盘式轴向柱塞泵在起重运输机械上应用较多。挖掘机液压系统多选用斜轴式轴向柱塞泵或径向柱塞泵。这两种泵抗冲击性能强、寿命较长，适合于挖掘机恶劣的工作环境。对于变量系统一般选用变量轴向柱塞泵。

无论选择何种类型液压泵，都要使泵有一定的压力储备，延长泵的使用寿命，即泵的额定压力要比系统压力高一些。

二 液压马达选型

液压马达的选型，应根据工作压力、排量以及工作要求来选择结构形式和规格。

在中小功率的场合，选用高速小转矩马达，常用齿轮式、叶片式和轴向柱塞式。齿轮式马达功率较小，转矩小，适于小功率传动。叶片式马达的功率比齿轮马达略大一些。轴向柱塞式马达的功率和转矩都比较大，可以无级变量以实现无级调速。

高速小转矩马达体积小、重量轻，一般同减速装置配合使用。

在大功率的场合选用低速大转矩马达，常用的有曲轴连杆式、静力平衡式和内曲线多作用式。它们的工作转速低，输出转矩大，通常为几千到几万牛顿米。在这三种低速大转矩马达中，内曲线多作用式马达的工作压力高、输出转矩大，性能参数高且外形尺寸小、使用可靠。近年来应用越来越广。

3.6.2 液压泵和液压马达的使用

液压泵和液压马达安装时要满足如下要求：

（1）泵和马达与其他机械装置连接时要对中。采用弹性联轴节时同轴度不大于0.1mm，采用轴套式联轴节时同轴度不得大于0.05mm。

（2）泵和马达轴端一般不得承受径向力（特殊泵和马达除外），不得将皮带轮、齿轮等传动零件直接安装在泵和马达的轴上。

（3）泵的吸油高度不得超过0.5m。对于需供液的斜盘式轴向柱塞泵，供液泵的流量应比主泵流量大15%左右。曲轴式径向柱塞泵的吸油口必须具有一定的压头，要求油箱的最低油面高于泵中心0.3m。

（4）泵和马达的泄漏既要畅通，又要保证壳体内充满油，并且停车时也不流走。壳体内的压力通常应保持在0.03~0.05 MPa，泄油管一般需要单独接回油箱而不与回油管连接。

（5）泵和马达对系统滤油精度有一定要求。齿轮泵过滤精度≤40μm，柱塞泵过滤精度≤25μm。在泵进油口处通常设置粗滤油器。

（6）对于某些马达，主要是内曲线马达和双斜盘轴向柱塞马达在回油路要安装背压阀，以使马达回油口具有足够的背压而保证正常工作。背压的数值通常在0.5~1 MPa（转速高，背压应取大值）。

（7）为了防止大功率液压泵的振动和噪声沿管道传至系统而引起系统振动、噪声，在泵的进油口和出油口可各安装一段胶管。出油口胶管应垂直安装，长度一般不超400~800mm。进油口胶管不允许因管内有真空而出现变扁现象。

液压泵和液压马达使用时要注意以下各点：

（1）工作压力、转速不能超过规定值。

（2）规定了旋转方向的泵，不得反向旋转；泵的进、出油口不得接反。

（3）泵和马达的工作介质通常为石油基液压油，黏度为（17~38）$\times 10^{6}$ m^2/s（2.5~5°E），正常使用温度为20~60°C。液压系统工作油液的过滤精度应高于25μm，油液污染度等级达到ISO 4406标准规定的19/16级。

（4）避免泵带负荷起动及在有负荷情况下停车，低温起动后先轻负荷运转，待温度上升后再进入正常运转，注意不要将热油突然输入冷元件，以免发生配合面“咬伤”事故。

3.6.3 液压泵和液压马达的维修

一 齿轮泵和齿轮马达

（1）齿轮两侧面与配油盘或泵盖之间磨损后，其配合间隙（见表3-10）比规定值大30%时，可用研磨的方法修复。

表3-10 液压泵的配合间隙（供维修用）

液压泵名称、配合部位	配合间隙（mm）
中低压齿轮泵：齿顶与壳体内孔 轴向间隙	0.05~0.10 0.04~0.08

续 表

液压泵名称、配合部位	配合间隙（mm）
中高压齿轮泵：齿顶与壳体内孔 轴向间隙	0.05～0.10 0.03～0.05
中高压叶片泵：叶片与转子叶片槽 叶片与配油盘 转子与配油盘	0.02～0.03 0.01～0.03 0.02～0.04
柱塞泵：柱塞与缸体柱塞孔 缸体与配油盘	d≤12 0.01～0.02 d≤20 0.015～0.03 d≤35 0.02～0.04 0.01～0.02

（2）轴用旋转密封件或其他密封件丧失密封性能时应当更换，并对密封件质量精心检查。安装时要注意唇口方向，且不要损坏密封唇口。

（3）泵和马达的容积效率比规定值降低10%～15%时，必须进行检修。

二 叶片泵和叶片马达

（1）定子内表面有异常磨损或有条痕存在，会造成压力波动和产生噪声。因此，必须在专用磨床上修磨。如果磨损不严重可用油石修磨，不能修复的应更换。

（2）配油盘有条状划痕等缺陷时，可用研磨的方法修复。

（3）个别叶片磨损、胶粘、折断，应清洗更换叶片。

（4）转子端面有划痕或磨损点或金属胶合，应进行修磨，同时要对叶片宽度和定子厚度作相应的修磨，使转子、叶片、定子三者的配合间隙达到规定值。

（5）轴用旋转密封件或其他密封件丧失密封性能时应更换新件，安装时要注意唇口方向，不准损坏密封唇口。

（6）容积效率比规定值降低10%～15%时，必须进行检修。

三 柱塞泵和柱塞马达

（1）柱塞与柱塞缸磨损后，其配合间隙比规定值增大10%～15%时，应重做新柱塞与孔配研修复。

（2）转子缸体端面及配油盘有磨损或有条状划痕，可用研磨方法进行修复。

（3）变量控制阀的阀芯与阀孔磨损后，其配合间隙比规定值增大15%～20%时，须做新阀芯与孔配研修复。

（4）如变量控制弹簧弹力不足会影响变量性能，须更换弹簧。

（5）轴用旋转密封件或其他密封件丧失密封性能应更换新件，应注意唇口方向及避免划伤唇口。

（6）容积效率比规定值降低10%～15%时，应进行检修。

思考与练习

一　填空题

1. 液压泵将________转换成________，为系统提供__________；液压马达将____________转换成________，输出________和__________。

2. 常用的液压泵有________，__________和__________三大类。

3. 变量泵是指________可以改变的液压泵，常见的变量泵有________、__________、__________。其中__________和__________是通过改变转子和定子的偏心距来实现变量，__________是通过改变斜盘倾角来实现变量。

4. 为了消除齿轮泵的困油现象，通常在两侧盖板上开__________，使闭死容积由大变少时与__________腔相通，闭死容积由小变大时与__________腔相通。

5. 齿轮泵产生泄漏的间隙有__________间隙、__________间隙和__________间隙，其中________泄漏占总泄漏量的75% ~85%。

6. 双作用叶片泵通常做________量泵使用，单作用叶片泵通常做__________量泵使用。

7. 双作用式叶片泵的转子每转一转，吸油、压油各__________次，单作用式叶片泵的转子每转一转，吸油、压油各__________次。

8. 液压泵按其输出液流的方向可分为__________向泵和________向泵。

9. 斜盘式轴向柱塞泵通过改变__________的倾角可改变其__________。

10. 斜盘式轴向柱塞泵构成吸、压油密闭工作腔的三对运动摩擦副为__________与_________、__________与__________、________与________。

二　判断题

1. 液压泵和液压马达都是通过密封容积的变换实现能量转换的。(　　)

2. 液压泵的工作压力取决于液压泵的公称压力。(　　)

3. 齿轮泵都是定量泵。(　　)

4. 在齿轮泵中，为了消除困油现象，在泵的端盖上开卸荷槽。(　　)

5. 液压马达的实际输入流量大于理论流量。(　　)

6. 双作用式叶片马达与相应的泵结构不完全相同。(　　)

7. 轴向柱塞泵既可以制成定量泵，也可以制成变量泵。(　　)

8. 改变轴向柱塞泵斜盘倾斜的方向就能改变吸、压油的方向。(　　)

三　选择题

1. 将发动机输入的机械能转换为液体的压力能的液压元件是（　　）。

A. 液压泵　　B. 液压马达　　C. 液压缸　　D. 控制阀

2. 齿轮泵存在径向压力不平衡现象。要减少径向压力不平衡力的影响，目前应用广泛的解决办法有（　　）。

A. 减小工作压力　　B. 缩小压油口

C. 扩大泵体内腔高压区径向间隙　　D. 使用滚针轴承

3. CB－B 型齿轮泵中，泄漏途径有三条，其中（　　）对容积效率的影响最大。

A. 轴向间隙　　B. 径向间隙　　C. 啮合处间隙

4. 将液体的压力能转换为旋转运动机械能的液压执行元件是（　　）。

A. 液压泵　　B. 液压马达　　C. 液压缸　　D. 控制阀

5. 液压泵输出油液的多少，主要取决于：（　　）

A. 额定压力　　B. 负载

C. 密封工作腔容积大小变化　　D. 电机功率

6. 影响液压泵容积效率下降的主要原因（　　）。

A. 工作压力　　B. 内摩擦力　　C. 工作腔容积变化量　　D. 内泄漏

7. 下列液压马达中，（　　）为高速马达，（　　）为低速马达。

A. 齿轮马达　　B. 叶片马达　　C. 轴向柱塞马达　D. 径向柱塞马达

四　简答题

1. 容积式泵（液压马达）的工作原理。

2. 容积式液压泵共同的工作原理是什么？其工作压力取决于什么？工作压力与名牌上的额定压力和最大压力有什么关系？

3. 齿轮泵泄漏的三个途径是什么？提高齿轮泵的压力受什么因素影响？怎样解决？

4. 常用泵——齿轮泵、叶片泵、柱塞泵及相应液压马达的主要优缺点及应用场合。

5. 泵和液压马达的职能符号。

6. 液压泵的配油方式有哪几种？从理论上来说，哪种液压泵和液压马达是可逆的？哪种不可逆？

7. 在叶片泵中，哪种可做变量泵使用？依靠改变什么因素来实现变量？如何实现双向变量？

8. 说明高速小转矩液压马达与低速大转矩液压马达的主要区别，应用场合。

项目四　学习掌握液压缸

☞知识目标

1. 掌握液压缸的工作原理和特点。
2. 熟悉液压缸的基本类型、典型结构和密封。
3. 掌握各种不同类型液压缸的图形符号。

☞能力目标

通过液压缸的拆装实训，会分析液压缸的工作原理、典型结构及各配合面的密封特点，能够熟练识读各种不同类型液压缸的图形符号。

☞实训任务

液压缸（双作用单出杆活塞式）的拆装及结构原理分析。

任务4.1　学习掌握液压缸的类型及特点

任务目标：了解液压缸的类型，掌握各种液压缸的工作原理和典型结构。

学习内容：各种不同类型液压缸的工作原理、性能特点。

液压缸又称为油缸或液动机，它是液压系统中的执行元件，其功能就是将液体的压力能转变成机械能的能量转换装置。它与液压马达不同的是液压缸用来实现直线往复运动或回转摆动。它结构简单、工作可靠，在各种机械的液压系统中得到广泛应用。

4.1.1　液压缸的类型和特点

液压缸的种类很多，按运动形式不同分为直线式液压缸（简称液压缸）和摆动式液压缸（或摆动缸）两类。前者实现直线往复运动，后者实现回转摆动，但回转角小于360°。往复液压缸按其工作原理不同又分为单作用式和双作用式两类。单作用式是指只有一腔能进出压力油，活塞（或缸体）只能依靠液压力做单向运动，回程需借助自重或弹簧力等实现的液压缸。双作用式是指两腔均能进出压力油，活塞（或缸体）能做正、反两个方向移动的液压缸。液压缸的分类及图形符号如下：

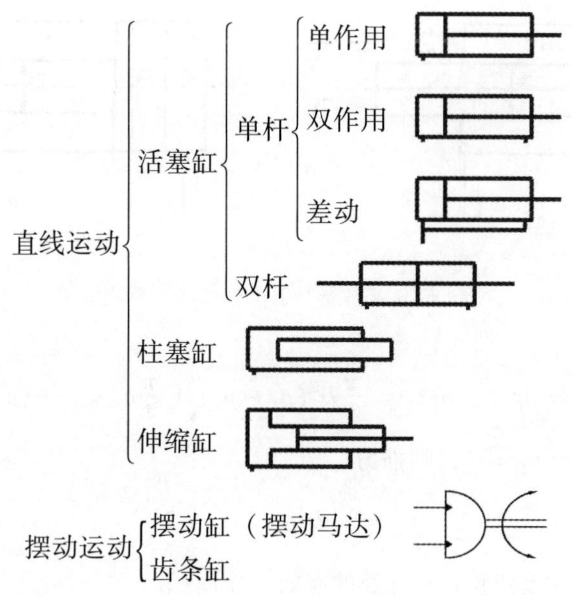

一　活塞式液压缸

活塞式液压缸有单杆活塞缸和双杆活塞缸两种。工程机械用双作用单杆活塞式液压缸最多。

1. 单杆式活塞缸

如图 4-1 所示，活塞只有一端带活塞杆，它一般由缸体、缸盖、活塞、活塞杆和密封件等零件构成。单杆液压缸也有缸体固定和活塞杆固定两种形式，但它们的工作台移动范围都是活塞有效行程的两倍。

由于液压缸两腔的有效工作面积不等，因此左右腔所产生的推力和左右方向的速度也不等，下面分别讨论。

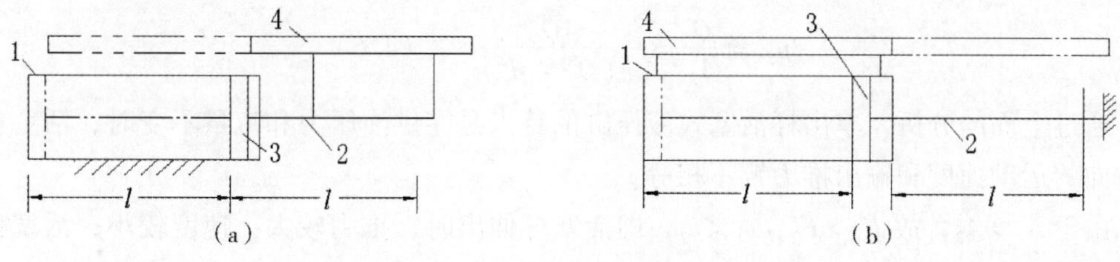

图 4-1　单杆活塞缸的运动空间

1—缸体；2—活塞杆；3—活塞；4—工作台

(1) 压力油进入无杆一腔，如图 4-2（a）所示。压力为 p_1，推动活塞向右运动，速度为 v_1；回油从液压缸有杆腔流出，压力为 p_2。则推力为

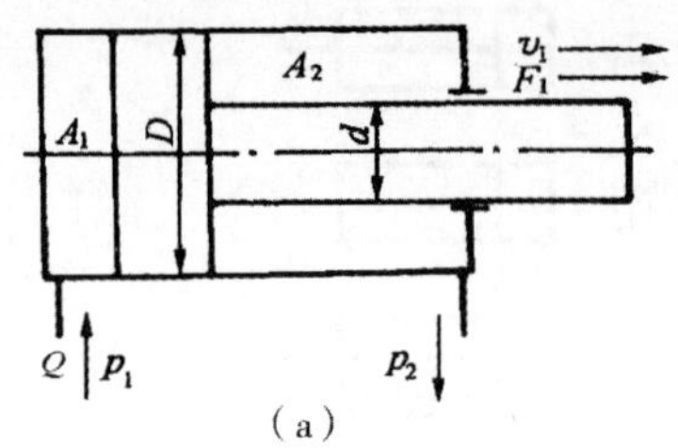

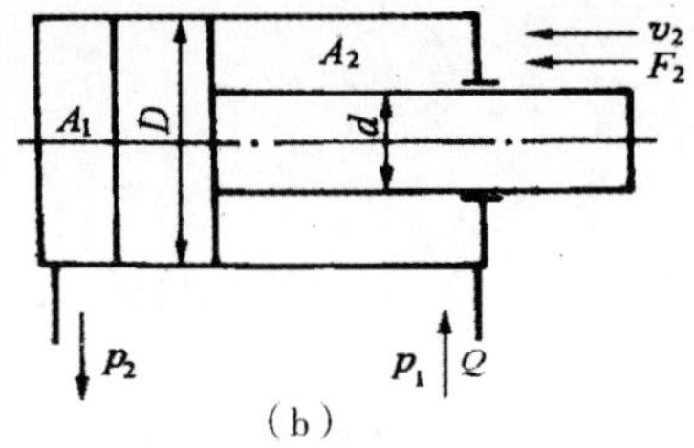

图4－2　单活塞杆液压缸运动计算简图

$$F_1 = p_1A_1 - p_2A_2 = \frac{\pi}{4}D^2(p_1 - p_2) + \frac{\pi}{4}d^2p_2 \qquad (4.1)$$

若不计回油压力（$p_2=0$），则推力

$$F_1 = \frac{\pi}{4}D^2p_1 \qquad (4.2)$$

式中：A_1、A_2——无杆腔、有杆腔的有效工作面积。

D、d——活塞、活塞杆的直径。

若输入液压缸内的油液流量为 Q，则活塞运动速度为

$$v_1 = \frac{Q}{A_1} = \frac{4Q}{\pi D^2} \qquad (4.3)$$

（2）压力油进入有杆一腔，如图4－2（b）所示，液压油产生的推力

$$F_2 = p_1A_2 - p_2A_1 = \frac{\pi}{4}D^2(p_1 - p_2) - \frac{\pi}{4}d^2p_1 \qquad (4.4)$$

若不计回油压力（$p_2=0$），则推力

$$F_2 = p_1A_2 = \frac{\pi}{4}(D^2 - d^2)p_1 \qquad (4.5)$$

若输入液压缸的流量为 Q，则活塞运动速度为

$$v_2 = \frac{Q}{A_2} = \frac{4Q}{\pi(D^2 - d^2)} \qquad (4.6)$$

通过上面的分析，单出杆活塞式液压缸的特点是在供油压力和流量不变时，活塞在两个方向的运动速度和输出推力皆不相等。

由于 $A_1>A_2$，故 $F_1>F_2$，$v_1<v_2$，即活塞杆伸出时，推力较大，速度较小；活塞杆缩回时，推力较小，速度较大，因而它适用于伸出时承受工作载荷，返回行程负载小要求速度高。这一特性刚好适合一般工作机械的工作特性，即工作行程负载大要求速度低，缩回时为空载或轻载的场合，所以双作用单杆活塞缸应用最为广泛。

2. 双杆式活塞缸

活塞两端都有一根直径相等的活塞杆伸出的液压缸称为双杆式活塞缸，它同样由缸体、缸盖、活塞、活塞杆和密封件等零件构成。根据安装方式不同可分为缸筒固定式和活塞杆固定式两种。常用于机床行业。

如图4－3（a）所示的为缸体固定式的双杆活塞缸。它的进、出口布置在缸筒两端，

活塞通过活塞杆带动工作台移动，当活塞的有效行程为 L 时，整个工作台的运动范围为 $3L$，所以机床占地面积大，一般适用于小型机床。当工作台行程要求较长时，可采用图 4－3（b）所示的活塞杆固定的形式，这时，缸体与工作台相连，活塞杆通过支架固定在机床上，动力由缸体传出。这种安装形式中，工作台的移动范围只等于液压缸有效行程 L 的两倍（$2L$），因此占地面积小。进出油口可以设置在固定不动的空心的活塞杆的两端，但必须使用软管连接。

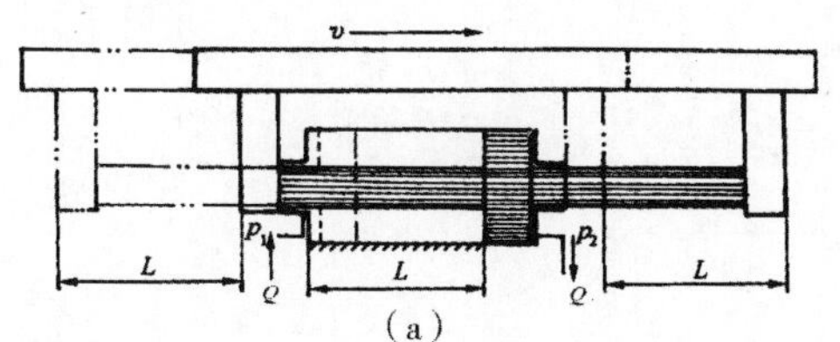

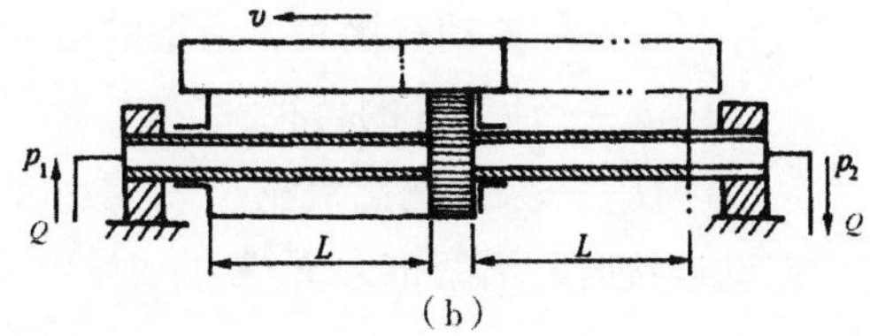

图 4－3　双杆活塞式液压缸

由于双杆活塞缸两端的活塞杆直径通常是相等的，因此它左、右两腔的有效面积也相等，当分别向左、右腔输入相同压力和相同流量的油液时，液压缸左、右两个方向的推力和速度相等。当活塞的直径为 D，活塞杆的直径为 d，液压缸进、出油腔的压力为 p_1 和 p_2，输入流量为 Q 时，双杆活塞缸的推力 F 和速度 v 为：

$$F = (p_1 - p_2)A = \frac{\pi}{4}(D^2 - d^2)(p_1 - p_2) \quad (4.7)$$

若不计回油压力，即 $p_2 = 0$，则推力为

$$F = \frac{\pi}{4}(D^2 - d^2)p_1 \quad (4.8)$$

式中：A——活塞的有效工作面积；

D、d——活塞、活塞杆的直径。

若分别向液压缸左右两腔输入的油液流量相同，工作台往复运动速度相同。其速度为

$$v = \frac{Q}{A} = \frac{4Q}{\pi(D^2 - d^2)} \quad (4.9)$$

式中：Q——输入液压缸内的流量。

双杆活塞缸在工作时，设计成一个活塞杆是受拉的，而另一个活塞杆不受力，因此这种液压缸的活塞杆可以做得细些。

3. 差动油缸

单杆活塞缸在其左右两腔都接通高压油时称为“差动连接”，如图 4－4 所示。差动连接缸左右两腔的油液压力相同（即 $p_1 = p_2 = p$），但是由于左腔（无杆腔）的有效面积大于右腔（有杆腔）的有效面积，故活塞向右运动，同时使有杆腔中排出的油液（流量为 Q_2）也进入无杆腔腔，加大了流入到无杆腔的流量

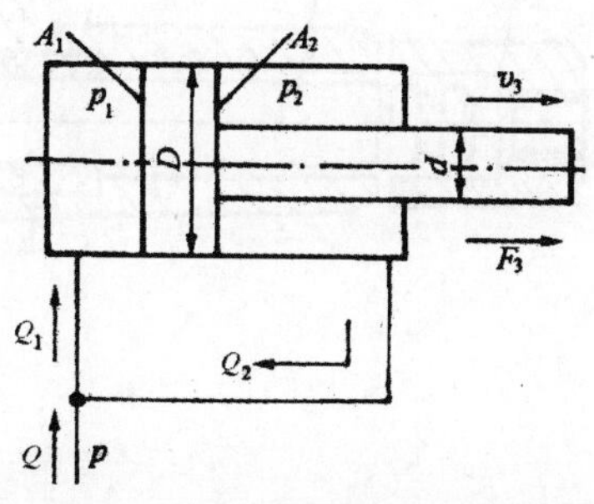

图 4－4　液压缸的差动连接

（Q_1），从而也加快了活塞移动的速度。

这里：$Q_1 = Q + Q_2$

$$Q = Q_1 - Q_2 = A_1 v_3 - A_2 v_3 = A_3 v_3 = \frac{\pi d^2}{4} v_3$$

差动连接时活塞的移动速度 v_3 为

$$v_3 = \frac{4Q}{\pi d^2} \qquad (4.10)$$

式中：v_3——差动连接时，活塞的运动速度；

d——活塞杆的直径；

Q——泵的输出流量。

差动连接时，活塞推力 F_3为

$$F_3 = p_1 A_1 - p_2 A_2 = p(A_1 - A_2) = A_3 p = \frac{\pi d^2}{4} p \qquad (4.11)$$

式中：F_3——差动连接的推力；

d——活塞杆的直径；

p——工作压力。

从公式4.10、4.11可知，液压缸差动连接时活塞的运动速度比非差动连接时大，且推力比非差动连接时小，正好利用这一点，可使在不加大油源流量的情况下得到较快的运动速度，这种连接方式在挖掘机的斗杆（或铲斗）再生功能中得以利用，提高了生产效率。同样它也被广泛应用于组合机床的液压动力系统的快速运动中。

二　柱塞缸

如图4－5（a）所示为柱塞缸结构，它只能实现一个方向的液压传动，反向运动要靠外力，是单作用式液压缸。若需要实现双向运动，则必须成对使用，如图4－5（b）所示简图。这种液压缸中的柱塞和缸筒不接触，运动时由缸盖上的导向套来导向，因此缸筒的内壁不需精加工，它特别适用于行程较长的场合。一般单作用柱塞缸为垂直安装。

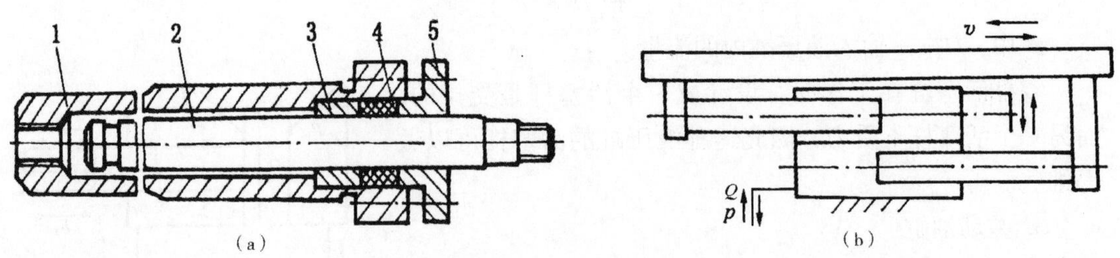

图4－5　柱塞式液压缸

1—缸筒；2—柱塞；3—导向套；4—密封圈；5—压盖

三　伸缩缸

伸缩缸由两个或多个活塞缸套装而成，前一级活塞缸的活塞杆内孔是后一级活塞缸的缸筒，伸出时可获得很长的工作行程，缩回时可保持很小的结构尺寸。伸缩缸的外伸动作是逐级进行的。首先是最大直径的缸筒以最低的油液压力开始外伸，当到达行程终点后，稍小直径的缸筒开始外伸，直径最小的末级最后伸出。随着工作级数变大，外伸缸筒直径越来越小，工作油液压力随之升高，工作速度变快。伸缩缸被广泛用于起重运输车辆上。

如图 4－6 所示是双作用式伸缩缸，其工作原理为：当 A 口通入压力油液时，首先第一级活塞杆与第二级活塞杆一起向右同速运动，此时速度称为第一级速度。当运动到第一级活塞杆的台肩与缸筒 1 的右端相碰时，第一级活塞杆停止运动，接着第二级活塞杆单独向右运动，此时速度称为第二级速度，直到运动到全行程为止，双作用式缸的排出液体经 B 口排出。对于双作用式，收回时是 B 口做压油口，A 口做排油口，一般情况是第二级活塞杆先收进，然后第一、二级活塞杆一起向左运动。

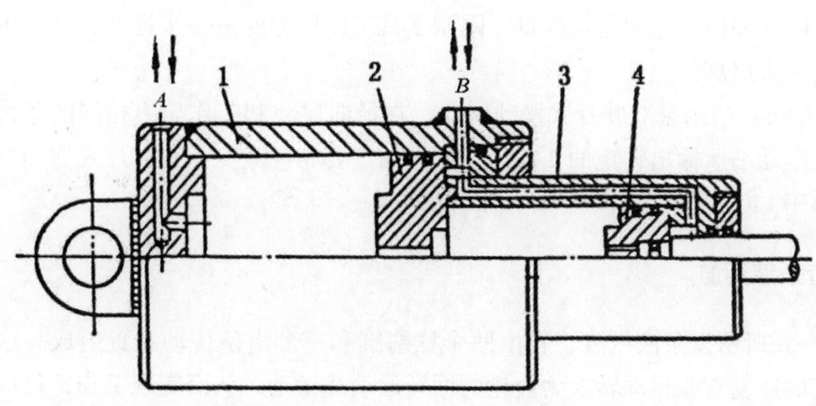

图 4－6　伸缩缸

1—一级缸筒；2—一级活塞；3—二级缸筒；4—二级活塞

这种伸缩液压缸有行程长，收回后轴向尺寸小等优点，但结构复杂，此外各级受压面积不等，因此伸出时各级速度和推力不同。

四　摆动式液压缸

摆动式液压缸是输出扭矩并实现往复运动的执行元件，也称摆动式液压马达。有单叶片和双叶片两种形式。图 4－7 中定位块 3 固定在缸体 1 上，而叶片 4 和叶片轴 2 连接在一起。根据进油方向，叶片将带动叶片轴做往复摆动。

图 4－7（a）所示是单叶片摆动马达。若从油口Ⅰ通入高压油，叶片 2 做逆时针摆动，低压力从油口Ⅱ排出。因叶片与叶片轴（即输出轴）连在一起，使输出轴摆动同时输出转矩、克服负载。

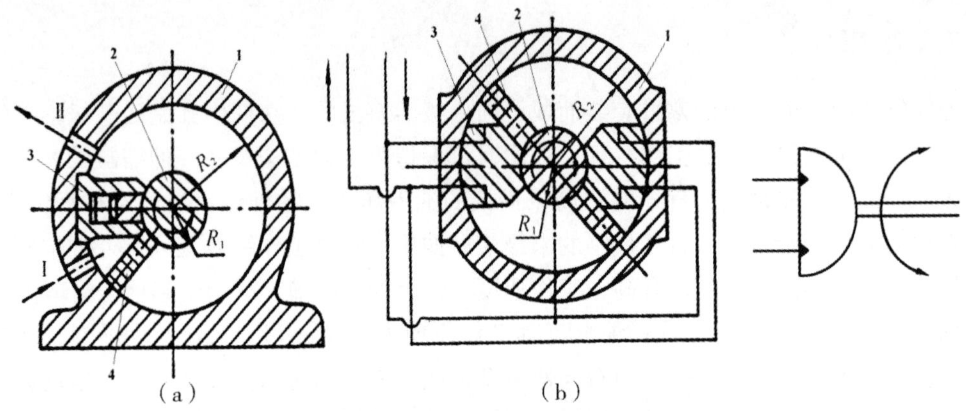

图 4-7 摆动式液压缸

1—缸体；2—叶片轴；3—定位块；4—叶片

此类摆动马达的工作压力小于 10 MPa，摆动角度小于 280°。由于径向力不平衡，叶片和壳体、叶片和挡块之间密封困难，限制了其工作压力的进一步提高，从而也限制了输出转矩的进一步提高。

图 4-7（b）所示是双叶片式摆动马达。在径向尺寸和工作压力相同的条件下，分别是单叶片式摆动马达输出转矩的 2 倍，但回转角度要相应减少，双叶片式摆动马达的回转角度一般小于 120°。

五 齿条液压缸

如图 4-8 所示齿条液压缸。它由两个柱塞缸和一套齿条传动装置组成。这种液压缸可以将柱塞的往复直线运动转换为齿轮的回转运动或摆动。从而实现工作部件的往复摆动或间歇进给运动。

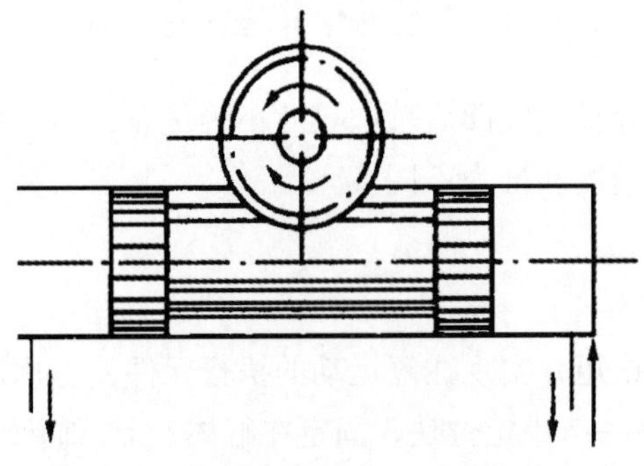

图 4-8 齿条液压缸

任务4.2　学习掌握液压缸的典型结构和组成

任务目标：掌握液压缸的典型结构、液压缸的密封和缓冲原理。

学习内容：液压缸的基本组成、典型结构；密封、缓冲和排气装置。

4.2.1　液压缸的典型结构

图4－9所示为用于挖掘机的典型液压缸结构，其最大工作压力可达31.5 MPa。它由缸筒1、活塞2、活塞杆3、支承环4、导向套及密封圈等组成。缸筒1用无缝钢管制作，并与前缸盖焊接在一起，缸筒上有两个通油孔。活塞2依靠支承环4导向，密封采用Y型密封圈5。活塞杆3依靠导向套6、8导向，并采用V型密封圈7密封。液压缸另一端盖9与缸筒采用螺纹连接。螺母10的作用是调整V型密封圈的松紧。

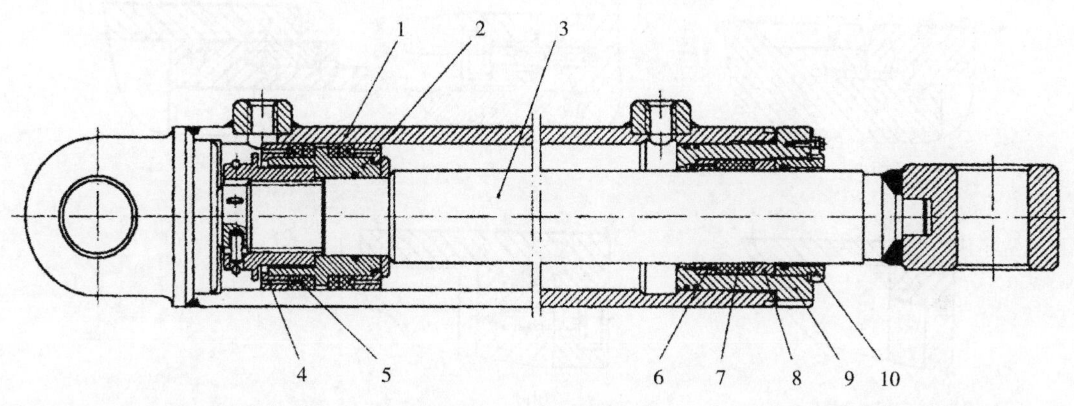

图4－9　液压缸结构

1—缸筒；2—活塞；3—活塞杆；4—支承环；5—Y型密封圈；6、8—导向套；7—V型密封圈；9—端盖；10—螺母

在液压缸的前端盖和活塞杆的头部都有耳环，用以将液压缸铰接在支座上。因此，这种液压缸在进行往复运动的同时，轴线可以随工作的需要自由摆动。

4.2.2　液压缸的组成

从以上的液压缸结构中可以看到，液压缸的结构基本上由缸筒和端盖组件、活塞和活塞杆组件、密封装置、缓冲装置和排气装置等五大部分组成。下面分别予以讨论。

一　缸筒和端盖组件

一般来说，缸筒和缸盖的结构形式和其使用的材料有关。工作压力 $p<10$ MPa 时，使

用铸铁；10 MPa < p < 20 MPa 时，使用无缝钢管；p > 20 MPa 时，使用铸钢或锻钢。这一部分的结构问题，一是缸筒和端盖的连接形式，二是液压缸的安装固定方式。

1. 缸筒和端盖的连接

缸筒与端盖连接的各种典型结构及其主要优缺点如图 4－10 所示。

图 4－10（a）为法兰连接。在用无缝钢管制作的缸筒上焊上法兰盘，再用螺钉与端盖紧固。此种结构应用最广泛，特别是中压液压缸均采用这种结构。

图 4－10（b）为拉杆连接。前、后端盖装在缸筒两边，用四根拉杆（螺栓）将其紧固。这种连接通常只用于较短的液压缸。

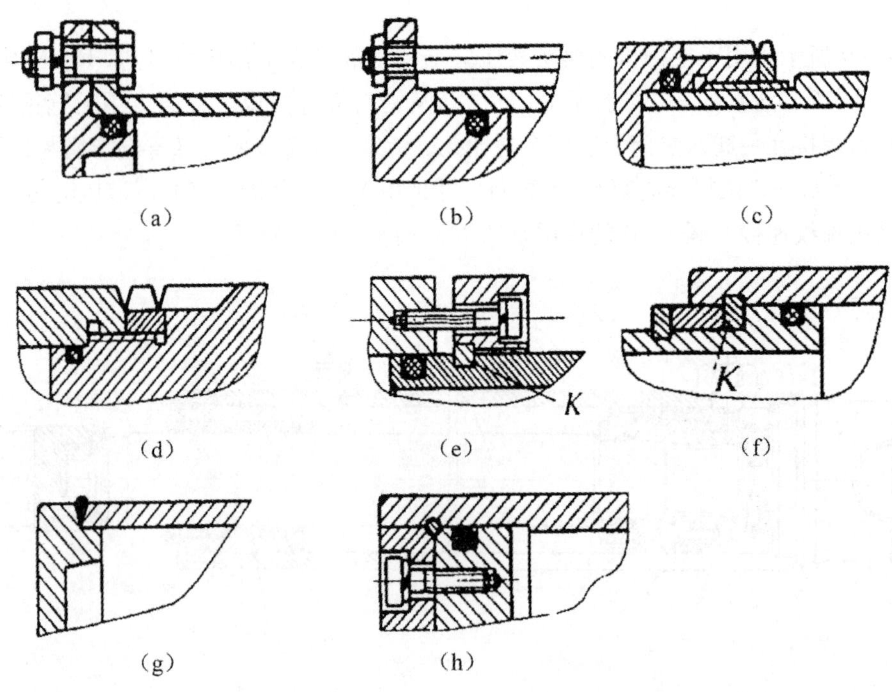

图 4－10　缸筒和缸盖的连接形式

（a）法兰盘连接；（b）拉杆连接；（c）、（d）螺纹连接；（e）、（f）卡环连接；（g）焊接；（h）钢丝连接

图 4－10（c）、（d）为螺纹连接。其中（c）为外螺纹连接；（d）为内螺纹连接。图 4－10（e）、（f）为卡环连接。其中（e）为外卡环连接；（f）为内卡环连接。图中 K 为卡环，把卡环切成二块（半环）装于缸筒槽内。当液压缸轴向尺寸受到限制，又要获得较大行程时，有时采用外卡环连接。图 4－10（g）为焊接连接。由于其内孔清洗、加工较困难，且易产生变形，所以多应用于较短的液压缸。图 4－10（h）为钢丝连接。适用于低工作压力的场合。

在上述结构中，焊接连接只能用于缸筒的一端，另一端必须采用其他结构。结构型式的选择要由工作压力、缸筒材料和工作条件来确定。如在工程机械中，对于较高的工作压力，常采用无缝钢管做缸筒，它的端盖多采用法兰连接，要在钢管端部焊上法兰。对于一般自制的中小型非标准液压缸，采用法兰连接、螺纹连接和焊接的结构较为普遍。

2. 液压缸的安装定位结构

液压缸与机架的各种安装方式如图 4－11 所示。其中图 4－11（a）为底脚固定式、图 4－11（b）为法兰固定式，适用于缸筒与机架间没有相对运动的场合。图 4－11（c）为轴销固定式，图 4－11（d）为耳环固定式，后两种属于铰接型，适用于缸筒与机架间有相对转动的场合，对于起重运输与工程机械常用这两种方式。

液压缸的安装和固定应尽量避免活塞杆受到横向载荷，因为这样会使活塞杆弯曲变形，导致液压缸偏磨，甚至卡死不动或折断活塞杆。为保证活塞杆只受纯拉压作用，应使外部作用力的作用线严格与活塞杆轴线重合，必要时可采用球铰。

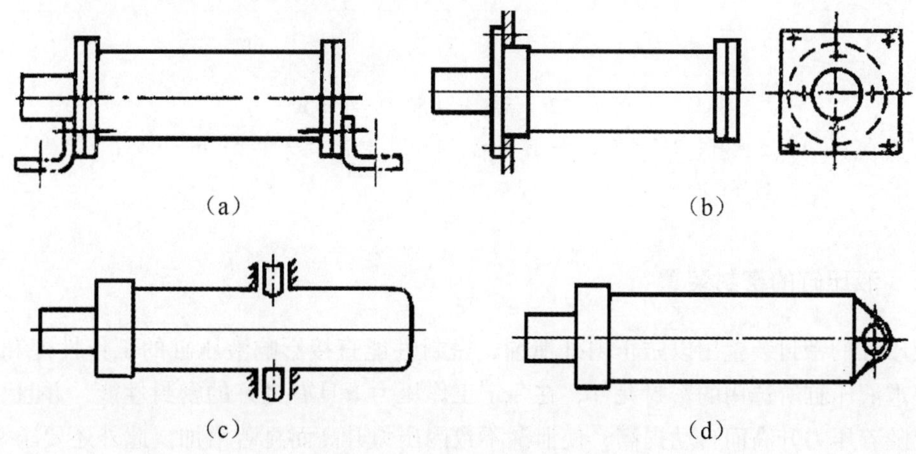

图 4－11　液压缸的固定方式

二　活塞和活塞杆组件

可以把短行程的液压缸的活塞杆与活塞做成一体，这是最简单的形式。但当行程较长时，这种整体式活塞组件的加工较费事，所以常把活塞与活塞杆分开制造，然后再连接成一体。图 4－12 所示为活塞和活塞杆连接形式，焊接连接，如图 4－12（a），结构简单，轴向尺寸小，但损坏后需整体更换，常用于小直径液压缸。圆锥销式连接，如图 4－12（b），易加工，装配简单，但承载能力小，且需有防止锥销脱落的措施，适用于轻载液压缸。螺纹式连接，如图 4－12（c），结构简单，装卸方便，采用双螺母防松结构，使得工作的可靠性提高，但因加工了螺纹，削弱了活塞杆的强度，该连接方式不适用于高压系统。卡环式连接，如图 4－12（d），强度高，但结构复杂，装卸不便，用于高压和振动较大的液压缸。

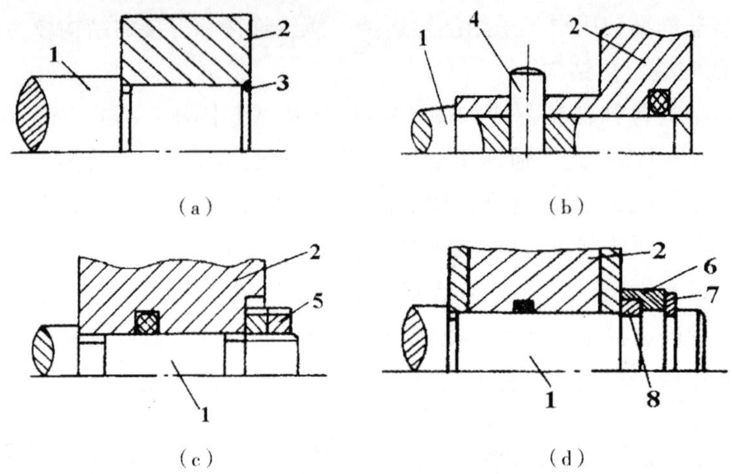

图 4-12 活塞与活塞杆连接形式

1—活塞杆；2—活塞；3—焊接点；4—圆锥销；5—螺母；6—压环；7—挡环；8—半环

三 液压缸的密封装置

液压缸的密封装置用以防止内外泄漏，密封性能直接影响液压缸的工作性能和效率。因此要求液压缸所选用的密封元件，在一定工作压力下具有良好的密封性能，并且，密封性能应随着压力升高而自动提高，使泄漏不致因压力升高而显著增加。此外还要求密封元件结构简单、寿命长、摩擦力小，不致产生卡死、爬行等现象。

密封装置分两种基本类型：一种是固定密封，即被密封的两个零件间没有相对运动，如端盖与缸筒之间等。另一种是运动密封，即被密封的两个零件之间存在相对运动，如活塞与缸筒内壁之间、活塞杆与导向套之间，这种密封形式的确定应特别注意。常用的密封方法，有间隙密封和密封元件的密封。

1. 间隙密封

如图 4-13 所示，它依靠相对运动件之间很小的配合间隙来保证密封。活塞上开有几个环形沟槽（一般为 0.5×0.5），其作用，一方面可以减少活塞与缸壁的接触面积，另一方面，由于环形槽中的油压作用，使活塞处于中心位置，减小由于侧压力所造成活塞与缸壁之间产生的偏摩，并可减少泄漏。这种密封方法的摩擦力小，但密封性能差，加工精度要求较高，只适用于尺寸较小，压力较低，运动速度较高的场合。其间隙值可取 0.02~0.05mm。

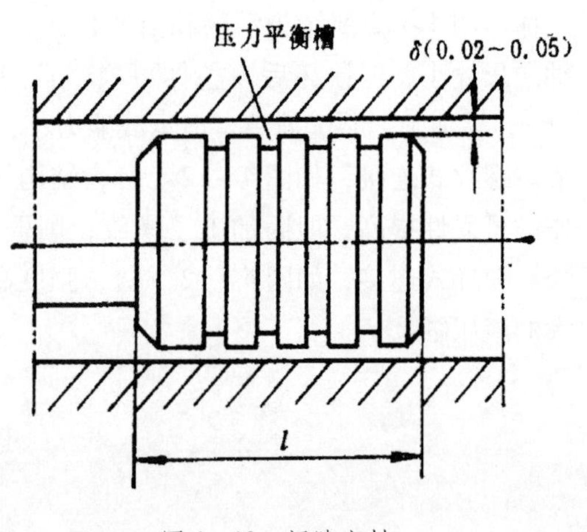

图 4-13 间隙密封

2. 密封元件的密封

图4－14所示为活塞与缸筒内壁之间的常见密封元件的密封。图4－14（a）是靠活塞与缸壁接触承受径向力。O型密封圈1仅起密封作用，这种方案结构简单、摩擦阻力较小、泄漏低，但密封件寿命较短，活塞与缸筒配合面的工艺要求高。图4－14（b）是在活塞上套一个用尼龙或聚四氟乙烯等耐磨且摩擦系数低的材料制成的支承环3，代替活塞与缸壁的摩擦，降低摩擦系数和提高液压缸的使用寿命，它仅起支承作用而不起密封作用，密封靠一对 Y_x 型密封圈2，这种方案摩擦阻力较小，泄漏低，应用广泛。图4－14（c）是采用V型密封圈4密封，它可以承受一定的径向力，并可通过螺母5调整过盈程度，使密封效果和摩擦力都适当，活塞本身与缸壁并不接触，降低了配合表面的工艺要求，这种密封件寿命较长，泄漏极微，但活塞运动的摩擦阻力大。图4－14（d）是一种组合式密封形式，除了支承环6外，还装有一个摩擦环7（材料和支承环相同），使O型密封圈8与缸壁脱离，基本上成为固定密封，故提高了密封件的寿命。该方案摩擦阻力极小，但有一定泄漏。宜用于高速运动的液压缸上。

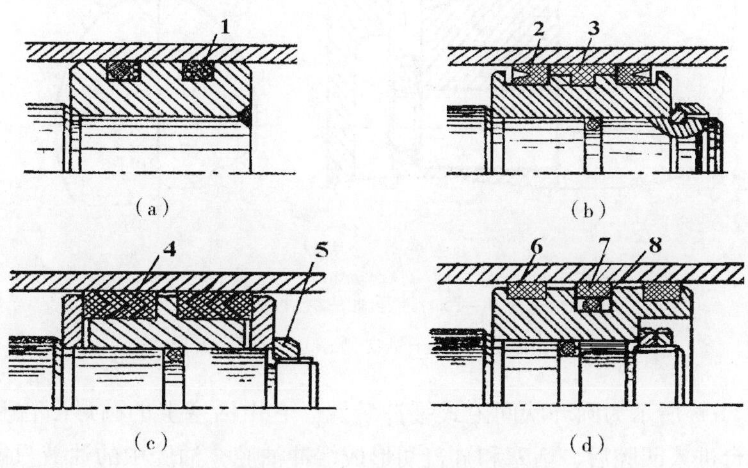

图4－14　活塞与缸筒间的密封形式

1、8—O型密封圈；2—Y型密封圈；3、6—支承环；4—V型密封圈；5—螺母；7—摩擦环

活塞杆伸出端设密封装置为了防止油液外泄，常采用O型、V型和 Y_x 型密封圈。由于活塞杆外伸，很容易把脏物带入液压缸，使油液受污染，使密封件磨损，因此常需在活塞杆密封处增添防尘圈，并放在向着活塞杆外伸的一端。为防止活塞杆变形，在缸盖上设有导向套，保证活塞沿其轴线方向的运动。

四　缓冲装置

液压缸一般都设置缓冲装置，特别是对大型、高速或要求高的液压缸，为了防止活塞在行程终点因惯性力过大而造成与缸盖或缸底过分激烈的机械碰撞，引起噪声、冲击，则必须设置缓冲装置。

缓冲装置的工作原理是活塞在行程终端接近缸盖时，强迫活塞和缸盖之间的油液从小孔或细缝中挤出，利用节流阻尼作用使回油腔产生一定的缓冲压力（回油阻力），而使活塞运动受阻减速，达到避免活塞和缸盖相互撞击的目的。

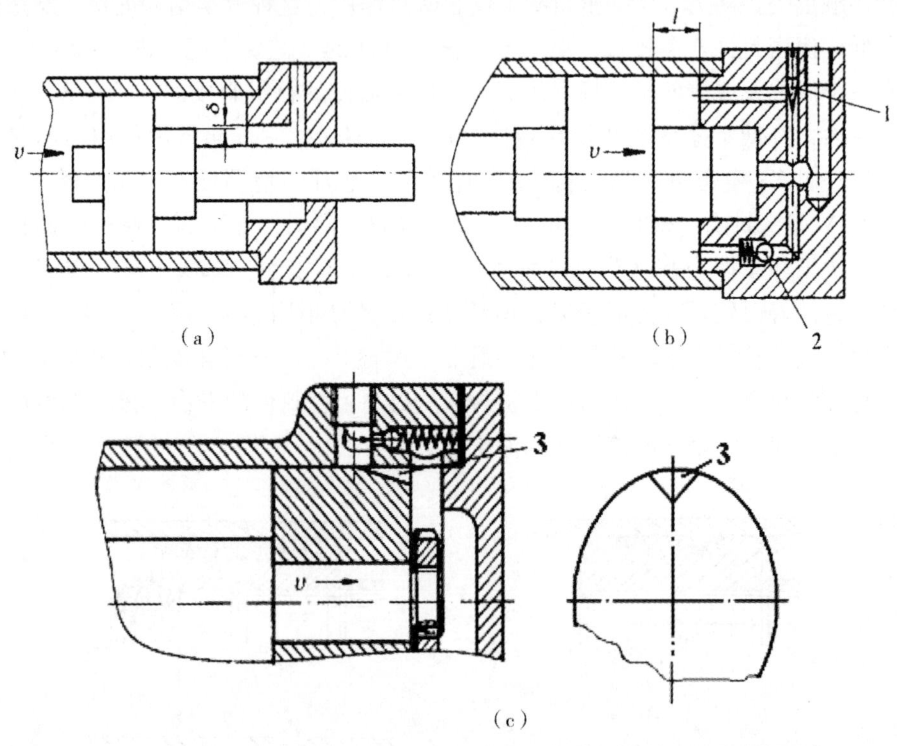

图 4－15　液压缸的缓冲装置

1—针形节流阀；2—单向阀；3—三角形节流槽

图 4－15（a）所示为圆环状间隙式缓冲装置。它由活塞上的圆形凸台和缸盖上的凹腔组成。当凸台进入凹腔后，活塞和缸盖间形成缓冲油腔，油腔中的油液只能从环形间隙 δ 中排出（回油），产生缓冲压力，从而实现减速。该结构在缓冲过程中，由于 δ 始终不变，所以随着活塞运动速度的降低，缓冲作用会逐渐减弱，缓冲效果较差（若将圆形凸台改成圆锥形凸台，可克服此缺点）。但它结构简单，便于制造，成品液压缸多采用这种装置。

图 4－15（b）为可调节流阀缓冲装置。它不但有凸台、凹腔（两者直径相同），在缸盖上还有针形节流阀 1 和单向阀 2。当凸台进入凹腔后，构成缓冲腔，其中的油液只能通过针形节流阀 1 才能排出。调节节流阀的开口量大小，可控制缓冲压力的大小，以适应液压缸不同负载和速度对缓冲的要求。

图 4－15（c）为可变节流槽式缓冲装置。它与图 4－15（a）结构的差异就是在凸台上开有由浅入深的三角形节流槽 3，使过流断面面积随着缓冲行程的增大而逐渐减小。此结构缓冲压力变化平缓，克服了在行程最后阶段缓冲作用减弱的问题。

五　排气装置

液压缸内的最高部位处常常会积聚空气，这是由于油液中混有空气造成的。空气的积聚会使液压缸运动不平稳，产生振动、噪声、爬行和前冲现象，严重时会使液压系统不能正常工作，为此液压缸需设排气装置。

对于要求不高的液压系统，可不设专门的排气装置，而是将缸的进、出油口设置在缸筒两端的最高处，通过回油使缸内的空气带回油箱，再从油箱中逸出。

对于速度稳定性要求高的液压缸和流速慢的大型液压缸，则需在液压缸的最高部位设置专门的排气装置。

在缸盖的最高部位处直接安装排气阀（见图 4-16）。在液压系统正式工作前，打开排气阀，让液压缸全行程空载往复运动数次排出空气，排气完毕后关闭排气阀，液压缸便可正常工作了。

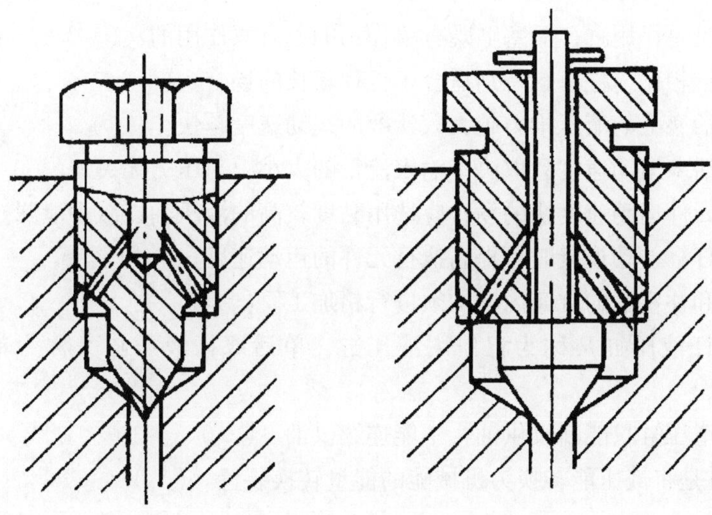

图 4-16　排气装置

思考与练习

一 填空题

1. 活塞缸按其结构不同可分为________和________两种。单杆式活塞缸固定方式有________固定和________固定两种。

2. 柱塞式液压缸是________作用式液压缸，回程需要借助于__________。一般需要________布置。

3. 液压缸中常用的缓冲装置有________式、________式和________式 。

二 判断题

1. 柱塞缸是单作用缸，活塞缸既有单作用的也有双作用的。(　)

2. 与活塞缸相比，柱塞缸特别适合于行程较长的场合。(　)

3. 作用于活塞上的液压推力越大，活塞的运动速度越快。(　)

4. 液压缸活塞运动速度只取决于输入流量的大小，与压力无关。(　)

5. 在执行元件运动速度快的场合应选用黏度较高的液压油以减少泄漏。(　)

6. 单活塞杆缸差动连接时可提高执行元件的运动速度。(　)

7. 活塞缸和柱塞缸的缸筒内壁均须进行精加工。(　)

8. 双活塞杆液压缸又称为双作用液压缸，单活塞杆液压缸又称为单作用液压缸。(　)

9. 单作用增压缸只能断续供油，不能连续供油。(　)

10. 液压缸是将液压能转换为机械能的能量转换装置。(　)

三 选择题

1. 在液压系统的组成中液压缸是（　）。

   A. 动力元件　　B. 执行元件　　C. 控制调节元件　　D. 辅助元件

2. 可以将液压能转化为机械能的元件是（　）

   A. 电动机　　B. 液压泵　　C. 压缸或液压马达　　D. 液压阀

3. 液压缸的运行速度主要取决于（　）

   A. 液压缸的密封　　B. 输入流量　　C. 泵的供油压力　　D. 外负荷

4. 在某一液压设备中需要一个完成很长工作行程的液压缸，宜采用下述液压缸中的（　）。

   A. 单活塞杆缸　　B. 双活塞杆缸　　C. 柱塞缸　　D. 增压缸

5. 双叶片式摆动缸的摆动角一般不超过（　）

   A. 100°　　B. 150°　　C. 280°　　D. 90°

6. 关于活塞缸与柱塞缸，下列说法不正确的是（　）。

A. 活塞缸的缸筒内壁要精加工，而柱塞缸的缸筒内壁不必精加工。

B. 双杆活塞缸适宜于往复运动速度相等的场合。

C. 单柱塞缸液压力只能实现单方向的运动，反向运动要借助于外力。

D. 单柱塞缸液压力只能实现单方向的运动，不宜用于行程较长的场合。

四　简答题

1. 液压缸的基本主要组成部分有哪些？
2. 当工作台的行程较长时，采用什么类型液压缸合适？如何实现工作台的往复运动？
3. 何谓差动液压缸？应用在什么场合？
4. 液压缸不密封会出现哪些问题？哪些部位需要密封？常见有哪些密封方法？
5. 使用带唇口密封圈时应注意哪些问题？
6. 液压缸为什么要设置缓冲装置？常见的缓冲方式有哪些？

项目五　学习掌握液压控制元件

☞知识目标

1. 学习液压控制阀的作用及分类。
2. 掌握各种液压控制阀的结构特点、工作原理及应用特点。
3. 熟练识读各种液压控制阀的职能符号。

☞能力目标

1. 学会分析液压控制阀控制压力、流量、液体流动方向的控制机理。
2. 能分析各种控制阀的结构和应用特点。
3. 会画各种功能液压控制阀的职能符号。

任务 5.1　液压控制元件概述

任务目标：掌握液压控制元件的作用、类型及基本性能。
学习内容：液压系统控制元件的作用、类型和性能特点。
实训任务：液压控制阀的拆装和原理分析。

5.1.1　液压控制阀的作用

液压控制阀（简称液压阀）是通过控制和调节液压系统中液体的流动方向、压力和流量，以满足执行元件所需要的启动、停止、运动方向、力或力矩、速度或转速和动作顺序，限制和调节液压系统的工作压力，防止过载等要求，从而使系统按照指定要求协调工作。

5.1.2　液压阀的分类

液压阀可按下述特征进行分类：

一　按功能分类

（1）方向控制阀：凡是用于变换液流通道、控制液体流动方向的元件称为方向控制阀。如单向阀、换向阀等。

（2）压力控制阀：控制液压系统中工作压力的元件，称为压力控制阀。如溢流阀、减压阀、顺序阀、电液比例溢流阀等。

（3）流量控制阀：控制液压系统中工作液体流量的元件，称为流量控制阀。如节流阀、调速阀等。

二　按控制方式分类

（1）普通液压阀：这类液压阀借助于手动、机动、电磁铁、液体压力和电液动等方式，将阀芯位置或阀芯上的弹簧设定在某一工作状态，定值地控制液体的压力、流量和流动方向，它们也称为开关阀，只有开和关两个位置，通常的方向阀都属于开关阀。

（2）比例控制阀：这类阀输出的（流量、压力）可按照输入信号的变化规律连续成比例地进行调节。由于被控参数（压力、流量）与输入信号成比例变化，并且可以通过电信号进行连续控制，性能高于普通的定值控制阀。

（3）伺服控制阀：这种阀能将微小的电气信号转换成大的功率输出，以控制系统中液体的流动方向、压力和流量。工作性能类似于比例控制阀。与比例控制阀相比除了在结构上有差异外，主要在于伺服阀具有优异的动态响应和静态性能。但它的价格较贵，使用维护要求较高，多用于高精度、快速响应的闭环控制系统。

（4）电液数字控制阀：这种阀是用数字信息直接控制系统中液体的流动方向、压力和流量。

三　按安装连接方式分类

（1）螺纹式（管式）连接：这种连接方式的阀是通过阀体上的螺纹孔直接与管路相连（大型阀则用法兰连接）。连接比较简单，但各个液压阀只能分散布置，装卸维护不方便。

（2）板式连接：采用这种连接方式的阀需配专用的连接板，管路与连接板相连，而阀仅用螺钉固定在连接板上，因此装卸时不影响管路，易将液压阀集中布置，装卸维护方便。

（3）插装式连接：这种连接方式的阀没有单独的阀体，由阀芯、阀套等组成的单元体插装在插装块的预制孔中，用连接螺纹或盖板固定，并通过插装块内的通道把各插装式阀连通组成回路。

（4）叠加式连接：这种连接方式控制阀的上下面为连接接合面，各连接口分别在这两个面上，通过螺钉将阀体叠装在一起构成回路。每个阀除其自身功能外，还起通道作用，不用管道连接，结构紧凑，沿程压力损失小。

（5）集成块式连接：这种连接方式把几个阀用螺钉固定在一个集成块的不同侧面上，在集成块上打孔，来沟通各阀的孔道组成回路。由于拆卸阀时不用拆卸与它们相连的其他元件，因此这种安装连接方式应用较广。

5.1.3 控制阀的基本性能指标

1. 流量指标

（1）额定流量：是指液压阀在正常工作条件下按实验标准规定能连续工作时的最优量。阀在此流量下工作，能充分发挥容量（流量）的效能，并保证工作期限。

（2）最大流量：在短时间内超载所允许的极限压力，又称超载流量。

（3）最小流量：流量很小时，阀不能保持稳态，流量和压力均产生波动，能保持阀稳定工作的流量。换向阀无此项标准。

2. 压力指标

（1）额定工作压力：阀的最优工作压力，含义与额定流量的“额定”类同。

（2）最大工作压力：阀的强度、密封件或调压弹簧允许工作的极限压力。

（3）最低工作压力：阀能实现稳定工作的最小压力。

3. 压力损失特性

对于方向阀、压力阀、流量阀在阀口全开时，即不要求阀口起节流作用时，液体由阀的入口到阀的出口产生压降，称为压力损失。这是由于阀口全开时流动阻力造成的。

4. 流量损失（泄漏量）

（1）内泄漏：在阀的内部不同压力的工作腔或通道口之间的泄漏量。

（2）外泄漏：阀体上泄漏口的泄漏量。泄漏量与泄漏缝隙两端压差有关，压差越大，泄漏量越大。

任务 5.2 学习掌握方向控制阀

任务目标：掌握单向阀、液控单向阀的工作原理、结构形式；掌握滑阀式换向阀的换向原理和滑阀机能；熟练识读各种方向控制阀的图形符号，掌握其功能；充分认识多路阀的工作原理及在工程机械中的应用。

学习内容：单向阀、换向阀的结构特点、类型和工作原理；滑阀机能、图形符号及应用。

方向控制阀简称方向阀。在液压系统中，主要用于通断油路或切换油液流动方向，以满足对执行元件的启停和运动方向的要求。它是在液压系统中所占数量比重较大的控制组件。按用途分为单向阀和换向阀两大类。

5.2.1 单向阀

一 单向阀

单向阀又称为止回阀、逆止阀，其作用是控制油液只能向一个方向流动，而反向截止。对单向阀的要求：正向导通时压力损失要小，工作时无异常的撞击和噪声，反向截止时密封要求可靠。

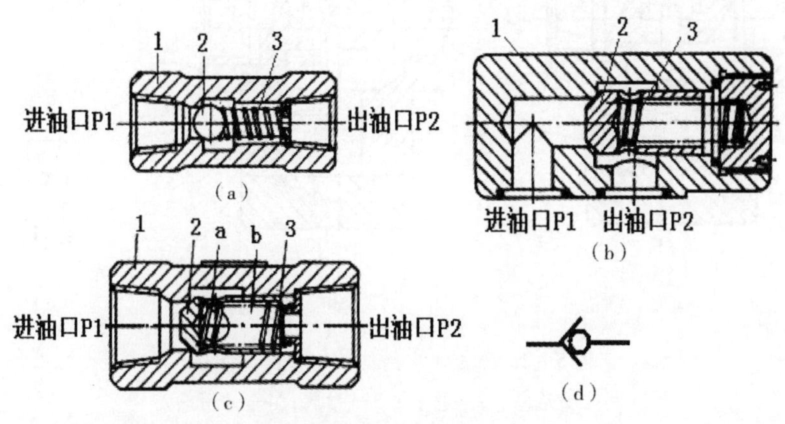

图 5-1 单向阀

1—阀体；2—阀芯；3—弹簧

图 5-1 是单向阀的结构图及图形符号，单向阀由阀体、阀芯和弹簧等零件组成。阀芯分为钢球式和锥阀式两种。锥阀的密封性好，应用很广。

单向阀的连接方式，有管式和板式两种。图 5-1（a）和（c）为管式，（b）为板式。

单向阀工作原理：当压力油从进油口 P_1 流入时，克服弹簧力 3 和摩擦力的作用，推动阀芯 2 向右移动，阀口开启，于是油液自 P_1 流向 P_2。当油液反向流入时，液压力和弹簧力一起将阀芯压紧在阀座上，油液不能通过。弹簧力 3 用于克服摩擦力，一般很软。单向阀的开启压力为 0.035～0.05 MPa。单向阀要作为背压阀使用，应将单向阀换上较硬的弹簧，使其开启压力达到 0.2～0.6 MPa，使回油保持一定压力。

图 5-2 为液控单向阀的结构与图形符号。液控单向阀在结构上增加了控制油腔 K 及控制活塞 1。如图 5-2（a）所示，当控制油口无压力油通入时，其功能与普通的单向阀作用相同；当控制油口 K 通入压力油时，活塞 1 推动锥阀 3 上移，使阀芯保持开启状态，油口 P_1 与 P_2 两腔相同，此时，正反两方向均可通过油流。这种用来控制液压阀工作的油液称为控制油液。控制油口 K 处的油液不通过油口 P_1 与 P_2。其压力不得低于主油路压力的 30%～50%。为了减少进油压力对控制活塞 1 的作用力，使控制活塞无背压阻力，另外设一泄油口 L 与油箱接通。

二　液控单向阀

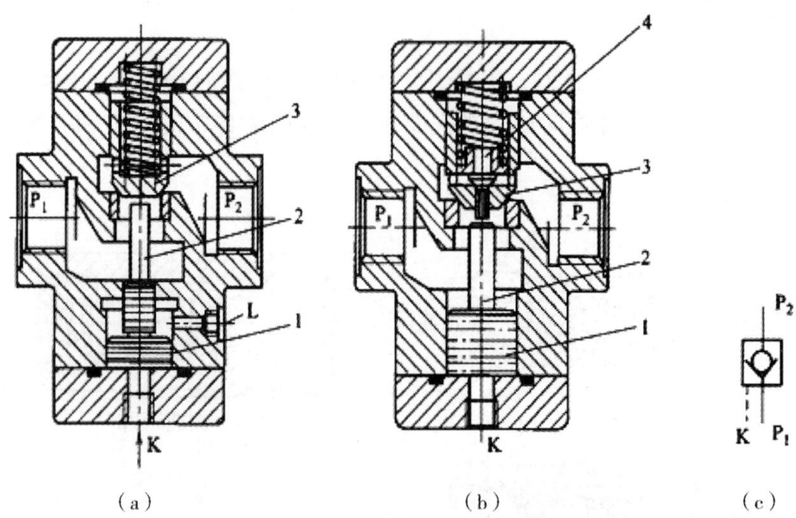

图 5-2　液控单向阀的结构和图形符号
1—控制活塞；2—推杆；3—锥阀；4—卸荷阀芯

当 P_2 腔压力较高时，顶开锥阀 3 所需的控制压力可能很高。为了减少控制口 K 的开启压力，在锥阀 3（主阀）内部增加了一个卸荷阀芯 4，如图 5-2（b）。在控制活塞 1 顶起锥阀 3 之前先顶起卸荷阀芯 4，使锥阀上部的油液通过卸荷阀芯上铣去的缺口与下腔压力沟通，锥阀上腔的压力油泄到下腔，上腔压力有所降低，上下腔压力差减小，此时控制活塞便可将锥阀顶起，使 P_1 与 P_2 腔完全沟通。由于采用了这一结构，液控单向阀便可控制较高的油压而不需要增加控制活塞的直径和使用过高的控制油压。这是高压液控单向阀常采用的一种结构。在某些工程机械的泄压回路中也常采用卸荷阀芯泄压。

液控单向阀具有良好的单向密封功能，常用于执行元件需要长时间保压、锁紧的情况下，也用于防止立式液压缸停止时自动下滑以及速度换接等回路中。

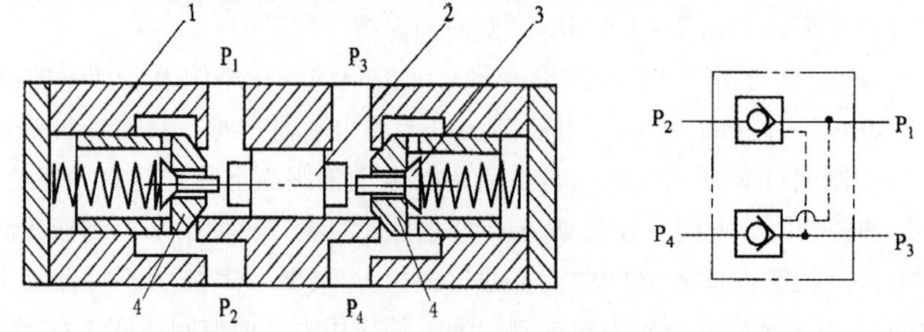

图 5-3　双向液压锁结构和图形符号
1—阀体；2—控制活塞；3—卸荷阀芯；4—锥阀（主阀芯）

在工程机械和汽车起重机械中，经常需要使液压执行元件（多为液压缸）在负载作用下长时间地保持固定位置。这时可以采用两个液控单向阀来闭锁它的进、回油路口，使其进、回油腔的密封绝对可靠，不发生缓慢移动。为了使回路简单紧凑，常将这两个液控单向阀做成如图 5－3 所示的单一元件，使两个液控单向阀共用一个阀体 1 和一个控制活塞 2，而顶杆（即卸荷阀芯）3 分别置于控制活塞两端，这样就成为双向液压锁。当 P_1 腔通压力油时，一方面油液通过左阀到 P_2 腔，另一方面使右阀顶开，保持 P_4 与 P_3 腔畅通。同样，当 P_3 腔通压力油时，一方面油液通过右阀到 P_4 腔，另一方面使左阀顶开，保持 P_2 与 P_1 腔畅通。而当 P_1 和 P_3 腔都不通压力油时，P_2 和 P_4 腔被两个单向阀封闭，执行元件被双向锁住（如汽车起重机的液压支腿机构油路、煤矿液压支架的立柱），故称为双向液压锁。

三　单向阀的应用

（1）单向阀常安置在液压泵的出口处，如图 5－4（a）所示。一方面防止压力冲击影响泵的正常工作，另一方面用来防止泵不工作时，系统中的油液经液压泵倒流回油箱，这样会加剧液压泵的磨损，用来保护液压泵。

（2）将单向阀设置在回油路上，使回油具有一定的背压，作为背压阀使用，如图 5－4（b）所示。此时应将单向阀换上较硬的弹簧，使其开启压力达到 0.2～0.6 MPa。

（3）对于具有一定方向性的控制元件（如减压阀、顺序阀等）必须与单向阀并联使用，才能允许管路中的液体双向流动。如单向减压阀、单向顺序阀、单向节流阀等。欲使液体在系统的某些局部位置定向流动，必须利用单向阀组成定向回路。

（4）液控单向阀常用于执行元件需要较长时间的保压、锁紧等情况下，也用于防止立式液压缸停止运动时因自重而下滑等。常见的有摊铺机的自动调平机构回路、汽车起重机支腿机构回路，就是采用了液控单向阀的双向锁紧回路，如图 5－4（c）所示回路。在图示位置时，液压泵输出油液通过换向阀回油箱，系统无压力，液控单向阀 A－A′、B－B′关闭，液压缸两腔均不能回油，活塞被双向锁紧。对于摊铺机可防止因外载荷作用使调平

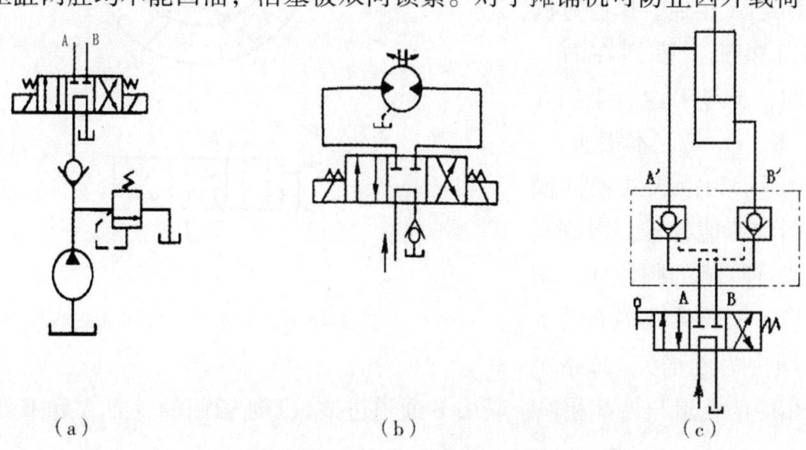

图 5－4　单向阀的应用回路

油缸运动，改变摊铺厚度。对于起重机可避免因重载的作用使支腿油缸产生“软腿”或“掉腿”现象。

5.2.2　换向阀

换向阀的作用是利用阀芯和阀体间相对位置的改变，来控制油液流动的方向，接通或关闭油路，从而改变液压系统的工作状态。

一　换向阀的分类

换向阀的应用非常广泛，种类也很多，可根据其结构、运动形式、操纵方式、阀芯与阀体的相对位置（工作位置）及控制通油口（通路数）来分类。详见表 5－1。

表 5－1　换向阀的分类

分类方式	类型
按阀芯的运动方式	转阀、滑阀
按阀的操纵方式	手动、机动、电磁、液动、电液动等
按阀的位置数和通路数	二位二通、二位三通、二位四通、三位四通、三位五通等
按阀的安装方式	管式、板式、法兰式

二　换向阀的工作原理

图 5－5 所示为转动式换向阀工作原理图和职能符号。操纵阀芯转动，使阀芯相对阀体转过一定角度，改变油路通断状态。当手柄转到左位时，P 与 A 相通，B 通过阀芯上的孔与 T 相通。手柄在右位时，P 与 B 通，A 与 T 通。手柄在中位时，A、B、P、T 互不相通。

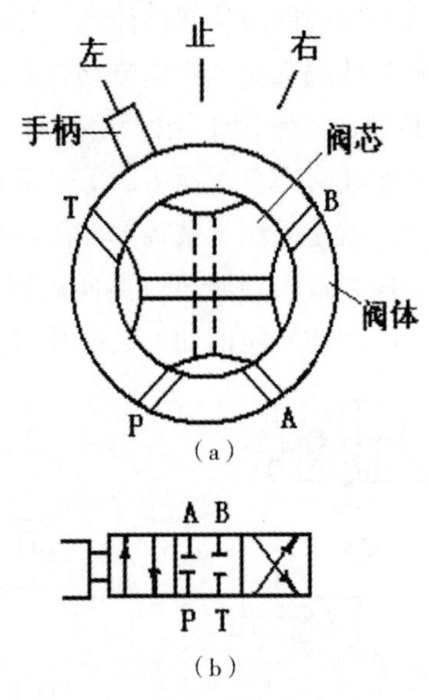

图 5－5　转阀工作原理图和职能符号

图 5－6 所示为滑阀式换向阀的工作原理图和职能符号。滑阀是一个具有多段环形槽的圆柱体，阀芯有三个台肩。而阀体孔内有若干条沉割槽（图中为五槽）。每条沉割槽都通过相应的孔道与外部相连，其中 P 通道进油，T 通道回油，而 A 和 B 则通液压缸两腔。

操纵滑阀阀芯相对阀体做轴向移动时，改变了工作位置。当阀芯左移，由泵输出的压力油从 P 口经 B 口通向缸的右腔，缸左腔油液经阀 A 口至 T 口回油箱，活塞左移，如图 5－6（a）所示位置。反之，当阀芯右移，通过阀芯上的环形槽使 P 与 A、B 与 T 相连，液压缸活塞向右运动。如图 5－6（b）所示位置。图示换向阀可用于使液压油路或执行元件换向。

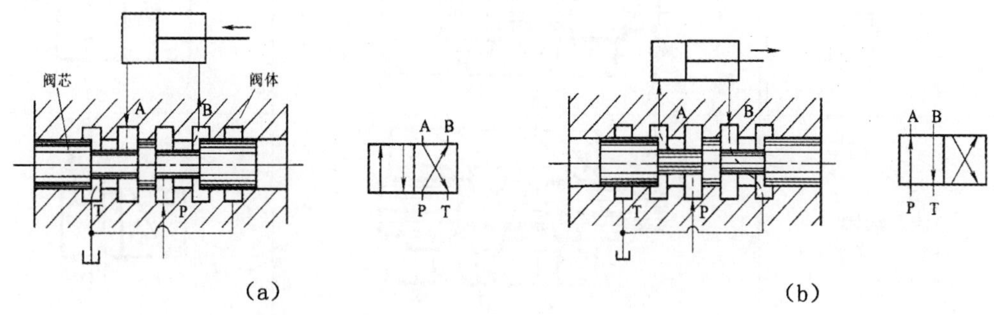

图 5－6　滑阀式换向阀的工作原理图和职能符号

三　换向阀的职能符号、滑阀机能和操纵方式

1. 职能符号

一个换向阀的完整的职能符号，应具有表明工作位置数，油口数和在各工作位置上油口数的连通关系，操纵（控制）方式，复位方式和定位方式的符号。

（1）位置数：在职能符号中通常用一个方框符号代表一个位置，“位”表示阀芯在阀体内的工作位置数目，有几个方框就表示有几个工作位置。按换向阀阀芯的可变工作位置数，可分为二位、三位和四位等。

（2）通路数：在相应位置的方框内表示油口及通道的方向，其中，箭头表示两油口连通，但不表示流向，用“⊥”与方框的交点表示通路被阀芯堵死。箭头两端或用“⊥”的符号与方框的交点数为油口的通路数。几“通”是指主油路进、出油口的数目。P 表示压力油的进油口，T 表示与油箱连通的回油口，A 和 B 表示与执行组件相连接的油口，称工作油口。有时在符号上还标出 L 表示泄油口。

（3）常态位：换向阀都有两个或两个以上的工作位置，其中有一个是常态位，即阀芯未受到操纵，它在外部作用下所处的位置。职能符号中的中位是三位阀的常态位。利用弹簧复位的二位阀则以靠近弹簧符号的一个方框内的通路状态为其常态位。绘制液压系统图时，油路一般应连接在换向阀的常态位上。

换向阀的命名，要按顺序表明其“位”、“通”及操纵方式。如：称为三位四通电磁换向阀。称为二位二通手动换向阀。表 5－2 为常用换向阀的结构原理图和职能符号的表示方法。

表 5－2　常用换向阀的结构原理和职能符号

位和通	结构原理图	职能符号
二位二通阀		
二位三通阀		
二位四通阀		
二位五通阀		
三位四通阀		
三位五通阀		

2. 滑阀机能

换向阀在常态位时，油口的连通状态有各种不同形式，因此对系统控制的功能也不相同。换向阀在常态位置时各油口的连通方式就称为这个阀的滑阀机能。这里通常指三位阀在中位时，油口连接关系称为滑阀机能。滑阀机能不

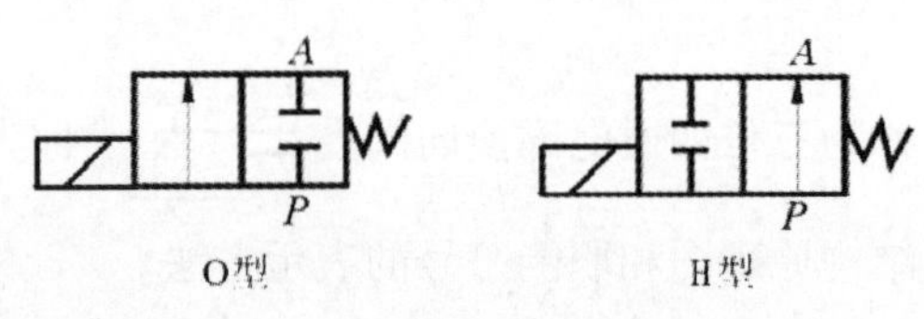

图 5－7　二位二通换向阀的滑阀机能

同，会影响到阀在常态位时执行组件的工作状态：如停止还是运动，前进还是倒退，快速还是慢速，卸荷还是保压，等等。如弹簧复位时二位二通阀的滑阀机能有常闭式和常开式两种，如图 5－7 所示。常闭式（O 型）油路是断开的，常开式（H 型）油路是接通的。表 5－3 所示为三位四通换向阀中位滑阀机能形式、符号及特点。

3. 换向操纵方式

常见的滑阀操纵方式如图 5－8 所示。(a) 手动式，(b) 机动式，(c) 电磁式，(d) 弹簧控制，(e) 液动式，(f) 液压先导控制，(g) 电液控制。

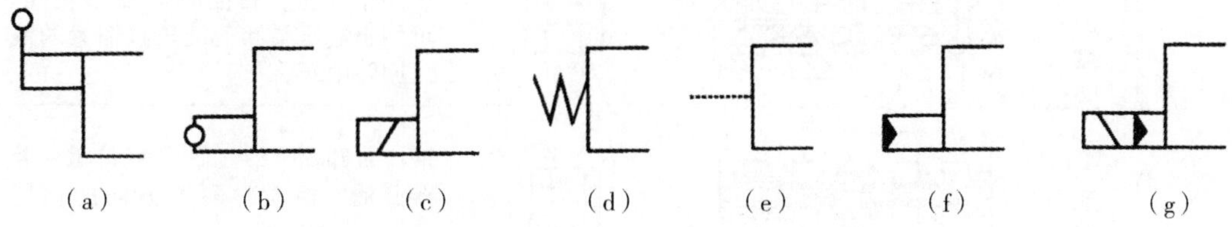

图 5－8　滑阀操纵方式

(1) 手动换向阀。手动式换向阀一般有二位三通、二位四通和三位四通等多种方式。图 5－9 (a) 所示是弹簧复位式三位四通手动换向阀。扳动手柄向右，阀芯向左移动至左位，此时 P 与 A 相通，B 与 O 相通；扳动手柄相左，阀芯处于右位，液流换向，此时 P 与 B 相通，A 与 O 相通；当松开手柄，阀芯靠弹簧力自动恢复至中位，这时油口 P、A、B、O 全部封闭，故阀为 O 型机能。该阀适合于动作频繁、工作持续短的场合。

表 5－3　三位四通换向阀中位滑阀机能

机能代号	名称	结构原理	中位图形符号	机能特点和作用
O	中间封闭			油口全闭，油不流动。液压缸锁紧，液压泵不卸荷。液压缸换向过程中易产生冲击，平稳性差，但换向过程中能迅速制动，定位精度高，从静止到启动平稳。
H	中间开启			油口全开，液压泵卸荷，活塞在缸内浮动。由于油口互通，故换向较 O 型平稳，但从静止到启动有冲击。
P	ABP 连接			回油口关闭，泵口和两液压缸口连通，液压泵不卸荷。换向过程中由于压力油 P 与缸两腔连通，形成差动回路，活塞在缸中浮动，换向平稳。

续 表

机能代号	名称	结构原理	中位图形符号	机能特点和作用
Y	ABO连接	A B T P	A B P T	进油口关闭，活塞在缸中浮动，液压泵不卸荷。由于缸两腔接油箱，从静止到启动有冲击，制动性能介于O型与H型之间。
M	PT连接	A B T P	A B P T	液压缸缩紧，液压泵卸荷。换向时，易产生冲击，其性能与O型相同。可用于液压泵卸荷液压缸缩紧的液压回路中。
K	APT连接	A B T P	A B P T	液压泵卸荷，液压缸一腔封闭一腔接回油。换向时两个方向的性能不同。

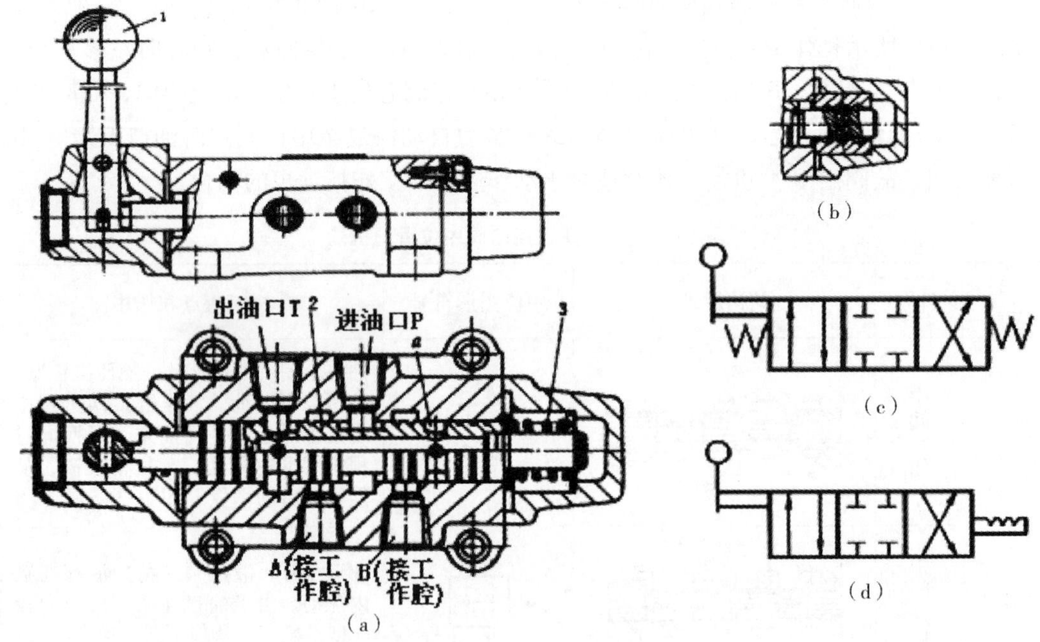

图5－9　手动换向阀

1—手柄；2—阀芯；3—弹簧

图5－9（b）是采用钢球定位式的三位四通换向阀，在阀芯右端的一个径向孔中装有一个弹簧和两个钢球，可以在左、中、右三个位置上实现定位。这种结构操作方便，阀可以停留在任意工作位置，而不需要手把持。职能符号（c）为弹簧复位式，（d）为钢球定位式。

（2）机动换向阀。机动换向阀又称为行程换向阀，它是依靠安装在执行组件上的行程挡块（或凸轮）推动阀芯移动实现换向。

图5－10 二位二通机动换向阀的结构和职能符号。在图示位置上，阀芯2在弹簧4推理的作用下，处于最上端位置，把进油口P与出油口A切断。但行程挡块将滚轮压下时，P、A口接通，当行程挡快脱开滚轮时，阀芯在其底部弹簧的作用下又恢复初始位置。

机动换向阀换向稳定、可靠。常用于控制行程，或实现快、慢速转换。但因其需要装在被控运动件附近，与其他液压组件安装距离较近，不易集成化。

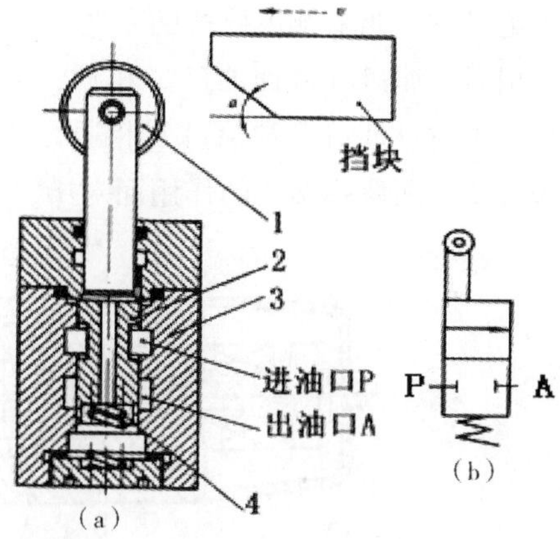

图5－10 机动换向阀结构和职能符号

1—滚轮；2—阀芯；3—阀体；4—弹簧

(3) 电磁换向阀。电磁换向阀利用电磁铁的作用力控制阀芯移动改变工作位置，实现换向的。

电磁铁接受按钮开关、行程开关、压力继电器等电气元件的信号，通电并发生动作。它使得液流换向能采用电气控制，大大提高了液压传动的自动化程度，因此在工程机械上，特别在液压挖掘机上得到了普遍应用。

电磁换向阀按使用的电源不同，可分为交流和直流两种。交流的电磁铁常用电压为220V或380V，其换向时间为0.01～0.03s，换向冲击大，发热多，换向频率为30次/分钟左右，寿命较低。直流电磁铁的工作电压一般为24V，其换向平稳，工作可靠，发热少。换向频率可达120次/分钟，寿命长。其换向时间为0.05～0.08s，且需要专门的直流电源，成本较高。

图5－11是二位三通电磁阀的结构和职能符号。该阀由电磁铁和滑阀两部分组成。当电磁铁断电时，阀芯2被弹簧3推向左端，使油口P和油口A接通。当电磁铁通电时，铁芯通过推杆1将阀芯2推向右端，油口P与油口A的通道被关闭，而油口P和油口B接通。

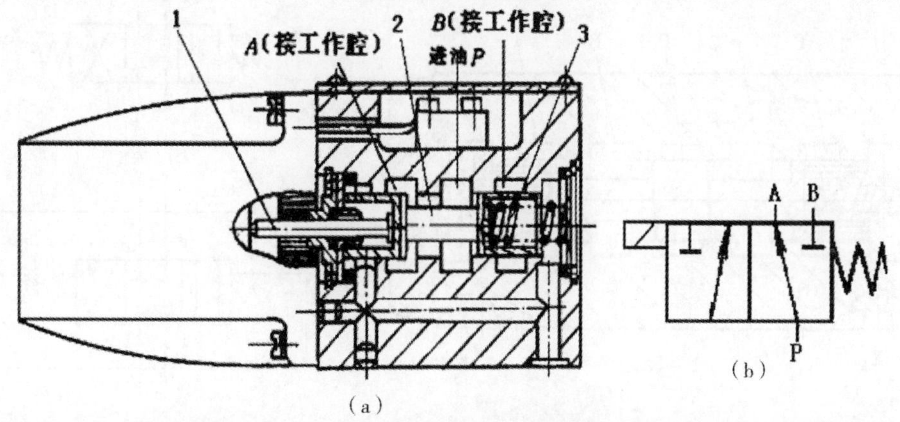

图5－11 二位三通电磁换向阀结构及职能符号

1—推杆；2— 阀芯；3—弹簧

图 5－12 是三位四通电磁换向阀的结构原理图及职能符号。在阀芯 2 的两侧各装有一个电磁铁。当左侧电磁线圈 4 通电时，吸动衔铁将阀芯 2 推向右端，这时进油口 P 和油口 A 相通，油口 B 和回油口 T 相通；当右侧电磁线圈 4 通电时，吸动衔铁将阀芯 2 推向左端，这时进油口 P 和油口 B 相通，油口 A 和回油口 T 相通；当两侧的电磁铁都不通电时，阀芯 2 靠两侧弹簧 3 的作用而对中，处于中间位置，油口 P、A、B、T 均不相通。

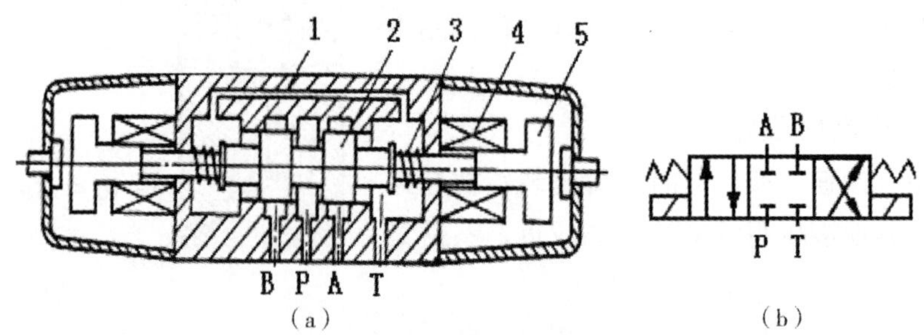

图 5－12　三位四通电磁换向阀的结构和职能符号

1—阀体；2— 阀芯；3—弹簧；4—电磁线圈；5—衔铁

（4）液动换向阀。液动换向阀是利用控制回路的液压力来推动阀芯运动的。由于液压力可以在阀芯端部产生很大的推力，因此体积较大的大流量换向阀特别适合于采用液压驱动方式。液动换向阀的结构简单，易于实现自动控制。

图 5－13 所示为三位四通液动换向阀的结构原理图和职能符号。当控制油路的压力油从阀的左边的油口 K1 进入滑阀左腔时，阀芯被推向右边，使 P 和 A 接通，B 和 T 接通；当控制油路的压力油从阀的右边的油口 K2 进入滑阀右腔时，阀芯被推向左边，使 P 和 B 接通，A 和 T 接通，实现了油路的换向。当两个控制压力油都不通压力油时，阀芯在两端弹簧力的作用下恢复到中间位置。P、A、B、T 均不相通。三位四通液动换向阀职能符号为图（b）所示。

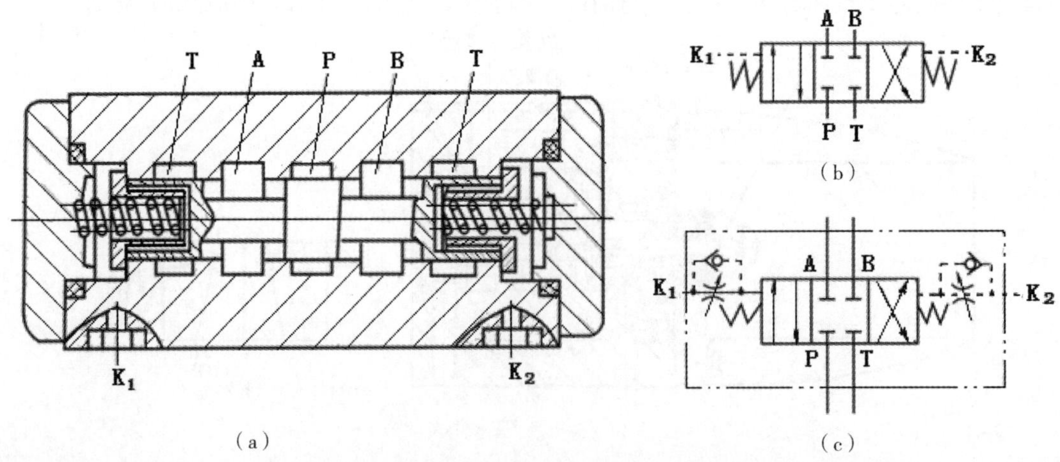

图 5－13　三位四通液动换向阀的结构和职能符号

当对液动滑阀换向平稳性要求较高时，还应在滑阀两端 K1、K2 控制油路中加装单向节流阀（即阻尼调节器），如图 5－13（c）所示。调节阻尼调节器节流口大小即可调整阀芯的动作时间。液压操纵可给阀芯很大的推力，所以液动换向阀用于压力高、流量大、阀芯移动行程长的场合。

（5）电液换向阀。如图 5－14 所示为电液换向阀。它是电磁换向阀和液动换向阀的组合。其中：电磁换向阀起先导作用，是改变控制油液流向的；液动换向阀是主阀，它在控制油液的作用下，改变阀芯的位置，使油路换向。由于控制油液的流量不必很大，因而可实现以小流量的电磁阀来控制较大液流的液动换向阀。

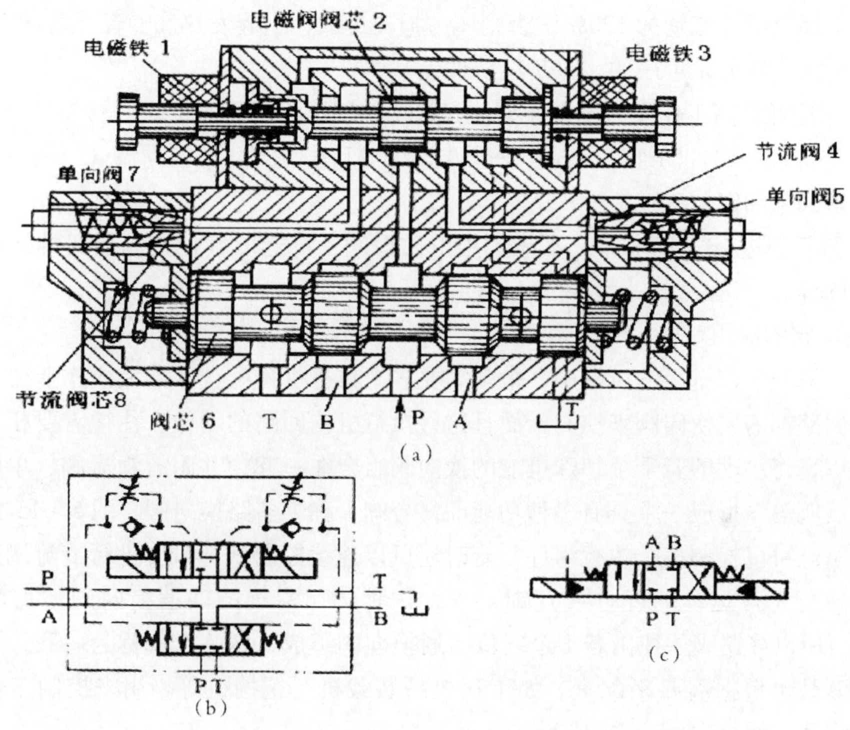

图 5－14　电液动换向阀的结构原理图及职能符号

当电磁铁 1 通电时，阀芯 2 移向右位，控制油经单向阀 7 通入阀芯 6 的左端，推动阀芯 6 移向右端，阀芯 6 右端的油液则经节流阀 4、电磁阀流回油箱。阀芯 6 移动的速度由节流阀 4 的开口大小决定。同理，如电磁铁 3 通电，阀芯 6 移向左端，实现换向。其移动速度由节流阀 8 的开口大小决定。当电磁铁 1、3 都不通电时，电磁阀阀芯处于中位，液动换向阀阀芯 6 因其两端没接通控制油液（与油箱连通），在两边对中弹簧的作用下，也处于中位。在电液动换向阀中，由于阀芯 6 移动速度可调，因而就调节了液压缸换向的停留时间，并可使换向平稳而无冲击，所以，电液动换向阀的换向性能较好，适用于高压大流量场合。图 5－14（b）所示为电液换向阀的职能符号，图（c）为简化的职能符号。

四 换向阀的选择和应用

换向阀是液压系统中的控制组件，在任何一个液压系统中均设有换向阀。根据换向要求，选用不同种类与型号的换向阀。

1. 换向阀的选择要考虑的因素

选择换向阀主要考虑的是满足执行组件的动作循环要求和性能要求。

（1）根据系统的性能要求，选择滑阀在中位的滑阀机能。

（2）根据通过该阀的最大流量和最高压力来选取。最大的通过流量一般应在额定流量之内，不得超过额定流量的120%，否则压力损失过大，引起发热和噪音。若没有合适的，压力和流量大一些的是可用的，只是经济性差一些。

（3）除注意最高工作压力外，还要注意最小控制压力是否满足要求。

（4）选择控制组件的连接方式——管式、板式和法兰式。要根据流量、压力及组件安装机构的形式来确定。

（5）流量超过63 L/min时，不能选用电磁滑阀，可选取其他控制形式的换向阀。如电液换向阀等。

2. 换向阀的应用

在工程机械和起重运输机械中，常常需要多个执行机构配合才能完成作业要求，每个执行机构回路都需要换向阀来控制，而且这些执行机构回路的动作，往往需要相互制约或协调。所以，将手动的若干个特殊机能的换向阀组合在一起，并附有溢流阀、单向阀、补油阀、过载阀等，形成一个具有多种功能的复合阀，称为多路换向阀。图5－15所示为多路换向阀。它可以控制多个执行组件，有时还可以连续控制其开口度进行节流调速。为了适应多个执行元件运动的配合或互锁要求，这种阀比常规的四通换向阀增加两个油口（“通”），所以多路阀往往由若干个三位六通换向阀组成，每一个阀称为一联，一个多路换向阀的联数可根据需要来配置。如工程机械装载机、挖掘机等，用来控制工作装置的阀，就是采用多路换向阀。

根据执行元件运动配合的需要，多路阀可组成并联式、串联式和串并联式。

图5－15（a）为并联式多路换向阀。泵的压力油液并联地通向各换向阀的进油口P_1、P_2，操纵某个阀就可控制对应缸的进、退，使执行元件中的一个单独运动。若同时操纵两个以上的阀，则负载小的执行组件先动作。各阀都在中位时，泵卸荷。

图5－15（b）为串联式多路换向阀。其特点是第一个阀的回油口与第二个阀的进油口相连。各缸可以单独动作，也可同时动作。若同时操纵几个执行元件时，各执行元件上的负载压力之和等于泵的压力。

图5－15（c）串并联式多路换向阀。其特点是只要操纵前一序联阀离开中位，则后一序联阀的供油被切断，这样各执行机构只能按阀的先后顺序依次动作，具有互锁功能，可以防止误操作，即具有前序联优先功能特性。

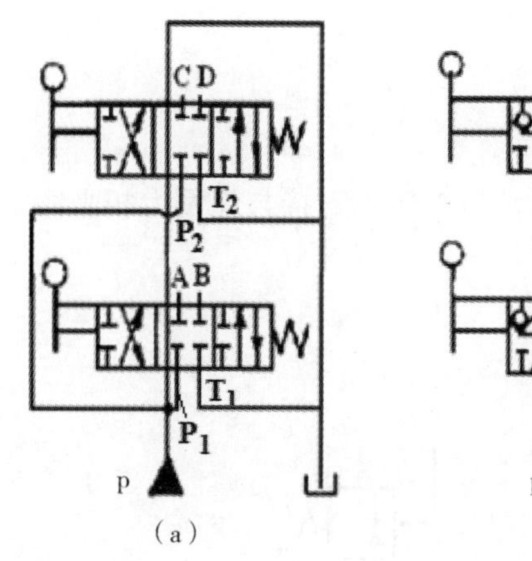

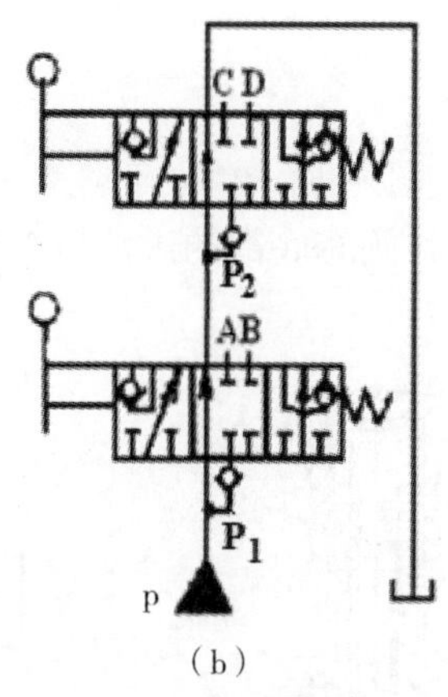

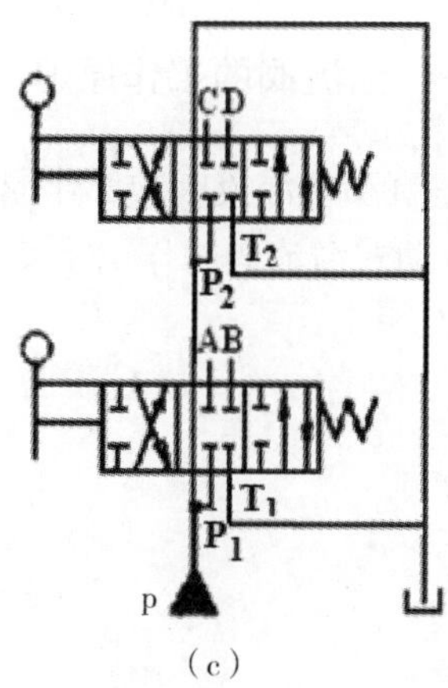

图 5－15 多路换向阀

实际系统中，还可以利用并联、串联和串并联这三种组合方式的复合形式。

任务 5. 3 学习掌握压力控制阀

任务目标： 掌握溢流阀、减压阀、顺序阀、平衡阀、压力继电器五种液压控制阀的结构、工作原理及应用；熟练识读各种压力控制阀的图形符号，掌握其功能。

学习内容： 溢流阀的主要作用、工作原理及应用形式；减压阀、顺序阀、平衡阀及压力继电器的工作原理及应用。

液压系统的压力能否建立起来及其大小是由外界负载决定的，而压力的高低的控制则是压力控制阀来完成的。压力控制阀是用以控制液压系统压力或利用压力作为信号来控制其他元件动作的阀。

压力控制阀按其功能和用途可分为溢流阀、减压阀、顺序阀、平衡阀、压力继电器等，它们的共同特点是利用作用于阀芯底部的液压力与弹簧力相平衡的原理进行工作的。

5. 3. 1 溢流阀

溢流阀的作用主要有两个方面，一是在定量泵节流调节液压系统中，用来保持液压泵出口压力恒定，并将液压泵多余的油液溢流回油箱，这时溢流阀起到溢流和稳压作用，二是起限压保护作用（又称安全阀）。后一种情况，在液压系统正常工作时溢流阀处于关闭状态，只是在系统压力大于或等于其调定压力时溢流阀才打开，使系统压力不再增加，对系统起过载保护作用，通常称其为安全阀。

由于结构不同溢流阀可分为直动式和先导式两大类。溢流阀一般接在液压泵出口的油路上。从其阀芯结构看，有球阀、锥阀、圆柱滑阀式等，在工程机械上常用的是锥阀式阀芯。

一　溢流阀的工作原理

1. 直动式溢流阀的工作原理

直动式溢流阀的作用是使作用在阀芯底部的进油口液压力直接与弹簧力相平衡进行压力控制。

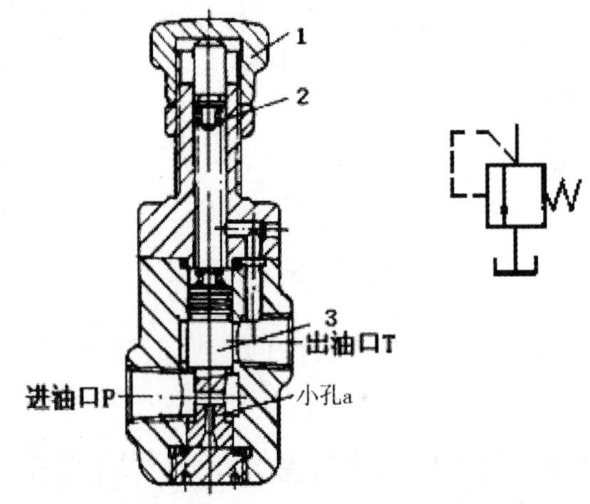

图 5－16　直动式溢流阀和图形符号

1—调整螺钉；2—调压弹簧；3—阀芯

图 5－16 所示是直动式溢流阀的结构及职能符号。P 是进油口，T 是出油口，进口压力油经阀芯 3 之间小孔 a 作用在阀芯底部端面上。当进油压力较小时，阀芯在弹簧 2 的作用下处于下端位置，将 P 和 T 两腔隔开。但进油压力升高时，在阀芯下端所产生的作用力超过弹簧压力 Fs 时，阀芯上升，阀口被打开，将多余的油排回油箱，保持进口压力近于恒定。阻尼小孔 a 用来避免阀芯动作过快造成振动，以提高阀的工作的平稳性。调整螺帽 1 可以改变弹簧力 Fs 也就调整了溢流阀的进口压力 p。

直动式溢流阀结构简单，动作灵敏但滑动阻力大（弹簧较硬），特别是流量较大时，阀的开口大，使弹簧有较大的变形，这样，阀所控制的压力，随着溢流流量的变化而有较大的变化（压力变化值大），故只适用于低压或小流量的系统。

2. 先导式溢流阀的工作原理

图 5－17 所示为先导式溢流阀的结构和工作原理图。它由先导阀Ⅰ和主阀Ⅱ两部分组成。先导阀Ⅰ为锥阀式，用来控制压力，其结构原理与直动式溢流阀相同。主阀Ⅱ是滑阀式，用来控制溢流流量。

图 5－17（b）为先导式溢流阀工作原理图。如图所示，压力油 p 经通道口进入主阀芯 5 下端油腔 A，并经节流小孔 b 进入其上腔，再经通道 c 进入先导阀右腔 B，给锥阀 3 以向左的作用力，调压弹簧 2 给锥阀 3 以向右的弹力。

在稳定状态下，当压力 p 较小时，锥阀 3 上的液压作用力小于锥阀弹簧 2 的弹力，先导阀关闭。此时，没有油液流过节流小孔 b，腔 A 和腔 B 压力相同；在弹簧 4 的作用下，主阀阀芯 5 处于最下端位置，主阀关闭，没有溢油。因为平衡弹簧 4，只需要克服阀芯 5 的摩擦力，故可以做得很软，它称为平衡弹簧，或主阀弹簧。

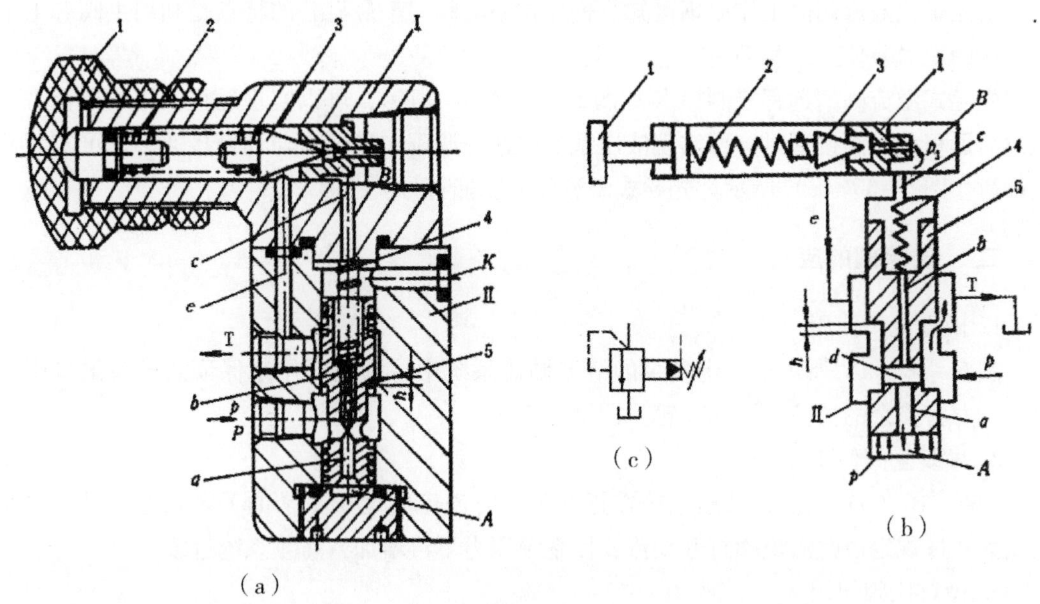

图 5－17　先导式溢流阀的结构和工作原理图

1—调节螺帽；2—调压弹簧；3—锥阀；4—主阀弹簧；5—阀芯

如果压力 p 增大，使作用在锥阀上的液压力大于弹簧 2 的弹力，先导阀打开，使油液经通道 e 流回油箱。这时，油液流过阻尼孔 b 产生压力降，使 B 腔油压 p_1 小于 A 腔油压 p，当此压力差作用在阀芯 5 上的力超过平衡弹簧的弹力且足以克服其自重和摩擦力时，阀芯 5 向上移动，使 P 口和 T 口沟通，溢流阀溢油。使油压 p 不超过调定压力。

当 p 下降时，p_1 也下降，p_l 降低到作用在锥阀的液压力小于弹簧 2 的弹力时，先导阀关闭，阻尼孔 b 没有油液流过，$p_1=p$，主阀芯 5 在平衡弹簧 4 的作用下，移到下端而停止溢油。这样，在系统超过调定压力时，溢流阀溢油，不超过则不溢油，起到限压、溢流作用。

设阀芯 5 的端面积为 A，平衡弹簧 4 的弹力为 Fs，忽略阀芯自重和摩擦力，则该阀在稳定溢流状态下，阀芯的力平衡方程式为

$$pA = p_1A + F_S \qquad (5.1)$$

$$p = p_1 + \frac{F_S}{A} \qquad (5.2)$$

由式可以看出，由于主阀芯有 p_1 存在，即使被控压力 p 较大，弹簧 4 仍可以做得很软。因此，当溢流流量变化引起阀芯 5 位置改变时，Fs 的变化也较小。这就是说，这种阀在溢流流量变化时，被控压力 p 变动较小，调压时 p 的大小主要由 p_1 决定，而 p_1 有先导阀弹簧调定，因此先导阀弹簧决定阀的进口压力 p，为调压弹簧，先导式溢流阀的主阀弹簧刚度很小，其作用是克服主阀芯回位时的摩擦力和惯性力。由于主阀弹簧力很小，先导阀口的溢流只是使阻尼孔产生阻尼作用，溢流量很小，阀口直径小，调压弹簧刚度小，故

调压轻便，有较好的恒压机能，克服了直动式溢流阀的缺点。所以这种溢流阀具有压力稳定、灵敏度高、波动小等优点，在中压液压系统中获得广泛应用。

由先导式溢流阀的工作原理可知，先导式溢流阀一个最显著的特点是利用主阀芯上下腔油液的压力差使主阀移动。

先导式溢流阀的远程控制口 K 如图 5－17（a）所示，可以实现远程调压或卸荷。当该口与远程调压阀接通时，可实现液压系统的远程调压，当该口与油箱接通时，可实现系统卸荷。图 5－17（c）所示为先导式溢流阀的职能符号。

二　溢流阀的应用

1. 做溢流阀使用

图 5－18（a）所示，在定量泵的节流调速系统中，溢流阀用来保证液压泵出口压力恒定，并将多余的油液溢流回油箱，即溢流稳压。

2. 做安全阀使用

图 5－18（b）所示，液压系统在正常工作时溢流阀处于正常的关闭状态，只有在系统压力超过规定值时溢流阀打开溢流，使系统压力不再增加，防止系统过载。

3. 做背压阀使用

图 5－18（c）所示，在液压系统的回路上接一个溢流阀，可造成一定的回油阻力即背压。由于背压的存在可提高执行组件的运动稳定性。此时溢流阀称为背压阀，调节溢流阀的背压弹簧可调节背压力的大小。

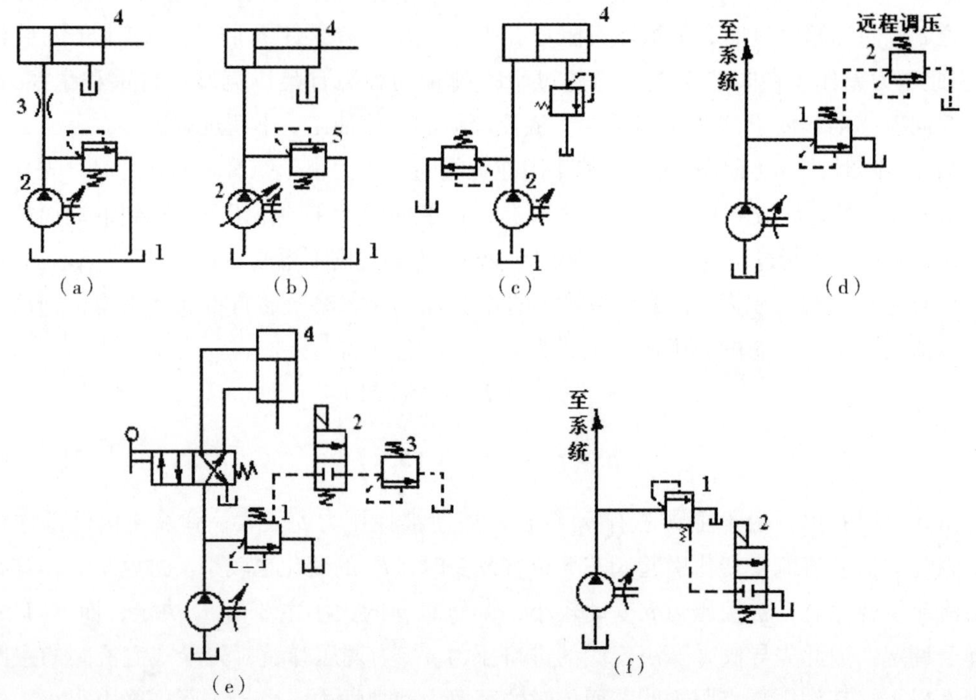

图 5－18　溢流阀的应用

4. 实现远程调压

图5－18（d）所示，用管子、管接头使远程调压阀2与先导式溢流阀1的遥控口连接，主阀芯上腔的油压只要达到远程溢流阀的调定压力，主阀芯抬起溢流，从而实现系统远程调压。这时主阀自身的先导阀不再起调压作用。

5. 实现系统的双级调压

如图5－18（e）所示，当阀2关闭时，泵的出口压力由先导式溢流阀1调定，当电磁阀2通电时，泵的出口压力由远程调压阀3调定。为能调出二级压力来，远程调压阀3的调定压力必须小于先导溢流阀1的调定的压力值。

6. 做卸荷阀使用

图5－18（f）所示中，将二位二通电磁换向阀2出口直接接油箱，当电磁换向阀2通电时，此时先导式溢流阀的远程控制口K与油箱直接连通，这样，先导阀的调节值为零。其主阀芯在进油油压很低时抬起，使泵卸荷。

5.3.2　减压阀

减压阀的作用是用来减低液压系统中某一分支油路的压力，以满足执行机构的需要。例如液压系统中的控制油路、制动、离合油路等，它们所需要的油压常低于其他工作部件的油压，这时若共享一个液压泵供油，则必须采用减压阀。减压阀有直动式和先导式两类，其中先导式减压阀应用较广。

一　减压阀的工作原理

图5－19所示为先导式减压阀的结构和工作原理图。图5－19（a）所示的结构与先导式溢流阀的结构很相似，它们的主要零件是互相通用的。减压阀上的先导阀有单独泄油口接回油箱，主阀芯中间多一个凸间与阀体间形成减压缝隙h。

减压阀是一种利用液流流过缝隙产生压降的原理，使出口压力低于进口压力的压力控制阀。按调节要求的不同，减压阀又可分为定压减压阀、定比减压阀和定差减压阀三种。其中定压减压阀应用最广，简称为减压阀。它可以保持出口压力为定值，使液压系统中某一支路压力低于系统压力，且保持出口压力为定值，使液压系统中某一支路的压力低于系统压力且保持压力稳定。下面讲述定压减压阀。

图5－19（b）为先导式减压阀的工作原理图。高压油从p_1口进入，经过减压缝隙h，低压油从p_2口流出，送往执行机构。低压油经通道a与主阀芯5的下端油腔相通，同时又经阻尼孔b与主阀芯5的上端油腔相通，该腔经通道c与锥阀右腔相通，低压油给锥阀3一个向左的液压力。该力与调压弹簧2的弹力相平衡，从而控制低压油p_2基本保持调定压力。

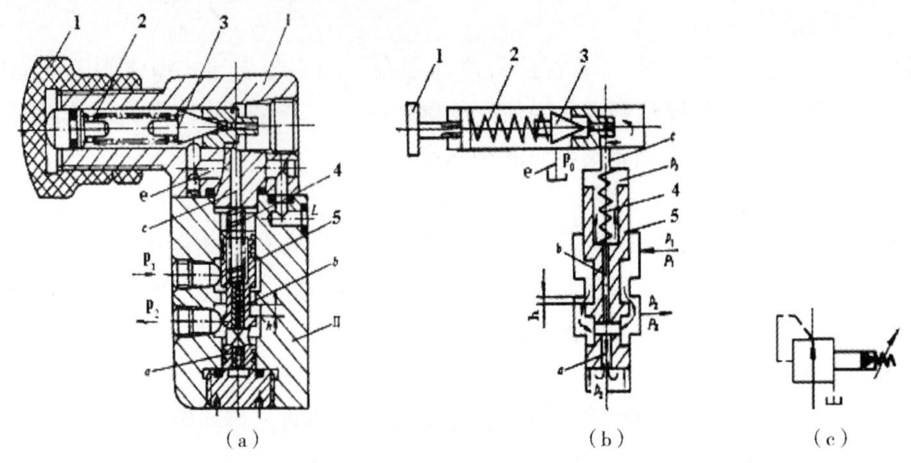

图 5－19　先导式减压阀的结构和职能符号

1—调节螺帽；2—调压弹簧；3—锥阀；4—主阀弹簧；5—主阀芯

当负载较小，P_2 口压力口 p_2 小于调定压力时，锥阀芯不开，主阀芯上端油腔（通锥阀芯右端油腔）压力 $p_3=p_2$，主阀芯 5 上、下端液压力相等，平衡弹簧 4 的弹力克服摩擦阻力，将主阀芯推至下端，减压阀口 h 大开，减压阀处于不工作状态（即没有起到减压作用）。由于弹簧 4 只用克服摩擦阻力，故可以做得很软。

如果负载增大，p_2 升高，则 p_3 随着升高，当 p_3 超过调定压力时，锥阀芯打开，少量油液经锥阀口、通道 e，由泄油口 L 流回油箱，如图 5－19（a）。这时阻尼孔 b 有液流通过，产生压力降，使 $p_2<p_1$。当此压力差所产生的向上推力大于自重、摩擦力和弹簧 4 的弹力时，主阀芯 5 向上移动，使减压阀口 h 减小，节流加剧，p_2 下降，直到作用在主阀芯上的诸力相平衡，主阀芯便处于新的平衡位置，减压阀口 h 保持一定开度。p_3 的压力由调压弹簧 2 调定，基本恒定，由于弹簧 4 做得很软，开口 h 的变化对其压缩量影响很小，因此 Fs 基本不变。这就是说 p_2 基本恒定。若负载再增大，只能使减压阀口 h 再减小，而 p_2 基本不变。由此可见，减压阀依靠其自动调节减压阀口 h 的大小，使被控压力 p_2 基本保持调定压力。

减压阀又常和单向阀一起组成单向减压阀。

二　减压阀的应用

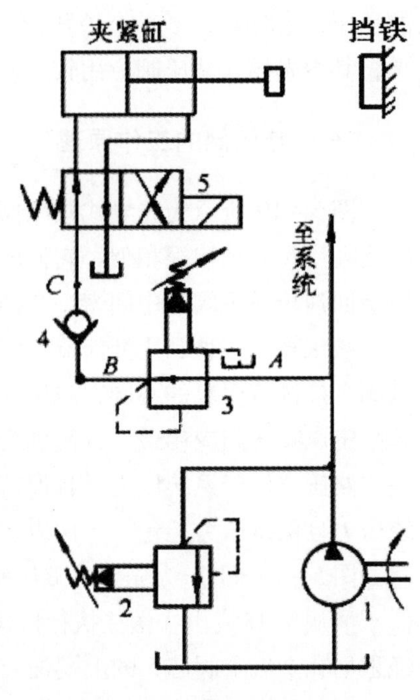

图 5－20　减压阀的应用

1—液压泵；2—溢流阀；3—减压阀；4—单向阀；5—二位四通电磁换向阀

图 5－20 所示为减压阀用于夹紧的例子。在液压系统中，一个液压泵常常需要向若干个执行机构供油。

若某个执行机构所需供油压力较液压泵供油压力低时，可在此分支油路上串联一个减压阀，所需压力由减压阀来调节控制。

5.3.3 顺序阀

顺序阀实质上是一个由压力油液控制其开启的二通阀。当油液压力达到调定值时，进、出油口相通，压力油液经出油口输出。顺序阀常用于控制各执行组件的顺序动作，所以称为顺序阀。根据控制油路的不同，可分为直控顺序阀（简称顺序阀）和液控顺序阀（远控顺序阀）。

顺序阀又常和单向阀组合在一起而构成单向顺序阀。

一　直控顺序阀

顺序阀和溢流阀都是当进口油液的压力达到一定值时开启的，有直动式和先导式两种不同的结构形式。一般使用的顺序阀多为直动式的。

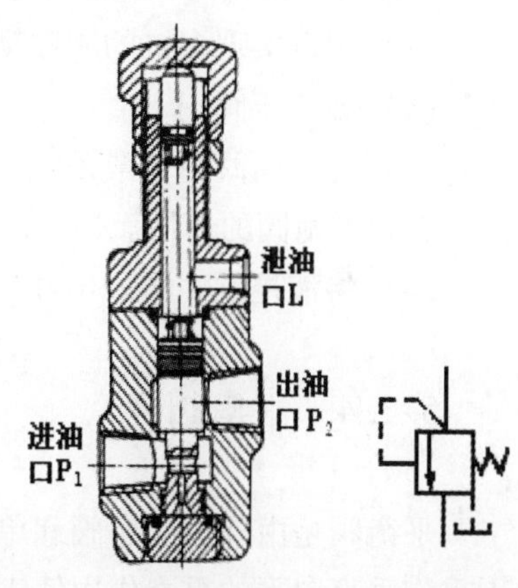

5－21　直动顺序阀的结构和职能符号

直动式顺序阀的结构和工作原理都和直动式溢流阀相似。图5－21所示为直动式顺序阀的结构和图形符号。P_1为进油口，P_2为出油口。进油口的压力油通过阀芯中间的小孔作用在阀芯的底部。当进油口的压力较低时，阀芯在上部弹簧力作用下处于下端位置，油口P_1和P_2被隔开。当进油口P_1的压力大于弹簧所调接的压力时，阀芯上移，油口P_1处的压力油就从油口P_2流出，以操纵另一个油缸或其他组件动作。

顺序阀与溢流阀的区别主要在于：

（1）溢流阀的出油口通往油箱，顺序阀的出油口有一定压力。

（2）溢流阀打开时，进油口压力基本上是保持在调定值附近的，顺序阀则打开后进油压力可以继续升高。

（3）溢流阀的内部漏泄可以通过出油口回油箱，而顺序阀则因出油口不是通往油箱的，所以要有单独的泄油口。

二　液控顺序阀

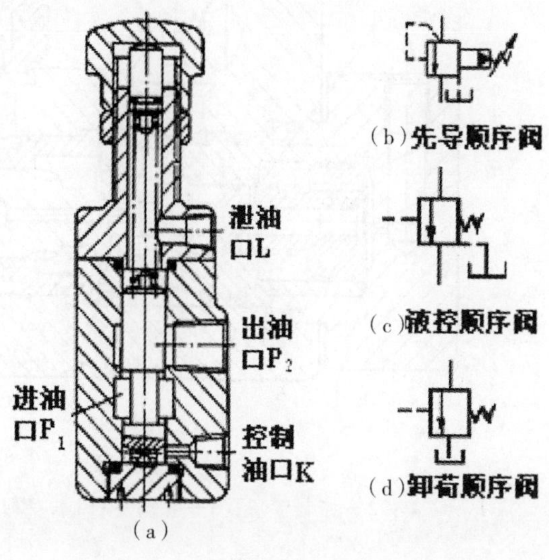

图5－22　液控顺序阀的结构和图形符号

图5－22所示为液控顺序阀的结构图和职能符号。它与直控顺序阀的主要差别在于液控顺序阀阀芯的下部有一个控制油口K。

当与油口 K 相通的外来控制油压超过阀芯上部弹簧的调定压力时，阀芯上移，油口 P_1 和 P_2 相通。液控顺序阀的泄油口 L 接回油箱，此时液控顺序阀则成为外控顺序阀，职能符号如图 5－22（c）所示。可实现远程遥控。如将顺序阀当卸荷阀使用时，可将出油口 P_2 接通回油箱。这时将阀盖转 90°度角，使它上面的小泄漏孔从内部和阀体上的出油口 P_2 接通（图中未示出），可以省掉一根接油箱的回油管路，便成为卸荷阀。液控顺序阀做卸荷阀用时的职能符号如图 5－22（d）所示。

三　顺序阀的应用

顺序阀最常用的回路是顺序回路、平衡回路和卸载回路。

（1）用以实现多缸的顺序动作回路。（可见图 7－25 所示）

（2）做背压阀用。

（3）与单向阀组合成单向顺序阀。在平衡回路中保持垂直的液压缸不致因自重而下落，起到平衡阀的作用。（可见图 7－22 所示）

（4）将液控顺序阀的出油口接油箱，做卸荷阀用。

5.3.4　平衡阀

平衡阀是由外控顺序阀和单向阀并联组成的，起限速平衡功能的压力控制阀，是防止因重物垂直向下的重力作用使工作机构下落超速或突然下降，造成事故或冲击。

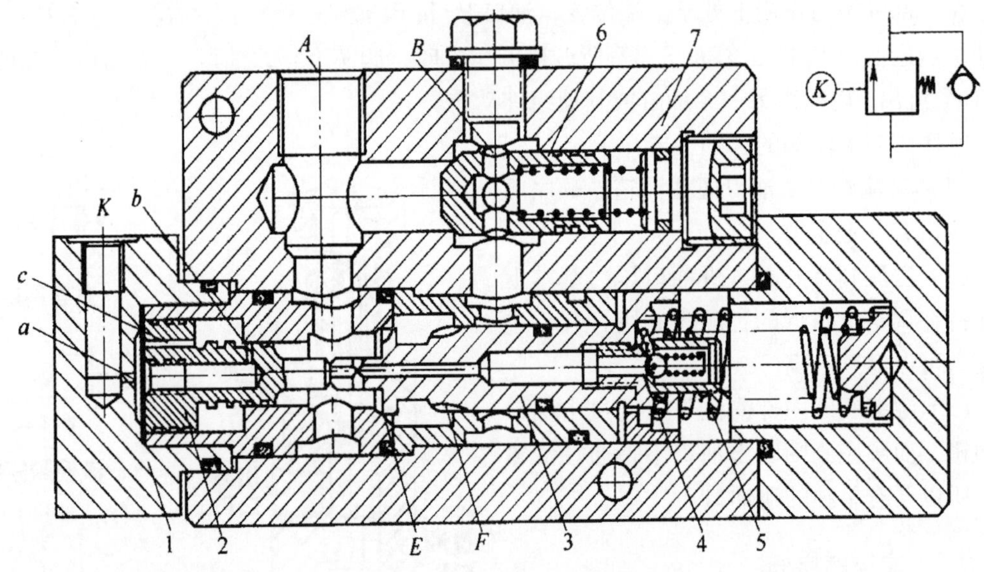

图 5－23　平衡阀的结构和职能符号

1—端盖；2—控制活塞；3—主阀芯；4—单向阻尼阀；5—双弹簧；6—单向阀；7—阀体

一　平衡阀的工作原理

平衡阀结构原理如图 5－23 所示。它主要由控制活塞 2、主阀芯 3、单向阻尼阀 4、单向阀（载荷上升时用）6 及阀体等组成。其工作原理为：重物下降时控制压力接 K 腔，控制活塞 2 将主阀芯 3 打开，执行元件的回油从 B 口经 F、E，从 A 口排出，按控制油压力的大小控制主阀芯的开启程度，进而控制液压缸回油的速度，即限制了液压缸负载下降速度。反向流动时，从 A 口进来的液压油直接顶开单向阀进入执行元件，主阀芯在 F 处做成带槽的形状，阀芯使流量变化缓和；连接阀芯 2 前后腔的小孔 a、c 的作用是增加阻尼，减缓对压力波动的反应，防止振动。小孔 b 的作用是平衡阀刚刚开启时减小阻尼，改善阀的快速反应性能。主阀芯 3 的 F 处切口使阀启闭时通道面积变化平缓，减少了液流的压力波动。单向阻尼阀 4 的作用是，当压力油从 A 口进入时，单向阻尼阀 4 被打开，在主阀大端的油压力的作用下，主阀芯 3 和控制活塞 2 被紧紧锁住。此阀还能起液压锁的作用，假设借助换向阀中位（可参见图 5－24），使液压泵的油直接流回油箱，控制阀芯控制油口 K 没有油压，主阀芯 3 在弹簧力的作用下关闭，执行元件的回油被锁住，因此液压缸不能运动。

二　平衡阀的应用

在很多应用场合，液压系统的执行元件要在重力负载下工作，如图 5－24 所示回路。这种系统有三种工况：

第一种是提升重物时，换向阀 3 处于右位，液压泵 1 供油，通过换向阀 3 右位从 B 口通过平衡阀 4 中的单向阀压入液压缸 5 下腔（或马达一腔），驱动液压缸移动（或驱动马达旋转），重物上升，液压缸 5 上腔液体（或马达另一腔）排至油箱。阀 2 是安全阀，正常情况下不工作。

第二种是承重静止。根据某种应用场合工作需要，常常要求将重物静止地支承于空中一段时间，此时，换向阀处于中位。液压缸上腔（或马达一腔）A 口通油箱，压力基本为零。液压缸下腔（或马达另一腔）的液体被平衡阀中的两个单体阀（即单向阀和外控顺序阀）封住，不能排出，这时下腔液体以一定压力将重物顶住，实现重物停在空中任意位置。如果平衡阀有些泄漏，液压缸将缓慢下降，有的应用场合允许，有的不允许。如果液压缸下腔压力液体漏向上腔，也将引起缓慢下降。对于马达来说，在任何情况下都会有内泄，所以在这种情况下平衡阀也无必要做成绝对不泄。液压马达的承重静止只能依靠用外部机械制动（如闸带）或自锁（如蜗轮蜗杆）实现。

第三种是负重匀速下降。当换向阀 3 处于左位，泵 1 压出液体送到液压缸上腔（马达一腔）A 口，液压缸下腔（马达另一腔）通过称为外控顺序阀的平衡阀的 4 将液体排到油箱，液压缸背负重物下降，这种工况是必须重视的，这里讨论如下：

在如图 5－24 中，本来，重物本身有能力使液压缸下降，不需要泵对液压缸上腔送入液压能，泵只要以零压力将液体补入液压缸上腔，使上腔不致出现真空。但液压缸下腔应该形成一个足够的压力，使一个向上顶的压力合力与重力相平衡，称为平衡现象，这样就可以实现匀速下降。但许多场合中重量 G 并不一定是不变的，其自动实现平衡压力就必须由压力阀来实现，液压缸上腔需要有一定数值的压力，也就是泵的压出压力还不能是零压力。这种现象将以图 5－24（b）为例来说明。

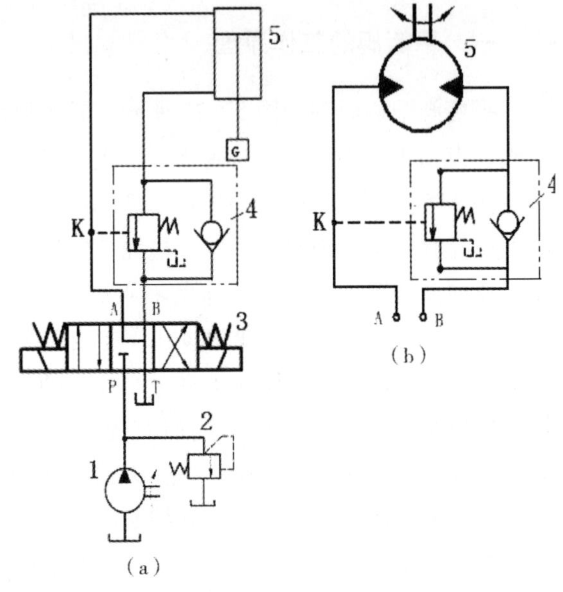

图 5－24　平衡阀的应用

1—液压泵；2—溢流阀；3—三位四通电磁换向阀；4—平衡阀；5—液压缸（或马达）

重物下降时，压力油从 A 端进入液压马达，这时马达的排油必须通过平衡阀中的外控顺序阀回油箱。由于顺序阀的外控口 K 接 A 端油路，所以阀芯的开启或关闭由 A 端油路的压力控制。重物下降正常时 A 端油路有一定压力，打开顺序阀而使马达排油通过它流回油箱。如果重物下降过快，超过了由进入液压马达的流量所决定的速度时，A 端油路压力降低（产生真空）而使外控顺序阀的阀口关小，则液压马达的回油阻力增大，从而限制了马达转速的一步提高。因此平衡阀也称为限速阀。

这样由于平衡重物 G 所需要的压力（背压）值会自动形成，液压缸得以稳定地匀速下降。平衡阀的结构和工艺都很复杂，零部件（例如弹簧）的性能要求很高，尤其是要加很多阻尼与弹簧力恰当匹配，不是简单将外控顺序阀和单向阀组合就可以成为平衡阀的。因此不应该将平衡阀引入顺序阀家族。

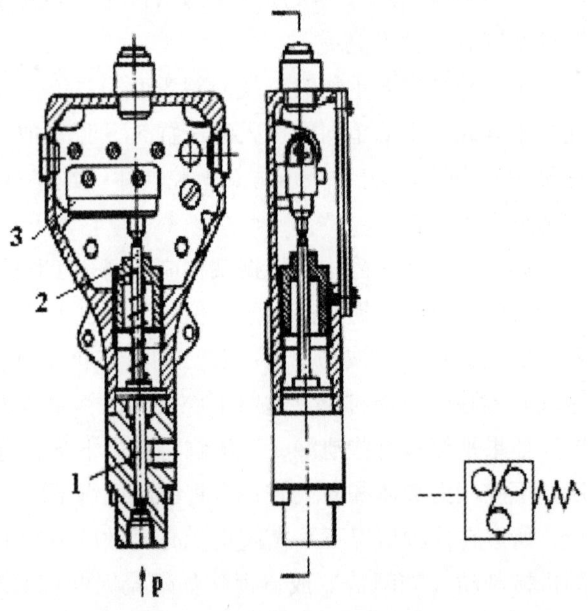

图 5－25　压力继电器结构和职能符号

1—柱塞；2—顶杆；3—微动开关

平衡阀不仅能起限速平衡作用，同时还能起到液压锁的作用。停止升、降时，平衡阀闭锁，单向阀和主阀芯锥面密封效果好，可以长时间地将重物保持在一定位置上。

5.3.5　压力继电器

一　压力继电器工作原理

压力继电器的作用是将液压系统的压力信号转换成电信号，操纵电气组件，以实现顺序动作和安全保护等。

如图5－25所示为柱塞式压力继电器。压力油作用在柱塞1底部，当系统压力达到调定值时，作用在柱塞上的液压力克服弹簧力，顶杆2上推，使微动开关3的触点闭合。发出电信号。

柱塞式压力继电器工作可靠、寿命长、成本低，由于容积变化较大，不易受压力波动的影响。但复位精度和灵敏度较低。

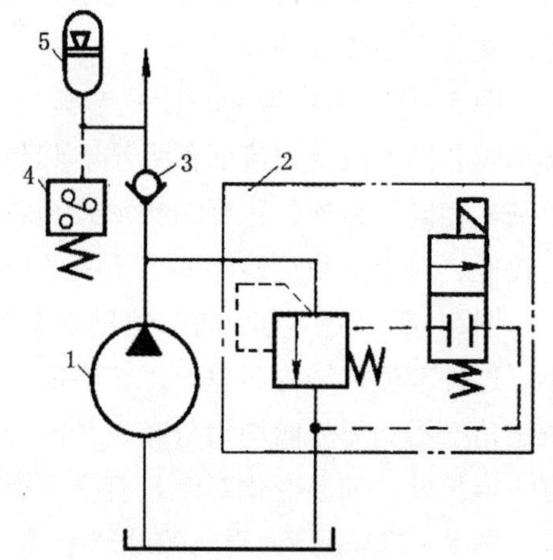

图5－26　压力继电器的应用

1—液压泵；2—电磁溢流阀；3—单向阀；4—压力继电器；5—蓄能器

二　压力继电器的应用

用压力继电器发出的电信号可以控制电磁铁或其他继电器等组件，实现液压系统的顺序控制、安全保护及卸荷控制等功能。如图5－26所示，就是采用压力继电器操纵电磁溢流阀2的卸荷回路。当系统压力达到压力继电器的调定压力时，它便发出电信号使电磁阀动作，溢流阀卸荷，液压泵低压运转。当系统压力低于压力继电器的断开压力时，则电信号中断，溢流阀溢流压力增大，液压泵继续向系统提供压力液体。

任务5.4　学习掌握流量控制阀

任务目标：掌握调速阀稳定调速的原理；能区别溢流节流阀和调速阀的调速性能的不同；熟练识读各种流量控制阀的图形符号，掌握其功能。

学习内容：节流阀、调速阀、溢流节流阀的结构特点、工作原理及应用性能。

流量控制阀是通过调节阀口（节流口）的通流面积来改变通过阀口的流量，从而控制执行机构运动速度的组件。

流量控制阀是一种能对液流进行节流的液压组件。所谓节流是指液体流经小孔，缝隙等突然收缩的过流段面而受到显著的阻力（产生液阻）的现象。任何一个流量阀都有节流部分，称节流口，其节流程度有固定和可调两种，称之固定节流口和可调节流口。流量控制阀主要有节流阀、调速阀、溢流节流阀等。

5.4.1 节流口的结构形式

节流口的结构形式很多，常用的如图5－27所示。图5－27（a）为针阀式节流元件。当针阀阀芯做轴向移动时，即可改变环形节流口的通流面积。其优点是结构简单，制造容易，但节流通道较长，通道直径小，易堵塞，油温变化对流量稳定性影响较大。一般用于对性能要求不高的场合。

图5－27（b）为偏心槽式节流口。阀芯上开有截面为三角形（或矩形）的偏心槽，转动阀芯即可改变通流面积大小。其防堵塞性能优于针阀式节流口，其特点和针阀式节流口基本相同。另外，这种结构形式阀芯上的径向力不平衡，旋转时比较费力，一般用于压力较低、对流量稳定性能要求不高的场合。

图5－27（c）为轴向三角槽式节流口。阀芯做轴向移动时，就改变了通流面积的大小。这种节流口结构简单，工艺性能好，可得到较小的稳定流量，调节范围较大。由于几条三角槽沿圆周方向均匀分布，径向力相互平衡，故调节时所需的力也较小，但节流通道有一定长度，油温变化对流量有一定影响。这是一种目前应用较广的节流口结构。

图5－27（d）为周向隙缝式节流口。在阀芯圆周方向上开有一狭缝，旋转阀芯就可以改变通流面积的大小。所开狭缝在圆周上的宽度是变化的，尾部宽度逐渐缩小，在小流量时其通流截面是三角形，有较小的稳定流量。节流口是薄壁结构，油温变化对流量影响小，但阀芯所受径向力不平衡。这种节流阀应用于低压小流量系统时，能得到较为满意的性能。

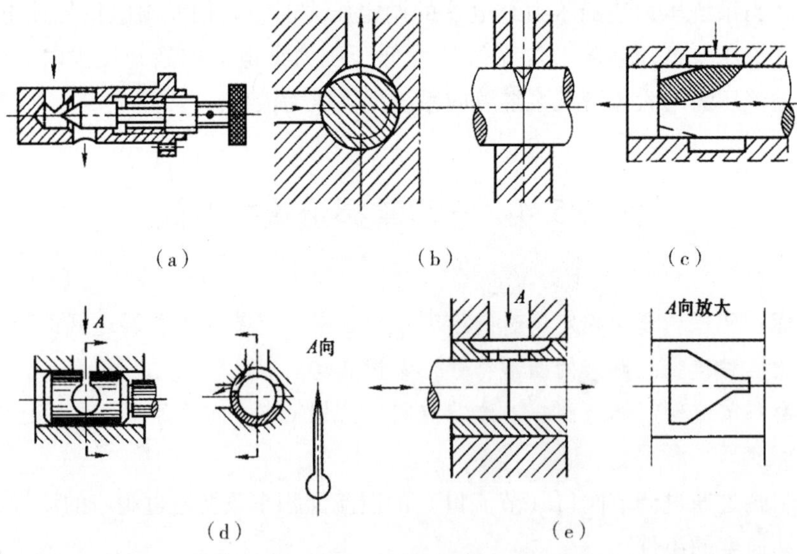

图5－27 节流口的结构形式

图5－27（e）为轴向隙缝式节流口。在阀芯衬套上铣出一个槽，使该处厚度减薄，

然后在其上沿轴向开有节流口。当阀芯轴向移动时，就改变了通流面积大小。开口很小时，通流面积为正方形，不易堵塞，油温变化对流量影响小。这种结构的性能与图 5－27（d）相似。

5.4.2　节流阀的常见结构

一　节流阀

图 5－28 为节流阀的结构和职能符号。该节流阀的节流口形式为轴向三角槽式。压力油从进油口 P_1 流入，经孔道 b 和阀芯 3 右端的节流沟槽进入孔 a，再从出油口 P_2 流出。调节流量时可以转动手柄 1，利用推杆 2 使阀芯 3 做轴向移动，弹簧 4 的作用是使阀芯 3 始终向左压紧在推杆 2 上。

这种节流阀结构简单，制造容易，体积小。但负载和温度的变化对流量的稳定性影响较大，因此只适用于负载和温度变化不大或速度稳定性要求较低的液压系统。

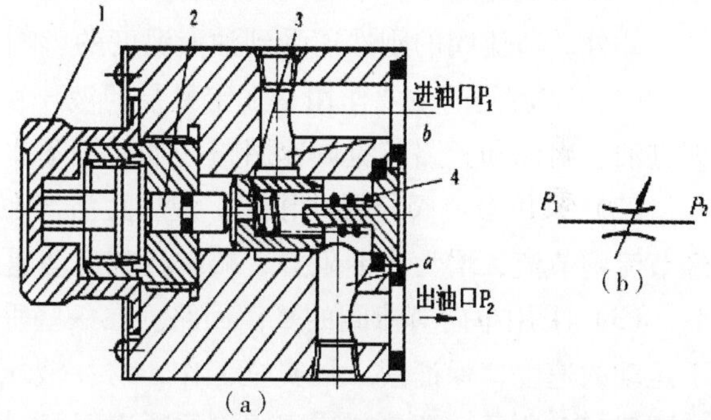

图 5－28　节流阀的结构和职能符号

1—手柄；2—推杆；3— 阀芯；4—弹簧

二　单向节流阀

图 5－29 为单向节流阀的结构和职能符号。当压力油从油口 P_1 进入，经阀芯上的三角槽节流口，然后从油口 P_2 流出，这时

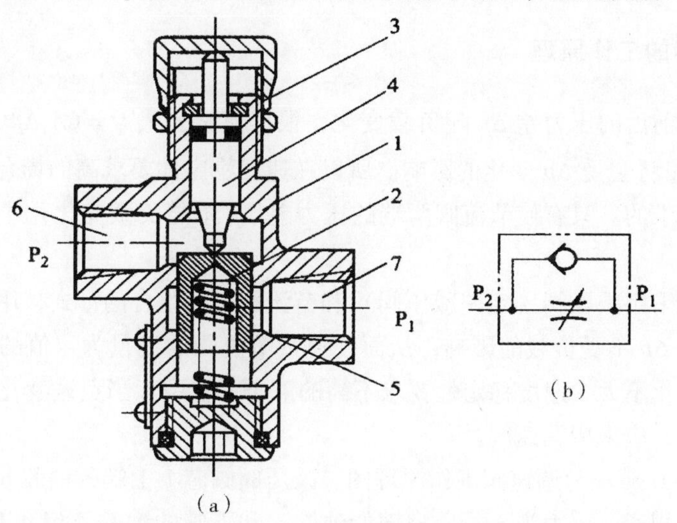

图 5－29　单向节流阀结构和职能符号

1—阀体；2—阀芯；3—螺母；4—顶杆；5—弹簧；6，7—油口

起节流作用。旋转螺母 3 即可改变阀的轴向位置，从而使通流面积相应地变化。当压力油从油口 P_2 进入时，在压力油作用下，阀芯克服软弹簧的作用力而下移，油液不再经过节流口而直接从油口 P_1 流出，这时起单向阀作用。

三　节流阀的应用

在液压传动系统中，节流阀广泛用于调节执行元件的流量，以改变执行元件的运动速度。由于节流阀前后压力差会随负载的变化而变化，使通过节流阀的流量改变，导致液压缸运动速度不稳定。所以，节流阀只用于外负载变化较小或流量变化对工作机构影响不大的系统中。而节流阀在负载变化时保持流量稳定（即抵抗外界干扰）的能力称为节流阀的刚性。流量变化越小，节流阀刚性越大；反之，流量变化越大，节流阀刚性越小。

此外，节流阀的刚性还受到油液温度的影响，温度高黏度低，刚性差。

（1）节流阀的主要作用是在定量泵的液压系统中与溢流阀配合，组成节流调速回路，即进油、出油和旁路节流调速回路（如后续 7.2.1 的内容所述），调节执行组件的速度。

（2）采用节流阀起缓冲作用。液压缸活塞在运行到终点时，将回油通道堵塞，使回油经节流阀节流，增大回油阻力，减缓活塞运动速度，起缓冲作用，防止了液压冲击。

（3）采用单向节流阀的平衡回路。在一些垂直安装的液压缸系统中，为了控制活塞向下运动的速度，保证液压缸安全工作，常在液压缸下腔的回液管路中安装一单向节流阀，如图 7－21 所示。调节节流阀阀口的通流面积，便可控制活塞下降的运动速度，保证液压缸安全可靠地工作。

5.4.3　调速阀

一　调速阀的工作原理

由于节流阀前后的压力差 Δp 随负载变化，根据流量公式 $Q = CA_0\Delta p^{\varphi}$（参看 2.3.2 内容），则其输油量将会受 Δp 变化的影响。所以在速度稳定性要求高的场合，一般节流阀是不能满足工作要求的。只有使节流阀两端的压力差 Δp 不随负载变化，才能使通过节流阀的流量保持常数。

调速阀就是采用减压阀（定差减压阀）和节流阀串联组合的形式，用减压阀来保证节流阀前后压力差 Δp 不受负载的影响，从而使通过节流阀的流量为定值的。所以节流阀只能应用于负载变化不大，速度稳定性要求不高的液压系统中。当负载变化较大，速度稳定性要求又较高时，应采用调速阀。

图 5－30（a）所示为调速阀工作原理图。减压阀阀芯 1 上端的油腔 b 经孔 a 同节流阀阀芯 2 后的油液相通，压力为 p_3；它肩部的油腔 c 和下端的油腔 d 经孔 f 和 e 同节流阀 2 前的油液相通，压力为 p_2。当负载 F 增大时，压力 p_3 也增大，这时 p_3 通过孔 a 作用在减压阀阀芯 1 上端的力量增大，使阀芯 1 下移，减压阀进油口处的开口加大，压力降减小，因此 p_2 也增大，结果保持节流阀前后的压力差 $p_2 - p_3$ 基本不变。相反，如果负载 F 减

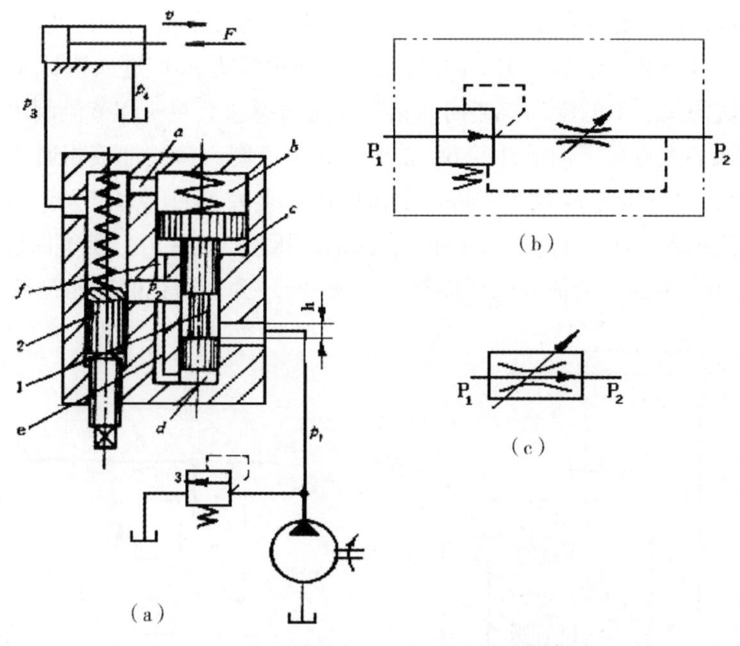

图 5－30　调速阀的工作原理和职能符号

1—减压阀阀芯；2—节流阀阀芯；3—溢流阀

小，则 p_3 减小，阀芯 1 上部的油压减小，于是阀芯 1 在油腔 c 和 d 中的压力油（压力为 p_2）的作用下上升，使进油口处的开口减小，压力降增大，p_2 减小，所以仍保持 p_2-p_3 基本不变。因为阀芯 1 下腔 c 和 d 的面积总和与上腔 b 的面积相等，所以当稳定工作时，略去阀芯重力及摩擦力，减压阀阀芯上力的平衡方程式为

$$p_2A = p_3A + F_{簧}$$

或
$$p_2 - p_3 = \frac{F_{簧}}{A}$$

因为减压阀弹簧很软，当减压阀阀芯上下移动时 $F_{簧}$ 的数值变化不大，所以节流阀前后的压力差 $\Delta p = p_2 - p_3$ 基本上为一常量，也就是通过调速阀的流量基本不变，可使执行组件的运动速度保持稳定。图 5－30（b）为调速阀的职能符号，图（c）为它简化的职能符号。

二　应　用

调速阀的应用与普通节流阀相似，即与定量泵、溢流阀配合，组成节流调速回路；与变量泵配合，组成容积节流调速回路（如后续 7.22 内容所述）等。与普通节流阀不同的是，调速阀应用于速度稳定性要求较高的液压系统中。

5.4.4　溢流节流阀

图 5－31 是溢流节流阀的工作原理和职能符号图。该阀是由压差式溢流阀和节流阀并

联而成，它也能保证通过阀的流量基本上不受负载变化的影响。来自液压泵压力为 p_1 的油液，进入阀后，一部分经节流阀 2 的节流口〗（压力降为 p_2）进入执行元件（液压缸），另一部分经溢流阀阀芯 1 的溢油口流回油箱。溢流阀阀芯上腔 a 和节流阀出口相通，压力为 p_2；溢流阀阀芯大台肩下面的油腔 b、油腔 c 和节流阀入口的油液相通，压力为 p_1。当负载 F_L 增大时，出口压力 p_2 增大，因而溢流阀阀芯上腔 a 的压力增大，阀芯下移，关小溢流口，使节流阀入口压力 p_1 大，因而节流阀前后压差（p_1-p_2）基本保持不变；反之亦然。图 5－31（b）为溢流节流阀的职能符号，图（c）为它简化的职能符号。

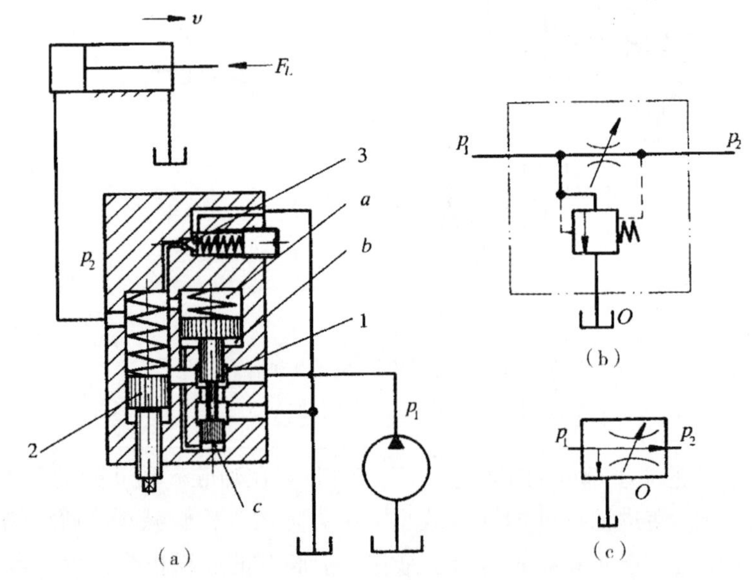

图 5－31　溢流节流阀的工作原理和职能符号
1—溢流阀阀芯；2—节流阀阀芯；3—安全阀

溢流节流阀上设有安全阀 3。当出口压力 p_2 增大到等于安全阀的调整压力时，安全阀打开，使 p_2（因而也使 p_1）不再升高，防止系统过载。

溢流节流阀和调速阀都能使速度基本稳定，但其性能和使用范围不完全相同。主要差别是：

（1）溢流节流阀其入口压力即泵的供油压力 p_1 随负载大小而变化。负载大，供油压力大，反之亦然。因此泵的功率输出合理、损失较小、效率比采用调速阀的调速回路高。

（2）溢流节流阀中的溢流阀阀口的压降比调速阀中的减压阀阀口的压降大，系统低速工作时，通过溢流阀阀口的流量也较大。因此作用于溢流阀芯上、与溢流阀上端的弹簧作用力方向相同的稳态液动力也较大。且溢流阀开口越大，液动力越大，这样相当于溢流阀芯上的弹簧刚度增大。因此当负载变化引起溢流阀阀芯上、下移动时，当量弹簧力（将稳态液动力考虑在弹簧力之内的作用力）变化较大，其节流阀两端压差（p_1-p_2）变化加大，引起的流量变化增加。所以溢流节流阀的流量稳定性较调速阀差，在小流量时尤其如此。因此在有较低稳定流量要求的场合不宜采用溢流节流阀，而在对速度稳定性要求不高，功率又较大的节流调速系统，如广泛地应用于工程机械液压动力转向系统中。

(3) 在使用中，溢流节流阀只能安装在节流调速回路的进油路上，而调速阀在节流调速回路的进油路、回油路和旁油路上都可应用。因此，调速阀比溢流节流阀应用广泛。

任务5.5　学习掌握插装阀

任务目标：掌握插装阀的结构特点；掌握与不同先导阀组合成各种不同功能的控制阀的工作原理及应用特点；熟练识读各种插装阀的图形符号，掌握其功能。

学习内容：插装阀的结构特点、工作原理；与不同先导阀组合成各种功能的控制阀的工作原理。

插装阀，由于它的主要组件均采用插入式的连接方式，并且大部分采用锥面密封切断油路，所以又称为插装式逻辑阀或插装式锥阀，简称插装阀。插装阀是将锥阀插入带阀座的阀套，组成一个通用的基本插装单元，并称为主阀，配以不同的先导阀，构成具有不同功能的控制阀，先导阀不同，决定阀的性质也不同。

插装阀不仅能满足常用的液压控制阀的各种动作要求，而且在等同的控制功率情况下，与普通的液压阀相比，具有体积小，重量轻、功率损失小、动作速度快和易于集成等优点，特别适合于大流量液压系统的调节和控制。在挖掘机的斗杆（或动臂）控制阀上，装有防止斗杆（或动臂）下掉，阀组上就装有插装阀（或称之斗杆闭锁阀）。

5.5.1　插装阀的结构和工作原理

图5-32插装阀的典型结构和图形符号。它主要是由锥阀组件、阀体1和控制盖板5组成。锥阀组件包括有阀套2、阀芯3、弹簧4、密封圈等组成。插装阀由两个分别与主油路相连的油口A和B，C为控制油口。设 A_a、A_b、A_c 分别是A腔油压 p_a、B腔油压 p_b 和C腔油压 p_c 的有效承压面积，且 $A_c = A_a + A_b$。弹簧的作用力为 F_s，如不考虑锥阀的质量、液动力和摩擦力等因素的影响，改变控制油口 P_c 的大小，就可以控制阀的开启。当调节 P_c 的大小，使 $p_aA_a + p_bA_b > p_cA_c + F_s$ 时，锥阀芯3开启，使油腔A、B接通，油液自A腔流入，从B腔流出。也

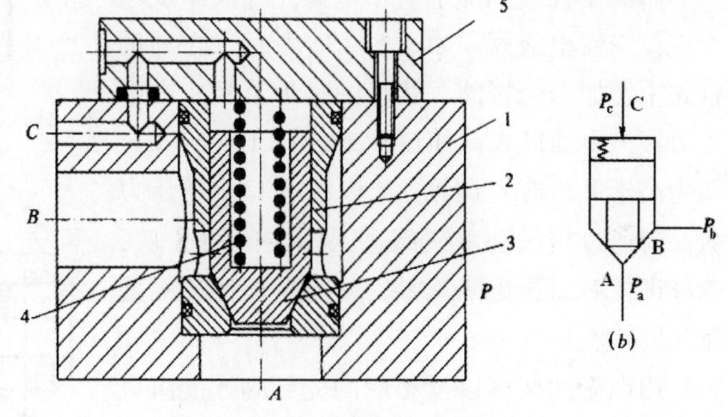

图5-32　插装阀及图形符号

1—阀体；2—阀套；3—阀芯；4—弹簧；5—控制盖板

就是说，当 p_a、p_b 一定时，A、B 油路的通断，可以由控制油压 p_c 来控制。当控制油口 C 接通油箱时，$p_c=0$，锥阀下部的液压力超过弹簧力时，锥阀即打开，使油路 A、B 连通。这时若 $p_a>p_b$，则油液由 A 流向 B；若 $p_a<p_b$，则油液由 B 流向 A。当 $p_c \geqslant p_a$，$p_c \geqslant p_b$ 时，锥阀关闭，A、B 不导通。由此可见，插装阀导通和切断油路的作用相当于一个液控的二位二通换向阀。

根据不同需要，插装阀锥阀芯上可以开阻尼孔，端部可以开节流三角槽。也可以把锥阀芯制成 A_c、A_a 不同的面积比或制成圆柱形。将插装阀进行相应的组合，并将小流量方向阀、压力阀作为先导阀，对插装阀组合油路进行相应调控，就可以实现不同的控制功能。可用作方向控制阀、流量控制阀和压力控制阀。

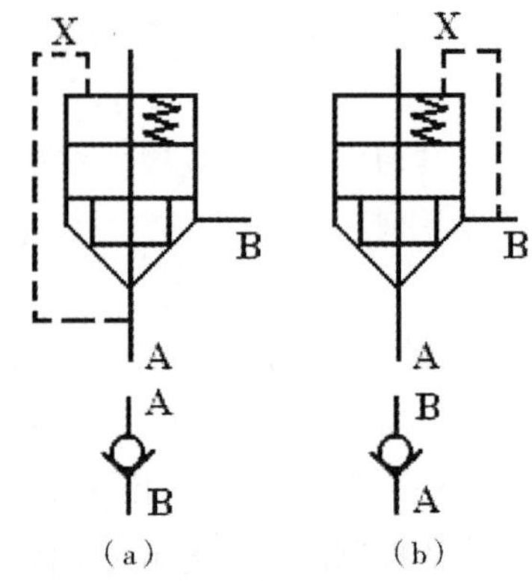

图 5－33　插装式单向阀

5.5.2　插装式方向控制阀

一　单向阀

如图 5－33 所示插装式单向阀的图形符号。将控制油腔口 C 与油口 A 或油口 B 连通，即成为单向阀。

如图 5－34 所示，在控制板上加装一个二位三通液动先导阀，就成为液控先导阀。

二　插装式换向阀

用一个电磁先导阀控制油口 X 腔的压力，就可以使插装阀成为一个二位二通电液换向阀。如图 5－35 所示。

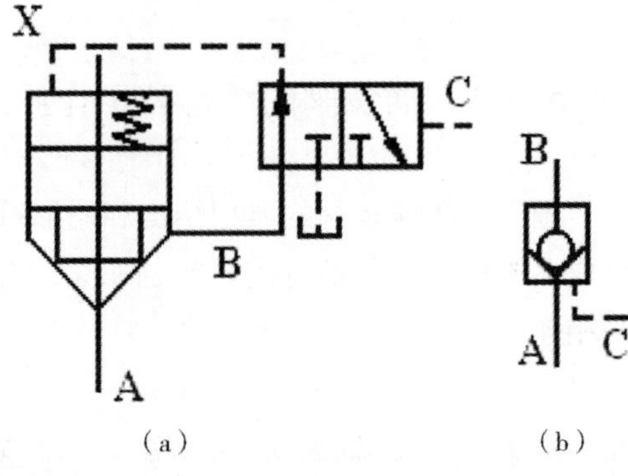

图 5－34　插装式液控单向

用两个插装阀加上一个电磁先导阀组成一个三位三通电液阀。如图 5－36 所示。在辅助油路中增加一个梭阀，其目的是为了阻止在中位时液流由油口 A 向油口 P 或油口 T（当 A 口压力高于 P 口时）倒流，P 口和 A 口中的压力较高者通过梭阀和电磁阀进入插装阀的 X 腔，这样即使 P 口压力降为零，也能保证插装阀处于压紧状态。

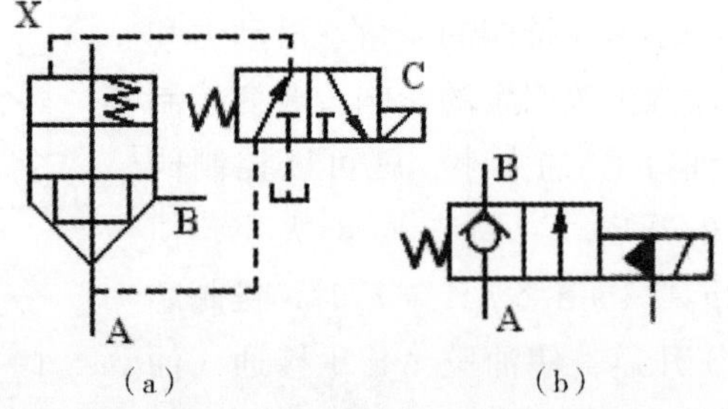

图 5－35　插装式二位二通电液阀

用四个插装阀以及相应的先导阀才能组成一个四通阀。图 5－37 所示用一个“P”型中位机能的三位四通电磁换向阀为先导阀和四个插装阀组成一个插装式三位四通换向阀。当电磁铁处于中位时，四个插装阀的上腔均通压力油，保证了在中位时四个插装阀都压紧。实现换向阀的中位机能为“O”型。因此，应根据插装换向阀不同的中位机能要求，选择先导电磁换向阀的中位机能。

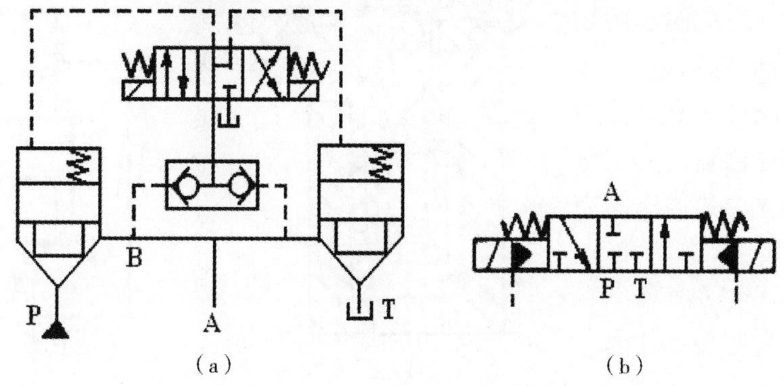

图 5-36　插装式三位三通阀

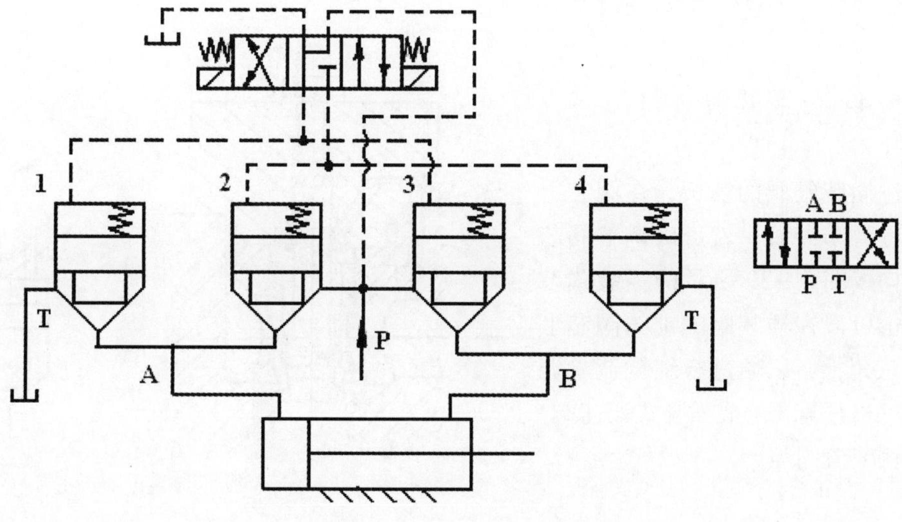

图 5-37　插装式三位四通换向阀

选用不同的先导换向阀或用不同个数的先导阀与插装阀组合，可以得到不同功能的插装换向阀。所以，采用插装换向时，可供选择的范围更广、更灵活。但是使用时一定要综合考虑经济性与外形尺寸等因素。

5.5.3　插装式压力控制阀

图 5-38 为插装式溢流阀的原理图。用一个直动式溢流阀作为先导阀，对插装式锥阀的控制油液压力进行控制，可以构成插装式压力控制阀。用来控制高压大流量液压系统的工作压力。在锥阀芯或阀体上开有节流小孔，使 A 口压力液体和 K 口相通，K 口接溢流阀的先导阀作为先导控制当 A 口压力小于先导阀的调定压力时，先导阀关闭，相当于 K 口封闭，$p_a = p_c$ 由于上端面积大，且有弹簧力作用，锥阀芯关闭，A、B 口不通。当 A 口压

力升高到等于先导阀调定压力时，先导阀开启，油液流经主阀芯阻尼孔时，造成阀芯两端压力差，使主阀芯抬起，A 腔压力油便经主阀口从 B 口流回油箱，实现稳压溢流。其工作原理与一般的先导式溢流阀完全相同，可实现的功能也相同。

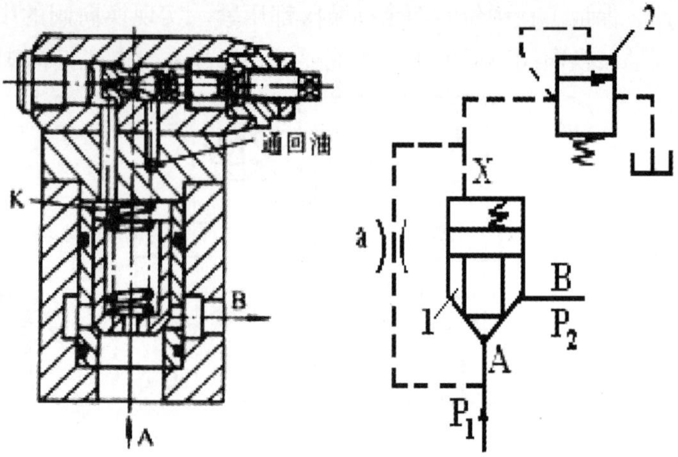

图 5－38　插装式溢流阀结构和图形符号

这种阀芯带节流小孔的插装阀除主要构成溢流阀以外，还可构成其他形式的插装压力阀，如插装式减压阀和插装式顺序阀。

5.5.4　插装式流量阀

通过插装锥阀的盖板，在阀芯上增加行程调节装置，就可以调节阀芯开度，构成图 5－39 所示的插装式节流阀。也可以在插装阀的锥阀阀芯上开对称三角槽，以便进行细微流量调节。也可根据需要组成插装式调速阀、插装比例节流阀等。

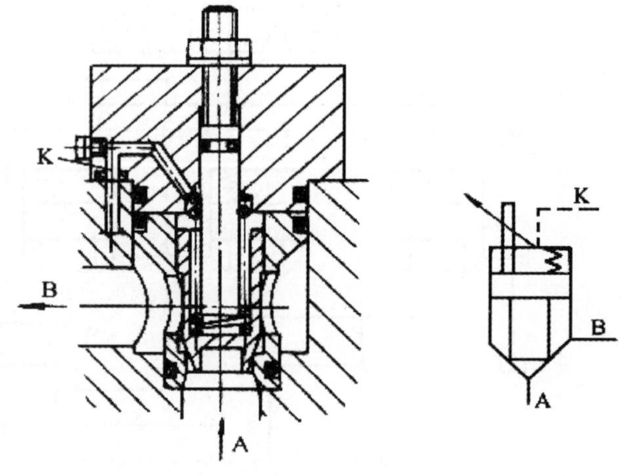

图 5－39　有行程调节器的插装式节流阀

5.5.5　插装阀的应用特点

从插装阀的结构工作原理可以看到，它与普通的控制阀相比有如下特点：

（1）结构简单，制造方便。

（2）阀芯质量小，反应灵敏，动作快，更适用于快速启闭的场合。

（3）密封性好，泄漏很少。

（4）插装阀不易卡死，故工作可靠。

（5）同一种锥阀组件，配以不同的控制组件，可做成多种用途的液压控制组件，因此便于实现液压组件的系列化、标准化和通用化。

（6）流量阻力小，通流能力大，特别适合大流量系统。插装阀的最大流量 0.1667 m^3/s（约 10000 L/min）以上。

（7）插装阀尺寸小，形状简单，便于集成化。

任务 5.6　学习掌握电液比例控制阀

任务目标： 掌握电液比例控制阀的基本性能、结构特点和工作原理；熟练识读各种电液比例控制阀的图形符号，掌握其功能。

学习内容： 电液比例控制阀的结构特点、工作原理。

5.6.1　概　述

普通的液压控制阀只是对系统的液压参数——流量、压力等进行通断式控制的组件。但在相当一部分液压系统中，单靠通断式控制不能满足液压系统工作要求，希望采用较简单的电气装置，对精度和响应速度实现连续控制或遥控。比例控制阀正是根据这种需要在通断式控制组件和伺服控制组件的基础上，发展起来的一种新型电液控制组件。设备执行机构在工作过程中对液压系统的压力、流量参数进行调节或连续控制，可防止液压冲击。

电液比例控制阀既是电液转换元件，也是功率放大元件。其功能是接受电气信号指令（电气控制指令可采用电磁式或电动式，但常用的是电磁式），连续地、按比例地控制液压系统中的流量、压力和方向等参数，使之与输入的电气信号成比例地变化，从而实现对液压系统执行元件位移（或转速）、速度（角速度）、加速度（或角加速度）和力（或转矩）的控制。

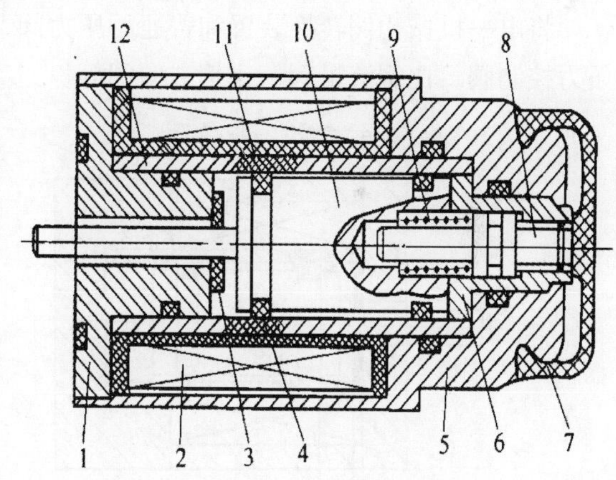

图 5－40　比例电磁铁的结构原理

1—极靴；2—线圈；3—限位环；4—隔磁环；5—壳体；6—内盖；7—外盖；8—调节螺栓；9—弹簧；10—衔铁；11—支承环；12—导向管

电液比例阀简称比例阀，按其功用不同，可分为比例压力阀、比例流量阀、比例方向阀和比例复合阀等四类。尽管它们的作用不同，但它们的工作原理及结构特点却有共同之处。

（1）它们可使用相同的电控制器。

（2）都由电—机械比例转换装置（即比例电磁铁）和液压控制阀两部分组成。前者的作用是将输入的电信号连续地、按比例地转换成机械力或位移，后者的作用是接受前者输出的力或位移，连续地、按比例地控制液压基本参数（如流量、压力等），其结构与普通液压阀类似。

5.6.2 比例电磁铁

常用的电—机械比例转换装置之一是比例电磁铁。比例电磁铁不同于普通电磁换向阀中所用的通断型直流电磁铁，比例电磁铁要求吸力或位移与给定的电流成比例，并在衔铁的全部工作装置上，磁路中保持一定的气隙。图5－40所示是一种比例电磁铁的结构原理图，它主要由极靴1、线圈2、壳体5和衔铁10等组成。线圈2通电后产生磁场，由于隔磁环4的存在，使磁力线主要部分通过衔铁10、气隙和极靴1，极靴对衔铁产生吸力。线圈电流一定时，吸力大小因极靴对衔铁间距离不同而变化。但衔铁在气隙适中的一段行程中，吸力随位置的改变发生的变化很小，其特点如图5－41所示。图中画出了普通电磁铁的吸力特性，以便比较。比例电磁铁的吸力特性可分为三段，在气隙很小的区段Ⅰ，吸力虽然较大，但随位置的改变而急剧变化。在气隙较大的区段Ⅲ，吸力明显下降。在吸力随位置变化较小的区段Ⅱ则是比例电磁铁的工作区段。只考虑在工作区段Ⅱ内情况，改变线圈中的电流，即可在衔铁上得到与其成正比的吸力。

如果要求电—机械比例转换装置的输出为位移时，衔铁左侧加一弹簧，便可得到与电流成正比的位移。

将电—机械比例转换装置和普通的压力阀、流量阀、方向阀组合在一起，就形成比例压力控制阀、比例流量阀、比例方向阀等。

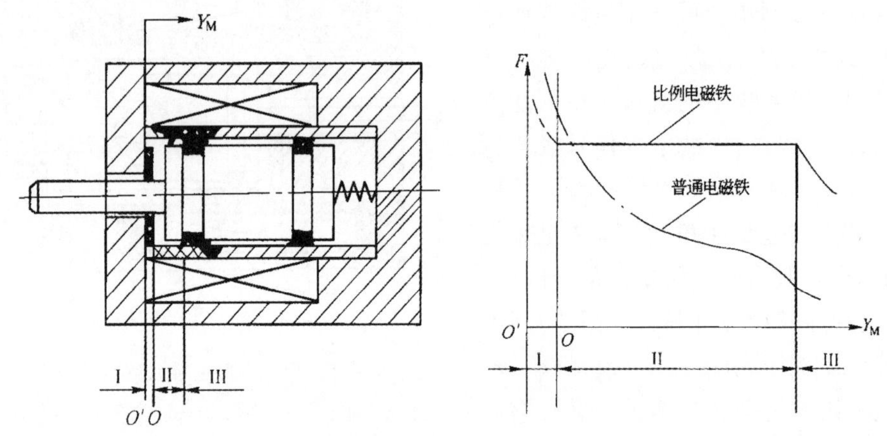

图5－41 比例电磁铁的吸力特性

5.6.3 电液比例溢流阀

电液比例溢流阀是电液比例压力阀中最常用的一种，如图5－42所示是BYF型电液比例溢流阀的结构和职能符号图。用比例电磁铁代替了溢流阀的调压螺旋手柄组合成为电液比例溢流阀，即由比例电磁铁1和一个先导式溢流阀组成。其中比例电磁铁的衔铁上的电磁力通过顶杆直接作用与先导锥阀，随着电磁铁电流的变化，先导锥阀弹簧力相应变化，从而使先导锥阀的开启压力与电磁线圈中的电流成正比例。比例电磁铁和先导锥阀一起，又称为比例先导调压阀，它可以用于各种电液比例压力阀中，是一通用的元件。

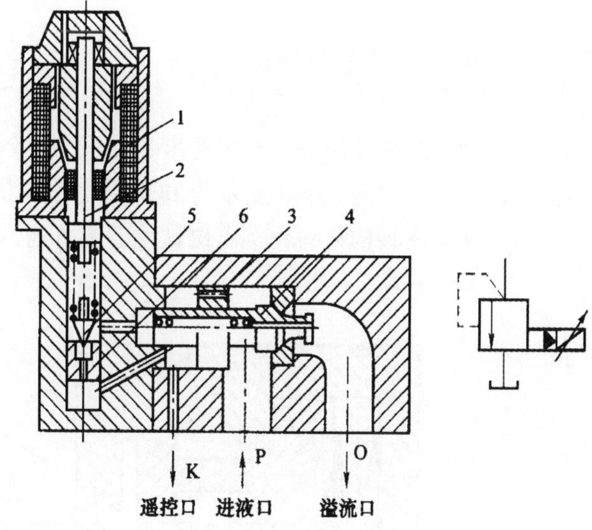

图 5－42　BYF 型电液比例溢流阀的结构及职能符号
1—比例电磁铁；2—推杆；3—阻尼孔；4—主阀弹簧；5—锥阀；6—先导阀座

当输入电信号工作时，比例电磁铁便产生相应的电磁力，此力通过推杆与弹簧作用于先导阀阀芯上，这时顶开先导阀阀芯上的液压力，就是主阀的调定压力所对应的先导阀的调定压力。

因此，电液比例溢流阀所控制的液压力与输入电流的大小成正比，给定了输入电流的数值，就等于给出了溢流阀的调定压力。在电液比例溢流阀中，先导阀的弹簧只起传力作用，不起调压作用，故又称传力弹簧，它不需要预先压缩。

如将先导回油和主阀回油分开，则比例溢流阀可作比例顺序阀，若将主阀改为减压阀，则为比例减压阀。

电液比例溢流阀在回路中的应用如图 5－43（a）所示。它可实现多级压力控制，比采用普通溢流阀进行多级压力控制，如图 5－43（b）所示，具有液压元件少、回路简单，并能按照电流信号的连续变化规律，实现压力连续控制等优点。它的缺点是电气系统比较复杂，所使用的电气元件也较多。

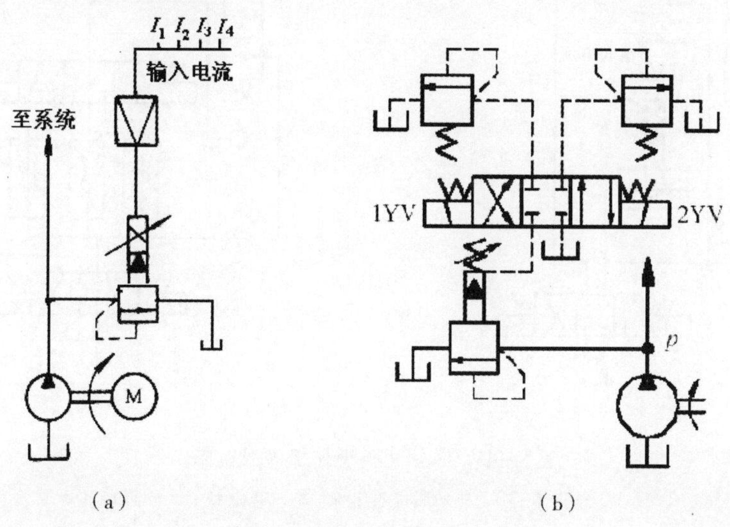

图 5－43　电液比例溢流阀和溢流阀的调压回路

5.6.4 电液比例调速阀

用比例电磁铁控制节流阀的开度，就成为比例节流阀。比例电磁铁和调速阀组合即成为比例调速阀。如图5－44所示为BQF型电液比例调速阀的结构图和职能符号。它由比例电磁铁5和调速阀构成，比例电磁铁代替了普通调速阀中的调节手柄。

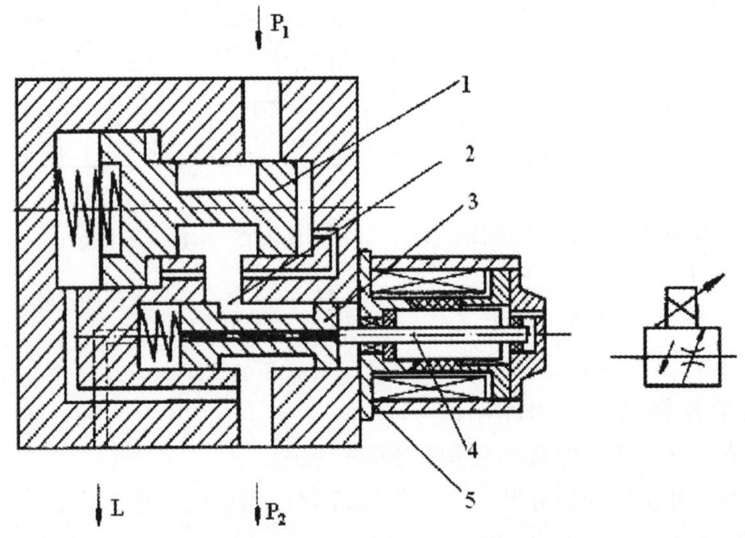

图5－44　BQF型电液比例调速阀和职能符号

1—减压阀阀芯；2—节流口；3—节流阀阀芯；4—推杆；5—比例电磁铁

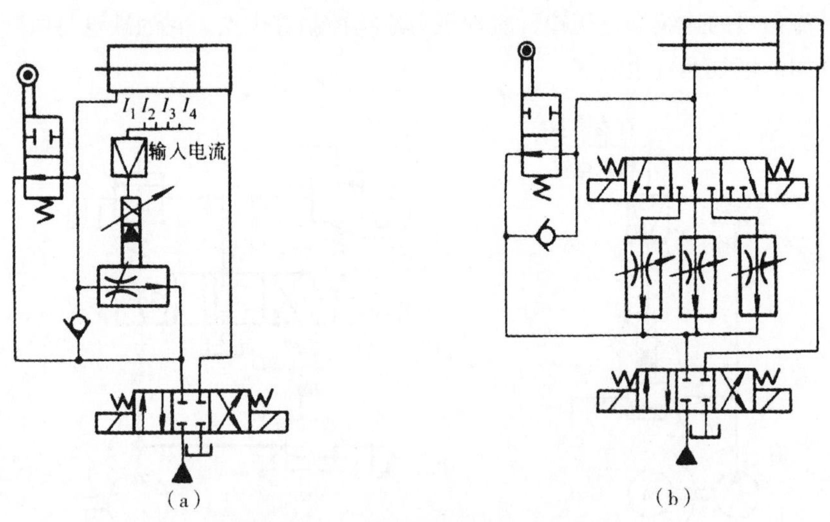

图5－45　采用比例调速阀的调速回路

1、2—孔道；3、9—反馈孔；4、8—电磁铁；5—阀芯；

6、7—节流阀；10—比例减压阀；11—液动换向阀

当电流输入比例电磁铁5后，比例电磁铁便产生一个与电流成比例的电磁力。此力经推杆4作用于节流阀阀芯3上，使阀芯左移，阀口开度增加。当作用于阀芯上的电磁力与弹簧力相平衡时，节流阀阀芯停止移动，节流口保持一定的开度，调速阀通过一定的流量。因此，只要改变输入比例电磁铁的电流的大小，即可控制通过调速阀的流量。若输入的电流连续地或按一定程序地变化，则比例调速阀所控制的流量也按比例或按一定程序地变化。

图5-45（a）所示为采用比例调速阀的调速回路，图5-45（b）为使用机动控制的调速回路。可以看出比例调速阀不但减少了控制组件的数量，而且使液压缸的工作速度更符合加工工艺和设备不同工况的要求。因此比例调速阀更适合于各类液压系统连续变速与多种速度控制。

5.6.5　电液比例方向阀

图5-46所示为电液比例方向阀结构原理及职能符号。它由比例减压阀10、液动换向阀11和两个比例电磁铁4、8，三部分组成（图中1、2为孔道；3、9为反馈孔），以比例减压阀为先导阀，利用减压阀出口压力来控制液动换向阀的正反开口量，从而来控制系统的液流方向和流量。因此这种阀也叫比例流量—方向阀。

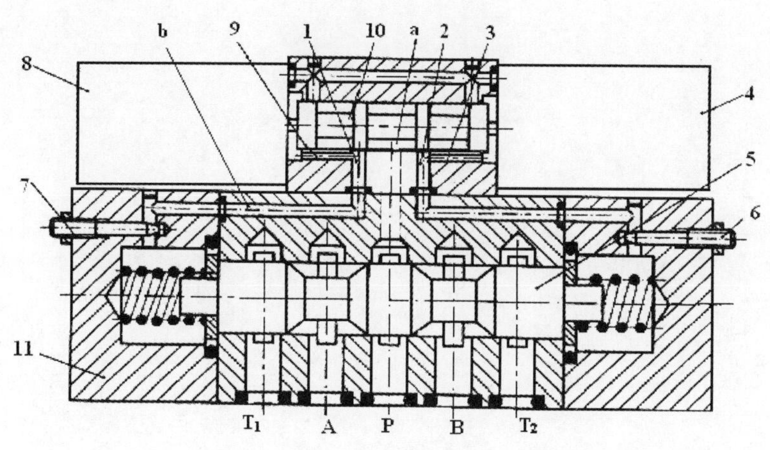

图5-46　电液比例方向阀

1、2—孔道；3、9—反馈孔；4、8—电磁铁；5—阀芯；

6、7—节流阀；10—比例减压阀；11—流动换句阀

当直流电信号输入电磁铁4时，电磁铁4产生电磁力，经推杆将减压阀芯向左推移，通道1与a沟通，压力油则自p口进入，经减压阀阀口后压力降为p_2，并经孔道b流至液动换向阀11的左侧，推动阀芯5右移，使阀11的p、A口沟通，B、T口沟通。同时，反馈孔9将压力油p_2引至减压阀芯的左侧，形成压力反馈。当作用于减压阀芯的反馈油压与电磁力相等时，减压阀处于平衡状态，液动换向阀则有一相对应的开口量。压力p_2与

输入电流成比例，阀 11 的开口量又与压力 p_2 呈线性关系，所以阀 11 的开口量（阀 11 的过流量）与输入电流的大小成比例。增大输入电流，可使 P 至 A 之间的过流断面积加大，流量增加。

若信号电流输入电磁铁 8，则使阀芯 5 左移，压力油从孔口 B 流出，液流变向。可见，电液比例方向阀既可改变液流方向，又可用来调速，并且二者均可由输入电流连续控制。另外，液动换向阀的端盖上装有节流阀 6、7，可用来调节液动换向阀的换向时间。

比例方向阀与伺服阀相比，虽然控制精度较低，但作用相似，因此其回路也同伺服阀相近，应用最多的是位置控制回路。但由于比例阀的流量控制范围较伺服阀大得多，因此不仅在中小流量系统中应用广泛，而且在大型的液压机械（如注塑机、车辆、机床、船舶等）中也得到应用。

思考与练习

一　填空题

1. 按照液压控制阀的用途不同，液压控制阀可分为________、________和________三大类。分别调节、控制液压系统中液流的________、________和________。

2. 方向控制阀按其功能不同分为________和________两大类，滑阀机能是指三位阀在________位时的________连通方式。

3. 换向阀的主要作用是控制油液的________和________的油路。根据阀芯运动方式换向阀可分为________式________式两种。

4. 采用滑阀机能为________型________型的换向阀能将执行元件锁紧在任意位置上。

5. 溢流阀在液压系统中的主要作用为________________________、________________________。

6. 先导式溢流阀由________和________两部分组成。

7. 在先导式溢流阀中，先导阀的作用是________，主阀的作用是________。

8. 调速阀是由________与________串联而成的组合阀。溢流节流阀是由________和________并联而成的组合阀。

9. 顺序阀是以________作为控制信号，在一定的控制压力作用下能自动地________或________某一油路的压力控制阀。

10. 平衡阀是由________和________并联组成的，起________功能的压力控制阀。其功用是防止因________使工作机构________。

11. 当油液压力达到预定值时便发出电信号的液—电信号转换元件是________。

12. 多路换向阀按结构分为________和________两种，多路换向阀的内部基本油路形式通常有________油路、________油路、________油路。

13. 比例阀可以通过改变输入电信号的方法对压力、流量进行________控制。

二　选择题

1. 液压系统的控制元件是（　）

A. 电动机　　B. 液压泵　　C. 液压控制阀　　D. 液压缸和液压马达

2. 若某三位四通换向阀的阀芯在中间位置时，进油口与回油口连通、油缸两腔封闭、泵卸荷此阀的滑阀机能为（　）。

A. P 型　　B. Y 型　　C. K 型　　D. M 型

3. 三位阀具有卸荷功能的中位机能是（　）

A. H、K、M 型　　B. O、P、Y 型　　C. M、O、D 型　　D. P、A、X 型

4. 液压系统中调定系统工作压力通常采用（　）。

A. 减压阀　　B. 溢流阀　　C. 顺序阀　　D. 节流阀

5. 顺序阀的主要作用是（　）

A. 定压、溢流、过载保护　　B. 背压、远程调压

C. 降低油液压力供给低压部件　　D. 利用压力变化以控制油路的接通或切断

6. 调速阀是用（　）而成的

A. 节流阀和顺序阀串联　　B. 节流阀和定差减压阀串联

C. 节流阀和顺序阀并联　　D. 节流阀和定差减压阀并联

7. 平衡阀是由（　）组合而成的

A. 单向阀和外控顺序阀并联　　B. 单向阀和节流阀并联

C. 单向阀和减压阀并联　　D. 单向阀和外控顺序阀串联

8. 液压系统的压力取决于（　）

A. 液压泵的输出压力　　B. 溢流阀调定的压力

C. 工作台的工作阻力　　D. 无法确定

三　判断题

1. 单向阀可以当背压阀用。（　）

2. 单向阀的作用是变换液流流动方向，接通或关闭油路。（　）

3. 单向阀的作用是使油液只能按一个方向流动，而反向截止。（　）

4. 采用中位机能为“H”型的三位四通换向阀，当阀处于中位时各油口全部连通，缸浮动，泵卸荷。（　）

5. 常态下减压阀常开，溢流阀常闭。（　）

6. 多路换向阀的操纵方式多为手动换向阀。（　）

7. 所有的换向阀均具有中位机能。（　）

8. 用节流阀代替调速阀，可使节流调速回路活塞的运动速度不随负载变化而变化。（　）

9. 先导式溢流阀可实现远程控制或卸荷。（　）

10. 利用三位换向阀中位机能的锁紧回路能保持执行元件锁紧的时间不长，锁紧效果较差。（　）

四　简答题

1. 液压控制阀是怎样分类的？各类中包括哪些阀？

2. 单向阀做背压阀使用时应采取什么措施？液控单向阀有何功用？

3. 什么是换向阀的“位”和“通”？什么是换向阀的“滑阀机能”？换向阀有几种控制方法？其职能符号如何表示？

4. 哪几种阀可以做背压阀用？那种阀最好？

5. 溢流阀的主要作用是什么？它可以应用于哪些场合？

6. 多路阀油路连接方式有几种？在装载机工作装置上应用的多路换向阀（即分配阀）采用何种连接方式？

7. 什么是压力继电器？它的作用是什么？

8. 分析调速阀的工作原理，为什么调速阀比节流阀的调速性能好？

9. 减压阀与Y型溢流阀有什么区别（至少写出四点）？现有两个阀由于铭牌不清，在不拆开阀的情况下，根据阀的特点如何判断哪个是溢流阀？哪个是减压阀？

10. 什么是插装阀？

11. 什么是电液比例控制阀？试叙述其工作原理。

项目六　学习掌握液压辅助组件

☞知识目标

1. 学习密封件的密封形式和密封机理。
2. 掌握滤油器的作用、种类、选用及安装应用。
3. 掌握油箱、热交换器的作用。
4. 掌握蓄能器的功用。
5. 学习油管、管接头的种类及应用特点。

☞能力目标

能分析密封件、滤油器、油箱、热交换器、蓄能器在液压系统中的作用；能够熟练识读各种液压辅助组件的图形符号，掌握其功能。

任务6.1　学习掌握密封件

任务目标：掌握密封件的密封机理，熟练识读各种密封件的图形符号，掌握其功能。
学习内容：密封类型、形式和密封机理。

密封件是保证液压系统能正常工作的一个重要辅助组件之一，它的作用是防止系统通过固定部件的连接处和相对运动部件的配合处产生泄漏，同时也防止空气和污染物的侵入。如果密封不良，将会造成系统和组件的泄漏量加大，使容积效率和系统油压降低，并污染工作环境，严重时将使液压系统不能工作。但密封过度，也会造成密封部分磨损加剧，降低使用寿命，并使功率消耗增加。因此，合理选择密封件是非常重要的。

对密封件的基本要求是：有良好的密封性能，装配和加工工艺简单，有互换性；在油液中有良好的稳定性；寿命长；动密封处的摩擦阻力小。

按密封的工作原理分为两大类：接触密封（如密封圈等）和间隙密封（或非接触式密封）。

按密封部分的运动特性，密封可分为用于固定件间的静密封和用于相对运动件的动密封。

6.1.1　接触密封

接触式密封即多指采用密封圈式密封的形式，除此之外密封还有纸垫、铜垫、铝垫等密封形式。这里只介绍利用密封圈式密封的机理。

接触密封按照工作机理分为挤压密封、唇边密封。

挤压密封是依靠预压缩变形来实现自动密封的。常用的有 O 型密封圈、活塞环等。O 型密封圈常用于固定密封和动密封中，在没有液压力作用时，依靠自身的弹力变形实现密封，当压力较高时，被挤压向密封槽的一侧，以更大的弹力变形力进行密封。

无论固定密封或动密封，当压力较高时，O 型密封圈的一侧或两侧（决定于压力油作用于一侧或两侧）增加一个挡圈，挡圈用比橡胶硬的聚四氯乙烯制成。用于固定密封时，挡压力超过 32 MPa 便要加挡圈，这样压力可高达 70 MPa。用于动密封时，压力大于 10 MPa 也要装挡圈，此时密封压力最高可达 32 MPa。活塞环密封也属于这一类，它依靠金属弹性变形的张力压向被密封面而实现密封。它能在高速运动和温度工作范围较大的条件下工作，且寿命长。

唇边式密封圈的共同特点是具有一对与密封面接触的唇边，安装时唇边口对着压力高的一边。油压低时，靠预压缩变形实现密封，高压时，由油压将唇边贴紧密封面密封，压力愈高，唇口将变形伸展，使它与密封面的接触面积扩大，贴得愈紧，其密封能力随着油压升高而提高，并能对磨损自动补偿。常用的有 Y 型、Yx 型、V 型等。这类密封一般都用于往复运动的密封。表 6－1 是常用密封件的种类和使用范围。

表 6－1　常用密封件的种类和使用范围

名称	图形	材料	适用条件
O 型密封圈	<0.15　<0.10　45°　d　d　D	橡胶 Ⅰ～Ⅳ	工作介质：液压油，润滑油，乳化液，气体 压力 $p_{静} \leqslant 100$ MPa；$p_{动} \leqslant 35$ MPa 温度 $T = -40$ ℃ ～ $+120$ ℃
Y 型橡胶密封圈	H　h　d　D	橡胶Ⅰ、Ⅱ	工作介质：同上 压力 $p \leqslant 21$ MPa 温度 $T = -40$ ℃ ～ $+80$ ℃

续 表

名称	图形	材料	适用条件
Yx 型橡胶密封圈	孔用 轴用	聚氨酯橡胶	工作介质：同上 压力 $p \leqslant 32$ MPa 温度 $T = -30$ ℃ ~ +100 ℃
V 型夹织物橡胶密封圈	(a)支承环 (b)密封环 (c)压环	橡胶Ⅰ、Ⅱ	工作介质：液压油；润滑油；乳化液 压力 $p \leqslant 50$ MPa 温度 $T = -40$ ℃ ~ +80 ℃

注：Ⅰ—耐油橡胶；Ⅱ—普通胶料；Ⅲ—耐热胶料；Ⅳ—耐酸耐碱胶料。每种胶料又分为四种或三种不同的硬度，以适应于不同的压力下工作。

6.1.2 间隙密封

间隙密封不需要密封件，它是依靠相对运动件之间微小配合间隙来保证密封。其密封机理是利用相对运动件之间形成的液流阻力以及油液与密封面之间的张力和分子间的作用力来实现密封的。在柱塞的外圆柱表面开有若干个深 0.3 ~ 0.5mm 的环形槽，其作用，一方面可以减少柱塞与缸壁的接触面积，并增加油液流经此间隙时的阻力，有助于密封效果；另一方面，由于环形槽中的油压作用，使柱塞处于中心位置，减小由于侧压力所造成柱塞与缸壁之间的摩擦，并可减少泄漏。这种密封方法的摩擦力小，

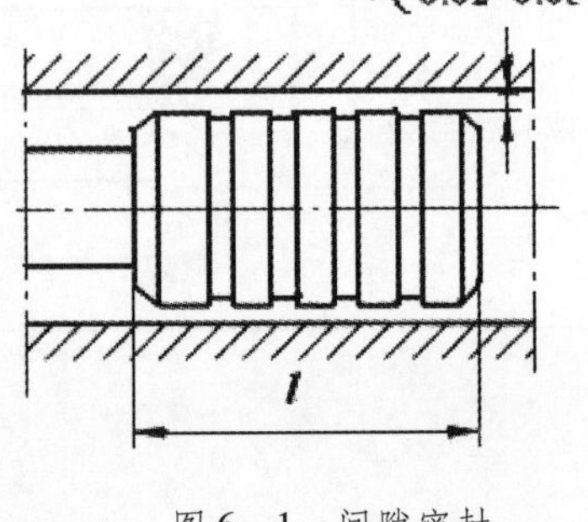

图 6－1　间隙密封

但密封性能差，加工精度要求较高，只适用于尺寸较小，压力较低，运动速度较高的场合。其间隙值可取0.02～0.05mm。

任务6.2 学习掌握滤油器

任务目标：掌握滤油器在液压系统不同安装位置应用特点及要求；熟练识读滤油器的图形符号，掌握其安装位置及功能。

学习内容：滤油器的作用、不同类型滤油器的结构特点和应用方法。

保持液压油清洁是液压系统能正常工作的必要条件。在使用过程中，由于外界灰尘、赃物和油液氧化变质的析出物等的侵入系统，引起相对运动的液压组件表面的磨损、划伤密封件以致卡死，而且会堵塞节流孔或管道小孔、卡住阀类组件，使组件失灵损坏，系统不能正常工作。一般认为液压系统故障的75%以上是油液中的杂质所致。因此，清除油液中的杂质是十分必要的。其清除的方法通常采用先沉淀，然后经滤油器过滤的方法。

滤油器的作用就是净化油液，是油液的污染程度控制在所允许的范围之内。

6.2.1 滤油器的种类与结构特点

常用的滤油器，按滤芯的形式可分为网式、线隙式、烧结式、纸芯式、磁性式等多种滤油器形式。

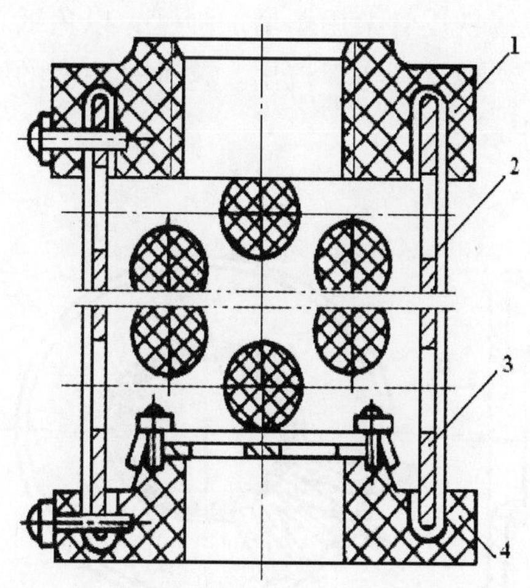

图6-2 网式滤油器

1—上盖；2—铜丝网；3—筒形骨架；4—下盖

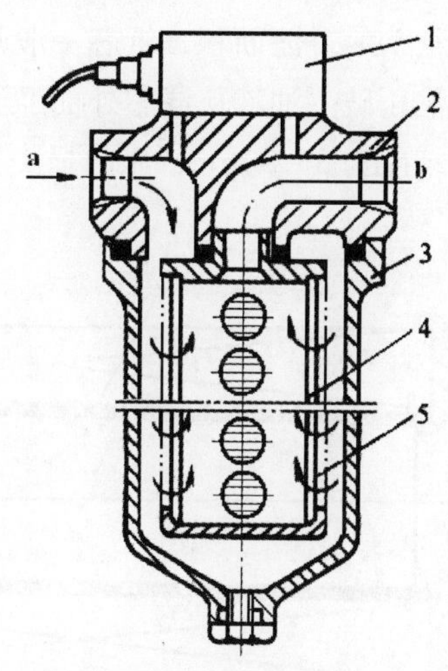

图6-3 线隙式滤油器

1—发讯装置；2—端盖；3—壳体；4—骨架；5—铜丝

一　网式滤油器

图6－2所示为网式滤油器的结构，也称滤油网。它由上盖1、下盖4和一层或几层的铜丝网2以及四周开若干个大孔的金属或塑料筒形骨架3等组成。这种过滤精度与铜丝网的网孔大小和层数有关，绝对过滤精度一般在80～400μm，压力损失不大于4×10^3Pa。

网式滤油器的特点是：结构简单，通油能力大，压力损失小，清洗方便，但过滤精度低。主要用在泵的吸油管路上，以保护油泵。

二　线隙式滤油器

图6－3所示为一种线隙式滤油器结构，它由端盖2、壳体3、带孔眼的筒形骨架4和绕在骨架4外部的铜线或铝线5组成。这种滤油器是利用线丝间的间隙过滤的，过滤精度决定于间隙的大小。工作时，油液从孔a进入滤油器内，经线间的间隙、骨架上的孔眼进入滤芯中再由孔b流出。这种滤油器主要用在液压系统的压力管道上，其过滤精度一般为100～200μm，在额定流量下压力损失约为（3～6）$\times10^4$Pa。当这种滤油器装在液压泵的吸油管道上时，其额定流量应选得比泵的大些。

线隙式滤油器的特点是：结构简单，通油能力大，过滤效果好，所以应用较普遍。但不易清洗。一般用于泵的吸油口和低压系统中。

三　纸芯式滤油器

这种滤油器是用微孔过滤纸滤除油液中的杂质。以滤纸为过滤材料，把平纹或波纹过滤纸1绕在带孔的镀锡铁皮骨架2上制成滤（纸）芯。图6－4所示为纸芯结构。为了增加滤纸1的过滤面积，纸芯一般都做成折叠形。镀锡铁皮骨架用于增加强度，以免纸芯被压力油压破。油液从滤芯外面经滤纸进入滤芯内，然后从孔道a流出。这种过滤器的绝对过滤精度为5～30μm，压力损失为（1～4）$\times10^4$Pa。

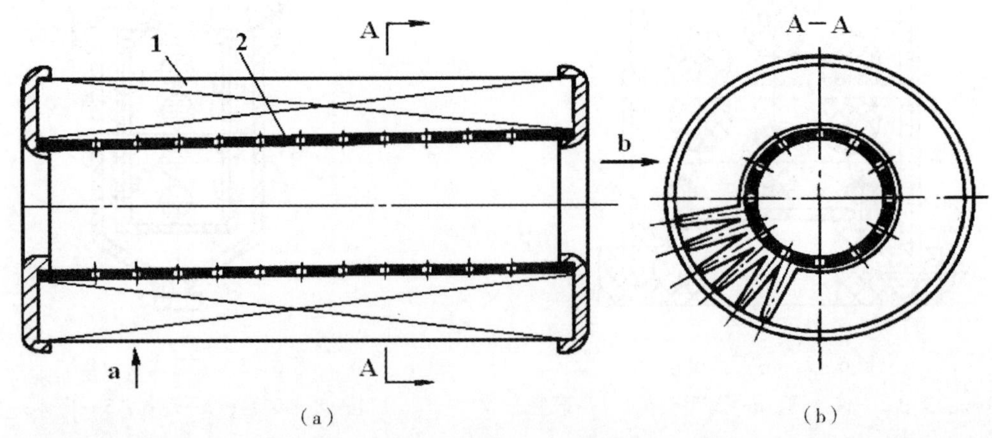

图6－4　纸芯式滤油器的纸芯

1—滤芯；2—骨架

它的主要特点是：过滤精度高，但堵塞后无法清洗，只能更换纸芯，过滤组件强度低，适合于低压小流量的精过滤的场合。

四　金属烧结式滤油器

金属烧结式滤油器的滤芯是由颗粒状锡青铜粉压制后烧结而成。它是利用铜颗粒之间的微孔滤去油液中杂质的。因此，过滤精度与微孔大小有关。选择不同粒度的粉末制成不同壁厚的滤芯就能获得不同的过滤精度。图中，油液从 a 孔进入，经滤芯 3 过滤后从孔 b 流出。这种滤油器的过滤精度在 10 ~ 100μm 之间，压力损失一般为（3 ~ 20）$\times 10^4$Pa。滤芯可以做成杯状、管状、板状和碟状等形状。金属烧结式滤油器结构如图 6 - 5 所示，其滤芯为管状。

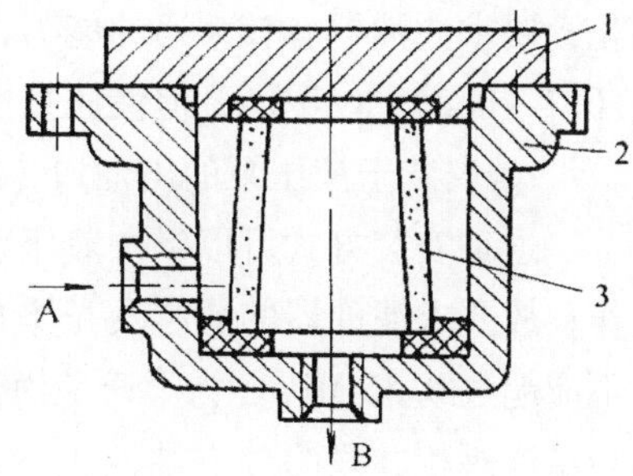

图 6 - 5　金属烧结式滤油器

1—端盖；2—壳体；3— 滤芯

金属烧结式滤油器的主要特点是：强度大、抗腐蚀性好、制造简单，过滤精度高，适用于精过滤。缺点是颗粒容易脱落，堵塞后不易清洗。

五　磁性式滤油器

磁性滤油器利用永久磁铁来吸附液压油箱中的铁屑和带磁性的磨料，一般与其他滤油器组合使用。

6.2.2　滤油器的应用

一　滤油器的选用

滤油器应根据液压系统的技术要求，按过滤精度、通油能力、工作压力、油液黏度和工作温度等条件，参考有关滤油器的产品目录进行选择。

①根据系统的工作压力，确定过滤精度要求，选择相应的滤油器的类型。一般系统的工作压力越高，过滤精度的要求也较高，应选择精度较高的滤油器。

②根据系统的流量选择足够的通流面积，使通油能力提高，压力损失尽量减小。一般可根据要求通过的流量，由产品样本选用相应规格的滤芯。若以较大流量通过小规格的滤油器，则将使液流通过滤油器的压力损失剧增，加快滤芯的堵塞到预期的过滤效果。

③滤芯应具有足够的强度（耐压强度），足够的耐腐蚀性，在一定温度下工作，有足够的耐久性，使其不因压力油的作用而损坏。

④滤芯要便于清洗和更换。

二　滤油器的安装

1. 安装于液压泵的吸油口

这种安装方式一般使用过滤精度较低的网式或线隙式滤油器，滤去较大的污染物，保护液压泵。为保证液压泵吸入量充分，不致产生气穴或滤油器堵塞现象使液压泵工作恶化，要求滤油器有较大通油能力，流量应大于液压泵的流量的 2 倍以上，压力损失不超过 (0.1 ~0.2) $\times 10^5$Pa，但液压泵中因零件的磨损而产生的颗粒仍可能进入系统中。

2. 安装于液压泵的出油口（压力油路上）

这种安装方式可以保护液压系统中除液压泵以外的其他组件。由于滤油器在高压下工作，故要求滤油器的滤芯及壳体有一定的强度和刚度，即足够的耐压性能，同时压力损失不应超过 0.35 MPa。为了避免由于滤油器的堵塞而引起液压泵的过载，常把滤油器安装在与溢流阀相并联的分支油路上。同时，为了防止滤油器堵塞，可与滤油器并联一个旁通阀，或在滤油器上设置堵塞指示器。

3. 安装在回油路上

这种安装方式不能直接防止杂质进入液压泵和其他组件（对系统中的液压组件起到间接保护作用），而只能循环地除去油液中的部分杂质。它的优点是允许滤油器有较大的压力损失，由于滤油器本身不处在高压下工作，可用刚度、强度较低的滤油器。

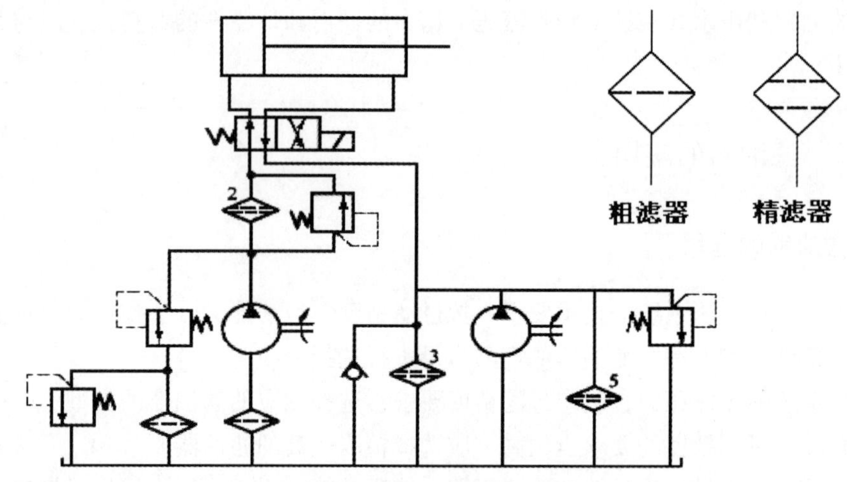

图 6 -6　滤油器的安装位置

4. 安装在旁路上

这种方式又称为局部过滤，主要是安装在溢流阀的回路上，并有一个安全阀与之并联。这时滤油器通过的只是系统的部分流量，故容量可以减小，也不承受多大的压力。但溢流阀溢流口背压增加，会使其调压精度降低。

5. 单独过滤系统

这种安装方式是用一个专用液压泵和滤油器组成一个独立于液压系统之外的过滤回路。它可以经常清除系统中的杂质，适用于大型机械的液压系统。

任务6.3　学习掌握油箱

任务目标： 学习油箱的作用及结构特点，熟练识读液压油箱的图形符号，掌握其功能。

学习内容： 油箱的作用和结构特点。

油箱是用来储油、散热、分离油中的空气和沉淀杂质。

油箱分为开式和闭式两种。开式油箱中的油液液面与大气相通，而闭式油箱中的油液与大气隔绝。液压系统多采用开式油箱。开式油箱又分为整体式和分离式。整体式油箱是利用床身和底座等内的空间做油箱。它的结构紧凑，各处漏油容易回收；但油温变化容易引起热变形，液压泵的振动也要影响工作性能。所以大多数机械多采用单独油箱。油箱结构如图6－7所示。

油箱在使用中要注意下面几个问题：

（1）油箱应有足够的容量，以满足散热的要求。同时也必须注意到：

①在系统工作时油面必须保持足够的高度，以防止液压泵吸空。

②在系统停止工作时因油液全部流回油箱，不致造成油液溢出油箱。通常油箱的容量可按液压泵2～6min的流量来估计（流量大、压力低取下限；流量小、压力高取上限），油箱内油面的高度一般不应超过油箱高度的80%，为了监测液面，油箱侧壁应装油位指示计3。

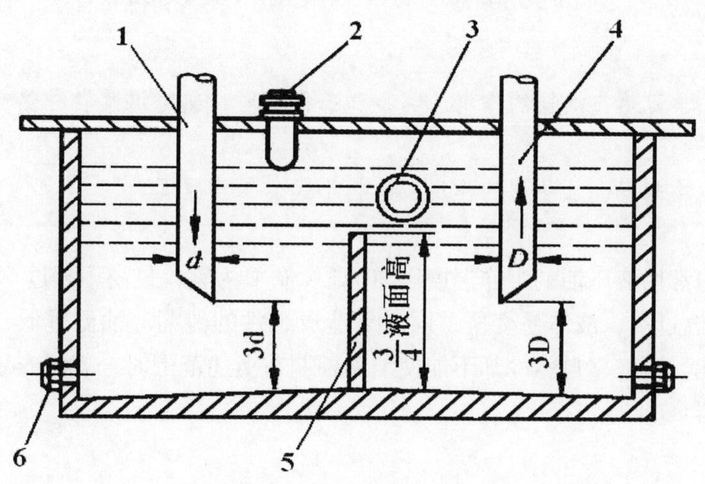

图6－7　油箱结构示意图

1—回油管；2—空气滤清器；3—油位计；4—吸油管；5—隔板；6—放油塞

（2）吸油管4和回油管1应隔开。二者距离应尽量远些，最好用一块或几块隔板5隔开，以增加油液循环距离，使油液有充分时间沉淀污物、排出气泡和冷却。隔板高度一般取油面高度的3/4。

(3) 泵的吸油管上应安装100～200目的网式滤油器，滤油器与箱底间的距离不应小于20mm。泵的吸油管和系统的回油管应插入最低油面以下，以防止吸入空气和回油冲溅产生气泡。管口与箱底、箱壁的距离均不能小于管径的三倍，吸油及回油管口须斜切成45°并面向箱壁。

(4) 油箱底应有坡度，以方便放油，箱底与地面有一定距离，最低处应装有放油塞或放油阀6。

(5) 油箱一般用2.5～4mm的钢板焊成，尺寸高大的油箱要加焊角铁和筋板，以增加刚性。当油箱上固定电动机、液压泵和其他液压件时，顶盖要适当加厚，使其刚度足够。

(6) 为了防止油液被污染，箱盖上各盖板、管口处都要加密封装置，注油口应安装油网。通气孔要装空气滤清器2。

(7) 油箱中若安装热交换器时，必须在结构上考虑其安装位置。为了检测油温，一般在油箱上装温度计，温度计直接浸入油中。在油箱上亦装有压力计可用以指示泵的工作压力。

(8) 系统中排泄管应尽量单独接入油箱。各类控制阀的排泄管端部应在液面以上，以免产生背压，泵和马达的外泄油管其端部应在液面之下以免吸入空气。

(9) 箱壁应涂耐油防锈油料。

任务6.4 学习掌握热交换器

任务目标： 学习热交换器的作用、类型和工作机理，熟练识读各种热交换器的图形符号，掌握其功能。

学习内容： 冷却器、加热器的作用、结构形式、工作原理。

液压系统中常用液压油的工作温度以30℃～50℃为宜，最高不超过60℃，最低不得低于15℃。油温过高，液体易变质，同时易造成组件的泄漏。油温过低，液压泵启动时吸入困难。为此，当依靠自然冷却不能使油温控制在上述范围时，就须安装加热器或冷却器，即热交换器。

6.4.1 加热器

油箱中液体的加热，一般都采用电加热器，加热器2通常安装在油箱1的侧壁上，用法兰盘固定。如图6－8所示加热器的安装。由于直接和加热器接触的油液温度可能很高，会加速油液老化，加热器应尽可能布置在油液流速高的地方，以利于油温传递，并且可根据需要使液体温度可以在最高和最低范围内自动调节。为了防止油液老化过快，加热器的功率不能太大。如果有必要可安装多个加热器，使加热均匀。

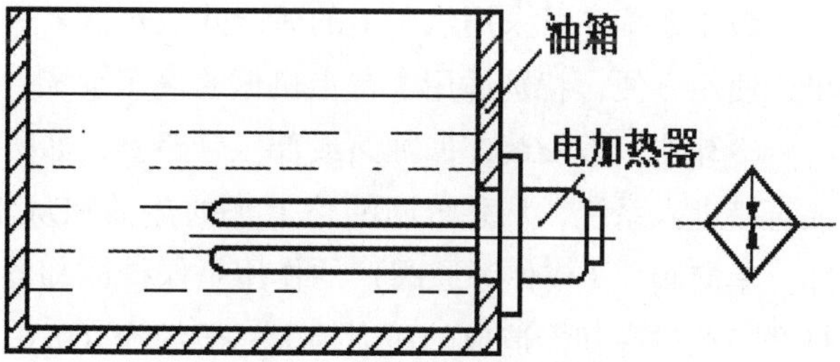

图 6－8　加热器

6.4.2　冷却器

油箱中的液体的冷却一般采用冷却器。冷却器按冷却介质可分为水冷、风冷和氨冷等形式，常用的是水冷和风冷。

水冷方式的冷却器采用在油箱中设蛇形管，冷却水从蛇形管内部通过，带走热量。这种冷却器结构简单，但冷却效率低，耗水量大。水冷却器如图 6－9（a）所示。

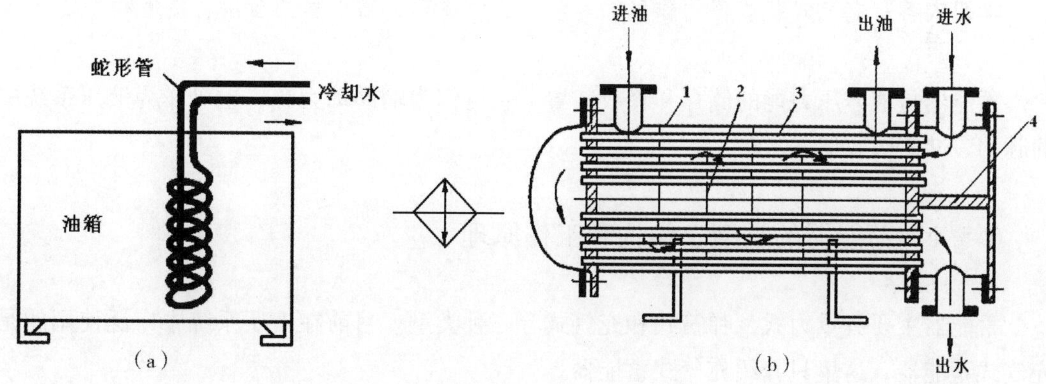

图 6－9　冷却器

1—冷却器；2—隔板；3—铜管；4—挡板

液压系统中采用较多的冷却器是强制对流式多管冷却器，如图 6－9（b）所示。冷却水从冷却器 1 的右端流入，经铜管 3 流到冷却器的左端，再经铜管流到冷却器右端，从出油口流出。油液从左端流入，在铜管外面向右流动，在右端口流出。将油液的热量传递给冷却水，由水把热量带走。在油液的流动路线上设置的几块隔板 2，增加了油的循环路线，因而增加了热交换效果，冷却效率高。但这种冷却器体积和重量较大。

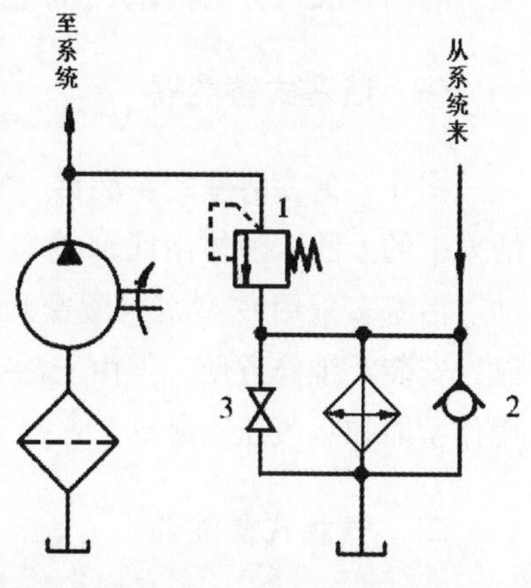

图 6－10　冷却器的安装

近年来出现的一种翅片式冷却器也是多管式水冷却器。每根管子有内、外两层，内管中通水，外管中通油，而外管上还有许多翅片，以增加散热面积。这种冷却器重量相对较轻。

液压系统亦可采用汽车上的风冷式散热器来进行冷却。这种方式不需要水源，结构简单，使用方便，特别适用于行走机械的液压系统，但冷却效果较水冷式差。

冷却器一般安装在回油路或低压管路上，如图6－10所示。这里，液压泵输出的压力油直接进入系统，从系统回油路上来的热油和从溢流阀1溢出的热油一起通过冷却器冷却。单向阀2（或称旁通阀）的作用是保护冷却器。当系统不需要冷却时，可将截止阀3打开。通过冷却器造成的压力损失一般约为（0.01～0.1）MPa。

任务6.5 学习掌握蓄能器

任务目标：学习蓄能器的作用及应用特点，熟练识读蓄能器的图形符号，掌握其功能。

学习内容：充气式蓄能器的作用、类型、工作原理；蓄能器的应用、使用和安装。

蓄能器是液体压力能的储存和释放装置。它可作为辅助动力源，也可作为液压系统中的脉动、冲击吸收器等。

6.5.1 蓄能器的类型、结构和工作原理

蓄能器主要有重力式、弹簧式和充气式等三种类型。目前在液压系统中广泛使用的是充气式蓄能器，这里只介绍充气式蓄能器。

充气式蓄能器是利用气体的压缩、膨胀来储存、释放能量的。为安全起见，所充气体常采用惰性气体——氮气。按结构的不同，充气式蓄能器可分为直接接触式和隔离式两类。隔离式又可分为活塞式和气囊式两种。

一 活塞式蓄能器

图6－11为活塞式蓄能器。它利用活塞使气体与油液隔离，由气门3将压缩气体充入活塞1的上腔。液体由底部接口3进入下腔。活塞随着蓄能器中的液体压力的升降而移动。活塞多采用O型密封圈密封，以阻止气体进入油液。这种蓄能器结构简单，工作可靠，安装及维修方便。但由于活塞移动惯性较大，运动时产生摩擦损失，且容量小。适宜用作蓄能和吸收压力脉动。

二 气囊式蓄能器

图6－12为气囊式蓄能器，这也是一种隔离式蓄能器。壳体用无缝钢管制成两端成球形的圆柱体。壳体上部装有一个充气阀，充气阀的下端与固定于壳体顶部完全封闭的气囊压制成一体。气囊用丁青橡胶制成。充气阀只在气囊充气时才打开，蓄能器工作时，充气

阀始终关闭。蓄能器的下部有一个受弹簧作用的菌形提升阀，其作用是防止油液全部排除时，气囊受气压的作用而被挤出壳体时用菌形提升阀托住皮囊，防止皮囊从油口挤出。这种蓄能器的特点是气体与油液完全隔开，皮囊的惯性小，反应灵敏，蓄能器的结构尺寸小、重量轻、安装方便、维修容易，是目前使用最广的一种蓄能器。但其容量不大，皮囊以及无缝、耐高压的外壳制造要求较高。蓄能器内的皮囊是用耐油橡胶制作的，有折合型和波纹型两种。

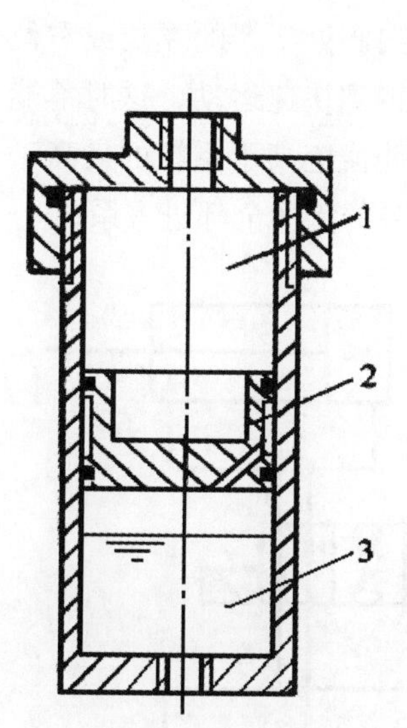

6－11 活塞式蓄能器
1—气体；2—活塞；
3—液压油冷却器

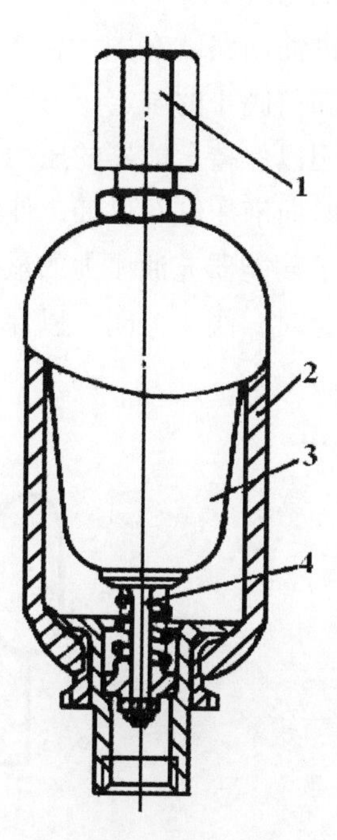

图 6－12 气囊式蓄能器
1—充气阀；2—壳体；
3—气囊；4—菌形阀

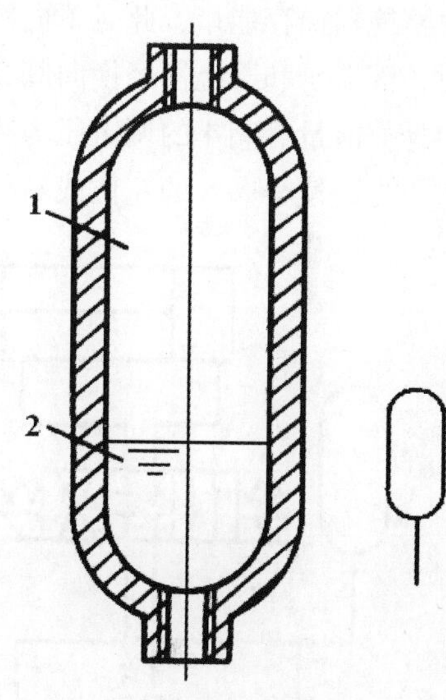

图 6－13 气瓶式蓄能器
1—气体；2—液压油

三 气瓶式蓄能器

图 6－13 为气瓶式蓄能器，是一种油和气直接接触的非隔离式蓄能器。壳体上半部充以压缩气体，下半部盛油液。其优点是结构简单，容量大，体积小，惯性小，反应灵敏，没有摩擦损失。缺点是气体容易混入油液中，使液体的压缩性增加，从而影响执行组件运动的平稳性。蓄能器耗气量大，必须经常补气，因此，它适用于中、低压大流量系统。

6.5.2 蓄能器的应用

蓄能器是一种能储存和释放液体压力能的组件，它总是并联于回路中。

一　蓄能器的功能

1. 短期大量供油

如果液压系统在一个工作循环中，只在很短的时间内大量用油，便可采用蓄能器作为辅助油源。这样，既满足系统的最大速度即最大流量的要求，又使液压泵的容量和电动机功率消耗减小，从而节约能耗并降低温升。

图 6 – 14 为蓄能器的短期大量供油回路。在图示位置，液压泵 1 启动后，经单向阀 2 向蓄能器 3 充油，当充油压力达到卸荷阀 4 的调定压力时，阀 4 打开，液压泵 1 卸荷。这时蓄能器储存能量，此时单向阀 2 用以保持蓄能器的压力。当换向阀处于 5 的左位或右位时，液压泵和蓄能器经换向阀 5 同时向液压缸 6 供油，使液压缸得到快速运动，这时蓄能器释放能量。阀 4 的调定压力决定了蓄能器充油压力的最高值，此值应高于系统的最高工作压力，使得阀 5 的左位或右位接通时，阀 4 关闭，以保证液压泵的流量全部进入系统。

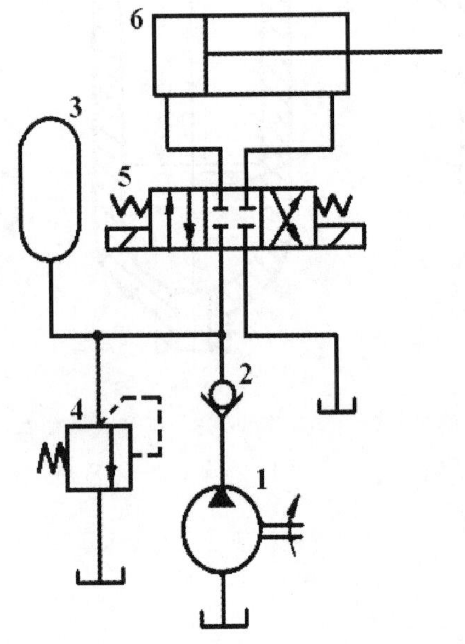

图 6 – 14　蓄能器的短期大量供油
1—液压泵；2—单向阀；3—蓄能器；
4—卸荷阀；5—三位四通电磁换向阀；
6—液压缸

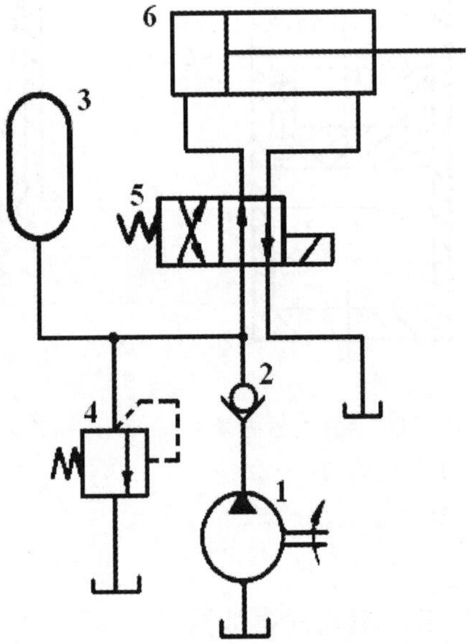

图 6 – 15　蓄能器用于系统保压
1—液压泵；2—单向阀；3—蓄能器；
4—卸荷阀；5—二位四通电磁换向阀；
6—液压缸

2. 系统保压

图 6 – 15 所示是蓄能器用于压力机或机床夹紧装置的液压系统的保压回路。在实现保压时，液压泵卸荷，由蓄能器把储存的压力油不断释放出来，补充系统泄漏，维持系统压力。

3. 应急能源

图 6 – 16 所示为蓄能器在停电或原动机发生故障而使系统供油中断时，可作为系统的

应急能源。当液压泵供油中断时，阀5复位，蓄能器6经单向阀7向系统供油，在一定时间内维持系统压力。

4. 缓和液压冲击或吸收液压泵的脉动压力

在液压系统中，液压控制阀突然换向或关闭，使液压缸突然停止或换向以及液压泵突然启动或停止时，就会引起液压冲击现象。在引发压力冲击和压力脉动的部位加装蓄能器，可使压力冲击得到缓和，也能吸收液压泵工作时的压力脉动。(如图6－17所示)

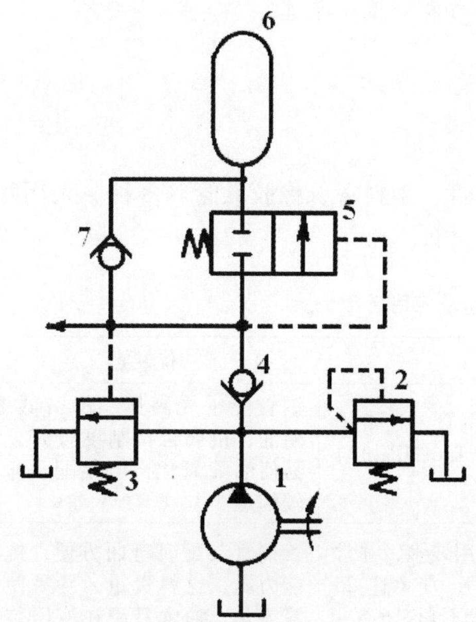

图6－16 蓄能器用于应急能源

1—液压泵；2—溢流阀；3—卸荷阀；4、7—单向阀；5—液控换向阀；6—蓄能器

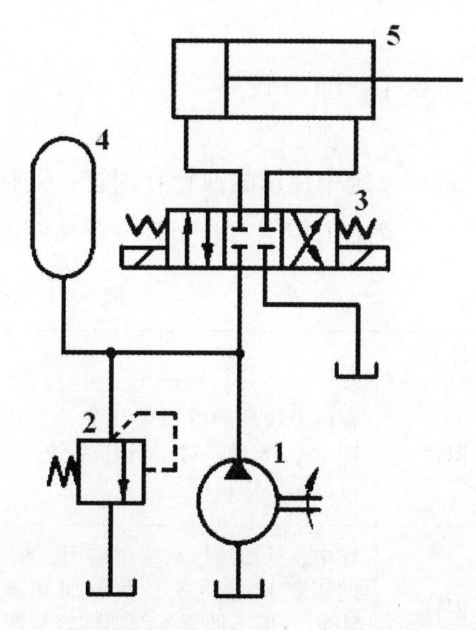

图6－17 蓄能器用以缓和压力冲击和吸收压力脉动

1—液压泵；2—溢流阀；3—三位四通电磁换向阀；4—蓄能器；5—液压缸

二 蓄能器的使用、安装

使用、安装蓄能器时应注意以下几点：

① 皮囊式蓄能器应垂直安装（油口向下），否则（倾斜或水平安装时）皮囊会受浮力而与壳体单边接触，妨碍其正常伸缩且加快其损坏。

② 装在管路上的蓄能器，承受着一个相当于其入口面积与油液压力乘积的作用力，故必须用支承架将其固定。

③ 蓄能器与管路系统之间应安装截止阀，以便在系统长期停止工作以及充气或检修时，将蓄能器与主油路切断。蓄能器与液压泵之间应安装单向阀，以防止液压泵停转时蓄能器内储存的压力油倒流。

任务6.6　学习其他辅件

任务目标： 学习油管、管接头、压力表的作用，熟练识读油管、管接头、压力表的图形符号，掌握其功能。

学习内容： 油管和管接头的种类和作用；压力表的工作原理。

6.6.1　油　管

液压系统中使用的油管有钢管、铜管、尼龙管、塑料管、橡胶软管等多种。采用哪种油管，主要由工作压力、安装位置及使用环境等条件决定。

表6－1　油管的用途及应用场合

种类	用途	优缺点
钢管	在压力较高的管道中优先采用冷拔无缝钢管，且常用10号、15号。对于低压系统（压力小于1.6 MPa时）可以采用焊接钢管。	钢管能承受高压，价格低廉，耐油，抗腐蚀，刚度较好，不易使油液氧化，但装配、弯曲较困难。
铜管	在中、低压液压系统中采用，在机床中应用较多，并常配以扩口管接头。黄铜管可承受较高压力（达25 MPa），但不如紫铜管那样容易弯曲（一般不超过6.5～10 MPa）。	紫铜管装配时弯曲方便，抗震能力弱，材料贵重，且易使油液氧化。通常只用在液压装置内部配接不便处。
尼龙管	这是一种新型的乳白色半透明管，其承压能力因材料不同承压在2.5～8 MPa,	价格低廉，弯曲方便，但寿命短，能部分代替紫铜管。多用于回油管。
橡胶软管	橡胶软管用于有相对运动的两件之间的连接，有高压和低压两种。高压橡胶软管压力可达20～30 MPa，由夹有1～3层钢丝编织的耐油橡胶制成，用于高压系统。低压橡胶软管由夹有帆布或棉线的耐油橡胶或聚氯乙烯制成，多用于压力较低的回路中	装配方便，能减轻液压系统的冲击，但价格较贵，易老化，寿命不长。
塑料管	塑料管承压能力很低（小于0.5 MPa），且高温易老化。一般只在回油路、泄油路中使用。	塑料管价格低，安装方便。

6.6.2　管接头

管接头是油管与油管、油管与液压组件间的可拆装的连接件。它应满足拆装方便、连接牢固、密封可靠、外形尺寸小、通油能力大、压力损失小及工艺性好等要求。管接头种类很多，按其通路数和流向可分为直通、弯头、三通和四通等；按管接头和油管的连接方式不同又可分为扩口式、焊接式、卡套式、快换式等。

常用管接头类型：

1. 扩口管接头

如图6－18（a）所示。这种管接头利用油管1管端的扩口在管套2的紧压下进行密封。其结构简单，适用于铜管、薄壁钢管、尼龙管和塑料管等低压管道的连接处。

2. 焊接管接头

如图6－18（b）所示。这种管接头连接牢固，利用球面进行密封，简单可靠。缺点是装配时球形头1须与油管焊接，因此适用厚壁钢管。其工作压力可达31.5 MPa。

3. 卡套式管接头

如图6－18（c）所示。这种管接头利用卡套2卡住油管1进行密封。其轴向尺寸要求不严，装拆方便。但对油管的径向尺寸精度要求较高，须采用精度较高的冷拔钢管。其工作压力可达31.5 MPa。

4. 扣压式管接头

如图6－18（d）所示。这种管接头由接头外套1和接头芯2组成，软管装好后再用模具扣压，使软管得到一定的压缩量，此种结果具有较好的抗拔脱和密封性能，在机床的中、低压系统中得到应用。

5. 可拆式管接头

如图6－18（e）所示。这种结构在外套1和接头芯子2上做成六角形，便于经常拆装软管，适用于维修和小批量生产。这种结构装配比较费力，故只用于小管径连接。

6. 伸缩管接头

如图6－18（f）所示。这种管接头由内管1和外管2组成。内管可在外管内自由滑动，并用密封圈密封。内管外径必须进行精密加工。这种管接头适用于连接两组件有相对直线运动的管道。

7. 快速管接头

如图6－18（g）所示为两端开闭式的快速接头。这种结构拆装迅速，接头体的内腔各有一个单向阀。当两个接头体连接时，单向阀的前端的顶杆相碰，迫使阀芯压缩弹簧后退，使油路接通。此时两个接头体的结合是利用接头体2上的6个（或8个）钢珠8压落在接头体10的V形槽内实现的。当需要断开油路时，将卡套6向左移动时，钢珠8可以从接头体10的V环形槽中向外退出，接头体不再被卡住，就可以迅速从接头体2中拔出来。这时单向阀4和11在各自弹簧力的作用下将两个管口都关闭，使拆开后的管道内液体不会流出。这种管接头适用于经常拆卸的场合，其结构较复杂，局部阻力损失较大。

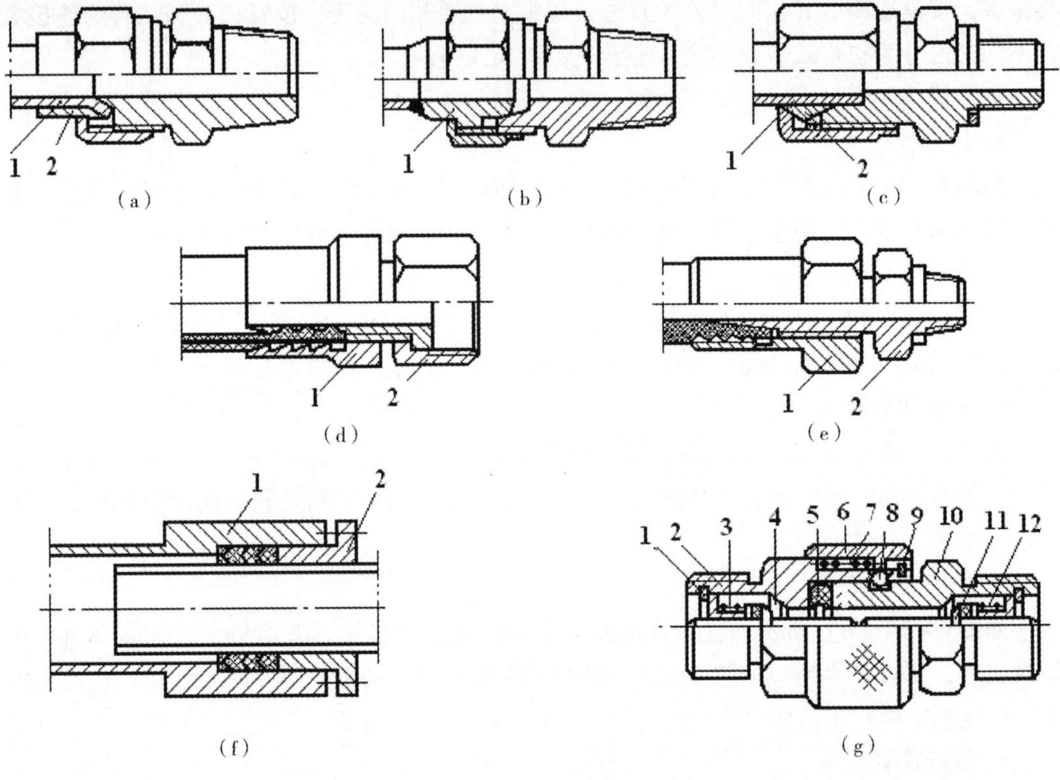

图 6-18 常用管接头

6.6.3 压力表

液压系统各工作点，如液压泵出口、减压阀后面、润滑系统等处的压力，一般都借压力表来观测，以便调整和控制。

最常用的压力表是弹簧变管式压力表，其工作原理如图 6-19 所示。压力油进入弹簧弯管 1 时，弹簧管由于存在内、外面积差受液压力作用后要伸张，通过放大机构，即通过杠杆 4 使扇形齿轮 5 摆动，扇形齿轮与小齿轮 6 啮合，小齿轮便带动指针偏摆，其偏角的大小取决于通过压力的高低，压力越大，指针偏转的角度也越大。压力数值由表盘读出。

压力表的精度等级以误差占量程的百分数表示。选用压力表时，系统最高压力约为其量程的四分之三比较合理。为防止压力冲击损坏压力表，常在连接压力表的通道上设置阻尼器。

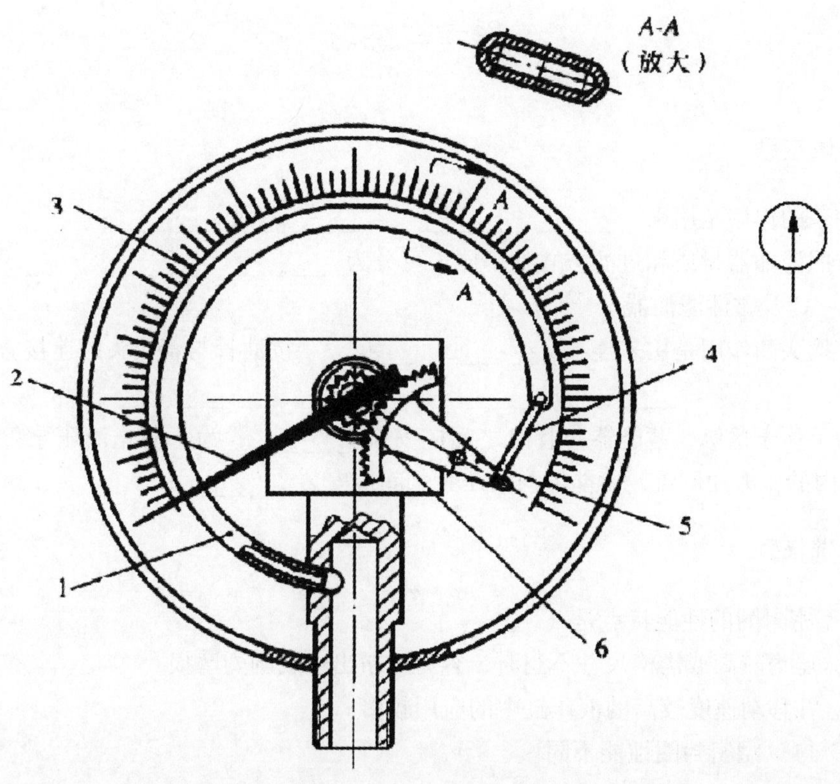

图6－19　压力表和图形符号

1—弹簧弯管；2—指针；3—刻度盘；4—杠杆；5—扇形齿轮；6—小齿轮

思考与练习

一　填空题

1. 油箱的作用是用来________、________ 、________及________。

2. 按照滤油器材质和过滤方式的不同，可分为________、________、________、________及磁性滤油器。

3. 管接头的作用是用来连接________、________。按油管与管接头的连接方法可分为________、________、________、________、________、________、________。

4. 为了便于检修，蓄能器与管路之间应安装________，为了防止液压泵停车或卸载时蓄能器内的压力油倒流，蓄能器与液压泵之间应安装 ________。

二　选择题

1. V 型密封圈的性能特点是（　）

A. 压力较高或沟槽尺寸不当时，容易被挤出造成剧烈磨损

B. 在移动速度较高的液压缸中的应用较多

C. 与 Y 型密封圈性能不同

D. 油压愈大，密封性能就愈好

2. 广泛使用的强度高、耐高温、抗腐蚀、过滤精度高的精滤器是（　）

A. 网式滤油器　　B. 线隙式滤油器　　C. 烧结式滤油器　　D. 纸芯式滤油器

3. 液压系统油箱内设隔板是为了（　）

A. 增强刚度　　B. 减轻油面晃动

C. 防止油漏光　　D. 利于散热和分离杂质

5. 液压系统中的油液工作温度不得大于（　）。

A. 35 ℃　　B. 65 ℃　　C. 70 ℃　　D. 15 ℃

三　判断题

1. 通常，泵的吸油口装精滤器，出油口装粗滤器。(　)

2. 网式滤油器是粗滤器。(　)

3. 纸芯式滤油器是精滤器。(　)

4. 在液压系统中蓄能器只起到辅助动力源的作用。(　)

5. 蓄能器在液压系统中可用来吸收液压泵的脉动及液压冲击等。(　)

四　简答题

1. V 型、Y 型密封圈在液压系统中是怎样实现密封作用的?

2. 密封装置的作用是什么？怎样分类？试比较各种密封装置的密封机理和结构特点，它们各用在什么场合较为合适？

3. 滤油器气的作用是什么？液压系统上常见的滤油器有哪几种类型？其特点如何？

4. 滤油器的安装位置及相应的作用？

5. 蓄能器的工作原理、类型及主要功用？

6. 油箱的主要作用是什么？设计油箱时应主要考虑哪些问题？

7. 油管和管接头有哪几种？有何特点？它们的使用范围有何不同？

项目七　液压基本回路和典型回路分析

☞知识目标

1. 学习液压系统简单基本回路的组成、类型、作用及特点。

2. 掌握节流调速回路、容积调速回路的性能及特点，学会调速回路在工程机械中的应用方法。

3. 掌握不同压力控制阀所实现不同功能的压力控制回路组成、工作原理及应用特点。

4. 掌握各种方向阀是如何实现控制液流通断和变向的，实现执行元件启动、锁紧或换向的基本回路。

5. 学会分析工程机械典型液压系统基本回路。

能力目标

1. 熟练识读调速回路、压力控制回路以及换向、锁紧、浮动、顺序动作回路图，掌握各种回路的功能。

2. 能分析不同调速回路的调速方法、调速特点以及工程机械上典型机构调速方法的应用实例。

3. 能分析各种形式的压力控制回路、工作特性以及工程机械上平衡回路的应用实例。

4. 能分析换向、锁紧、浮动、顺序动作回路。

任务 7.1　学习掌握液压基本回路

任务目标：学习和掌握液压基本回路的性能，熟练识读液压基本回路图。

学习内容：液压回路的作用和分类。

对于任何一种工程机械的液压系统来说，无论其工作原理多么复杂，它都是由一些简单的液压基本回路组成的。所谓液压基本回路是指由液压元件和管路组成的能完成特定功能的典型单元回路。

按照不同作用，液压基本回路可分为三种类型，即压力控制回路、速度控制回路和方向控制回路。

学习和掌握基本回路的类型、作用及特点，对于分析复杂的工程机械液压系统的工作原理和进行液压系统简单故障诊断很有必要。

任务7.2　学习掌握调速回路

任务目标：能简单分析各种调速回路的调速方法、调速特性，能够熟练识读调速回路图。

学习内容：三种节流调速回路（进油、回油、旁路）调速特点，节流调速回路在工程机械典型回路上的应用。容积调速回路的工作特点和组合调速的应用。

7.2.1　概　述

调速回路是液压基本回路中的一种，其功能是设计者根据液压系统回路中执行元件的工作需求施加的控制，使执行元件在要求的速度下工作，同时满足驱动执行元件所需的力或转矩的需求。

从速度调节的工作原理上来分，调速回路可分为：节流调速、容积调速、容积节流调速等几类。

- 调速方法
  - 节流调速
    - 进油路节流调速
    - 回油路节流调速
    - 旁油路节流调速
  - 容积调速
    - 变量泵与定量执行元件的容积调速
    - 定量泵与变量马达的容积调速
    - 变量泵与变量马达的容积调速
  - 组合调速

按油液在油路中的循环形式分，有开式回路和闭式回路两种。

开式回路是指液压泵从油箱吸油，输出油经换向阀进入执行元件，执行元件回油流入油箱。其油液在油路的循环路线为：泵的出口→控制阀→执行元件→油箱→泵的入口。

开式回路的特点是结构简单，能使油液较好地冷却和使杂质沉淀，但油箱尺寸大，空气和杂物易进入回路中。由于节流调速回路发热较多，故实际应用中节流调速回路都采用开式回路。

闭式回路是指液压泵的进油管直接和执行元件的回油管相连，油液在系统中封闭循环。其循环路线为：泵的出口→执行元件→泵的入口，即油液形成闭式循环。闭式回路的特点是油箱尺寸小，结构紧凑，减少了空气和杂物进入回路的机会，但结构较复杂，油液散热条件差，需要辅助泵向系统供油，以弥补泄漏和冷却。容积式调速回路要求结构紧凑、污染少，因此采用闭式回路较多，但也有采用开式回路的。

节流调速回路根据所用流量控制阀的不同，有普通节流阀的节流调速回路和调速阀的节流调速回路两种。又根据流量控制阀在回路中的位置不同，有进口节流、出口节流和旁路节流三种。

7.2.2 采用节流阀的节流调速回路

一般节流调速回路是由定量泵、流量控制阀、溢流阀和执行元件等组成。通过改变流量控制阀口的开度，以获得执行元件的不同速度。

这种回路结构简单，在功率不大的场合得到广泛应用，但系统效率低。

一 进油节流调速回路

如图 7－1 所示进口节流调速回路主要特征：将节流阀串联在进入液压缸的油路上，即串联在泵和缸之间，调节节流阀通流面积 A，即可改变 Q_1，进而改变进入液压缸的流量，从而改变液压缸的运动速度，且必须和溢流阀联合使用。

定量泵输出的流量 Q_b，在溢流阀调定的供油压力 P_b 下，其中一部分流量 Q_1 经节流阀后，压力降为 P_1，进入液压缸的左腔并作用于有效工作面积 A_1 上，克服负载 F，推动液压缸的活塞以速度向右运动，另一部分流量 Q_y 经溢流阀流回油箱。这样，液压泵工作压力 p_b 就恒定在溢流阀所调定的压力上。

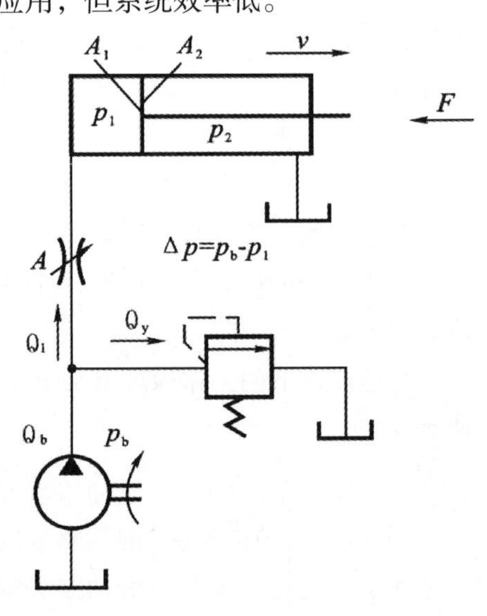

图 7－1 进油节流调速回路

当不考虑摩擦力和回油压力（即 $P_2=0$）时，活塞带动执行元件做匀速运动，作用在活塞两个方向的受力是平衡的，方程为

$$p_1A_1 = F \qquad 即 \qquad p_1 = \frac{F}{A_1} \qquad (7.1)$$

若不考虑泄漏，由流量连续性原理，流量 Q_1 即为过节流阀后的流量。设节流阀前后压力差为 Δp，则 $\Delta p = p_b - p_1$。在液压传动中，通过控制阀口的流量是按薄壁小孔流量公式计算的，流过节流阀进入液压缸的流量 Q_1 为

$$Q_1 = CA\sqrt{\Delta p} \qquad (7.2)$$

则
$$v = \frac{Q_1}{A_1} = \frac{CA}{A_1}\sqrt{\Delta p} = \frac{CA}{A_1}\sqrt{p_b - p_1} = \frac{CA}{A_1}\sqrt{p_b - \frac{F}{A_1}} \qquad (7.3)$$

(7.2)、(7.3) 式中 C 为与节流口结构及油液性质有关系数，A 为节流阀的通流截面积。A_1 为液压缸活塞的有效作用面积。

分析上式可知，进油节流调速回路有如下特性：

(1) 进油节流调速回路结构简单，使用方便。当其他条件不变时，活塞的运动速度与节流阀的通流断面积 A 成正比，故调节节流口的通流面积 A 就可调节液压缸的运动速度。

(2) 负载稳定性较差。因液压泵工作压力 p_b 经溢流阀调定后近于恒定，节流阀的通

流截面积 A 调定后也不变，活塞有效作用面积 A_1 为常数，所以活塞运动速度将随负载 F 的变化而波动。

（3）低速低载时系统效率低。因为系统工作时，液压泵输出的流量和压力均不变，因此液压泵输出功率是定值，这样执行元件在低速低载下工作时，液压泵输出功率中有很大部分白白消耗在溢流阀（流量损耗）和节流阀（压力损耗）上，并使油液发热，造成泄漏增加。

（4）运动平稳性能差，因为液压缸的回油直接通油箱，回油路压力（又称背压力）为零，当负载突然变小、消失或为负值时，活塞就会突然前冲，为了提高进油调速回路运动的平稳性，通常在回油路上串接一个背压阀（或用溢流阀，或用换装硬弹簧的单向阀）作背压用。

（5）进油节流调速回路一般应用在功率较小、负载变化不大的液压系统中。

二　回油节流调速回路

图 7－2 所示为回油节流调速回路。其特征：将节流阀串联在液压缸的回油路上，即串联在液压缸和油箱之间，借助节流阀通流面积 A，控制液压缸的排油量 Q_2 实现速度调节。由于进入液压缸的流量 Q_1 受回油路排油量 Q_2 的限制，用节流阀调节液压缸的排油量 Q_2，也就调节了进入液压缸的流量 Q_1。仍应和溢流阀联合使用，才能起到调速的功能，把定量泵多余的油液经溢流阀溢流回油箱，保证泵的出口压力为溢流阀所调定的压力值。

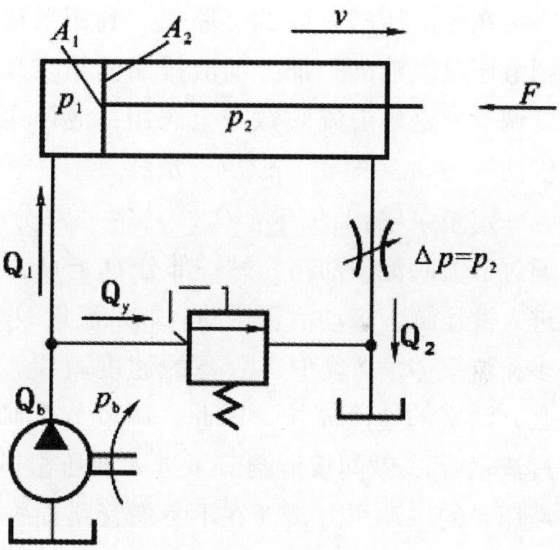

图 7－2　回油节流调速回路

与前面分析相同，活塞带动执行元件做匀速运动，作用在活塞上两个方向的力平衡，则

$$p_1A_1 = F + p_2A_2 \qquad 而\ p_1 = p_b \qquad 则$$

$$p_2 = p_1\frac{A_1}{A_2} - \frac{F}{A_2} = p_b\frac{A_1}{A_2} - \frac{F}{A_2} \qquad (7.4)$$

因节流阀出口接油箱，故节流阀前后的压力差为 $\Delta p = p_2$，所以活塞运动速度为

$$v = \frac{Q_1}{A_1} = \frac{CA}{A_1}\sqrt{\Delta p} = \frac{CA}{A_1}\sqrt{p_b\frac{A_1}{A_2} - \frac{F}{A_2}} \qquad (7.5)$$

式中：C——与节流口结构及油液性质有关系数；

A——节流阀的通流截面积；

A_1——液压缸活塞的有效作用面积；

A_2 为有杆腔有效作用面积。

上式与进油节流调速回路做类似分析，可知它们的调速特性也基本相同。当外界负载

F 发生变化时，就会引起活塞运动速度的变化，但由于回油节流调速回油路上有节流阀，会有较大的背压，在外界负载变化时可起缓冲作用，运动平稳性比前一种要好。此外，回油节流调速回路中，经节流阀而发热的油液随即流回油箱，容易散热。而进油节流调速回路经节流阀而发热的油液直接进入液压缸，回路热量增多，油液黏度下降，泄漏就增加。这里要指出的是，当液压系统长期不工作、回油腔就会出现缺油状态，起动时会引起前冲现象造成机件损坏。为了避免前冲，可在起动前关小节流阀口，就可防止该现象发生。

综上所述，回油节流调速回路广泛用于功率不大，负载变化较大或运动平稳性要求较高的液压系统中。

上述两种节流调速回路的速度稳定性都较差，为了使速度不随负载的变化而波动，可以在回路中接入调速阀代替节流阀，就会使回路的负载特性得到大的提高。

三　旁路节流调速回路

图 7－3 所示为旁路节流调速回路。节流阀装在与液压缸并联的支路上，利用节流阀把液压泵供油的一部分油液排回油箱实现速度调节。这里溢流阀做安全阀用，液压泵的供油压力 p_b（即 p_1）取决于负载。

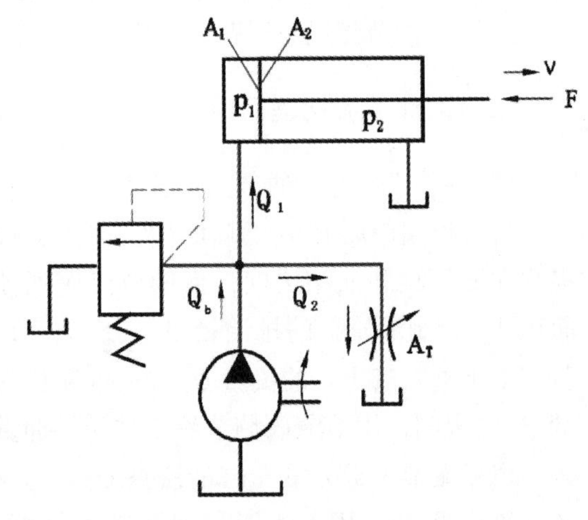

图 7－3　旁路节流调速回路

定量泵输出的流量 Q_b，其中一部分 Q_2 通过节流阀流回油箱，另一部分 $Q_1 = Q_b - Q_2$ 进入液压缸，推动活塞运动。如果流量 Q_2 增多，流量 Q_1 就减少，活塞的速度就慢。反之，活塞的速度就快。因此，调节节流阀的过流量 Q_2，就间接地调节了进入液压缸的流量 Q_1，也就调节了活塞的运动速度。这里，液压泵的供油压力 p_b（在不考虑管路损失时）等于液压缸进油腔的工作压力 p_1，其大小决定于负载 F。安全阀的调定压力应大于最大的工作压力，它仅在回路过载时才打开。

在工作过程中，液压泵的供油压力

$$p_b = p_1 = \frac{F}{A_1} \qquad (7.6)$$

由式（7.6）可以看出，液压泵供油压力和外载荷成正比，它不是一个定值。所以这种调速方法比上述两种方法的效率高，无溢流损失，液压系统发热小。但液压缸运动速度受外载荷变化的影响大，平稳性更差，且调速范围小。所以这种回路一般只用于高速、重载和对速度平稳性要求很低的较大功率系统。

综上所述，采用节流阀的节流调速回路速度刚性差，这主要是由于负载的变化会造成节流阀进出口间的压力差发生变化，即使节流阀的通流面积不变，也会导致通过节流阀的流量发生变化。这对于负载变化大而又要求速度稳定时，这种回路显然是不能满足要求的。

四　节流调速在工程机械液压系统中的应用

工程机械液压系统一般很少使用专门的节流阀调速，而是采用控制换向阀的阀芯与阀体相应之间的阀口开度来实现节流，或是采取调节内燃机油门大小的方法来改变速度。

对于速度稳定性要求不太高的机械，例如利用手动换向阀直接操纵阀芯移动进行调速的回路，如图 7－4（a）、（b）。采用手动，劳动强度较大，且速度微调控制不够灵敏。图 7－4（a）所示为手动 M 机能三位换向阀控制的进油节流兼回油节流调速回路。按图示方向阀芯正向右移，泵的卸荷通道已被切断，同时打开阀口 f_1 和 f_2，将泵供给的压力油从阀口 f_1 引入无活塞杆一腔，而将有活塞杆一腔的油经阀口 f_2 引回油箱。通过操纵杆推动阀芯的移动，调节阀口的通流面积 S_1 和 S_2，实质上就是借助节流阻尼来改变主油路液阻的大小，重新分配油流，从而实现无级调速。这种调速回路具有进油节流和回油节流两种基本形式的综合调速特性。

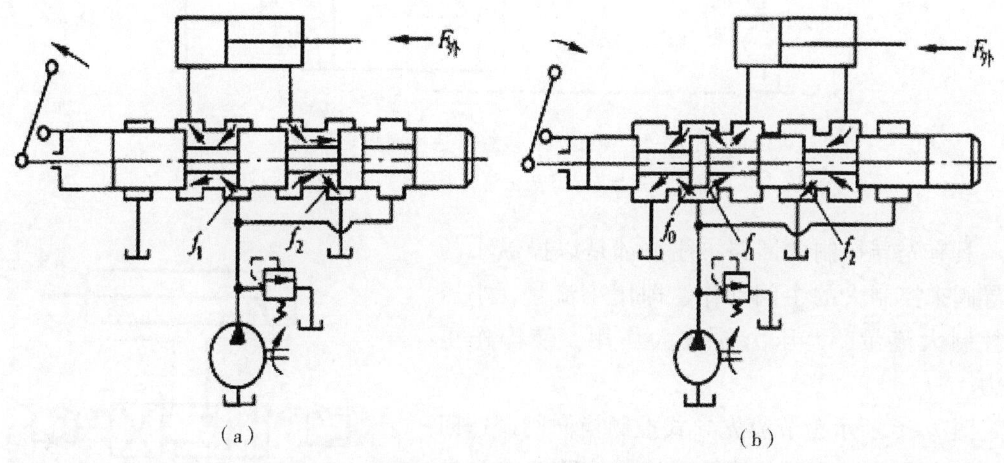

图 7－4　利用换向阀的调速回路

图 7－4（b）所示是 M 机能换向阀控制的旁路节流兼回油节流调速回路。这里的换向阀与前例虽属同一机能，但轴向尺寸不同。按图示方向阀芯正向左移。泵输出的油进入阀内分成两路，一部分通过阀口 f_0 从旁路流回油箱，另一部分通过阀口 f_1 进入液压缸无活塞杆一腔。回路的油压随着旁路节流阀口 f_0 的关小而升高，直到推动活塞工作。这时，液压缸有活塞杆一腔的回油则通过阀口 f_2 排回油箱。随着阀芯左移，阀口 f_0 逐渐关小而阀口 f_1 和 f_2 逐渐扩大，使旁路液阻增大而主油路液阻减小，旁路流量减少而缸获得增速。换向后，就要利用节流阀口 f_2 来实现回油节流调速。

目前在大型工程机械中，普遍采用先导式控制，如减压先导式控制和节流先导式控制等，用来控制多路换向阀进行换向和调速。

图 7－5 所示为减压先导式控制换向阀调速回路。先导阀手柄位于中间位置时，因先导阀出口无压力油作用在主阀上，主阀在两端弹簧作用下处于中位。执行元件（马达或液压缸）无动作。当扳动手柄（如图向左），减压阀杆移动，来自先导泵的先导压力油通过

先导阀P口和出口①先导油路相通作用在主阀4的阀芯上，推动主阀芯上移，使主油路导通，主泵3的压力油通过主阀4下位使液压马达克服负载旋转。先导手柄的移动量，决定着减压先导阀出口①的减压压力（次级压力）大小，这个控制压力与主阀两端回位弹簧的作用力抗衡，控制主阀阀芯上移量，即控制了进油阀口的开度大小，从而调节马达输出的功率。操纵先导阀手柄即能控制主阀换向又能调节阀口开度，从而达到换向和调速的目的。

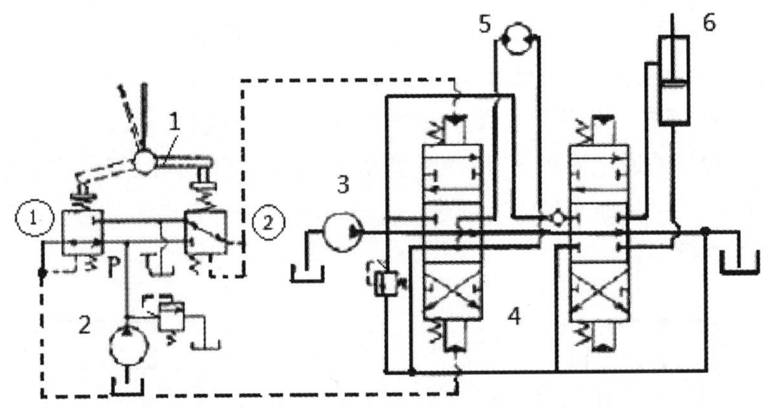

图7-5　减压先导式控制换向阀调速回路
1—减压先导阀；2—先导泵；3—主泵；4—主阀；5—马达；6—液压缸

具有先导控制的回路，往往都是以操纵小的先导阀来控制大的主阀动作，即用小流量，小压力控制大流量、大压力的放大作用，使操作更省力。

图7-6所示为节流先导式控制换向阀调速回路。图中手动先导阀2接低压控制油路（接先导液压泵）。它是一个旁路节流的Y型滑阀机能手动三位换向阀。主阀1则是M型机能的液动三位换向阀，接高压工作油路（接工作泵）。操纵先导阀接左或右位时，控制油液便推动主阀芯向右或左移动。由于先导阀系旁路节流（单向节流阀），控制油路中的油压随着阀内旁路节流口的关小而逐渐升高。同时在主阀内通过控制油路的油压力与两边回位弹簧的作用力平衡，来控制主阀芯的位移量，即阀口的开度。因此，操纵先导阀的手柄即能控制主阀的移动方向和阀口开度，从而达到换向和调速的目的。当先导阀回至中位时，由于阀的机能是Y型，A、B、O油口相通，主阀两端控制油压基本为零，阀芯靠弹簧力回至中位。于是执行元件被制动，工作油路卸荷。

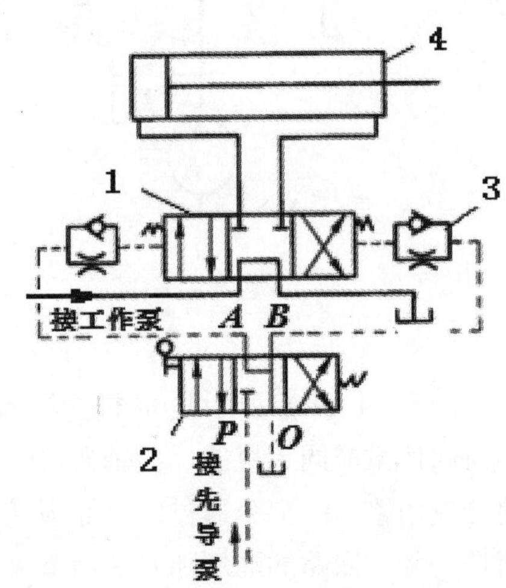

图7-6　节流先导式控制换向阀调速回路
1—主阀；2—先导阀；3—单向节流阀；
4—液压缸

7.2.3　容积调速回路

容积调速回路：是通过改变泵或液压马达排量，使液压泵的全部流量直接进入执行元件来调节其运动速度的。这样就要求回路工作时泵的流量与执行元件的流量完全匹配，无溢流和无节流损失，是容积调速回路的基本特点。因此回路效率高，发热少，适用于大功率液压系统。工程机械的行走、回转液压系统常采用这种调速。

根据液压泵与液压马达（缸）的组合，不同容积调速回路可分为：

（1）变量泵和定量液压马达（或液压缸）组成的调速回路。

（2）定量泵和变量液压马达组成的调速回路

（3）变量泵和变量液压马达组成的调速回路。

一　变量泵和定量马达（缸）容积调速回路

图7－7（a）所示为变量泵和液压缸组成的开式容积调速回路。图7－7（b）所示为变量泵和定量液压马达组成的闭式容积调速回路。它们可以通过改变变量泵1排量来调节液压缸5（或定量马达5）的运动速度。图中溢流阀3是安全阀，用以防止系统过载。溢流阀6起背压作用。由于液压泵和马达的泄漏等原因，闭式回路还需要及时对系统补油，如图7－7（b）所示，液压泵7为补油泵。其作用就是持续补油以补偿系统泄漏保持低压管路内的压力，同时也改善了主泵的吸液条件。溢流阀8为补油溢流阀，其压力调得较低，使液压泵1的吸油口有一定压力并将多余油液溢流回油箱，置换部分发热的油液，降低系统温升。单向阀2的作用是当原动机停止工作时，防止系统油液倒流进入液压泵，也防止空气进入系统，影响运动的平稳性。

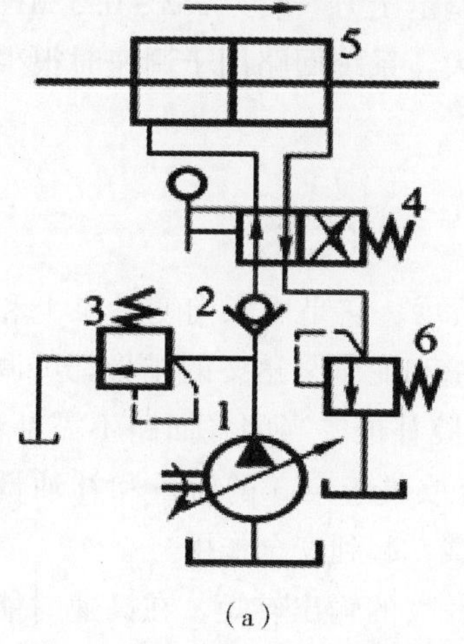

（a）

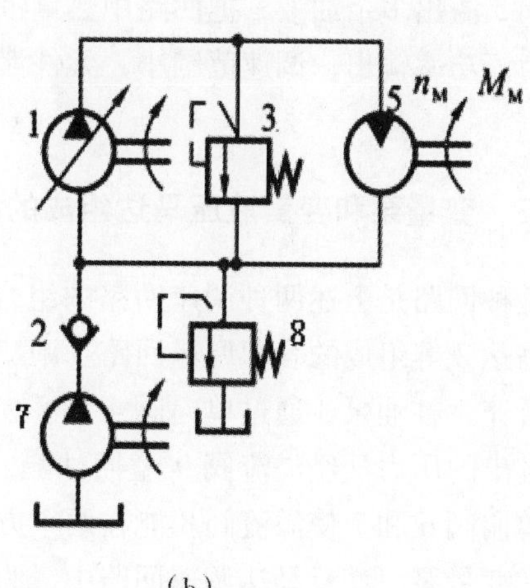

（b）

图7－7　变量泵和液压缸（定量液压马达）容积调速回路

1—变量泵；2—单向阀；3—安全溢流阀；4—换向阀；5—液压缸（定量马达）；6—背压阀；7—补油泵；8—溢流阀

由于该种回路中泵的流量全部进入执行元件，不存在流量损失。由于回路没设节流元件，也没有随之引起的附加压力损失，因此回路效率高，液压缸（或液压马达）输出推力（或转矩）为恒值，调速范围较大。元件泄漏对速度影响大，适用于功率大的场合。

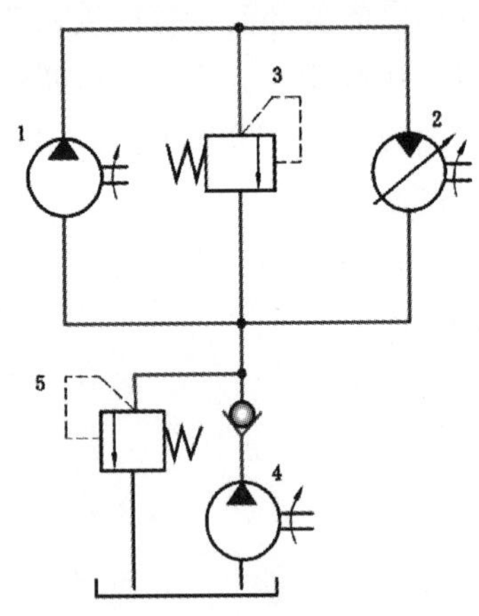

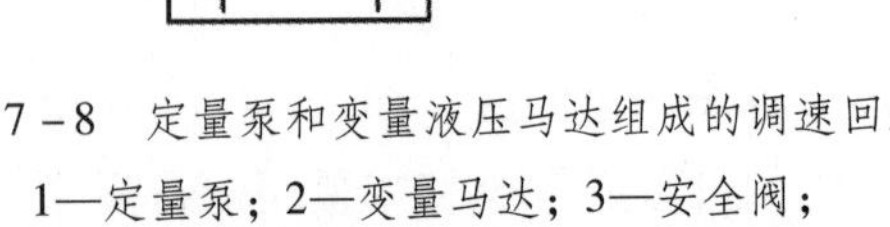
7－8　定量泵和变量液压马达组成的调速回路
1—定量泵；2—变量马达；3—安全阀；
4—补油泵；5—溢流阀

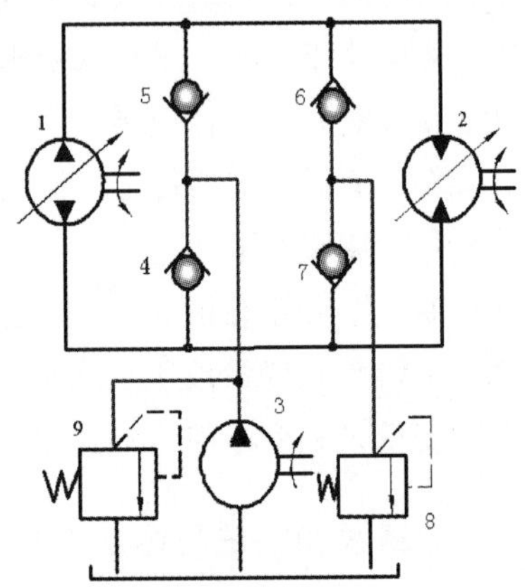

图 7－9　变量泵和变量液压马达组成的调速回路
1—变量泵；2—变量液压马达；3—补油泵；
4、5、6、7—单向阀；8—安全阀；9—溢流阀

二　定量泵和变量液压马达组成的调速回路

图 7－8 所示定量泵和变量液压马达组成的调速回路。通过改变液压马达的排量来进行无级调速。回路最大压力由溢流阀 3 调定，防止系统过载。回路中补油泵 4 装在低压油路上，工作时经单向阀向低压油路补油，防止空气渗入和空穴现象的出现，促进热交换。溢流阀 5 溢出多余油液，把回路中热量带走。补油泵 4 调定压力一般为 0.3～0.5 MPa。该回路为恒功率输出，调速范围小，元件泄漏对速度影响大，系统回路用于调速时很少单独使用。

三　变量泵和变量液压马达组成的调速回路

这种回路是上述两种调速回路的组合，如图 7－9 所示。它是由双向变量泵 1 和双向变量马达 2 等组成的容积调速回路。调节变量泵 1 的排量和变量马达 2 的排量都可调节马达的转速。补油泵 3 通过单向阀 4 和 5 实现双向向低压腔补油。当闭式回路不需补油时，泵 3 排出的压力油经溢流阀 9 溢回油箱，阀 9 有无溢流取决于泵 3 的流量和补油量的大小。单向阀 6 和 7 使溢流阀 8 能在两个方向防止高压过载，起到安全作用。

在变量泵—变量马达调速回路中，为了在低速时有较大的输出转矩、在高速时能提供较大功率，往往在低速，先将变量泵的排量由小逐渐调至最大，用变量泵—定量马达来调速，其最大输出扭矩不变；在高速段，改变变量马达的排量，用定量泵—变量马达来调速，其最大输出功率不变。然而，回路总的调速范围却扩大，调速比可达 100。在低速段能保持最大输出扭矩不变，高速段又可提供较大的功率输出，恰好符合大部分机械的要

求，一般都采用这样的调整次序，这种调速回路常用于行走机械、矿山机械等，以获得较大的调速范围。

这一回路的抗污染能力强，调速范围大，常用于大功率系统。但必须配备补油和安全保护装置。

7.2.4　组合调速回路

在工程机械的多泵和多执行元件的液压系统中，常采用合流阀的分流与合流交替或执行元件的并联与串联交替等方法来实现调速。

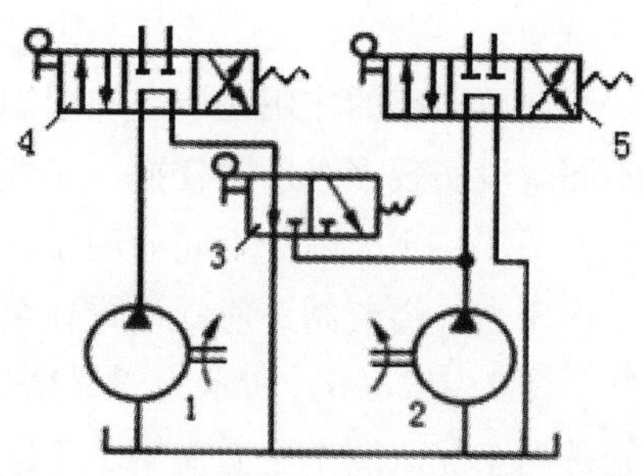

图 7－10　合流阀控制的调速回路
1、2—液压泵；3—合流阀；
4、5—换向阀

图 7－10 所示是靠合流阀 3 来改变泵组连接的有级调速回路。合流阀 3 处于左位时，泵 1 和泵 2 单独向各自控制的执行元件供油，此时为低速状态，若换向阀 4 控制的执行元件不工作，则可将合流阀 3 置于右位工作，使泵 1 和泵 2 共同向换向阀 5 控制的执行元件供油，此时为高速状态。调速范围视两泵的流量而定。这种回路往往在转向装置和工作装置同时工作的工程机械中使用。

行走机械，常使用液压马达来驱动车轮，依据行驶条件对转速有不同要求：在平地行驶时为高速，上坡时需要有大扭矩输出，转速降低，因此采用两个相同液压马达以串联或并联方式达到上述目的。如图 7－11所示，将两个液压马达的输出轴连接在一起，当电磁 4 通电，电磁阀 3 断电，两液压马达并联，液马达输出扭矩大转速较低，当电磁阀 3、4 都通电，两液压马达串联，液压马达扭矩低，但转速较高，但输出转矩减少一半。

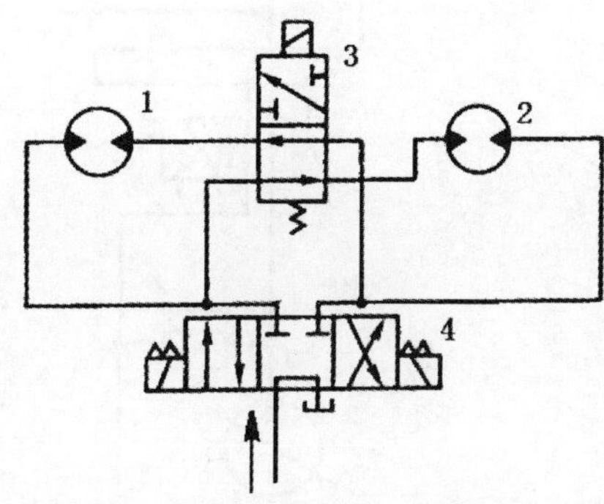

图 7－11　定量马达的组合调速回路
1、2—液压马达；3—换向阀

任务 7.3　学习掌握压力控制回路

任务目标： 学习各种压力控制回路的形式；能够熟练识读压力控制回路图，能分析各种不同压力控制回路。

学习内容： 压力控制回路中的调压回路、减压回路、增压回路、缓冲回路、卸荷回路和平衡回路的特点及应用。

压力控制回路是控制整个系统或某一分支油路中油液压力的单元回路。按照使用目的不同压力控制回路又可分为调压、减压、增压、缓冲、平衡等回路。

7.3.1 调压回路

调压回路的作用是调定和限制液压系统的最高工作压力，或者使执行机构在工作过程不同阶段实现多级压力变换。一般用溢流阀来实现这一功能。

图 7－12 为两种不同的调压回路。图 7－12（a）所示是利用溢流阀调定系统的最大工作压力。溢流阀 2 通常设置在泵出口附近的旁通油路上对整个系统起到安全保护作用。

图 7－12（b）所示为双级调压回路，可用于执行机构进程和回程所需工作压力相差悬殊的工况。图中主溢流阀 5（是先导溢流阀）的调节压力高于溢流阀 7 的调节压力。当需要高压油进入液压缸时，系统压力由高压溢流阀 5 控制，当需要低压油进入液压缸时，可操纵二位电磁阀 6 使主溢流阀的远控口接通溢流阀 7（起先导溢流作用），于是系统压力改由低压溢流阀 7 控制。

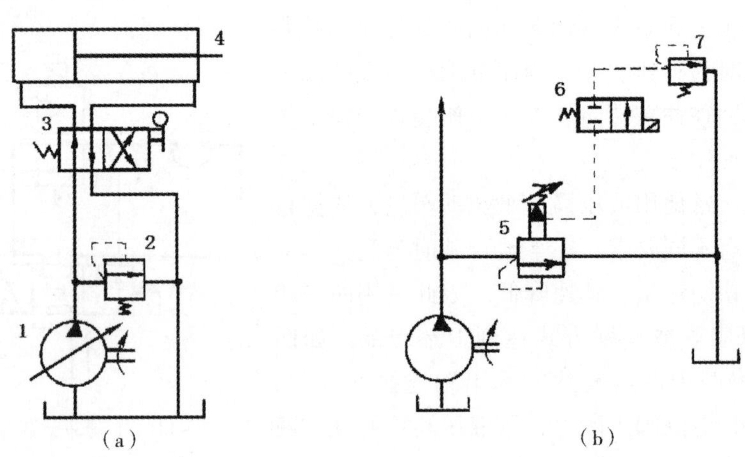

图 7－12 调压回路

1—液压泵；2、5、7—溢流阀；3、6—换向阀；4—液压缸

7.3.2 减压回路

减压回路的作用是使液压系统的某一支路获得低于系统主油路工作压力的压力油。例如液压系统中的控制油路、润滑油路、制动油路等各种辅助油路一般都要求使用较低的压力油。

图 7－13 是一种典型的减压回路。它是在与主油路并联的支油路上串联一个减压阀 2，这样主油路的压力由溢流阀 6 调定，而支油路的压力由减压阀 2 调定。单向阀 3 的作用：在工作油路的压力降低到小于减压阀调定压力时，使分支油路和工作油路隔开，实现分支油路短时间内的保压。

7.3.3　增压回路

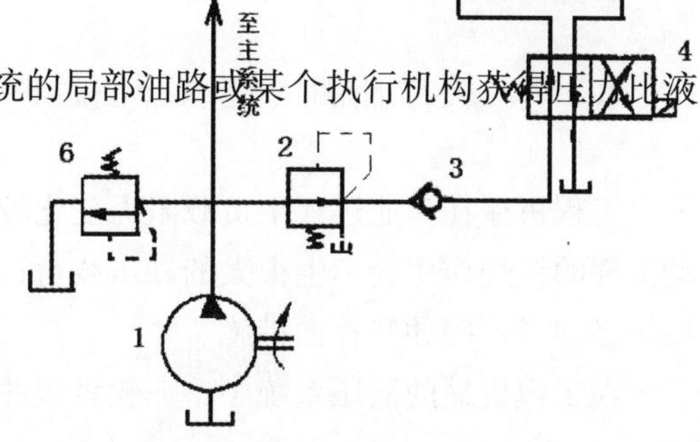

图 7－13　减压回路

1—泵；2—减压阀；3—单向阀；4—换向阀；5—液压缸；6—溢流阀

增压回路是实现液压放大的回路。它使系统的局部油路或某个执行机构获得压力比液压泵工作压力高若干倍（可达 2～7 倍）的高压油，或用于气—液传动，利用压缩空气（压力一般为 0.6～0.8 MPa）来获得较高的压力油。其优点是可以避免另置价格较贵的高压泵，使系统简单经济。凡具有负载大、行程小和作业时间短等工作特点的执行机构，如液压铆枪、制动器、离合器等均可采用增压回路。增压回路中实现增压的主要元件是增压缸（增压器）。

图 7－14（a）为单作用式增压回路。此回路中的增压缸 4 是由制成一体的大小两个液压缸组成。大小活塞用一根活塞杆连接起来，当向大缸输入低压油时，在小缸即能获得高压油。原理如下：

作用在大活塞左端的液推力为 $F_1 = p_1A_1$（A_1 为大活塞有效面积），作用在小活塞右端的液推力为 $F_2 = p_2A_2$（A_2 为小活塞有效面积），活塞两端受力平衡，即 $F_l = F_2$，由于 $A_2 < A_1$，所以 $p_2 > p_1$，亦即 $p_2 = p_1\dfrac{A_2}{A_1}$，令 $k = \dfrac{A_2}{A_1}$，则：$p_2 = kp_1$。k 是增压缸大、小活塞面积之比，称增压比。只要选择适当的 k 值，就可以得到所需要的压力油。7－14（a）回路中的单向阀 5 和补油箱 9 是用于补油的。此种方法增压，只能获得间歇的高压油。

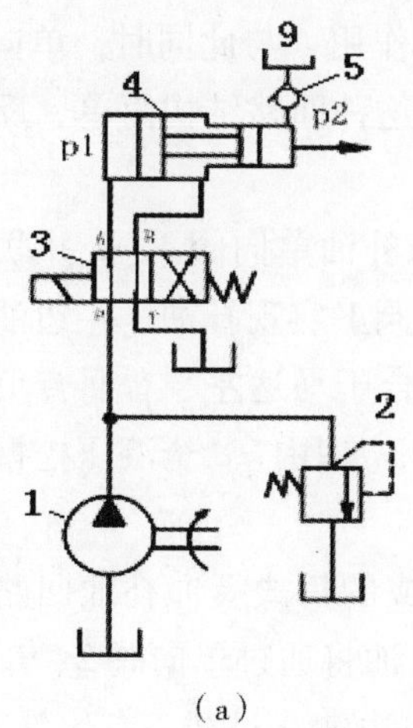

（a）

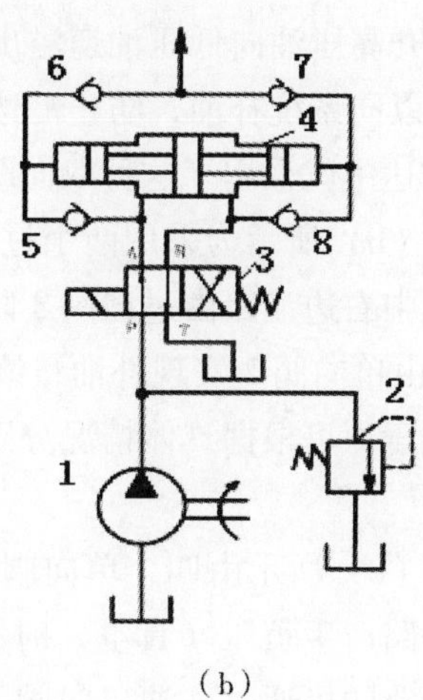

（b）

图 7－14　增压回路

1—液压泵；2—溢流阀；3—换向阀；4—增压缸；5、6、7、8—单向阀；9—油箱

图 7－14（b）所示为一种采用双作用增压器来获得连续高压的增压回路。双作用增

压器由一个大缸和两个小缸组成。当操纵二位四通换向阀使增压器的活塞往复运动时，两边的小缸可以交替输出高压油。

7.3.4 缓冲补油（过载补油）回路

工程机械在作业过程中负载阻力变化较大。此外，执行机构在骤然制动或换向时，运动部件的惯性作用会产生很大的冲击载荷，使系统出现液压冲击和气穴现象。为此，液压系统必须考虑缓冲和补油措施。

在工程机械的液压系统中，一般将缓冲和补油同时考虑。

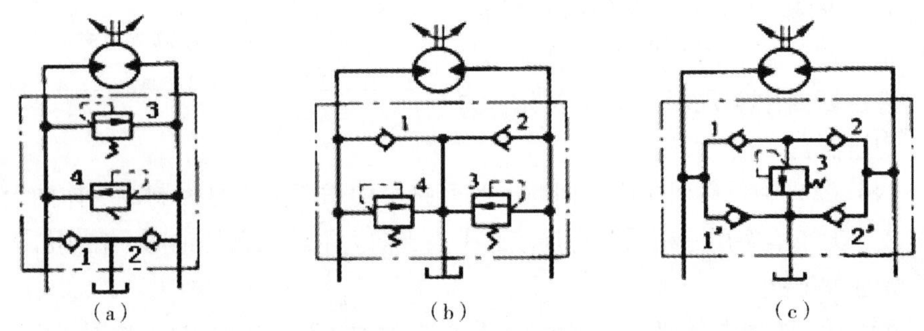

图 7－15　缓冲补油回路
1、1′、2、2′—单向阀；3、4—过载阀

图 7－15 为三种不同形式的缓冲补油回路。其中图 7－15（a）所示为将一对过载阀分别接在液压马达的两边油路上，当液压马达换向或制动时，由于惯性作用使马达继续旋转一个角度，这样势必会造成一边油路过载，而另一边油路产生真空。此时过载阀 3（或过载阀 4）打开高压油向低压油道溢出，起到缓冲补油作用。与此同时，单向阀 2（或单向阀 1）也可以向系统补油，防止马达产生气蚀现象。这种回路结构简单、反应灵敏。挖掘机的行走马达中就采用了这种双向缓冲补油回路。

图 7－15（b）所示为采用两个过载阀 3、4 和两个补油单向阀 1、2 并联连接的缓冲补油回路。其中右边油路由过载阀 3 防止过载，由单向阀 1 实现补油；左边油路由过载阀 4 防止过载，由单向阀 2 实现补油；该缓冲补油回路适合于马达左、右回转负载不同的液压系统，过载压力可根据具体情况分别调整，适应性好，应用广。全液压挖掘机回转机构采用此回路。

图 7－15（c）所示由四个单向阀和一个过载阀组成的桥式缓冲补油回路。当右边油路过载左边油路产生负压（真空）时，右边油路的高压油将通过单向阀 2、过载阀 3 溢回油箱，左边油路的可通过补油单向阀 1′从油箱补油。左边油路过载，右边油路产生负压，同理。该回路缓冲和补油都比较充分，结构简单。由于共用一个过载阀，只能用于两边油路过载压力调整值相同的场合。液压起重机回转机构的液压回路等采用。

7.3.5　卸荷回路

卸荷回路的作用是当液压泵不停（即发动机不熄火）而各执行机构均暂时停止工作的情况下，使液压泵在功率损耗接近零的情况下运转（即液压泵卸荷），以减少功率消耗，降低系统发热，延长泵和电动机的寿命。

一　利用滑阀机能的卸荷回路

这是工程机械液压系统最常采用的卸荷方法之一。回路中三位四通换向滑阀机能必须是 M、H 或 K 型的。这种方法简单可靠。

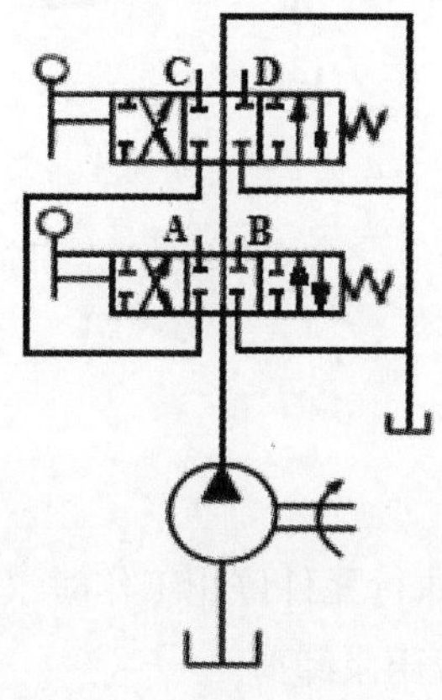

图 7－16　多路换向阀

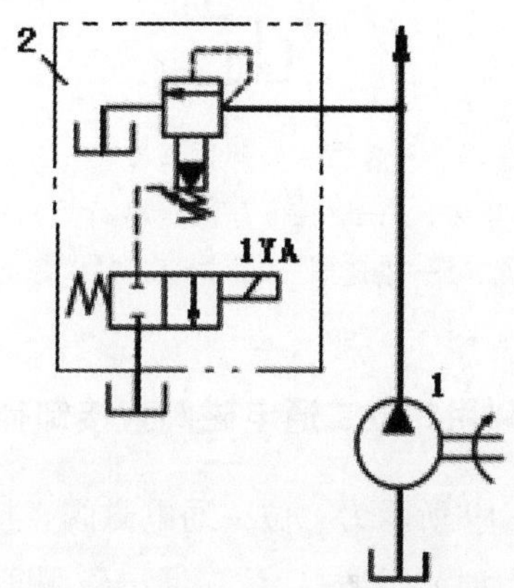

图 7－17　电磁溢流阀的卸荷回路

1—液压泵；2—电磁溢流阀

图 7－16 为多路换向阀的卸荷回路。这种回路在工程机械液压系统中普遍采用，各换向阀多采用六通阀。它可以同时控制几个执行机构工作，而在所有执行机构停止工作时（即各联滑阀都处于中立位置时）液压泵即实现卸荷。

二　电磁溢流阀的卸荷回路

图 7－17 所示是采用电磁溢流阀的卸荷回路。电磁溢流阀是由常闭式二位二通电磁阀和先导式溢流阀组成的复合阀，可遥控。需要卸荷时，可使电磁阀 1YA 通电后换向，则溢流阀远控口与油箱接通，溢流阀全开，液压泵输出的油液便以很低的压力经溢流阀流回油箱。溢流阀远控口流量很小，故只需选用小通径的电磁阀。电磁溢流阀的规格应按液压泵最大供油量选定。

三　双泵供油的卸荷回路

图 7－18 所示为双泵供油的卸荷回路。当系统中执行元件空载快速运动时，大流量泵

1 与小流量泵 2 共同向系统供油；当工作进给时，系统压力升高，液控顺序阀 3 打开，大流量泵 1 卸荷，系统小流量泵供油。溢流阀 5 控制小流量泵的供油压力。液控卸荷阀 3 则按轻载时所需压力进行调节。

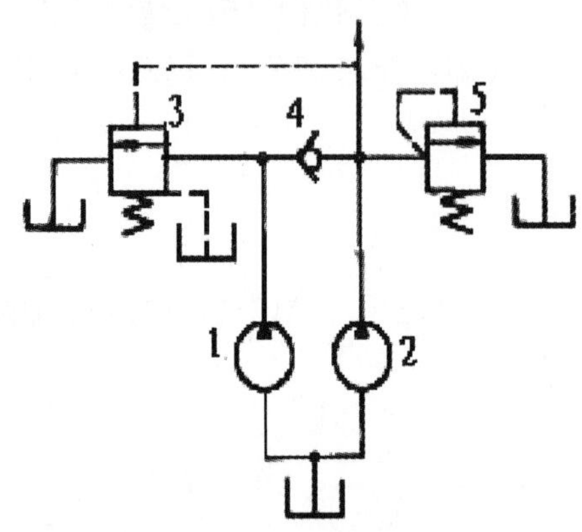

图 7－18　双泵供油的卸荷回路

1、2—液压泵；3—液控顺序阀（卸荷阀）；4—单向阀；5—溢流阀

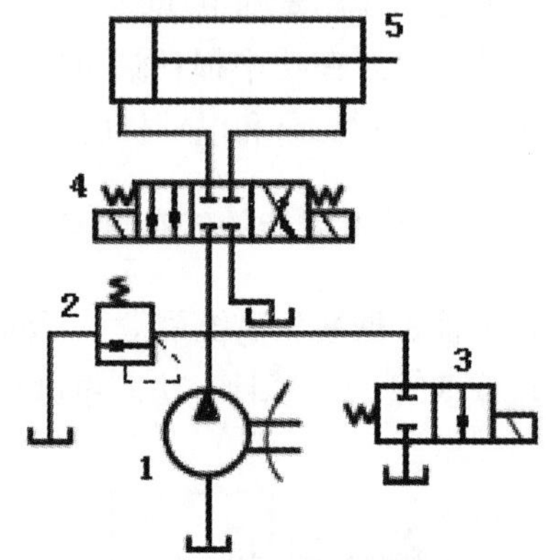

图 7－19　二位二通电磁阀直接卸荷回路

1—液压泵；2—溢流阀；3—二位二通电磁阀；4—换向阀；5—液压缸

四　利用二位二通电磁阀直接卸荷回路

图 7－19 所示为二位二通电磁阀直接卸荷回路。当执行元件停止工作时（即滑阀 4 处于中立位置时），通过二位二通电磁阀 3 通电，即实现液压泵卸荷。

7.3.6　平衡回路

工程机械在进行各种作业时，最常见是各种作业机构的负重工况，即液压缸（或液压马达）承受重力的液压回路，它们大多应用平衡阀。但对不同机构，回路中还需应用其他元件与之配合形成平衡回路。

平衡回路的功用在于防止垂直或倾斜放置的液压缸和与之相连的工作部件因自重而自行下落或者超速。

一　利用平衡阀的平衡回路

图 7－20 所示为一个由远控顺序阀（或内控顺序阀）和单向阀组成的平衡阀 4 构成的平衡回路（或限速液压回路）。换向阀 3 处于图示位置时，液压缸的回油路在负载作用下具有相当高的压力，这时平衡阀 4 起锁紧作用，以防止由于管路和换向阀的泄漏使重物产生过大的下沉量。当提升重物时换向阀右位接入回路，压力油从右侧进入液压缸，下放重物时换向阀 3 左位接入回路，压力油进入液压缸无杆腔。但这时液压缸有杆腔回油尚处于被锁紧状态，需待平衡阀中的外控顺序阀的控制油口油压超过调定压力（约为 2 ~ 3 MPa）

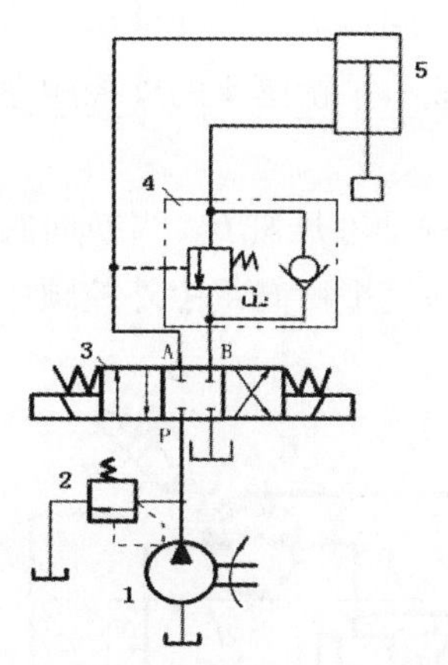

图 7－20　利用平衡阀的平衡回路

1—液压泵；2—溢流阀；3—换向阀；4—平衡阀；5—液压缸

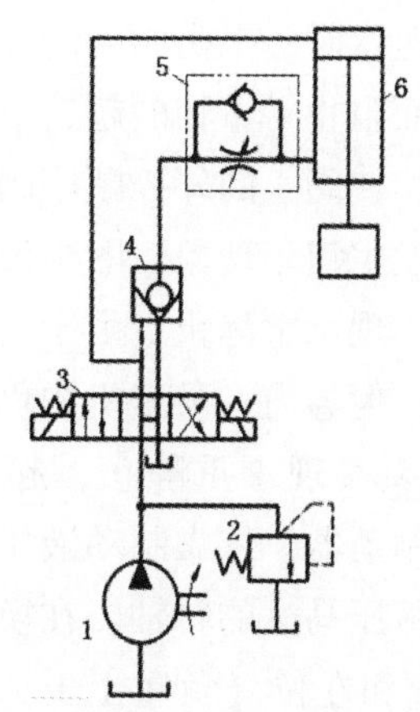

图 7－21　利用单向节流阀的平衡回路

1—液压泵；2—溢流阀；3—换向阀；4—液控单向阀；5—单向节流阀；6—液压缸

时油路打开，使回油形成通路液压缸负重下降。若液压缸在重物的重力作用下发生超速下降时，液压缸无杆腔油路由于泵供油不及时而压力下降，平衡阀便在弹簧力作用下关小阀口增加回油阻力，消除超速现象，保证工作安全。这种回路下降速度相对比较平稳，不受载荷大小的影响，在液压起重机的起升、变幅伸缩臂等机构的回路中普遍应用。一般多称这种回路为平衡回路或限速回路。

二　利用单向节流阀和液控单向阀的平衡阀回路

图 7－21 所示为单向节流阀和液控单向阀的平衡回路。当液压缸提升重物时，压力油可从单向阀进入液压缸有杆腔推动活塞上升。此时节流阀不起作用，故液压缸负重可按要求速度提升。下降时，液压缸下腔回油必须经过节流阀，节流阻力使液压缸下腔建立背压，使液压缸负重降落速度变慢，避免由于载荷及自重的作用而使下降速度越来越快以至超过控制速度。当泵突然停转或换向阀 3 处于中位时，液控单向阀 4 将回路锁紧，并且负重液压缸 6 下腔的油压越高，阀 4 关得越紧，其密封性越好。因此这种回路能将重物较长时间地停留在空中某一位置而不下滑，平衡效果较好。该回路在回转式起重机的变幅机构中有所应用。

三　平衡制动回路

工程起重机械需要用起升机构，即卷筒—吊索机构实现垂直起升和下放重物。

图 7－22 是液压马达机械制动回路应用于平衡回路（系统）的示例之一。图中，若没有制动液压缸 6 的作用时，当三位四通手动阀 3 左位起作用时，泵 1 的压力油经平衡阀中的单向阀进入液压马达 5 的左腔，液压马达顺时针方向旋转，进行提升重物 W 的作业。当阀 3 右位起作用时，泵 1 的压力油进入液压马达的右腔。同时经阻尼孔 a 打开平衡阀 4 中外控顺序阀，液压马达反向转动。重物 W 靠自重降落。若重物下降的速度超过泵 1 供油

量所决定的速度时，平衡阀4的外控顺序阀控制压力降低，阀口关小，使液压马达回油阻力增加，从而阻止了重物的超速下降。图中阻尼孔a是为减小平衡阀4的外控顺序阀控制油压的波动，使阀4的外控顺序阀开启平缓而设置的。

为防止发生溜车现象，图中设置了刹车制动机构——制动液压缸6。当换向阀处于中位时，回路实现承重静止。由于液压马达内部泄漏较大，即使平衡阀4中外控顺序阀的闭锁性能很好，但卷筒—吊索机构仍难以支撑重物W。如要实现承重静止，起升机构设置了常闭式制动器，依靠制动液压缸6将制动器瓦闸住液压马达的转轴。在换向阀右位（负重下降）和左位（负重上升）时，泵1压出液体同时作用在制动缸下腔，将活塞顶起，压缩上腔弹簧，使制动器闸瓦拉开，这样液压马达不受制动。换向阀中位时，泵卸荷、压出口接近零压，制动缸活塞被弹簧压下，闸瓦制动液压马达，使其停转，重物W就静止于空中。

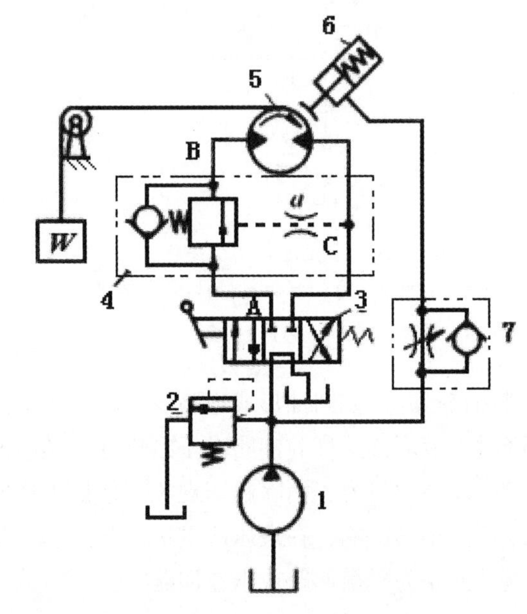

图7-22　平衡阀制动回路

1—液压泵；2—溢流阀；3—换向阀；4—平衡阀；5—液压马达；6—制动液压缸

某些起升机构要求开始举升重物时，液压马达先产生一定驱动力矩，然后制动缸才彻底拉开制动器闸瓦，以避免重物W在马达驱动力矩充分形成前向下溜滑。所以在通向制动液压缸的支路上设单向节流阀7，由于阀7的节流作用，拉开闸瓦的时间放慢，有一段缓慢的动摩擦过程，同时，马达在结束负重下降后，换向阀3恢复中位，阀7的单向阀允许迅速排出制动缸下腔液体，使制动闸瓦尽快闸住马达，避免重物W继续下降。

液压起升机构不靠平衡阀来锁住液压马达，而是利用闸瓦制动，所以对平衡阀的承重静止能力没有严格要求，因此用于液压马达系统的平衡阀结构简单，造价便宜。这种平衡制动回路，宜用于功率较大，负载变化较大而又要求下降速度平稳、易控制和锁紧时间要求较长的起重机构。

任务7.4　学习掌握方向控制回路

任务目标：学习方向控制回路的作用，能够熟练识读方向控制回路图，能分析方向控制回路。

学习内容：方向控制回路中的换向回路、锁紧回路、浮动回路和顺序回路特点。

方向控制回路用来控制液压系统中液流流通的通、断及流动方向，进而达到控制执行元件运动、停止及改变运动方向的目的。这类控制回路在工程机械中常用的有换向回路、顺序回路、锁紧回路和浮动回路等。

7.4.1　换向回路

换向回路在开式系统中常用换向阀换向，如图 7-23（a）所示的二位阀只能控制其正反两个方向运动，三位阀可以利用中位机能控制其在任意位置停止。

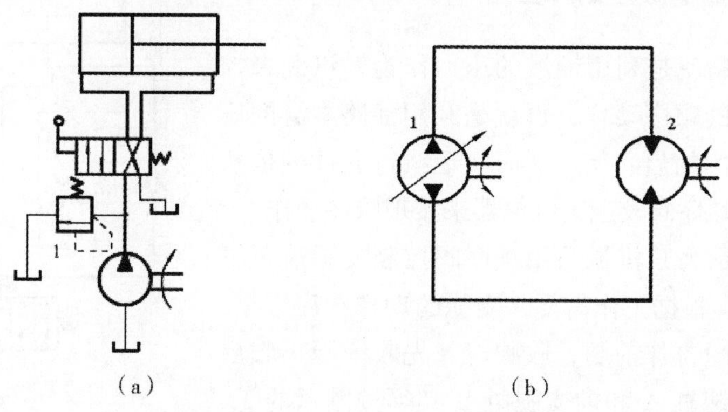

图 7-23　换向回路

闭式系统常用双向变量泵换向。如图 7-23（b）所示通过改变双向变量泵 1 的出油方向，可以改变液压马达 2 的旋转方向。

7.4.2　锁紧回路

采用 O 型或 M 型机能的三位换向阀，当阀芯处于中位时，液压缸的进、出口都被封闭，可以将活塞锁紧，这种锁紧回路由于受到滑阀泄漏的影响，锁紧效果较差。

为了使工作部件能在任意位置上停留，以及在停止工作时，防止在受力的情况下发生移动，可以采用两个液控单向阀 4、5 组成的双向液压锁的锁紧回路，如图 7-24 所示。使用液压锁能使液压缸锁紧不能移动。

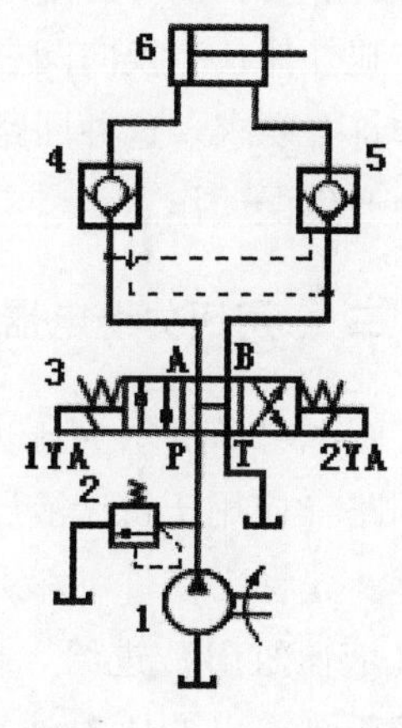

图 7-24　液压锁的锁紧回路

1—液压泵；2—溢流阀；3—换向阀；4、5—双向液压锁；6—液压缸

7.4.3　浮动回路

将执行元件的进、出油路连通或同时接回油箱，使之处于无约束的浮动状态，这样在外力作用下执行元件仍可运动。

浮动回路可以利用三位四通换向阀的中位机能 H 型、Y 型或 P 型，就可实现执行元件的浮动。在起重机的抛钩、装载机的铲、推土作业常用于浮动回路。

7.4.4 顺序回路

顺序回路用以控制多缸液压系统的动作顺序，使各缸按严格的顺序依次动作。根据控制方式的不同，常用压力控制和行程控制实现顺序动作。

一 压力控制的顺序动作回路

所谓压力控制就是利用油液的压力作为发讯源来控制液压执行元件的顺序动作，也就是利用油路本身的压力变化来控制阀门的启、闭，从而实现执行元件的依次顺序动作。常用顺序阀及压力继电器来实现顺序动作。

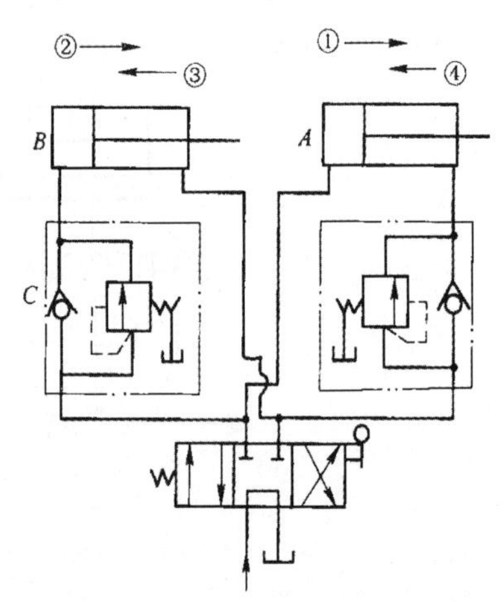

图 7－25 用顺序阀的顺序动作回路

图 7－25 所示为某机械采用顺序阀控制支腿液压缸的顺序动作回路。根据工作需要，支腿的动作顺序应是：支腿时，先伸后腿再伸前腿；收腿时，先收前腿再收后腿。也就是后支腿缸 A 和前支腿缸 B 必须按图示的①、②、③、④的顺序动作。具体过程是这样的：当换向阀左位接入油路时，缸 B 的进油路被单向顺序阀 C 阻挡，压力油只能先流向缸 A 的左腔，驱动后支腿外伸。待其行程终了时，油压上升到超过顺序阀的调定压力，于是打开顺序阀 C 油液流向缸 B，驱动前支腿外伸；当换向阀右位接入油路时情况刚好相反，前支腿先缩回，而后支腿后缩回，动作符合要求。这种回路顺序阀的调定压力必须大于前一行程液压缸的最高工作压力，否则会产生误动作。

二 用压力继电器控制的顺序动作回路

图 7－26 所示为压力继电器控制的顺序动作回路（应用于机床液压系统）。要求的动作顺序是：先将工作件（液压缸 A）夹紧，然后刀架（液压缸 B）进给。在图示位置，工作开始时液压泵输出的压力油经调速阀 4 进入夹紧缸 A 的无杆腔，活塞右行，将工件夹紧。夹紧后，夹紧缸无杆腔压力继续升高，当油压超过压力继电器预调值时压力继电器发出信号，使二位二通阀 3 的电磁铁通电，进给液压缸 B 动作。回路中要求先夹紧后进给，未夹紧则不能进给。

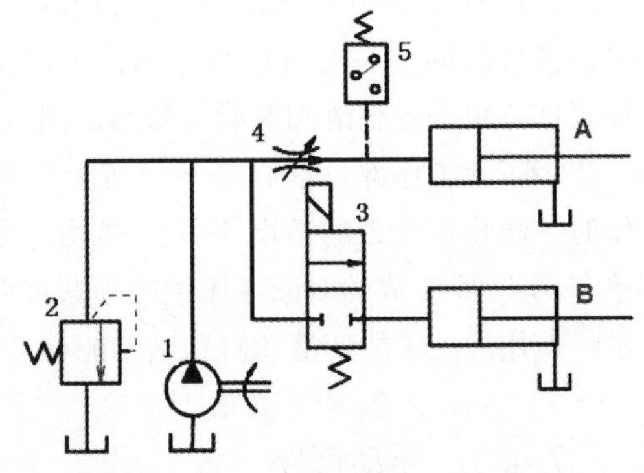

图 7－26 用压力继电器控制的顺序动作回路
1—液压泵；2—溢流阀；3—二位电磁阀；4—调速阀；5—压力继电器

这一严格的动作顺序，是由压力继电器保证的。

三 电气行程开关控制的顺序动作回路

图 7－27 是用电气行程开关控制的顺序动作回路。工作时先按按钮使电磁铁 1DT 通电，压力油流入液压缸 A 的左腔，使活塞按箭头 1 的方向移动。到达预定位置时挡铁压下行程开关 k_2，电磁铁 1DT 断电，缸 A 的活塞停止运动同时电磁阀 II 的电磁铁 3DT 通电。于是压力油流入液压缸 B 的左腔，使活塞按箭头 2 的方向移动。当活塞运动到预定位置时挡铁压下行程开关 k_4，电磁铁 3DT 断电，缸 B 的活塞停止运动同时电磁阀 I 的电磁铁 2DT 通电。压力油流入缸 A 的右腔，活塞按箭头 3 的方向左移。当活塞运动到预定位置挡铁压下行程开关 k_1，使电磁铁 2DT 断电同时使电磁铁 4DT 通电，压力油流入缸 B 的右腔。活塞按箭头 4 的方向左移退回原处，挡铁压下行程开关 k_3，电磁铁 4DT 断电，缸 B 的活塞停止运动。至此，便完成一个运动循环。这种回路行程调整比较方便，改变电路后可以改变动作的顺序，特别适用于动作顺序循环经常变化的场合。

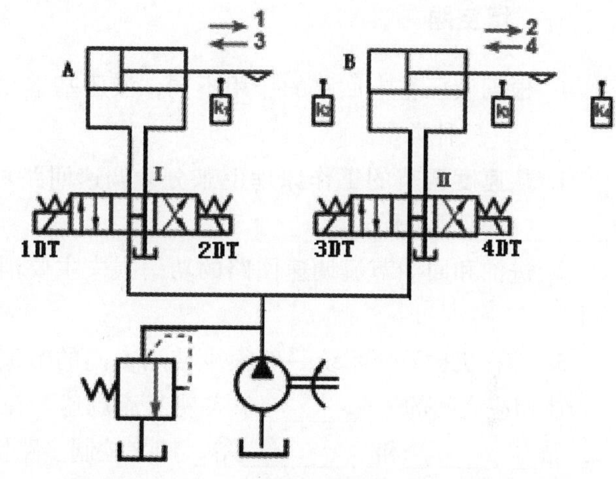

图 7－27 用电气行程开关控制的顺序动作回路

思考与练习

一　填空题

1. 根据液压基本回路的作用不同，液压基本回路可分为__________、__________和__________三种类型。

1. 从速度调节的工作原理上来分，调速回路可分为：____________、__________、__________等几类形式。

2. 进油和回油节流调速回路的功率损失主要消耗在__________和__________两个元件上。

3. 工程机械液压系统一般很少使用专门的节流阀调速，而是采用控制换向阀的阀芯与阀体相应之间的__________来实现节流调速。在大型工程机械中，普遍采用__________，如__________和__________等，用来控制多路换向阀进行换向和调速。

4. 两个液压马达主轴刚性连接在一起组成双速换接回路，两马达串联时，其转速为__________；两马达并联时，其转速为__________，而输出转矩__________。

5. 在变量泵—变量马达调速回路中，为了在低速时有较大的输出转矩、在高速时能提供较大功率，往往在低速，先将__________调至最大，用__________调速；在高速段，__________为最大，用__________调速。

6. 压力控制回路是控制__________或__________油路中油液压力的单元回路。按照使用目的不同压力控制回路又可分为__________、__________、__________、__________和__________等回路。

7. 顺序动作回路的功用在于使几个执行元件严格按预定顺序动作，按控制方式不同，分为__________控制、__________和__________控制。

8. 浮动回路可以利用三位四通换向阀的中位机能____________型、__________型或__________型，就可实现执行元件的浮动。

9. 锁紧回路可以使工作部件在__________停留，可以采用滑阀机能为__________和__________，但锁紧效果较差。

二　选择题

1. 定量泵节流调速系统回路中溢流阀的作用为（　）

A. 溢流、稳压　　B. 背压　　C. 安全保护　　D. 卸荷

2. 在节流调速回路中，哪种调速回路的效率高？（　）

A. 进油节流调速回路　　B. 回油节流调速回路

C. 旁路节流调速回路　　D. 进油—回油节流调速回路

3. 容积调速回路中，（　）的调速方式为恒转矩调节；（　）的调节为恒功率调节。

A. 变量泵—变量马达　B. 变量泵—定量马达　　C. 定量泵—变量马达

4. 用同样的定量泵、节流阀、溢流阀和液压缸组成下列几种节流调速回路，（　）能够承受负值负载。

A. 进油节流调速回　　B. 回油节流调速回路　　C. 旁路节流调速回路

5. 液压系统的故障大多数是（　）引起的。

A. 油液温度过高　　　B. 黏度不适合　C. 系统泄漏　　　　D. 油液污染

三　判断题

1. 在节流调速回路中，大量油液由溢流阀溢流回油箱，是能量损失大、温升高、效率低的主要原因之一。(　)

2. 容积调速比节流调速的效率低。(　)

3. 高压大流量液压系统常采用液动换向阀实现主油路换向。(　)

4. 定量泵与变量马达组成的容积调速回路中，其转矩恒定不变。(　)

5. 在变量泵—变量马达闭式回路中，辅助泵的功用在于补充泵和马达的泄漏。(　)

四　简述题

1. 什么是液压基本回路？它分几种类型？各类型包括哪些回路？

2. 采用节流阀的三种节流调速回路各有什么优缺点？各应用在何种场合？

3. 试对采用节流阀的节流调速回路和容积调速回路进行比较。

4. 在原动机不停止工作的情况下，如何使液压泵自动卸荷？

5. 容积调速回路有哪三种基本形式？其中补油泵的作用是什么？

6. 采取什么措施可以限制液压执行机构在垂直下降时的意外超速？如何使运动着的液压执行机构在任意需要的位置上停止并锁紧？

7. 试用单向定量泵、溢流阀、单向阀、单向变量马达各一个，组成容积调速回路。

8. 写出题图 7－1 所示回路有序号元件的名称。

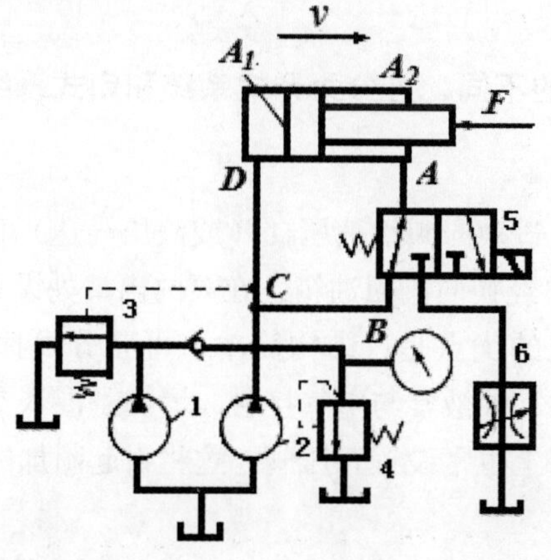

题图 7－1　用顺序阀的顺序动作回路

项目八　分析典型工程机械液压系统

☞知识目标

1. 学会分析液压系统原理图的基本方法。

2. 能读懂典型的装载机、挖掘机的液压系统原理图，了解其特殊液压元件对系统产生的作用。

3. 分析起重机、压路机的液压系统。

☞能力目标

1. 会分析装载机、挖掘机液压系统原理图，能明确各液压元件的作用、主要元件结构特点及各基本回路的功能。

2. 能分析起重机和压路机的液压系统原理图。

任务 8.1　学习液压传动系统分析方法

任务目标：学会液压系统的分类；学会分析液压系统的方法。

学习内容：液压系统的分类；液压系统的解读和分析方法。

8.1.1　液压传动系统的分类

一　按油液循环路径的不同，可分为开式系统和闭式系统

1. 开式系统

液压泵从油箱吸油，通过换向阀给液压缸（或液压马达）供油以驱动工作机构，液压缸（或液压马达）的回油再经换向阀回油箱，在泵的出口处设置溢流阀。其特点是油液的循环要经过油箱。开式系统的优点是：结构简单，可充分发挥油箱散热、沉淀杂质的作用。缺点是：油箱体积较大，油液常与空气接触，增加了混入空气的机会，影响工作机构运动的平稳性，在系统回路上也常设置背压阀，这将引起附加的能量损失，使油温升高。

2. 闭式系统

液压泵的进油管直接与执行元件的回油管相连，工作液体在系统的管路中进行封闭循环。其特点是系统中的油液自成循环，无须经过油箱交换，执行元件的回油直接进入油泵

的入口，吸油条件好，空气不易渗入系统，故传动的平稳性好。前面已叙述过。

二　按泵的数量分，可分为单泵、双泵及多泵系统

单泵系统简单，维修方便。但在系统中有几个执行元件时，油泵压力必须满足工作压力最高的执行元件的要求，流量也必须满足流量最大的执行元件的要求，因而不能充分发挥油泵的作用。各机构负载差别很大、复合动作要求较高的工程机械中，常用双泵或多泵系统，可以提高作业效率和发动机功率利用率。

三　按泵的排量是否可调分为定量系统与变量系统

定量系统的主要优点是定量泵和定量马达构造简单、使用维修方便。但是，定量系统的传动效率和功率利用率较低。变量系统能充分发挥发动机的功率，利用变量泵实现容积调速，效率高。

8.1.2　液压系统图的解读和分析方法

液压系统图是用职能（图形）符号（或半结构图）表示的液压元件在系统中的作用及其相互连接关系的工程语言。它表明了液压执行机构动作的程序及其进行操纵控制的方式和原理。液压系统图也被称为工作原理图，是设计中选用液压元件的主要依据，是液压设备在安装调试、使用维修中不可缺少的技术文件。

要能正确而迅速地阅读液压系统图，需要很好地掌握液压技术的基础知识，熟悉各种液压元件的工作原理、特性和功用。熟悉液压系统的各种基本回路的特点，液压系统的形式及各种控制方法和液压图形符号的标准等。此外，多读多分析各类机械的典型液压系统图，掌握其特点，对于阅读新的液压系统图可起到熟能生巧、触类旁通的作用。

如果要阅读的液压系统图附有工作原理说明书，可按说明书逐一阅读，较为容易。如果没有工作原理说明书，只有一张系统图（图上可能附有工作循环图、电磁铁动作循环表或简略的说明），则需要通过分析各元件的作用及油路连通情况弄清系统的工作原理。一般可参考下述步骤阅读液压系统图。

一　了解机械的功用和要求

根据系统图的名称、标题、元件统计、工作循环图、电磁动作表及有关说明和技术要求等建立对机器的初步印象，了解机械的功用和对液压系统的要求，估计液压系统应实现的运动循环、特性等。

二　要充分了解、认真分析每个液压元件在系统中的作用

液压系统的工作原理和性能通常决定于组成这个系统的各个元件的组合方式、性能和功用。因此必须对系统图中各个元件加以分析研究。

查阅和分析元件，主要了解系统有什么元件，它们的工作原理及功用如何。要特别注意弄清一些用半结构符号表示的元件或一些没有标准符号表示的专用元件的工作原理和性能。

查阅和分析元件的方法是，首先查阅液压系统的两个能量转换元件——动力元件（液压泵）和执行元件（液压缸和液压马达），其次查阅各种控制操纵装置及变量机构，最后查阅一些辅助装置。液压系统实现各种复杂的动作或工作循环主要靠系统中各种控制操纵装置（阀类）和变量机构的作用。对于电控系统，尤其要注意电磁铁、压力继电器及行程阀等元件动作表，明确工作循环中各元件的状态，它们是阅读和分析系统图的重点和难点。

三　研究每条油液流动路径，分析系统工作原理

为了便于分析系统的工作原理，往往用简要写出油液流动路线，并将系统中的各个元件和各类油路分别用编码表示。

分析时，从动力源——液压泵开始，将每台液压泵的各条油路的“来龙去脉”逐条弄清楚，分清楚驱动执行机构的油路（主油路）及控制油路。写主油路的路线时，应按每个执行机构来写，从泵开始到执行元件，再回到油箱（闭式系统则是回到液压泵），成一完整循环。

在分析油液流动路线时，先从图面所示状态进行分析，然后再分析其他工作状态。要特别注意系统从一个工作状态转换到另一工作状态时是哪些发讯元件发出信号，使哪些换向阀和其他控制操纵元件动作改变其通路状态而实现的。对于一个工作循环，应在一个动作的油路分析完成后接着做下一个动作的油路分析，直到全部动作油路分析依次做完为止。

在分析油路时，还应注意各个主油路之间有无矛盾和相互干扰的现象。如有矛盾和相互干扰的现象，即表明该系统的工作原理有误，或是分析有误。

四　系统和元件的综合分析

在写出系统油液流动路线，了解运动循环，弄清系统工作原理之后，可进一步分析系统及元件特点（如调速方式、调压方式、方向控制方式、控制特点及工作特点等）。

以上步骤并不是孤立和互不联系的，也并非是一成不变的。读图的程序大致是差不多的，只是有难易之别，对每一个具体液压系统可视情况具体分析。

任务8.2　分析装载机液压系统

任务目标：能识读、分析装载机工作装置液压系统回路和转向系统液压回路；掌握各回路中液压元件的作用。

学习内容： ZL50C 型装载机工作装置液压系统回路和转向系统液压回路的分析；各回路中液压元件的名称和作用；主要元件的结构特点和工作原理。

8.2.1　装载机概述

装载机主要用来装卸成堆的散状物料，同时也能进行轻度的铲掘工作以及平地、起重和牵引等。作业效率高、机动灵活。在筑路、建筑、矿山和水利等多行业广泛使用。

轮式装载机的基本动作是：将铲斗插入物料，向后翻转铲斗将铲斗装满物料，保持载荷并用动臂提升至一定高度，将载荷运送到指定地点倾卸，再回到装料处，如此循环作业。

一般轮式装载机的工作装置和转向系统采用液压传动，而行走系统则多采用液力机械传动。装载机要求液压系统能实现工作装置的铲装、提升、保持和倾卸等动作。转向机构通过转向液压缸实现铰接车架折腰转向。

8.2.2　装载机液压系统原理分析

现以柳工 ZL50C 型装载机为例，说明装载机的液压系统工作原理。如图 8 - 1 所示。柳工 ZL50C 型装载机液压系统可以分为两个独立的液压系统，即转向液压系统和工作装置液压系统。工作装置系统的压力阀调定值为 17 MPa，转向系统的压力调定值为 12 MPa，转向控制压力为 2.5 MPa。柳工 ZL50C 型装载机以上柴的 6135k - 9a1 型柴油机（或潍柴的 WD615.67G3 - 36）为动力驱动。

液压泵从变矩器壳体上的动力输出获得动力（但此动力并不经过变矩器），传递到工作装置液压系统和转向液压系统，这两个液压系统的控制元件分别是分配阀（或称多路换向阀）和转向器及流量放大阀，执行元件是铲斗、动臂液压缸和转向液压缸。

一　工作装置液压系统回路

1. 装载机工作装置结构特征

工作液压系统用于控制装载机工作装置中动臂和铲斗以及其他附加工作装置的动作。操纵分配阀手柄控制动臂升降或铲斗翻转，实现装载铲装、装载运输、装载举升、翻斗卸料四个循环动作。

ZL50C 装载机工作装置液压系统特点为直接操纵液压系统、手动式、串并联优先转斗顺序单动、动臂滑阀为四位六通阀和铲斗滑阀为三位六通阀。

如图 8 - 1 所示的装载机工作装置液压系统主要由工作泵 2、分配阀（手动）7、动臂油缸 8、铲斗油缸 9、油箱（滤油器、散热器）等组成。

2. 工作装置主要液压元件的作用

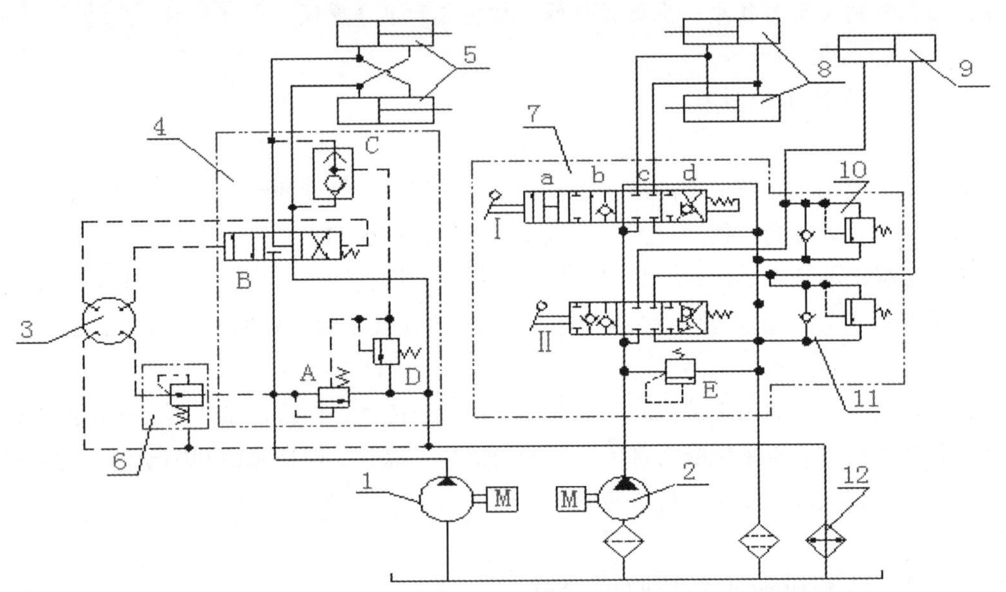

图 8－1　ZL50C 型装载机液压系统

1—转向泵；2—工作主泵；3—液压转向器；4—流量放大阀；5—转向液压缸；6—减压阀；7—分配阀；8—动臂油缸；9—铲斗油缸；10、11—双作用安全阀；12—散热器

动力元件 2 为 CBZb3160 型齿轮泵，齿轮泵 2 是工作主泵，向工作装置液压系统提供一定流量和压力的液压油。

执行元件是由一对动臂油缸 8 和铲斗油缸 9 组成。其作用将液压能转换为机械能，驱动铲斗、动臂运动。

控制元件是手动式直接操纵分配阀 7，它包括系统安全阀 E、动臂换向阀 I 和铲斗换向阀 II。铲斗换向阀 II 是三位置阀，它可控制铲斗前倾、后倾和保持三个动作。动臂换向阀 I 是四位置阀，它可控制动臂上升、保持、下降、浮动四个动作。动臂回位阀体内的弹簧，将钢球压向两端，卡紧在定位套的 V 形槽内故可将动臂滑阀固定在四个作业位置中任何一个，实现定位。

安全阀 E 是控制系统工作压力的，其调定压力为 17 MPa，当系统压力超过设定值时，油液溢流回油箱，保护系统不受损坏。双作用安全阀 10、11 是防止铲斗油缸大、小腔因外载荷过大或产生真空，起到缓冲补油作用，大、小腔安全阀的调整压力为大腔双作用安全阀为 20 MPa，小腔双作用安全阀为 12 MPa。

3. ZL50C 装载机工作装置液压系统工作原理分析

ZL50C 工作装置系统回路：包括动臂升降液压缸工作回路和铲斗液压缸工作回路，两者控制的换向阀油路连接构成串并联回路（互锁回路）。铲斗液压缸换向阀 II 一离开中位即切断去动臂液压缸换向阀 I 的油路。欲使动臂液压缸 8 动作必须使铲斗液压缸换向阀 II 恢复中位。因此动臂与铲斗不能进行复合动作，所以各液压缸推力较大。这是装载机广泛采用的液压系统形式。

根据装载机作业要求，液压系统应完成下述工作循环：铲斗翻转收起（铲装），动臂提升锁紧（转运），铲斗前倾（卸载），动臂下降。

当分配阀7中的动臂和铲斗换向阀均处于中位时，工作泵6输出的流量经分配阀中位返回油箱，动臂和转斗的前后腔均封闭，动臂和铲斗保持在原位置。

（1）铲斗收起与前倾。铲斗的收起与前倾由铲斗液压缸工作回路实现。操纵换向阀Ⅱ处于右位，油液流动路线是：

进油路：泵2→换向阀Ⅱ（右位）→铲斗液压缸9（大腔）。

回油路：铲斗液压缸9（小腔）→换向阀Ⅱ（右位）→滤油器（散热器）→油箱。

此时，铲斗液压缸9活塞杆伸出，通过摇臂斗杆带动铲斗翻转收起铲装。

操纵换向阀Ⅱ处于左位，泵2来油经换向阀Ⅱ左位进入铲斗液压缸小腔，活塞杆缩回，通过摇臂斗杆推动铲斗前倾卸载。操纵换向阀Ⅱ处于中位，铲斗液压缸进、出油口被封闭，依靠换向阀的锁紧作用使铲斗停留固定在某一位置。

与铲斗油缸大、小腔的油道相通的油路中装有大、小腔双作用安全阀10和11，对转斗油缸的大腔和小腔起过载保护和补油作用。大、小腔双作用安全阀都是直动式安全阀和单向阀的组合，其结构如图8-2所示。

大、小腔双作用安全阀通过螺栓安装附于分配阀上，两阀的A口与分配阀内接铲斗油缸大、小腔的油道相通，B口与回油道相通。当工作过程中铲斗油缸的大、小腔油压分别超过大、小腔双作用安全阀的调整压力时，油压克服过载阀中的弹簧压紧力顶开阀芯，压力油溢流回油箱，此时单向阀在油压力和弹簧力的作用下呈封闭状态。

当铲斗前倾快速卸载时，由于分配阀来油跟不上而产生真空，油箱的油液在大气压力作用下克服弹簧压紧力推开单向阀，向转斗油缸小腔补油，从而防止“气穴”现象的产生，保证系统正常工作，并可使铲斗能快速前倾撞击限位块，实现撞斗振动卸料。

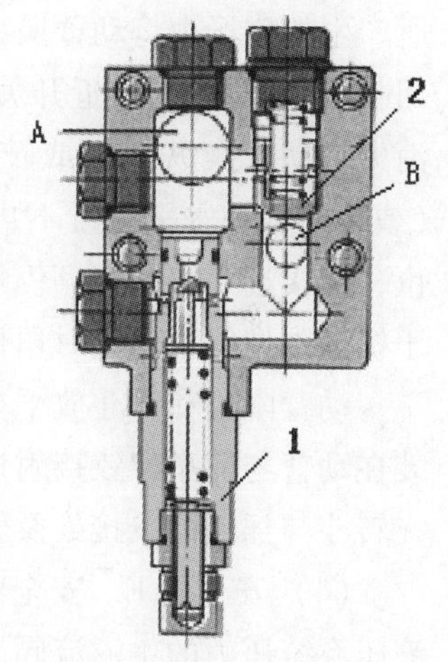

图8-2　双作用安全阀
1—安全阀；2—单向阀

大、小腔双作用安全阀的另一个作用是铲斗前倾到最大角度提升动臂时，由于工作装置杆系运动的不协调，会迫使铲斗油缸的活塞杆外拉，使油缸小腔的压力升高，这时小腔双作用安全阀过载溢流，同时大腔双作用安全阀向油缸真空补油。相反，当铲斗后倾到最大角度下降动臂时，转斗油缸活塞杆内压，油缸大腔油压升高，小腔产生真空，此时，大腔双作用安全阀过载溢流，小腔双作用安全阀真空补油。从而解决了工作装置干涉的问题，起到稳定系统工作，保护系统有关元件的作用。铲斗换向阀上还装有铲斗自动放平装置。

（2）动臂升降。动臂的升降由动臂液压缸工作回路实现。操纵动臂换向阀Ⅰ处于d位时油液流动路线是：

进油路：泵→换向阀Ⅱ中位→换向阀Ⅰ（d位）→动臂液压缸8大腔。

回油路：动臂液压缸 8 小腔→换向阀Ⅰ（d 位）→滤油器（散热器）→油箱。

此时动臂液压缸的活塞伸出，推动动臂上升。动臂提升到转运位置时操纵换向阀Ⅰ处于 c 位，动臂液压缸的进、出油口被封闭，依靠换向阀的锁紧作用使动臂固定以便转运。

动臂下降时，操纵换向阀Ⅰ处于 b 位。这时油的流动路线是：

进油路：泵→换向阀Ⅱ（中位）→换向阀Ⅰ（b 位）→动臂液压缸 8 小腔。

回油路：动臂液压缸 8 大腔→换向阀Ⅰ（b 位）→滤油器（散热器）→油箱。

此时动臂液压缸的活塞杆缩回，带动动臂下降。

操纵换向阀Ⅰ处于 a 位，动臂液压缸处于浮动状态，以便在坚硬地面上铲取物料或进行铲推作业。此时动臂能随地面状态自由浮动，提高作业效能。此外，还能实现空斗迅速下降，并且在发动机熄火的情况下亦能降下铲斗。

（3）工作装置自动复位系统。为了提高生产率和避免液压缸活塞杆伸缩到极限位置造成安全阀频繁启闭，在工作装置上装有自动回位装置，以实现工作中铲斗自动放平。工作装置自动复位系统包括动臂举升到最高位置和铲斗放平控制两部分。动臂限位装置主要由动臂磁铁和动臂行进开关组成。铲斗放平控制装置主要由转斗磁铁和转斗行进开关组成。一般行进开关与电磁铁之间的间隙应调整为 4 ~6mm。

如果司机将动臂操纵杆扳至最后（或将铲斗操纵杆扳至最后）磁路即闭合，电磁线圈所产生的磁场力将动臂操纵杆（或铲斗操纵杆）吸住；动臂将一直上升（或铲斗将一直回收），当磁铁与接近开关对齐，在对齐的一瞬间，接近开关断开，电磁线圈失电，磁力消失，动臂操纵杆（或铲斗操纵杆）在弹簧力的作用下自动弹回中位，动臂不再提升（或铲斗停在水平位置不再回收）。当司机再次将铲斗操纵杆朝后扳，磁铁与接近开关错位，但接近开关的红灯仍然保持熄灭，且操纵杆不能保持在极后位置，至最大收斗角时由于机械限位停止，此时司机松手后，铲斗操纵杆自动弹回中位。

动臂限位和铲斗放平控制装置安装在车架前部。其中动臂磁铁和动臂行进开关分别安装在动臂与前车架铰接附近及前车架动臂翼箱内。而转斗磁铁和转斗行进开关则分别安装在转斗与摇臂的铰接处及转斗油缸上。

（4）安全阀 E。安全阀 E 装在整体式分配阀 7 的进油油道上，集成有控制整个主工作液压系统压力的主溢流阀。主溢流阀为先导型插装阀，其压力设定值即为整车主工作液压系统的最高系统压力。

二　转向液压系统回路

装载机的车架分成二段，前车架和后车架，它们之间用铰销相连，因此，前后车架可绕铰销相对偏转，前后车架的两侧装有转向油缸，随着左右转向缸充油程度的变化，使前后车架相对转动，从而使装载机转向。转向油缸里的油液进出是由全液压转向器控制的。

转向系统采用流量放大系统，主要用于控制整机行车时转向。该系统主要分为两部分：转向控制油路和主转向油路。主转向油路的动作是由转向控制油路进行控制，以实现小流量、低压力控制大流量、高压力。转向控制油路调定压力为 2.5 MPa，主转向油路调定压力为 12 MPa。

1. 转向液压系统的组成

整个转向液压系统的元件组成主要有：转向泵 1、液压转向器 3、流量放大阀 4、转向油缸 5、减压阀 6 和液压油箱（带回油过滤器）。

2. 转向液压系统各元件的作用

（1）转向液压泵 1——为转向系统提供一定流量和压力的液压油。柳工 ZL50C 型装载机的转向液压泵采用 CBZb3100/1010 型齿轮泵。

（2）减压阀 6——降低进入液压转向器的压力，实现低压、小流量控制。

（3）液压转向器 3——通过驾驶员转动方向盘，转动方向时，转向器排出的控制油液信号与方向盘的转速成正比，控制流量放大阀阀芯的运动及位置。柳工 ZL50C 型装载机采用 BZZ3－125 型的液压转向器，其为低压小排量型。

（4）流量放大阀 4——通过转向器排出的控制油液信号控制流量放大阀阀杆左或右移动，从而控制进入左右转向油缸大小腔的油液流量。

（5）左、右转向液压缸 5——将液压能转换为机械能，使前、后机架折腰，实现整机转向。

（6）散热器 12 和油箱、滤油器——将液压油内的热量散发到空气中，避免液压油温度过高，而导致系统工作失效。其油箱和散热器用于储油、散热、滤掉油中的杂质等。

3. 转向系统工作原理

转向系统采用流量放大系统，所谓流量放大，是指通过全液压转向器 3 以及流量放大阀 4，可保证控制油路的流量变化与主转向油路中进入转向缸的流量变化具有一定的比例，达到低压小流量控制高压大流量的目的。司机操作平稳轻便，系统功率利用充分，可靠性好。

转向器为闭芯无反应型，方向盘不转动时中位断开。此时，流量放大阀主阀杆在复位弹簧作用下保持在中位，转向泵 1 与转向油缸 5 的油路被断开，主转向油路经过流量放大阀 4 中的转向系统溢流阀 A 卸荷回油箱。

转动方向盘时，转向器 3 排出的油与方向盘的转速成正比，先导油进入流量放大阀后，作用在流量放大阀的主阀杆端，控制主阀杆的位移，通过控制开口的大小，从而控制进入转向油缸的流量，由于流量放大阀采用了压力补偿（由梭阀 C 和流量控制阀 D 实现），因而进入转向油缸的流量与负载基本无关，只与阀杆上开口大小有关。停止转向后，进入流量放大阀主阀杆一端的先导压力油通过节流小孔与另一端接通回油箱，阀杆二端油压趋于平衡，在复位弹簧的作用下，阀杆回复到中位，从而切断主油路，装载机停止转向。通过方向盘的连续转动与反馈作用，可保证装载机的转向角度。

系统的反馈作用是通过转向器和流量放大阀共同完成的。流量放大阀回油一部分通过节流孔回油箱，一部分经散热器回油箱。

当向右转动方向盘时，转向泵 1 的液压油通过减压阀 6 减压到控制压力 2.5 MPa，进入转向器 3 使流量放大阀 4 中的换向阀 B 换向，使主转向油路导通，实现向右转向。

实现右转向时控制回路：

进油路：泵 1→减压阀 6→转向器 3→流量放大阀 4 的换向阀 B（右位）。

回油路：流量放大阀 4 的换向阀 B（左位）→转向器 3→油箱。

实现右转向时的主转向回路：

进油路：泵 1→流量放大阀 4 的换向阀 B（右位）→转向液压缸 5。

回油路：转向液压缸 5→流量放大阀 4 的换向阀 B（右位）→油箱。

实现左转向类同，不再做叙述。

四　介绍转向系统最主要的两个液压元件

1. 全液压转向器

如图 8－3 所示为全液压转向器（就是一个转阀）。全液压转向器主要由随动转阀和计量马达两部分组成，计量机构相当于一个小型的泵。随动转阀包括阀芯 7、阀套 6、阀体 3，控制油流方向。由定子 13、转子 9 实现计量马达的功能，以保证出口油量与方向盘的转速成正比。

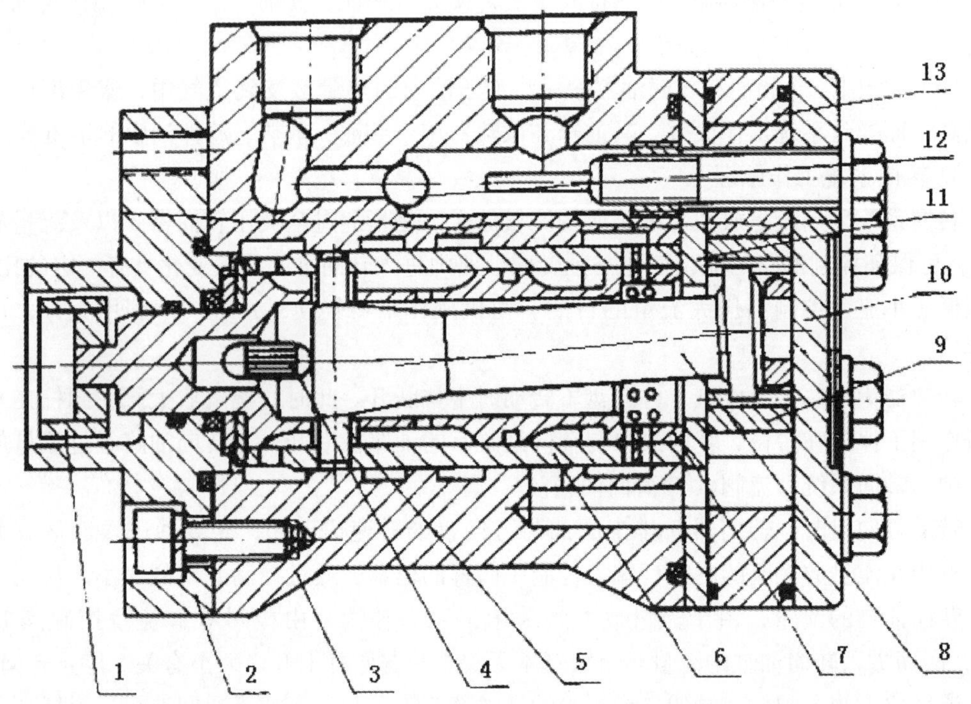

图 8－3　液压转向器

1—连接块；2—前盖；3—阀体；4—弹簧片；5—拔销；6—阀套；7—阀芯；8—联动轴；9—转子；10—后盖；11—隔板；12—钢球；13—定子

转动方向盘，当有油通过计量机构时，通过转子 9，联动轴 8，拔销 5，带动阀套 6 与阀芯 7 同向转动，将油送到流量放大阀的先导油进出口，控制流量放大阀的主阀芯动作，油量得到放大，控制整机转向。

该转向器为闭芯无反应型，随动转阀处于中间位置（即方向盘不动）时，进油、回油及工作油口封闭，互不相连。

转动方向盘，从减压阀6（图8－1中）来油经随动转阀到计量机构，推动转子随方向盘同步转动，将先导油送到流量放大阀阀杆一端，使其阀杆动作，实现转向，阀杆另一端的油经随动转阀回油箱，当方向盘转得较快时，通过计量马达到流量放大阀阀杆一端的先导油多，阀杆位移量增大，转向快。

方向盘与阀芯连接在一起，当方向盘转动时，阀芯转过一个小角度，直到弹簧片被压，阀套才跟着旋转，这时阀芯与阀套分开一个角度，将油路接通。与此同时，与阀套相连的联动轴一起转动，带动定子内转子的旋转，把与方向盘转角成一定比例的先导油由工作口送至流量放大阀阀杆的一端，同时流量放大阀阀杆另一端的先导油通过转向器另一工作口回油箱。方向盘停止转动，弹簧片使得阀套、阀芯回到中间位置，将油路关闭。

2. 流量放大阀

流量放大阀是一个液控换向阀，如图8－4所示结构。它包括：换向阀芯12、流量控制阀18、安全阀19、梭阀16等组成。

（1）中间位置。方向盘不转动时，阀芯12在复位弹簧8的作用下保持在中间位置。当不转向或转向完成时，液压转向器停止向流量放大阀提供先导控制油。此时，没有先导油作用于阀芯12的两端，阀芯12的两端的油通过通道2和通道3相连，阀芯12在复位弹簧8的作用下保持在中间位置。当阀芯12在中间位置时，从转向泵的来油被阀芯12封住，使得进口腔15中的压力增加，推动流量控制阀18右移直至油能通过出口5回油箱。

在中位时，与转向缸相连的阀体出口4、6处于封闭状态，以保持方向盘停止转向时装载机的位置。封闭腔内4、6的油压通过梭阀16作用于先导安全阀19，如果外力使得内部压力超过先导安全阀的调定压力，将打开安全阀19，以保证系统压力不超过调定压力。

（2）转向位置。当操纵方向盘右转时，先导油进入阀芯12的先导油口9，油压推动阀芯12左移，左移的量是由方向盘转动速度来控制的，如果转动慢一些，阀芯移动就少，相反，阀芯移动就多，转向就快。先导油从先导油口9穿过计量节流孔7、通道2到了阀芯12另一端，然后通过转向器回油箱。

随着阀芯移动到左边，从转向泵来的油到达进口15，通过阀芯12上的狭槽，分别进入左转向缸的无杆腔和右转向缸的有杆腔，同时转向缸另一端的油通过出口4、回油通道13回油箱，机子右转弯。这时，出口6的油压打开梭阀16。作用于流量控制阀18和先导安全阀19，如果转向阻力增加，这油压将推动流量控制阀19左移，使得进出油口压差基本恒定，通过流量大小只与阀芯12的位移有关，即通过流量大小只与转向快慢有关而与转向阻力变化无关。如果压力超过先导安全阀19的调定压力，先导安全阀19将打开，使得流量控制阀弹簧腔内压力下降。进口油压推动流量控制阀右移，将节流小孔开大，整个油路的压力下降。当外力下降，流量控制阀18和先导安全阀19回到原位置。

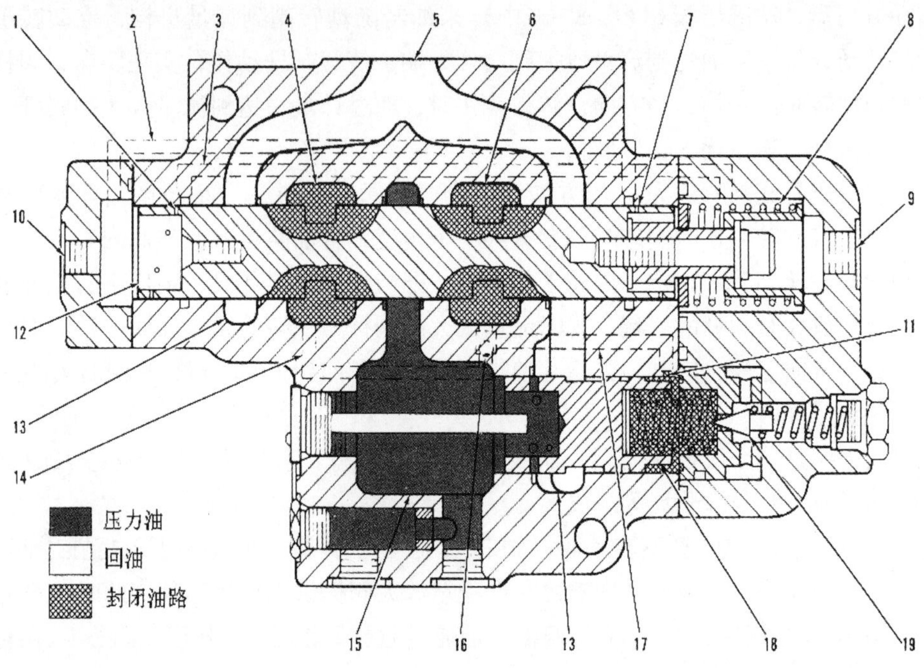

图 8－4　流量放大阀（中位）

1—计量节流孔；2—通道；3—通道；4—出口（至左转向缸）；5—出口（至油箱）；6—出口（至右转向缸）；7—计量节流孔；8—复位弹簧；9—先导进出油口；10—先导进出油口；11—节流孔；12—换向阀芯；13—回油通道；14—通道；15—进口（至转向泵）；16—梭阀；17—通道；18—流量控制阀；19—安全阀

任务 8.3　分析挖掘机液压系统

任务目标： 能够识读挖掘机工作装置、回转机构液压系统原理图；能够分析挖掘机工作装置、回转机构液压系统的特点。

学习内容： 柳工 CLG922LC 型全液压挖掘机工作装置、回转机构液压系统分析。

8.3.1　挖掘机概述

挖掘机主要用来开挖堑壕、基坑、河道与沟渠以及用来进行剥土和挖装矿石。它在筑路、水利施工、露天采矿作业中都有广泛的应用。

一台单斗挖掘机的主要动作包括整机行走（前进和后退）、上车平台相对下车回转、动臂升降、斗杆外伸与挖掘、铲斗的装土与卸载等。同时由于挖掘机作业时，常常要实现复合动作（如动臂和斗杆、斗杆和铲斗等），协调作业，根据这些工作要求，把各液压元件用管路按照要求有序地连接起来，形成完整的挖掘机液压系统原理图。

CLG922LC 型全液压挖掘机的液压系统主要由工作装置（包括动臂、斗杆、铲斗）、回转机构及行走机构三大部分组成。液压系统分为上车和下车两个部分。上车液压系统位于旋转平台以上，包括有工作装置的三个液压缸（即动臂、斗杆、铲斗液压缸）、液压主泵、回转液压马达、主控阀等液压元件。下车液压系统处于履带底盘上，有左、右两个行走液压马达。上车液压油通过中心回转接头进入下车液压系统，驱动行走液压马达旋转，使整机行驶。

CLG922LC 型全液压挖掘机的液压系统为双泵双回路变量系统。系统中，油泵包括：主油泵（P1、P2 泵）（K3V112DT）和先导泵（P3 泵）（ZX10LGRZ1 - 07A - V）。两个主油泵的性能相同，为双联变量轴向柱塞泵（斜盘式），为主油路提供高压油。先导泵为齿轮泵，它向先导系统以及主油泵控制系统供油。主油泵由发动机（康明斯 B5.9 - C 108 kW /2100 r/min）通过联轴器直接驱动，先导齿轮泵串联在 P2 泵后面，工作时与主油泵一起同速转动。主泵的额定工作压力为 34.3 MPa。

8.3.2　挖掘机液压系统的工作原理分析

一　挖掘机液压系统工作原理示意图

图 8 - 6 为 CLG922LC 型全液压挖掘机液压系统工作原理示意图。

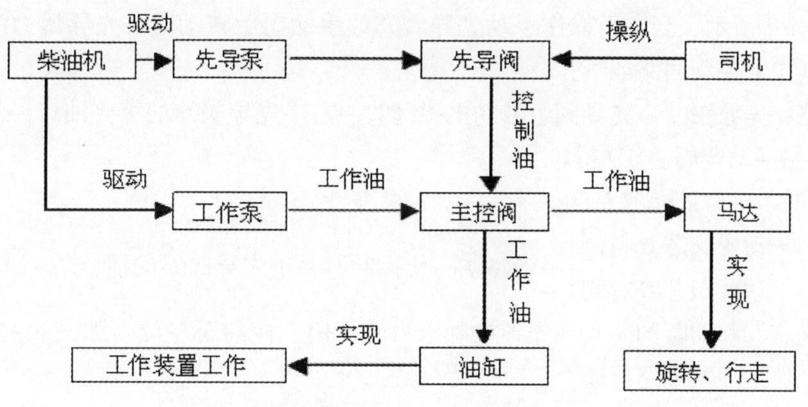

图 8 - 6　挖掘机液压系统原理示意图

二　CLG922LC 型全液压挖掘机结构特征

如图 8 - 5 所示为 CLG922LC 挖掘机液压系统原理图。采用高压全功率变量双泵双回路液压系统，负流量控制。液压主泵 19 采用恒功率变量双泵。两个主泵 P1、P2 分别通过主控阀 4 中的左边阀块、右边阀块向各工作回路提供液压油，主控制阀 4 由先导操纵阀手动（左、右手）操纵。先导泵除了给先导系统和主泵调节器提供压力油外，还向双速行走回路提供高、低速压力控制所需的压力油。另外，在实现复合动作的液压系统回路中还设置了相对斗杆的动臂优先和回转优先阀，实现流量分配的优化，使复合动作协调和生产效率提高。

CLG922LC 型挖掘机采用双泵总功率调节，两台泵的功率总和始终保持恒定，不超过发动机的额定功率。特点是当执行单泵动作时，此泵可吸收另一不工作的液压泵功率，充分发挥柴油机功率。CLG922LC 型挖掘机的主控阀 4 分为左、右两个阀块，其左边阀块是由左行走控制阀、回转控制阀、动臂阀 2、斗杆阀 1 和铲斗合流阀组成，右边阀块是由右行走控制阀、备用阀、动臂阀 1、铲斗阀和斗杆阀 2 组成。另外还有直线行走阀块，同时主阀中还包括动臂锁紧阀和斗杆锁紧阀、斗杆限位阀、动臂优先阀等组成的混合阀。CLG922LC 型挖掘机液压系统由如下回路组成：总功率变量泵组成的调节回路，先导操纵控制回路，工作装置（动臂回路、斗杆回路、铲斗回路）回路，回转回路，行走（双速）回路，还有动臂与斗杆复合动作回路，等等，这里只进行工作装置液压系统回路分析和回转机构液压系统回路分析。

三　CLG922LC 型挖掘机工作装置液压系统工作原理分析

1. 动臂回路

如图 8－7 所示为 CLG922LC 挖掘机动臂系统回路，当右手操作手动先导阀⑬的手柄向后或向前转动时，可实现动臂上升或下降动作。

（1）动臂上升回路。

（a）先导操纵控制回路。

如图 8－7 所示，当右手操作手动先导阀⑬的手柄向后转动时，先导压力油从先导泵⑨流出，其先导控制回路如下：

进油路：先导泵⑨→先导阀组⑪的电磁阀⑫→右手先导阀⑬的第 4 油口→切换阀⑭→

先导油路 $\begin{cases}⑮→动臂阀芯⑤左侧。\\⑯→动臂阀芯⑰左侧。\end{cases}$

回油路：$\left.\begin{matrix}动臂阀芯⑤右侧\\动臂阀芯⑰右侧\end{matrix}\right\}$→管路④→切换阀⑭→手先导阀⑬的油口 2→油箱⑩。

动臂阀芯⑤和动臂阀芯⑰在先导控制压力的作用下换向至左位（如图 8－7 所示）的工作位置，使主控制油路导通。

（b）主控制回路。

进油路：主泵 $\left\{\begin{matrix}左泵⑧→油道⑳→动臂阀芯⑰→单向阀㉒→油道㉑\\右泵⑨→单向阀⑲→单向阀⑱→动臂阀芯⑤→油道㉑\end{matrix}\right\}$

汇流→动臂锁定阀㉓→动臂油缸①的大腔②。

回油路：动臂油缸①小腔→管路③→动臂阀芯⑤→回油通道⑥→油箱⑩。

这样，动臂油缸在压力油的作用下活塞杆伸出，推动动臂上升。

（2）动臂下降回路。

（a）先导操纵控制回路。

如图 8－7 所示，当操作手动先导阀⑬的手柄（右手）向前转动，先导压力油从先导泵⑨流出，其先导控制回路如下：

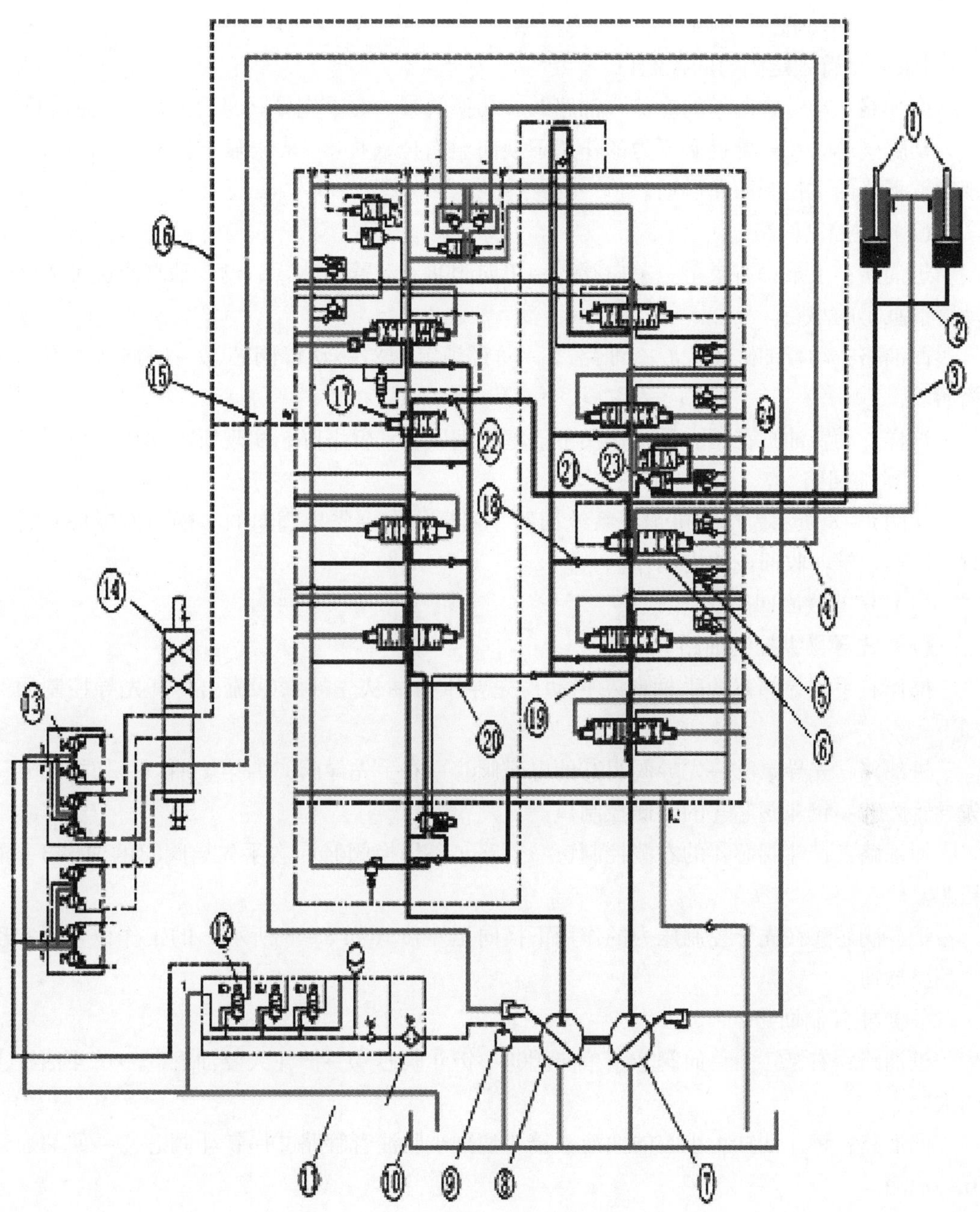

图 8－7　CLG922LC 挖掘机动臂系统回路

1—动臂油缸；2—大腔油管；3—小腔油管；4—先导控制油路；5—动臂阀芯；6—回油通道；7—右泵；8—左泵；9—先导泵；10—油箱；11—先导阀组；12—电磁阀；13—手动先导阀；14—切换阀；15、16—先导控制油路；17—动臂阀芯；18、19—单向阀；20、21—压力油道；22—单向阀；23—动臂锁定阀；24—先导控制油

进油路：先导泵⑨→先导阀组⑪的电磁阀⑫→手动先导阀⑬的第 2 油口→切换阀⑭→管路{④→动臂阀芯⑤右侧。
㉔→动臂锁定阀㉓的控制口。}

回油路：动臂阀芯⑤的左侧→油路⑯→切换阀⑭→右手先导阀⑬的油口 4→油箱⑩。

动臂阀芯⑤在先导控制压力的作用下换向至右位（图 8－7 未显示）的工作位置，实现动臂下降的主控制回路导通。

（b）主控制回路。

进油路：主泵：右泵⑦→单向阀⑲→单向阀⑱→动臂阀芯⑤→动臂油缸小腔油管③→动臂油缸①的小腔。

回油路：动臂油缸①大腔→油路②→动臂锁定阀㉓→动臂阀芯⑤→回油通道⑥→油箱⑩。

这样，动臂油缸在压力油的作用下活塞杆缩回，动臂下降，实现所需动作。

2. 铲斗回路

如图 8－8 所示为挖掘机铲斗系统回路，当操作右手先导阀⑬的手柄向左或向右转动时，可实现铲斗收回或伸出动作。

（1）铲斗收回回路。

（a）先导操纵控制油路。

操作右手先导阀⑬的手柄向左转动，先导压力油从先导泵⑨流出，其先导控制回路如下：

进油路：先导泵⑨→先导阀组⑪的电磁阀⑫→右手先导阀⑬的第 1 油口→切换阀⑭→先导管路⑤→铲斗阀芯④的左侧控制口。

回油路：铲斗阀芯④的右侧控制口→管路⑯→切换阀⑭→右手先导阀⑬的油口 3→油箱⑩。

铲斗阀芯④在先导控制压力的作用下换向至左位（如 8－8 所示）的工作位置，实现主油路导通。

（b）主控制回路。

进油路：右泵⑦→单向阀⑲→单向阀⑱→铲斗阀芯④→铲斗大腔油管③→铲斗油缸①的大腔。

回油路：铲斗油缸①小腔的油液→铲斗油缸小腔油管管路②→铲斗阀芯④→回油通道⑥→油箱。

这样，铲斗油缸在压力油的作用下活塞杆伸出，推动铲斗收回。

主泵的左泵⑧输出的压力油经中位通道⑳、溢流阀㉑及节流口回油箱，节流口前反馈压力通过负流量反馈压力管路⑮作用在左泵的变量机构，使左泵⑧的排量降至最小。

（2）铲斗伸出回路。

（a）先导操纵控制回路。

如图 8－8 所示，操作右手先导阀⑬的手柄向右转动，先导压力从先导泵⑨流出，其先导控制回路如下：

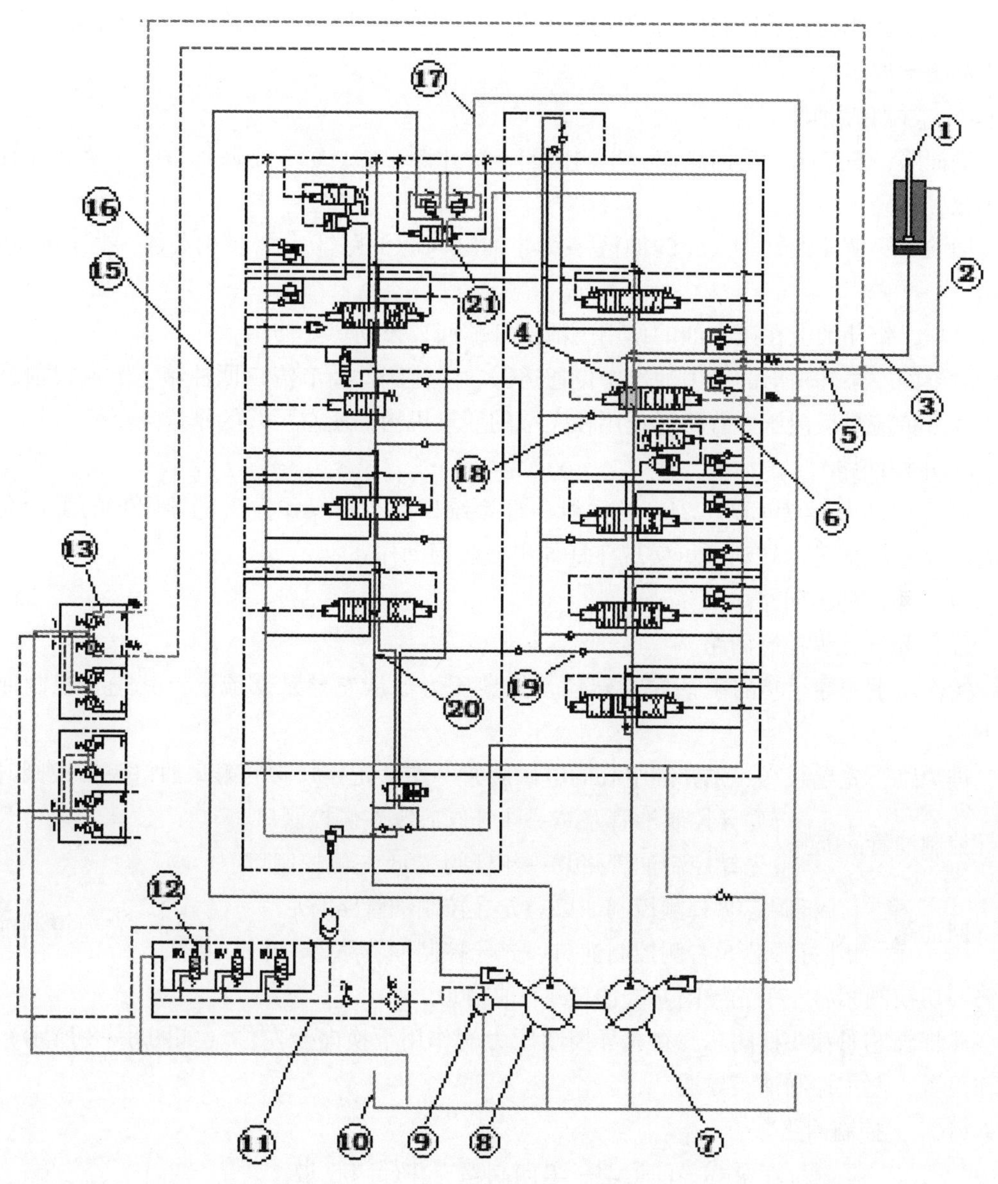

图 8－8　CLG922LC 挖掘机铲斗系统回路

1—铲斗油缸；2—小腔油管；3—大腔油管；4—铲斗阀芯；5—先导控制油路；6—回油通道；7—右泵；8—左泵；9—先导泵；10—油箱；11—先导阀组；12—电磁阀；13—右手先导阀；14—切换阀；15—负流量反馈压力油路；16—先导控制油路；17—负流量反馈压力管路；18、19—单向阀；20—中位通道；21—溢流阀

进油路：先导液压泵⑨→先导阀组⑪的电磁阀⑫→右手先导阀⑬的第 3 油口→切换阀⑭→先导管路⑯→铲斗阀芯④的右侧控制油口。

回油路：铲斗阀芯④的左侧控制油口→管路⑤→切换阀⑭→右手先导阀⑬的油口 1→油箱⑩。

铲斗阀芯④在先导控制压力的作用下换向至右位（图 8 －8 未显示）的工作位置，实现主油路导通。

（b）主控制回路。

进油路：右泵⑦→单向阀⑲→单向阀⑱→铲斗阀芯④→铲斗小腔油管②→铲斗油缸①的小腔。

回油路：铲斗油缸①大腔的油液→铲斗油缸大腔油路③→铲斗阀芯④→回油管⑥→油箱。

这样，铲斗油缸在压力油的作用下活塞杆缩回，拉动铲斗伸出。

主泵的左泵⑧输出的压力油经中位通道⑳、溢流阀㉑及节流口回油箱，节流口前反馈压力通过负流量反馈压力管路⑮作用在左泵的变量机构，使左泵⑧的排量降至最小。

3. 斗杆回路

如图 8 －9 所示为 CLG922LC 挖掘机斗杆系统回路。当操作左手先导阀⑬的手柄向前或向后（标准情况）转动，可实现斗杆伸出或收回动作。

（1）斗杆伸出回路。

（a）先导操纵控制回路。

操作左手先导阀⑬的手柄向前转动，先导压力油从先导泵⑨流出，其先导控制回路如下：

进油路：先导泵⑨→先导阀组⑪的电磁阀⑫→左手先导阀⑬的第 2 油口→切换阀⑭→先导控制油管路⑮→{先导控制油管路⑯→斗杆阀芯⑤左侧控制口；先导控制油管路⑰→斗杆阀芯⑱ 左侧控制口}

回油路：{斗杆阀芯⑱右侧控制油口→先导控制油管路⑮；斗杆阀芯⑤右侧控制油口→先导控制油管路㉔→电磁阀④}→先导控制油管路㉕→切换阀⑭→左手先导阀⑬的油口 4→油箱⑩。

斗杆阀芯⑱和斗杆阀芯⑤在先导控制压力的作用下换向至左位（如图 8—8 所示）的工作位置，使主控制油路导通。

（b）主控制回路。

进油路：主泵{左泵⑧→油道⑳→单向阀㉓→斗杆阀芯⑱；右泵⑦→单向阀⑲→油道㉑→斗杆阀芯⑤→油道（6）}→汇合→斗杆锁定阀㉒→斗杆小腔油管③→斗杆油缸①的小腔。

回油路：斗杆油缸①大腔的油液→斗杆油缸大腔油管②→斗杆阀芯⑱→斗杆阀芯⑤→油箱⑩。

这样，斗杆油缸在压力油的作用下活塞杆缩回，拉动斗杆伸出。

（2）斗杆收回回路（无再生功能）。

（a）先导操纵控制回路。

当斗杆油缸大腔的进油压力超过换向阀㉖的弹簧设定的压力时，此压力通过控制压力控制油道㉗使换向阀㉖换向，这时，斗杆油缸小腔的回油便可通过斗杆阀芯⑱与回油通道相通，此时没有“再生”的功能。

当操作左手先导阀⑬的手柄向后转动，先导压力油从先导泵⑨流出，其先导控制回路如下：

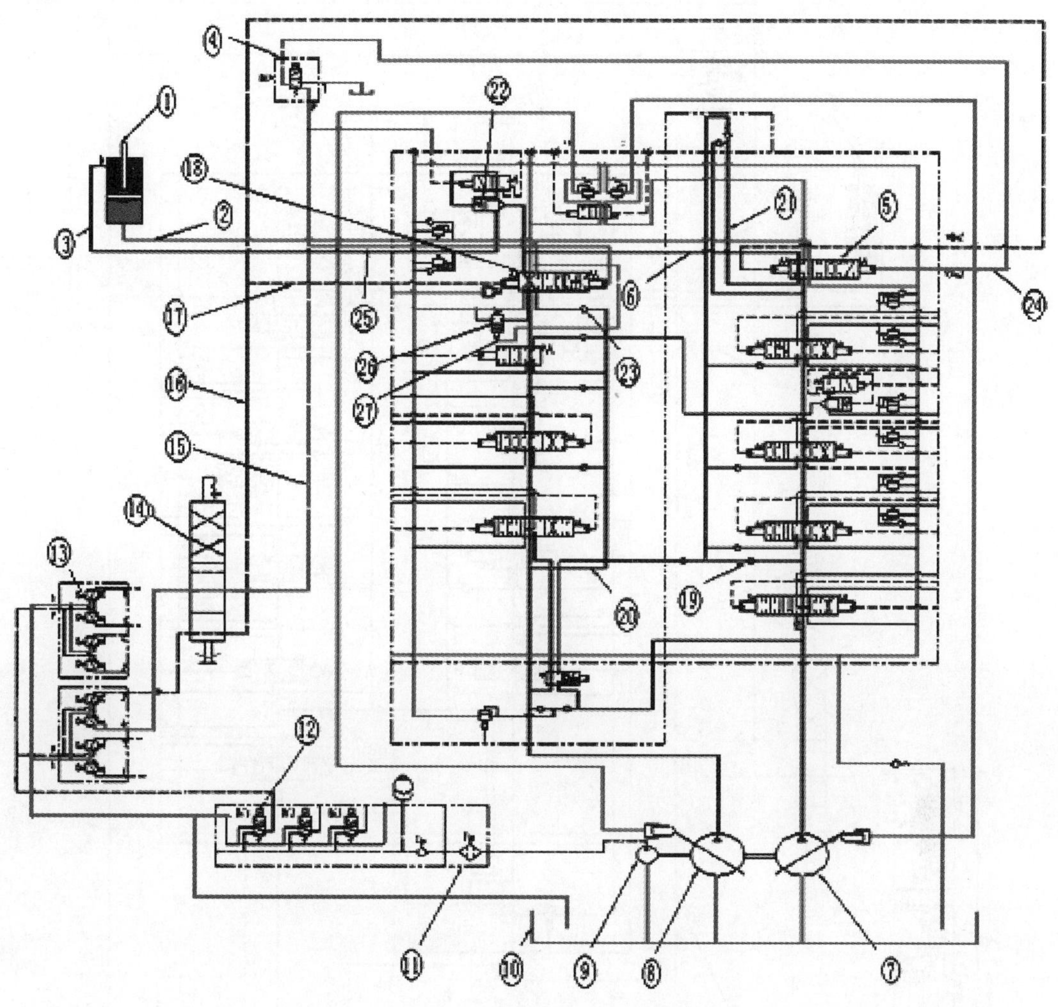

图 8－9　CLG922LC 挖掘机斗杆系统回路

1—斗杆油缸；2—大腔油管；3—小腔油管；4—电磁阀；5—斗杆阀芯；6—压力油道；7—右泵；8—左泵；9—先导泵；10—油箱；11—先导阀组；12—电磁阀；13—左手先导阀；14—切换阀；15、16、17—先导控制油管路；18—斗杆阀芯；19—单向阀；20、21—压力油道；22—斗杆锁定阀；23—单向阀；24、25—先导控制油管路；26—换向阀；27—压力控制油道

进油路：先导泵⑨→先导阀组⑪的电磁阀⑫→手先导阀⑬的第 4 油口→切换阀⑭→油路⑮→{电磁阀④→油路㉔→斗杆阀芯⑤；油路㉕→斗杆阀芯⑱}→右侧控制口。

回油路：{斗杆阀芯⑱；斗杆阀芯⑤}→左侧控制口→管路⑯、⑰汇流→切换阀⑭→左手先导阀⑬的油口 2→油箱⑩。

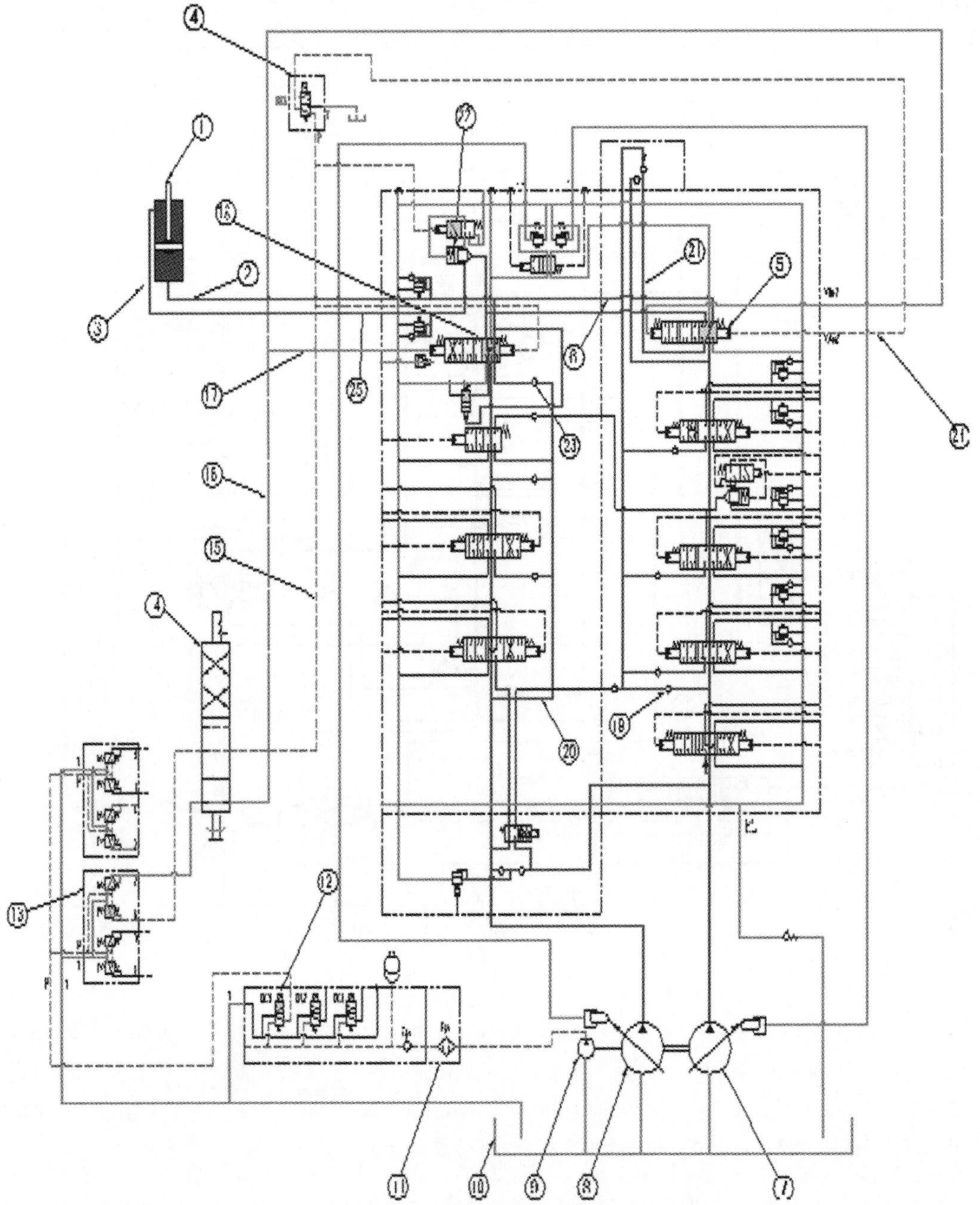

图 8－10　CLG922LC 挖掘机斗杆系统再生功能回路

1—斗杆油缸；2—大腔油管；3—小腔油管；4—电磁阀；5—斗杆阀芯；6—压力油道；7—右泵；8—左泵；9—先导泵；10—油箱；11—先导阀组；12—电磁阀；13—左手先导阀；14—切换阀；15、16、17—先导控制油路；18—斗杆阀芯；19—单向阀；20、21—压力油道；22—斗杆锁定阀；23—单向阀；24、25—先导控制油管路

斗杆阀芯⑱和斗杆阀芯⑤在先导控制压力的作用下换向至斗杆阀芯右位（图 8 －9 所示）的位置，并且先导压力油同时打开斗杆锁定阀的换向控制阀，将斗杆锁定阀的控制压力与油箱相通，为斗杆小腔回油解除锁定。

（b）主控制回路。

进油路：主泵{左泵⑧→油道⑳→单向阀㉓→斗杆阀芯⑱→ / 右泵⑦→单向阀⑲→油道㉑→斗杆阀芯⑤→油道⑥}→斗杆油缸大腔油管②→斗杆油缸①的大腔。

回油路：斗杆油缸①小腔的油液→小腔油管③→斗杆锁定阀㉒→斗杆阀芯⑱→油箱。

这样，斗杆油缸在压力油的作用下活塞杆伸出，推动斗杆收回。

（3）斗杆收回回路（有再生功能）。

再生阀通常安装在动臂下降、斗杆收回和铲斗收回油路时，以提高油缸的速度，防止油缸暂停，提高机器的可控制性。CLG922LC 挖掘机只有斗杆有回油再生。再生功能的作用是，加快斗杆油缸的运动速度，提高生产率，防止气穴现象。当斗杆油缸大腔进油，若大腔进油过快造成泵供油不及时，斗杆小腔的油可以通过斗杆阀芯内的单向阀直接补给大腔，形成斗杆油缸的差动连接，实现斗杆快速收回动作。再生功能往往产生在铲斗空载（或无负荷）时，斗杆实现快速运动。图 8 －10 为 CLG922LC 挖掘机斗杆系统再生功能回路。

（a）先导操纵控制回路。

当操作左手先导阀⑬的手柄向后转动，先导压力油从先导泵⑨流出，其先导控制回路与无再生功能先导回路相同，不再累述。

（b）主控制回路。

进油路：主泵{左泵⑧→油道⑳→单向阀㉓→斗杆阀芯⑱ / 右泵⑦→单向阀⑲→油道㉑→斗杆阀芯⑤→油道⑥}→汇流大腔油管②→斗杆油缸①的大腔。

回油路：斗杆油缸①小腔的油液→小腔油管③→斗杆锁定阀㉒→斗杆阀芯⑱的阀芯内部的单向阀→油道⑥→斗杆油缸大腔油管②→斗杆油缸①的大腔，即斗杆油缸小腔的回油不回油箱，而是直接通过斗杆阀芯进入斗杆油缸的大腔，加快油缸的运动速度，该功能即为“再生”功能，这样，斗杆油缸在压力油的作用下活塞杆伸出，推动斗杆收回。如图 8 －10所示回路。

二　CLG922LC 型挖掘机回转液压系统工作原理分析

如图 8 －11 所示为 CLG922LC 挖掘机回转机构回路。当操作左手先导阀⑬的手柄向左或向右（标准情况）转动，可实现回转机构的左回转或右回转动作。

1. 左回转回路

（a）左回转先导控制回路。

操作左手先导阀⑬的手柄向左转动，先导压力油从先导泵⑨流出，其先导控制回路如下：

进油路：先导泵⑨→先导阀组⑪的电磁阀⑫→左手先导阀⑬的第 1 口（如图 8－10 所示）→管路⑳→回转阀芯⑮的控制左控制油口。

回油路：回转阀芯⑮的右侧控制油口→管路㉑→左手先导阀⑬的油口 3→油箱⑩。

回转阀芯⑮在先导控制压力的作用下换向至（如图 8－11 所示）左回转的工作位置。此时，控制压力㉜因回转阀芯⑮及单向阀㉛的截止而建立起压力，从先导阀组⑪提供的控制压力经先导控制压力管路㉙、节流口㉚、马达解锁控制管路③至回转马达解锁的换向阀②，推动换向阀使之换向，从先导阀组 B 口的控制压力经马达解锁管路④进入马达的锁定油缸实现解锁；

（b）左回转主控制回路。

进油路：左泵⑧→中位通道⑰→单向阀⑱→回转阀芯⑮→回转马达 B 口管路⑥→回转马达及减速机①。

回油路：回转马达及减速机①A 口的油经回转马达 A 口管路⑤、回转阀芯⑮与回油通道⑯相通而回油箱，这样，回转马达及减速机在压力油的作用下带动平台向左转动。

主泵的右泵⑦→中位通道㉕→节流口㉔→回油箱。节流口前反馈压力通过负流量反馈压力管路㉖作用在右泵的变量机构，使右泵⑦的排量降至最小。

如果在左回转的同时做斗杆伸出的动作时，从左手先导阀⑬出来的控制压力经梭阀⑲、先导控制油管路㉒至回转优先限位器㉓，机械地限制斗杆阀芯的行程，使左泵⑧的流量优先提供给回转阀芯，以实现“回转优先”的功能。

2. 右回转回路

（a）右回转先导控制回路。

操作左手先导阀⑬的手柄向右转动，先导压力油从先导泵⑨流出，其先导控制回路如下：

进油路：先导泵⑨→先导阀组⑪的电磁阀⑫→左手先导阀⑬的第 3 油口→先导管路㉑→回转阀芯⑮的右控制油口。

回油路：回转阀芯⑮的左侧控制油口→管路⑳→左手先导阀⑬的油口 1→油箱⑩。

回转阀芯⑮在先导控制压力的作用下换向至右回转的工作位置。此时，控制压力㉜因回转阀芯⑮及单向阀㉛的截止而建立起压力，从先导阀组⑪提供的控制压力经先导控制压力管路㉙、节流口㉚、马达解锁控制管路③至回转马达解锁的换向阀②，推动换向阀使之换向，从先导阀组 B 口的控制压力经马达解锁管路④进入马达的锁定油缸实现解锁。

（b）右回转主控制油路：

进油路：左泵⑧→中位通道⑰→单向阀⑱→回转阀芯⑮→回转马达 A 口管路⑤→回转马达及减速机①。

回油路：回转马达及减速机①B 口的油液→回转马达 B 口管路⑥→回转阀芯⑮→回油通道⑯→回油箱。这样，回转马达及减速机在压力油的作用下带动平台向右转动。

主泵的右泵⑦输出的压力油经中位通道㉕、节流口㉔回油箱，节流口前反馈压力通过负流量反馈压力管路㉖作用在右泵的变量机构，使右泵⑦的排量降至最小。

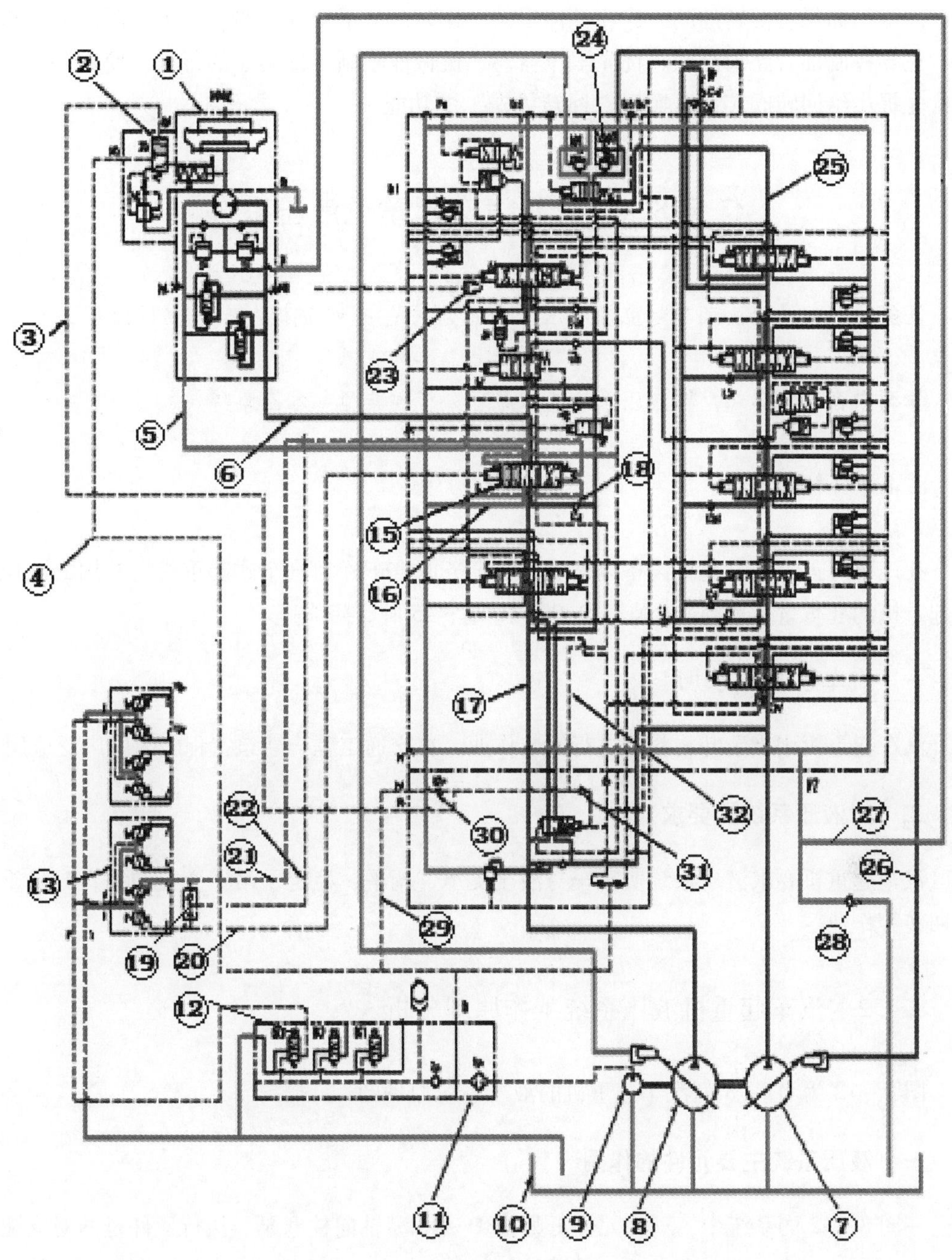

图 8－11　CLG922LC 挖掘机回转机构左回转回路

1—回转马达及减速机；2—换向阀；3—马达解锁控制管路；4—马达解锁管路；5—马达 A 口管路；6—马达 B 口管路；7—右泵；8—左泵；9—先导泵；10—油箱；11—先导阀组；12—电磁阀；13—左手先导阀；14—切换阀；15—回转阀芯；16—回油通道；17—中位通道；18—单向阀；19—梭阀；20、21、22—先导控制油管路；23—回转优先限位器；24—节流口；25—中位通道；26—负流量反馈压力管路；27—回转马达补油管路；28—回油单向阀；29—先导控制压力管路；30—节流口；31—单向阀；32—控制压力

同样，如果右回转的同时作斗杆伸出的动作时，从手先导阀⑬出来的控制压力经梭阀⑲、先导控制油管路㉒至回转优先限位器㉓，机械地限制斗杆阀芯的行程，使左泵⑧的流量优先提供给回转阀芯，以实现“回转优先”的功能。

任务8.4　分析汽车起重机液压系统

任务目标：能识读汽车起重机液压系统原理图；能够分析汽车起重机液压系统工作特点。

学习内容：汽车起重机液压系统工作原理分析和典型基本回路特点。

8.4.1　概述

在汽车底盘上装设起重设备以完成吊装任务的汽车称为汽车式起重机。常用的液压汽车起重机的起重量有 5 吨、8 吨、12 吨、16 吨、25 吨、40 吨等。

一　汽车起重机的功用

汽车起重机用来装卸物料和进行安装作业。在交通工程、建筑工程施工中广泛应用。

二　对液压系统的要求

汽车起重机要求液压系统实现车身液压支承、调平、稳定，吊臂变幅伸缩，升降重物及回转等作业。

8.4.2　汽车起重机液压系统工作原理分析

图 8－12 为 QY－8 型汽车起重机的液压系统原理图。

一　液压系统主要元件的作用

在图 8－12 的系统中，动力元件 1 为 ZBD－40 型轴向柱塞泵。执行元件是两对支腿液压缸 8、9，一对稳定器液压缸 5，吊臂液压缸 14，一对变幅液压缸 15，回转马达 17，起升马达 18，一对制动器液压缸 19。控制调节元件有方向阀和压力阀。

方向阀：包括Ⅰ组三联多路阀和Ⅱ组四联多路阀。Ⅰ组三联多路阀中的阀 23 控制油液分别供给Ⅰ、Ⅱ多路阀组，阀 24、25 控制支腿液压缸及稳定器液压缸；Ⅱ组四联多路阀控制吊臂变幅、伸缩液压缸和回转、起升马达；液压锁 6、7 用以锁紧前后支腿液压缸。

压力控制阀：安全阀 13 控制支承、稳定工作回路免于过载，其调定压力为 16 MPa；安全阀 11 控制吊臂伸缩、变幅、回转、起升工作回路免于过载，调定压力为 25～26 MPa。

两安全阀分别装于两多路阀组中。平衡阀 12、16、20 分别控制吊臂伸缩、变幅、起升马达工作平稳及单向锁紧。

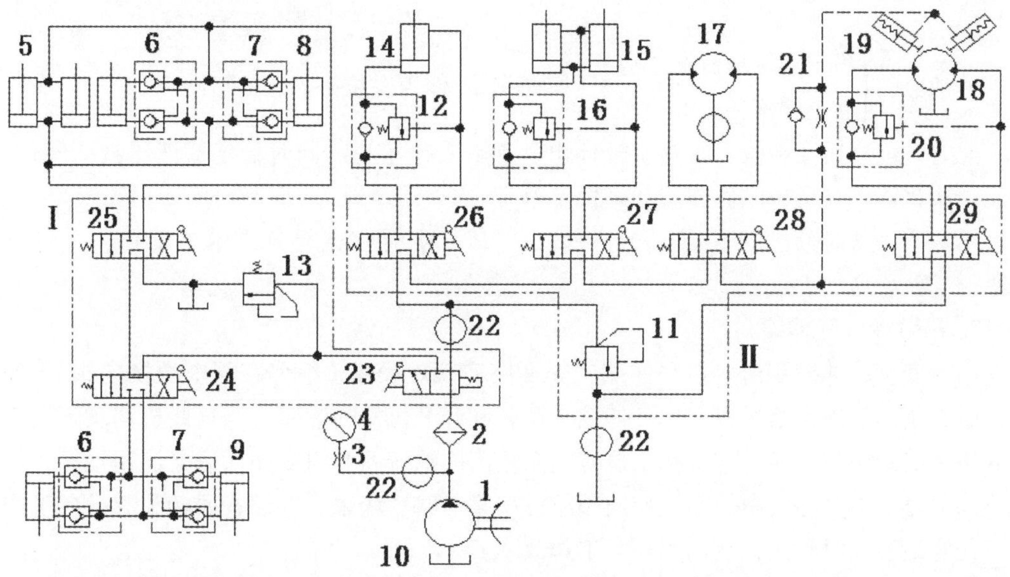

图 8－12　QY－8 型汽车起重机液压系统

1—液压泵；2—滤油器；3—阻尼器；4—压力表；5—稳定器液压缸；6、7—液压锁；8、9—前后支腿液压缸；10—油箱；11、13—安全阀；12、16、20—平衡阀；14—吊臂液压缸；15—变幅液压缸；17—回转液压马达；18—起升液压马达；19—制动器液压缸；21—单向节流阀；22—中心回转接头；23、24、25—Ⅰ组多路阀；26、27、28、29—II 组多路阀

二　液压系统工作原理分析

QY－8 型汽车起重机液压系统的油路分为两部分。伸缩变幅机构、回转机构和起升机构的工作回路组成一个串联系统，前后支腿和稳定器机构的工作回路组成一个串并联系统。两部分油路不能同时工作。整个液压系统除液压泵 1、滤油器 2、前后支腿和稳定机构以及油箱外，其他工作机构都在平台上部，因而有的称上车油路和下车油路。上部和下部的油路通过中心回转接头连接。

根据汽车起重机的作业要求，液压系统完成下述工作循环：车身液压支承、调平、稳定、吊臂变幅伸缩，吊钩重物升降，回转。

1. 车身支承，调平和稳定

车身液压支承、调平和稳定由支腿和稳定器工作回路实现。

操纵 I 组多路阀中的换向阀 23 处于左位，换向阀 24、25 处于左位。这时油液流动路线是：

进油路：泵 1→滤油器 2→换向阀 23 左位→换向阀 24 左位→液压锁 6、7→前支腿液压缸 9 的大腔。

前支腿液压缸 9 小腔→液压锁 6、7→换向阀 25 左位→{稳定器液压缸 5 大腔；液压锁 6、7→后支腿液压缸 8 大腔}

回油路：{稳定器液压缸 5 小腔；后支腿液压缸 8 小腔} 换向阀 25 作为左位→油箱。

此时，前、后支腿液压缸活塞杆伸出，支腿支撑车身。同时稳定器液压缸活塞伸出，推动挡块将车体与后桥刚性连接起来稳定车身。

场地不平整时分别单独操纵换向阀 24、25，使前后支腿分别单独动作，可将车身调平。

2. 吊臂变幅、伸缩

吊臂变幅、伸缩是由变幅和伸缩工作回路实现。操纵 I 组多路阀中的换向阀 23 处于右位时，泵的油液供给吊臂变幅、伸缩、回转和起升机构的油路。当这些机构均不工作即当Ⅱ组多路阀中所有换向阀都在中位时，泵输出的油液经Ⅱ组多路阀后又流回油箱，使液压泵卸荷。Ⅱ组多路阀中的四联换向阀组成串联油路，变幅、伸缩、回转和起升各工作机构可任意组合同时动作，从而可提高工作效率。

操纵换向阀 27 处于左位，这时油液流动路线是：

进油路：泵 1→滤油器 2→换向阀 23 右位→中心回转接头 22→换向阀 26 中位→换向阀 27 左位→平衡阀 16→变幅液压缸 15 大腔。

回油路：变幅液压缸 15 小腔→换向阀 27 左位→换向阀 28、29 中位→中心回转接头 22→油箱。

此时，变幅液压缸活塞伸出，使吊臂的倾角增大。

当换向阀 27 处于右位时活塞缩回，吊臂的倾角减小。实际中按照作业要求使倾角增大或减小，实现吊臂变幅。操纵换向阀 26 处于左位，液压泵 1 的来油进入吊臂伸缩液压缸 14 的大腔，使吊臂伸出，换向阀 26 处于右位，则使吊臂缩回。从而实现吊臂的伸缩。

吊臂变幅和伸缩机构都受到重力载荷的作用。为防止吊臂在重力载荷作用下自由下降，在吊臂变幅和伸缩回路中分别设置了平衡阀 16、12，以保持吊臂倾角平稳减小和吊臂平稳缩回。同时平衡阀又能起到锁紧作用，单向锁紧液压缸，将吊臂可靠地支承住。

3. 吊重的升降

吊重的升降由起升工作回路实现。在起升机构中设有常闭式制动器 19，构成液压松开制动的常闭式制动回路。它通常被置于串联油路的最后端。这样当起升机构工作时，制动控制回路才能建立起压力使制动器打开。而当起升机构不工作时，即使其他机构工作制动控制回路仍建立不起压力，仍保持制动。此外，在制动回路中还装有单向节流阀 21，其作用是使制动迅速，松开制动缓慢。这样，当吊重停在半空中再次起升时，可避免液压马达因重力载荷的作用而产生瞬时反转现象。

当起升吊重时，操纵换向阀 29 处于左位。泵来油经单向节流阀 21 进入制动液压缸 19，使制动器松开。同时，泵来油经换向阀 29 左位、平衡阀 20 进入起升马达 18。而回油经换向阀 29 左位和中心回转接头 22 流回油箱。于是起升马达带动卷筒回转使吊重上升。

当下降吊重时，操纵换向阀 29 处于右位。泵 1 的来油使起升马达反向转动，回油经平衡阀 20 和换向阀 29 右位和中心回转接头 22 流回油箱。这时制动器液压缸 19 仍通入压力油，制动器松开，于是吊重下降。由于平衡阀 20 的作用，吊重下落时不会出现失速状况。

4. 吊重回转

吊重的回转由回转工作回路实现。操纵多路阀组Ⅱ中的换向阀 28 处于左位或右位时，液压马达即可带动回转工作台做左右转动，实现吊重回转。此起重机回转速度很低，一般转动惯性力矩不大，所以在回转液压马达的进、回油路中没有设置过载阀和补油阀。

滤油器 2 安装在液压泵的排油路上，这种安装方式可以保护除泵以外的全部液压元件。为了防止因堵塞而使滤芯击穿，在滤油器进口处前装一压力表 4。当液压泵处于卸荷状态下运转时，压力表的读数不超过 1 MPa。若大于此值必须清洗滤芯。

各工作机构的调速是通过调节加速踏板使之在一定范围内改变发动机转速即泵的转速，并配合手动换向阀节流来实现的。两种调速方法的恰当配合，既方便又可靠，可以在 0.0033m/s 的微速下工作。

在一些需要复合动作较多，各执行元件动作独立性较强的重型（起重量在 15～50 吨）、超重型（起重量在 50 吨以上）的汽车式起重机上宜采用多泵多路系统。

任务 8.5　分析振动压路机液压系统

任务目标： 能识读振动压路机液压系统原理图；能够分析振动压路机液压系统工作特点。

学习内容： 分析振动压路机行走系统、转向系统和振动轮系统三个独立液压系统回路。

如图 8－13 所示为振动压路机液压系统。

振动压路机一般由行走系统、转向系统和振动轮系统组成。其行走、转向、振动均由液压系统完成。该机液压系统由三个独立的分系统组成。

行走液压系统是由双向变量通轴式柱塞泵 P_1 和轴向柱塞马达 2 组成的闭式系统。液压马达经一级减速器、驱动桥和轮边行星减速器驱动车轮行走。主油路的油压由溢流阀 3 调定。液动换向阀 4 始终将回油接到溢流阀 5，使部分回油冲洗液压马达后经冷却器回油箱。

系统中二位二通转阀 6 的作用是，当压路机正常工作时，转阀处于关闭状态两油路切断，当压路机在某种情况下需要拖行时，打开转阀使马达的两边油路接通，马达可以自由转动。

系统经手动伺服阀 7 控制主泵的斜盘倾角，实现行走的容积调速。伺服阀 7 的控制油源由补油泵 P_4 供给，同时补油泵还可以经单向阀 8 向主油路的回油管路补油。

压路机转向机构和轮式装载机相似，为铰接转向。转向液压系统由齿轮泵 P_2、全液压转向器 10、双作用液压缸 11 等组成。压路机转向时转向盘带动转向器里的随动阀，高压油经转向器里的计量马达进入液压缸，推动前框架绕铰销转动而实现转向。

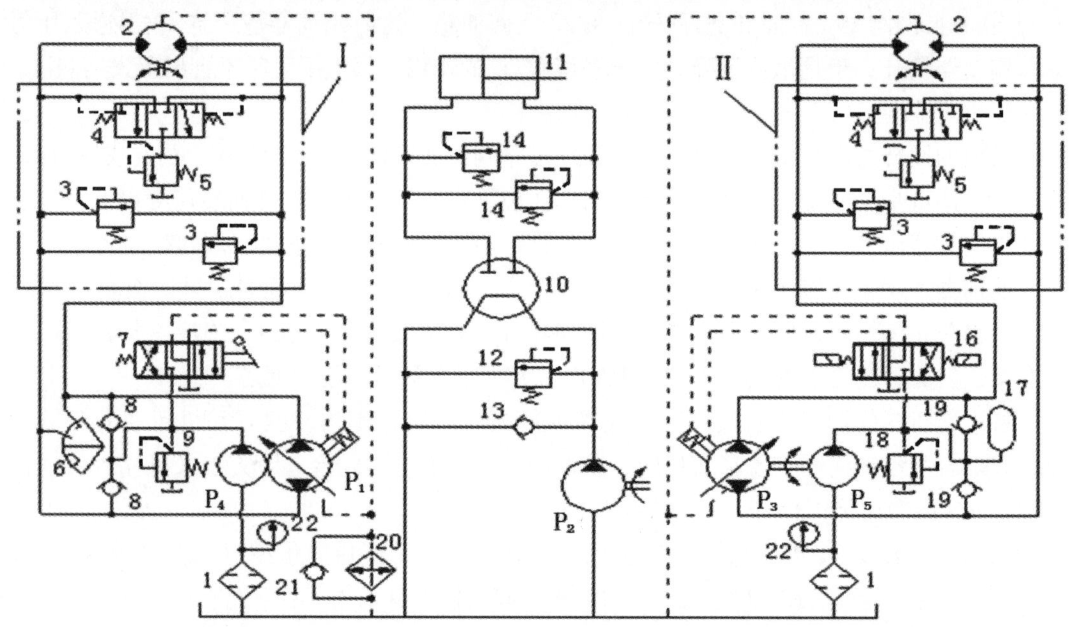

图 8－13　振动压路机液压系统

P_1、P_2、P_3、P_4、P_5—液压泵；1—精滤器；2、15—液压马达；3、5、9、12、18－溢流阀；4—液动换向阀；6—转阀；7、16—伺服阀；8、13、19、21—单向阀；10—全液压转向器；11—转向缸；14—缓冲阀；17—蓄能器；20—冷却器；22—真空表

振动液压系统是由变量泵 P_3 和叶片式马达 15 组成的闭式系统。液压马达带动具有偏心质量块的振动轴转动，振动轴装在振动轮内，主油路中阀组Ⅱ的作用和行走系统相同。变量泵的流量大小和液流方向由电磁伺服阀 16 控制。电磁伺服阀在左右不同位置时，可改变泵的流量和液流方向，使振动轴得到不同的转速和转向。振动频率分别为 33. 33Hz 和 50Hz。当振动轴转向不同时可改变振动轴上偏心块的位置，实现低频高振幅和高频低振幅两种工作功能，以满足不同的振实要求。

在液压泵的吸油管上装有滤油精度为 10μm 的滤油器和真空表。在振动系统的补油油路中还设有蓄能器 17，以补充瞬间的液压泵流量不足，保持压力稳定，使振动和起振平稳。

思考与练习

一　判断题

1. 装载机转向液压系统的转向器是由随动转阀和计量马达两部分组成。(　)
2. ZL50C 装载机大、小腔双作用安全阀是直动型安全阀。(　)
3. CLG922LC 挖掘机液压系统的主控制阀的操纵方式是液动控制。(　)

二　填空题

1. 柳工 ZL50C 型装载机液压系统可以分为两个独立的液压系统，即________液压系统和________液压系统。

2. ZL50C 装载机工作装置液压系统特点为直接操纵液压系统、________式、________优先________顺序单动、________为四位六通阀和________为三位六通阀。

3. ZL50C 工作装置系统回路：包括________液压缸工作回路和________液压缸工作回路，两者控制的换向阀油路连接构成________回路（互锁回路）。

4. CLG922LC 单斗挖掘机工作装置液压回路主要由________、________和________组成。

5. 柳工 CLG922LC 型挖掘机使用的主泵包括两个________和一个________。

6. 挖掘机液压系统中一般有三个独立的油路互不相通，它们是________、________、________。

7. CLG922LC 型挖掘机的主阀是由________、________、________、________和________组成的右边阀块；由________、________、________、________和________组成的左边阀块；还有________行走阀块，同时主阀中还包括________锁紧阀和________锁紧阀、________限位阀、动臂和斗杆复合动作时，________优先阀功能等组成的复合阀；

8. 汽车起重机要求液压系统实现________液压支承、调平、稳定，吊臂________伸缩，________重物及________等作业。

10. 振动压路机液压系统一般由__________系统、__________系统和________轮液压系统组成。

三　简述题

1. 什么是开式回路和闭式回路？各有什么优缺点？
2. 阅读系统原理图时，要注意哪些问题？
3. 简单分析装载机 ZL50C 液压系统原理图及主要液压元件的作用和结构特点。
4. 简单分析 CLG922LC 型挖掘机液压系统原理图。
5. 简单分析 QY－8 型汽车起重机液压系统原理图。
6. 简单分析振动压路机液压系统原理图。

项目九　液力传动

☞知识目标

1. 学习液力传动的特点。
2. 掌握液力耦合器的传动特征及应用特点。
3. 掌握液力变矩器的组成、性能特点、变矩原理。
4. 掌握综合液力变矩器的结构特点、工作原理、性能特性和应用形式。
5. 学习液力变矩器的补偿、冷却系统。
6. 学习液力变矩器使用注意事项及应用方式。

☞能力目标

1. 能分析液力耦合器、液力变矩器的不同性能及液力变矩器的变矩原理。
2. 能分析综合液力变矩器的工作特性和在工程机械上的应用。
3. 会分析液力变矩器的补偿、冷却系统的作用。

任务9.1　液力传动概述

任务目标： 掌握液力传动的传动特点、结构形式；掌握液力耦合器的特性、液力变矩器的变矩原理和特性。

学习内容： 液力传动的传动特点、应用和形式；液力耦合器的特性、工作原理；液力变矩器的变矩原理和特性。

前面八个项目介绍了液压传动的基本知识，本项目将介绍与液压传动一样是液体传递功率（转矩）的液力传动。虽然。液力传动与液压传动一样都是以液体作为工作介质的一种能量转换装置，但是二者的工作原理、组成、零部件的结构形式及工作特性等都不一样，因此应用场合也不同。

本项目由于学时所限，只能重点扼要地介绍一下液力传动的基本原理、工作特性、结构形式、典型液力变矩器及补偿和冷却系统等。

9.1.1　液力传动概念

液力传动装置是20世纪初开始研究的，1912年首先应用于船舶内燃机与螺旋桨间的传动。20世纪30年代后很快在车辆（各种汽车、履带车辆和机车）、工程机械、起重运输机械、钻探设备、大型鼓风机、泵和其他冲击大、惯性大的传动装置上广泛应用。

最初的液力传动装置方案是由德国盖尔曼·费丁格尔教授提出的，其工作原理如图9－1所示。

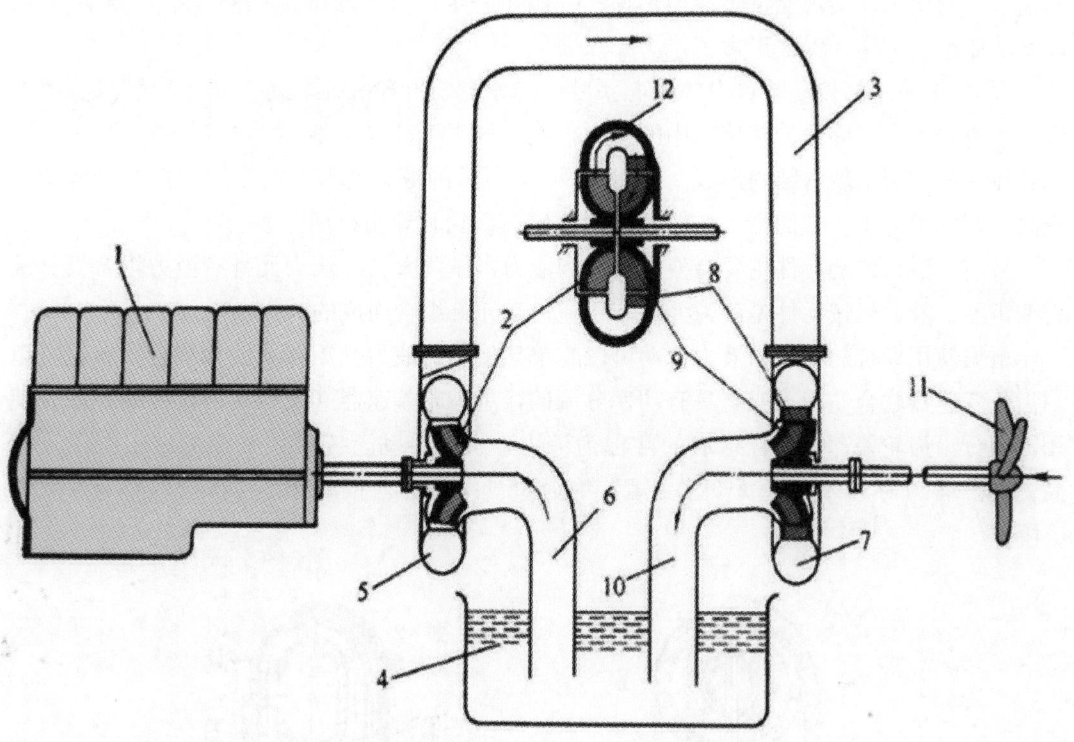

图9－1　液力传动的工作原理图

1—发动机；2—离心泵叶轮；3—管道；4—贮水池；5—泵的螺壳；6—吸水管；7—涡轮螺壳；8—导轮；9—涡轮叶轮；10—排水管；11—螺旋桨；12—液力变矩器模型

发动机1带动离心泵叶轮2高速旋转，离心泵通过吸水管6由贮水池4吸入液体，液体在离心泵内加速获得动能，即离心泵2是将发动机1的机械能转换成液体的动能的主要装置。由离心泵抽出的高速液体，由管路3、导轮8进入涡轮叶轮9，冲击涡轮叶片，从而使涡轮机旋转驱动工作机构（螺旋桨11）运动。工作液体将动能传给叶轮后，沿排水管10流回贮水池4中，再由离心泵吸入继续传递动力，工作液体就这样作为一种传递能量的介质，周而复始，循环不断。

由涡轮机排回的液体速度降低、动能减少，即涡轮机是将液体动能重新转换成机械能的装置。因此通过离心泵与涡轮机的组合，即可实现能量传递。从而构成了液力传动的原始雏形。

叶轮将动力机（内燃机、电动机、涡轮机等）输入的转速、力矩加以转换，经输出轴带动机器的工作部分。液体与装在输入轴、输出轴、壳体上的各叶轮相互作用，产生动量矩的变化，从而达到传递能量的目的。液力传动与靠液体压力能来传递能量的液压传动在原理、结构和性能上都有很大差别。液力传动的输入轴与输出轴之间只靠液体为工作介质联系，构件间不直接接触，是一种非刚性传动。

上述工作过程，是能量转换与传递过程。为完成这一工作过程，液力传动装置中必须具有如下机构：①盛装与输送循环工作液体的密闭工作腔；②一定数量的带叶片的工作轮及输入、输出轴，实现能量转换与传递；③满足一定性能要求的工作液体及其辅助装置，以实现能量的传递并保证正常工作。

图 9－1 所示的传动装置中的离心泵叶轮与水轮机叶轮相距较远，由于导管较长等原因，能量损失大，因此，在传动中的损失很大，效率不高（一般不大于 70%），后来把它们合在一起创制了新的结构形式，就是图 9－1 所示的液力变矩器。在这种新的结构中没有离心泵和水轮机。它们由工作轮（称为泵轮、涡轮和导轮）所代替。

目前，液力传动元件主要有液力元件和液力机械两大类。液力元件有液力耦合器和液力变矩器，液力机械元件是液力元件与机械传动元件组合而成的。

根据使用场合的要求，液力传动可以是单独使用的液力变矩器或液力耦合器，也可以与齿轮变速器联合使用，或与具有功率分流的行星齿轮差速器（见行星齿轮传动）联合使用。与行星齿轮差速器联合组成的常称为液力—机械传动。传动效率在额定工况附近较高：耦合器约为 96% ~98.5%，变矩器约为 85% ~92%。偏离额定工况时效率有较大的下降。

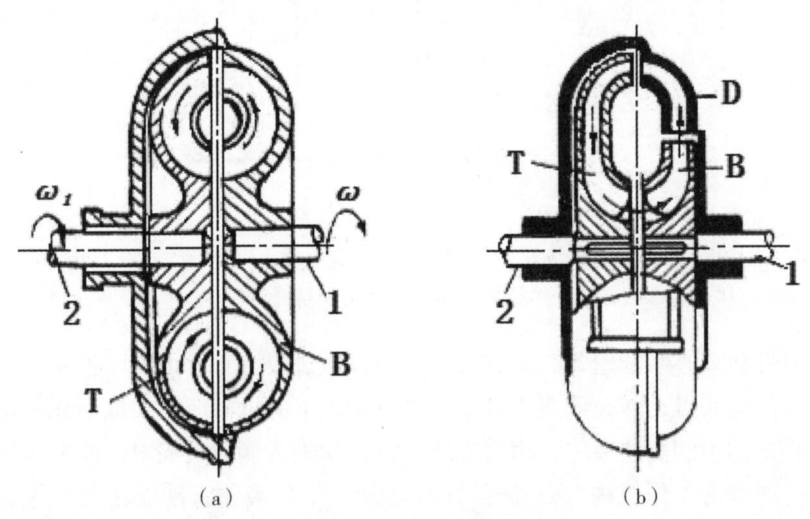

图 9－2　液力耦合器与液力变矩器

1—主动轴；2—从动轴；T—涡轮；B—泵轮；D—导轮

（1）液力耦合器，如图 9－2（a）可知，由泵轮 B（离心泵）和涡轮 T（液动机）组成的。泵轮与主动轴相连，涡轮与从动轴相接。如果不计机械损失，则液力耦合器的输入力矩与输出力矩相等，而输入与输出轴转速不相等。因工作介质是液体，所以 B、T 之间属非刚性连接。

（2）液力变矩器，图 9－2（b）是液力变矩器结构简图。它是由泵轮 B、涡轮 T 及导轮 D 主要件构成。B 与主动轴连接，T 与从动轴相连接，导轮（可装在泵轮的出口或入口处）则与壳体固定在一起不能转动。当液力变矩器工作时，因导轮 D 对液体的作用，而使液力变矩器输入力矩与输出力矩不相等。当传动比小时，输出力矩大，输出转速低，反之，输出力矩小而转速高。它可以随着负载的变化自动增大或减小输出力矩与转速。因此说，液力变矩器是一个无极力矩变换器。液力变矩器主要用于工程机械、石油机械和内燃机车，主要与内燃机匹配应用。

泵轮、涡轮、导轮常用 B、T、D 分别表示，而且有关参数（力矩、转速、效率等等）角标也用这些符号标注。

9.1.2 液力传动的特点和应用

一 液力传动的特点

液力传动的输入轴与输出轴之间只靠液体为工作介质联系，构件间不直接接触，是一种非刚性传动。液力传动主要有以下特点：

（1）自动适应性。液力变矩器的输出力矩能够随着外负载的增大或减小而自动地增大或减小，转速能自动地相应降低或增高，在较大范围内能实现无级调速，这就是它的自动适应性。自动适应性可使车辆的变速器减少挡位数，简化操作，防止内燃机熄火，改善车辆的通用性能。

液力耦合器具有自动变速的特点，但不能自动变矩。

（2）防振、隔振性能。因为各叶轮间的工作介质是液体，它们之间的连接是非刚性的，所以可吸收来自发动机和外界负载的冲击和振动，过载保护性好，甚至在输出轴卡住时动力机仍能运转而不受损伤，使机器启动平稳，加速均匀，延长零件寿命。试验表明：采用液力传动后，发动机使用寿命可提高 85%，变速器使用寿命可提高 1～2 倍，传动轴，驱动半轴寿命可提高 85%。

（3）透穿性能。透穿性能是指泵轮转速不变的情况下，当负载变化时引起输入轴（即泵轮或发动机轴）力矩变化的程度。由于液力元件类型的不同而具有不同的透穿性，可根据工作机械的不同要求与发动机合理匹配，借以提高机械的动力和经济性能。

（4）工作状况变化时，液力变矩器最高效率约 85%～92%，液力耦合器效率约为 96%～98%。

另外，还具有过载保护、自动协调、分配负载的功能。

液力传动与机械传动相比，也存在一些缺点：

（1）液力传动系统的效率要低些，经济性要差些；液力传动系统的传动效率一般只有

82% ~87%，而机械传动的效率可达95% ~97%。

（2）液力传动及其必要的附加设备的体积、质量比机械传动略大，结构复杂、造价高。

（3）液力传动装置的整体性能跟它与动力机的匹配情况有关。若匹配不当便不能获得良好的传动性能。因此，应对总体动力性能和经济性能进行分析计算，在此基础上设计整个液力传动装置。

二 液力传动装置在工程机械上的应用

工程机械的动力装置大多为内燃机（柴油机或汽油机）。内燃机工作时，最大稳定工作转速与最小稳定工作转速之比约为1.5 ~2.8；内燃机曲轴上的最大转矩与最小转矩之比约为1.06 ~1.25。工程机械的行驶或工作速度的变化，以及行驶阻力或工作负载的变化远远超过内燃机的工作要求。因此，如果在传动系统中加入液力传动，将会大大改善工作机构的工作性能。所以，在很多机械尤其是汽车、工程机械中广泛地采用液力传动。

目前，液力传动装置已广泛应用于各种轮胎和履带式车辆以及内燃机车的传动系统中。装有自动变速器的汽车均采用了液力传动与机械传动相结合的形式，在各种工程机械的传动中，如装载机、铲运机、平地机、推土机、SH380 自卸汽车等均采用液力传动装置，其组成如图9 -3 液力传动应用示意图所示。

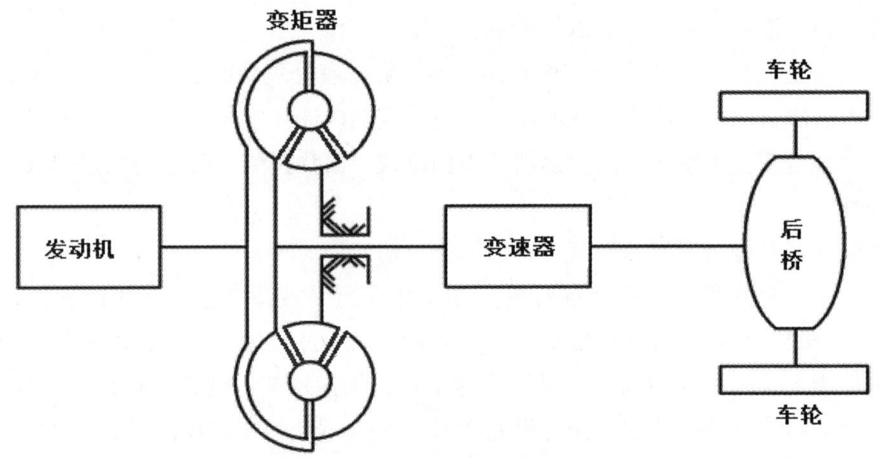

图9 -3　液力传动应用示意图

图9 -4 轮式装载机液力机械传动系统所示，液力传动主要用于发动机后底盘传动前这段传动，相当于把机械传动中的机械式主离合器用液力耦合器或液力变矩器代替，即在发动机与工作机构之间，装上液力传动元件，液力耦合器或液力变矩器，其他基本不变。当改用液力传动后，上述缺点即可大为改善，机械作业能力显著提高，生产率可提高，操纵人员劳动强度大为减轻。发动机不会熄火，可以重载起动，简化变速器结构，减少挡数，还可延长机械使用寿命等，由于具有这些优点，所以近年来液力传动在工程机械上越来越得到发展和重视。

液力传动在近代车辆和工程机械中得到广泛应用。采用液力传动的车辆具有如下优点：

（1）能自动适应外阻力的变化，使车辆能在一定范围内无级地变更其输出轴转矩与转速，当阻力增加时，则自动地降低转速，增加转矩，从而提高了车辆的平均速度与生产率。

（2）提高了车辆的使用寿命，液力变矩器是油液传递动力，泵轮与涡轮之间不是刚性连接，能较好地缓和冲击，有利于提高车辆上各零部件的使用寿命。

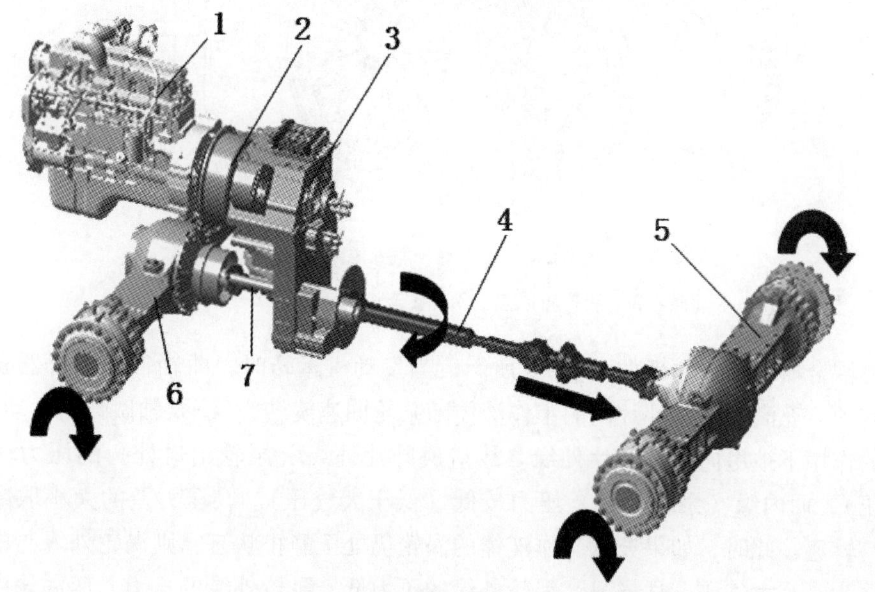

图9-4　轮式装载机液力机械传动系统

1—发动机；2—变矩器；3—变速箱；4—前万向传动轴；5—前驱动桥；6—后驱动桥；7—后万向传动轴

（3）简化了车辆的操纵，变矩器本身就相当于一个无级变速箱，可减少变速箱挡位和换挡次数，加上一般采用动力换挡，故可简化变速箱结构和减轻司机的劳动强度。

液力变矩器的缺点是效率较低，结构复杂，使机械的经济性降低，成本提高。

在近代车辆与作业工况复杂的工程机械上，由于上述优点更为突出，故采用液力传动日益广泛。

液力耦合器与液力变矩器是液力传动的两种基本形式，下面分别介绍其结构与工作原理。

9.1.3　液力耦合器

一　液力耦合器的结构和工作原理

最简单的液力传动装置，即液力耦合器。如图9-5所示，泵轮B通过输入盘2与发动机的曲轴1（主动轴）相连，并随着曲轴一起旋转。涡轮4装在密封的外壳中，在涡轮上固装有输出轴5。泵轮与涡轮端面相对，二者之间留有3～5mm的间隙，没有机械连接。它们的内腔共同构成椭圆形的环状空腔，此环状空腔称为循环圆，工作时工作液体在其间流动。此循环圆的截面示意图如图9－5（b）。工作轮的叶片通常是平面径向式的。

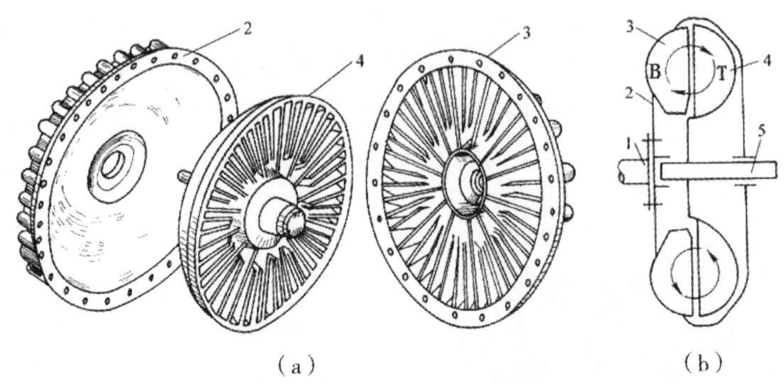

图9－5　液力耦合器结构示意图

1—主动轴；2—泵轮输入盘；3—泵轮；4—涡轮；5—输出轴

液力耦合器的工作原理如图9－6所示。当发动机运转时，曲轴带动耦合器壳体和泵轮一同转动，充满在泵轮叶片内的工作液体随泵轮同速旋转，（绕泵轴做圆周运动），并在离心力的作用下被甩向泵轮叶片外缘。故造成叶片外缘（泵轮出口处）的压力较高（高于大气压），而内缘（泵轮中心）压力较低（低于大气压）。其压力差的大小取决于泵轮的半径与转速。此时，如果充满工作液体的涡轮仍处于静止状态，则涡轮外缘与中心的压力都是同为一个大气压。这样显然涡轮外缘的压力低于泵轮外缘的压力，而涡轮中心的压力则高于泵轮中心的压力。由于两个面对面的工作轮是同为一个外壳所封闭着，所以此时被泵轮甩到外缘的工作液体就朝着涡轮外缘冲去，顺着涡轮叶片向其中心流动，然后再返回到泵轮中心由于泵轮不停地旋转，返回到泵轮中心的工作液体又被泵轮叶片再次甩到外缘。工作液体就这样循环地流动，如图9－6（b）所示。

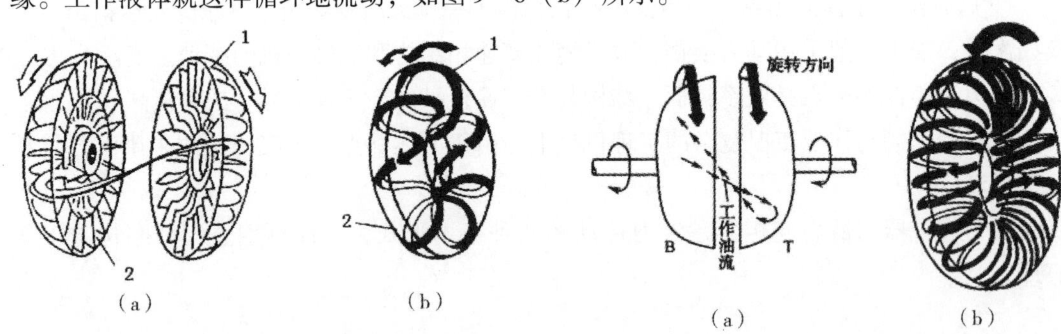

图9－6　液力耦合器工作示意图

1—泵轮；2—涡轮

图9－7　工作液体螺管运动路线

两个工作轮所组成的循环空间内的工作液体，除了沿工作轮叶片进行相对运动（沿循环圆环流）外，还要随泵轮的旋转绕轴线做圆周运动（即牵连运动）。两者合成的绝对运动则斜对着涡轮，冲击其叶片，如图9－7（a）所示。然后顺着涡轮叶片再流回泵轮中心。实际上工作液体质点的绝对运动是螺管运动，如图9－7（b）所示。

斜向冲击涡轮叶片的液流遇到静止的涡轮，其圆周速度将顿时被迫下降到趋于零，从而对涡轮叶片造成一个沿涡轮圆周方向的冲击力，此力对涡轮产生一个与泵轮同向旋转的力矩，于是涡轮便开始旋转，通过从动轴向外输出力矩和转速。这就是液力耦合器以液体为工作介质开始传递动能的原理。

液力耦合器实现传动的必要条件是工作液体在泵轮和涡轮之间循环流动。而这种循环流动的产生是由于两个工作轮转速不等，离心力也就不等，使两轮叶片的外缘产生压力差所致。液力耦合器在正常工作时，泵轮转速总是大于涡轮转速。如图9－6（b）所示。如果二者转速相等，则液力耦合器不起传动作用。

根据液力耦合器的工作原理可见，在传递能量的过程中，工作液体的环流运动没有受到任何附加外力。因此发动机传给泵轮的力矩等于泵轮通过工作液体传给涡轮的力矩。这就是说，液力耦合器只能起传递力矩的作用。所以也称液力耦合器为“液力联轴器”。

根据工作原理的分析，液力耦合器的性能可归纳为以下几点：

当液力耦合器稳定工作时，若忽略摩擦阻力，则作用于泵轮上的力矩 M_B 的大小等于涡轮所受的力矩 M_T。即

$$M_B = M_T \qquad (9.1)$$

当涡轮转速 n_T 等于泵轮转速 n_B 时，环流运动停止，此时不传递力矩。故液力耦合器在一般正常工作时总是 $n_B > n_T$。

液力耦合器的效率 η 为

$$\eta = \frac{P_T}{P_B} = \frac{M_T n_T}{M_B n_B} = \frac{n_T}{n_B} = i \qquad (9.2)$$

式中：P_T——涡轮的功率；

P_B——泵轮的功率；

i——传动比。

即液力耦合器的效率等于传动比。所以，传动比越大，效率就越高。耦合器在正常工作时，传动效率的最大值可达到97%～98%。

二　液力耦合器的特性

液力耦合器的特性，就是当泵轮转速 n_B（输入转速）为常数时，涡轮力矩 M_T 与涡轮转速 n_T 的关系、耦合器效率 η 与涡轮转速 n_T 的关系。其可用特性曲线表示，如图9－8所示。

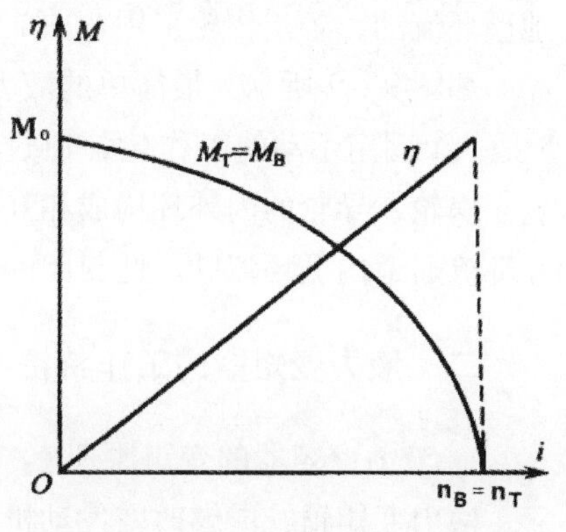

图9－8　液力耦合器的特性曲线

M_T 与 n_T 的关系曲线是由实验测出的一条二次曲线。由该曲线看出，输出力矩（阻力矩）随涡轮转速的减小而增大。这是由于当 n_B 一定时，若 n_T 减小，则 n_B 与 n_T 之转速差增大，引起环流速度增大，而使

传递力矩增大。

当涡轮转速 $n_T=0$ 时，由于循环圆中液体的流量为最大，耦合器传递的转矩也最大。此工作情况称为工程机械原地起步工况。此时泵轮传给液体的功率全部消耗在液体循环流动中的液力损失和冲击损失上，其效率 $\eta=0$。当涡轮转速十分接近于泵轮转速，其传动比 $i=0.985\sim1.00$ 时，效率急剧地下降到零，即涡轮输出转矩为零。所以，这一个小的范围是不能作为耦合器的工作范围的。

当外载荷过大时，如大于图中 M_0，涡轮便被阻止不动，即 $n_T=0$。这时附加到发动机轴上的力矩 M_0 叫作制动力矩（或起动力矩），M_0 由液力耦合器的结构形式和尺寸决定，与外载荷无关。因此加到发动机轴上的载荷不能超过 M_0，这是液力传动最大特点之一。利用这个特点，合理地选择液力耦合器，可以有效地防止发动机过载，改善发动机的起动性能，使之能重载起动。

由于耦合器是用液体作为传动介质，泵轮和涡轮允许有很大的转速差。因此，液力耦合器可以保证工程机械平稳起步及加速，能衰减传动系的转矩振动并防止传动系过载，从而延长了发动机和传动系的使用寿命。当工程机械以极低速度行驶时（甚至停止），发动机仍能稳定工作而不致熄火，这样就可以减少换挡次数，提高了工程机械的平均技术速度。

由于液力耦合器只起传递转矩作用，而不能改变转矩的大小，故必须有变速器与其配合使用。由于耦合器不能使发动机与传动系彻底分离，当采用一般的齿轮式变速器时，为减少换挡时齿轮冲击，还必须设置一个离合器。现代工程机械，耦合器作为传动系的装置应用较少。

9.1.4　液力变矩器

一　液力变矩器的一般结构

液力变矩器的结构与液力耦合器相近，只是液力变矩器在循环圆内多加装了工作液导向装置——导轮。另外，为了保证液力变矩器具有一定的性能，使工作液在循环圆中很好地循环流动，各工作轮采用弯曲成一定形状的叶片，并且各工作轮带有内环。

如图 9－9 所示为最简单的液力变矩器，由泵轮 4、涡轮 3、导轮 5 等元件组成。导轮 5 是一个固定不动的工作轮，通过导轮固定座与液力变矩器壳体连接。各工作轮——泵轮、涡轮、导轮的内外环构成相互衔接的封闭空腔，形成工作液流的环流通道。工作液就在环流通道内循环流动。此封闭的环流通道称为循环圆。

二　液力变矩器的工作特性

1. 液力变矩器的变矩原理

液力变矩器，能够改变发动机所供给的力矩，使得其涡轮输出的力矩有可能超过发动机通过泵轮所输入力矩的若干倍，从而改善主机的性能。

液力变矩器之所以能变矩，主要是由于不动的导轮能给涡轮施加一个反作用力矩。

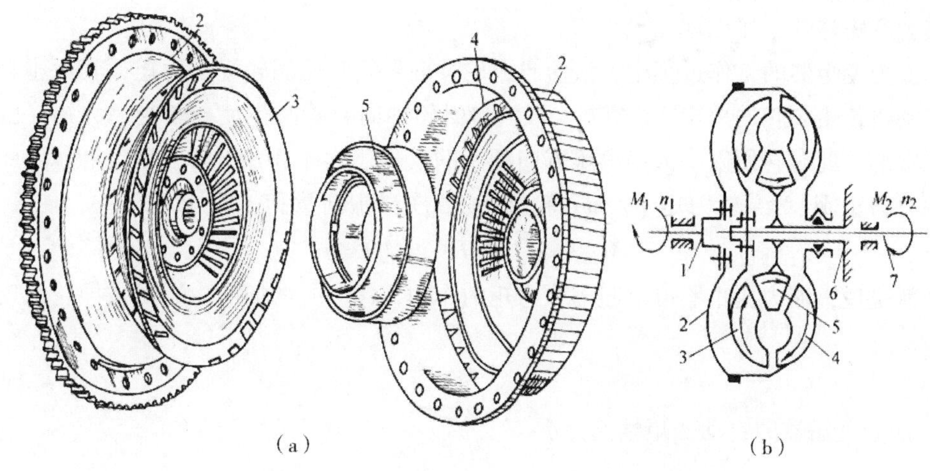

图 9－9　液力变矩器的组成元件及结构简图

1—发动机曲轴；2—变矩器壳；3—涡轮；4—泵轮；5—导轮；6—导轮固定套筒；7—从动轴

液力变矩器工作时同液力耦合器一样由发动机带动泵轮旋转，并将发动机的力矩施加于泵轮。泵轮旋转时泵轮内的叶片带动工作液体一起做牵连圆周运动，并迫使液体沿循环圆做相对运动。工作液体经受泵轮叶片的作用获得一定的动能和压力能，从而将发动机的机械能变为液体的动能和压力能。由泵轮流出的高速液流进入涡轮冲击涡轮的叶片，使涡轮开始旋转，并且使涡轮输出轴获得一定的力矩去克服外阻力做功。这如同液力耦合器的工作过程一样。但与液力耦合器不同的是，工作液流此时并不是立即从涡轮叶片出口直接进入泵轮叶片入口，而是流经导轮后才重新进入泵轮。这样工作液体才完成了在各工作轮之间的循环运动。由涡轮流出的工作液体进入导轮，由于导轮固定不转，因此它没有能量输出。

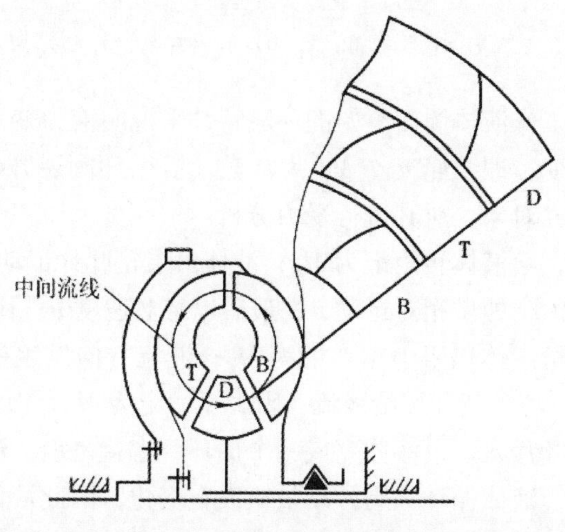

图 9－10　工作轮展开图

设想将三元件的液力变矩器，沿工作轮循环圆中间流线将三个工作轮叶片假想地展开，得到泵轮、涡轮和导轮的环形平面图。如图 9－10 所示。以变矩器工作轮的展开图来说明液力变矩器的工作原理。

在液力变矩器的工作过程中，液流自泵轮冲向涡轮时使涡轮受一力矩，其大小与方向都和发动机传给泵轮的力矩 M_B 相同。液流自涡轮冲向导轮时也使导轮受一力矩，由于导轮是固定的，此时它便以一大小相等方向相反的反作用力矩 M_D 作用于涡轮上。因此涡轮所受的总力矩 M_T 为泵轮力矩 M_B 与导轮反作用力矩 M_D 向量和，即

$$\vec{M}_T = \vec{M}_B + \vec{M}_D \qquad (9.3)$$

这就是说，液力变矩器可以起增大力矩的作用，这个所增加的力矩就是导轮的反作用力矩 M_D。

2. 液力变矩器的自动变矩性能分析

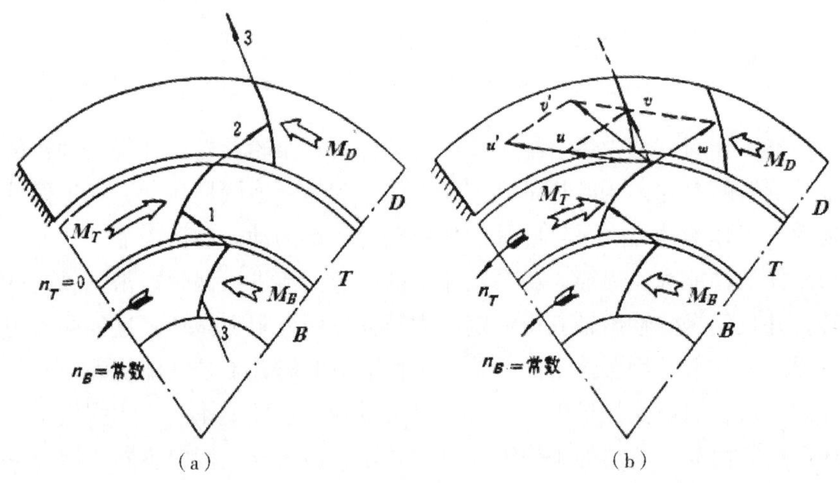

图 9－11　液力变矩器工作原理图

(a) n_B＝常数，n_T＝0 时的情况；(b) n_B＝常数，n_T 逐渐增加的情况

通过液力变矩器中工作液体周而复始的环流特性来说明液力变矩器自动变矩性能。假定发动机负荷及转速不变，即泵轮 n_B、M_B 为常数，沿循环圆展开各工作轮，如图 9－11 所示。取工作液体为研究对象，对其进行受力分析：

泵轮由发动机带动，给液体转矩记为 M_B；液体由泵轮叶片带动做圆周运动 u，同时又沿着叶片由内沿流向外沿，即做相对运动 w；最后以绝对速度 v［图 9－11（a）中 1］冲向涡轮叶片；涡轮叶片给液体以阻力矩，记为 M_T；液流方向发生变化，同理以绝对速度冲向导轮 2；导轮固定不动，其叶片给液流一阻力矩，记为 M_D；液流改变方向后，液流沿叶片以速度 3 冲向泵轮叶片入口，液体完成一个循环。也就是说，液流又回到了起点。

由动量矩定理可知，液体循环一周，动量矩没有变化，因此液体所受外力矩之和应为零，即（取逆时针方向为正）

$$-M_T + M_B + M_D = 0 \quad 即：M_T = M_B + M_D$$

由作用力与反作用力定理可得，三个工作轮上的转矩关系式为

$$M_T = M_B + M_D(\text{变矩方程})$$

现在讨论 M_D 方向及大小：

（1）机械起步工况。起步之前，涡轮的转速为 $n_T=0$，$n_B>0$，导轮固定。液流沿涡轮叶片直接以2（即 v）冲向导轮叶片工作面，且与叶片角度较大，液流方向改变很大，即导轮给液流以较大的阻力矩，即 M_D 较大且为正，所以起步工况液力变矩器为增扭过程，使得涡轮输出转矩

$$M_T > M_B, M_T = M_B + M_D$$

（2）机械加速行驶。当 M_T 增加到足以克服起步阻力时，涡轮由0开始加速，随着涡轮转速的逐渐增加，绝对速度 v 逐渐向左偏移，即 v' 与导轮叶片的角度逐渐变小，也就是 M_D 在逐渐变小。当涡轮转速达某一值时，v' 正好与导轮出口方向平行，液流不改变方向直接冲出导轮，即此时

$$M_D = 0, \text{则} M_T = M_B(\text{此时相当于液力耦合器})$$

液流的方向与导轮叶片平行时，变矩器由变矩变为偶合工况。

（3）机械继续加速。液流的绝对速度 v 方向继续向左偏，即 v' 液流冲击导轮叶子背面，形成背压，M_D 方向相反，为负。则

$$M_T = M_B - M_D$$

（4）当 $n_T = n_B$ 时，（即涡轮速度增加到等于泵轮转速时），液流没有循环运动，液力变矩器不能传递动力，$M_T = 0$。上面的分析说明涡轮轴的力矩主要与其转速有关。而涡轮转速又是随着阻力矩的改变而自动变化的。故当机械行驶阻力增加、行驶速度降低时，驱动力矩可以随之自动增大，以维持机械在某一较低的速度下稳定行驶。液力变矩器具有的这一性能对于行驶阻力变化比较大的轮式和履带式机械非常适合，通常称为液力变矩器的自动适应性。

三　液力变矩器性能参数

1. 液力变矩器的传动比

$$i = \frac{n_T}{n_B} = \frac{n_2}{n_1} \leqslant 1 \qquad (9.4)$$

2. 液力变矩器的变矩性能

液力变矩器的变矩性能是变矩器在一定范围内按一定规律无级地改变由泵轮输送给涡轮力矩值的能力。液力变矩器的变矩能力用变矩系数 K 表示。变矩系数指液力变矩器涡轮力矩 M_T 与泵轮力矩 M_B 的比值。即

$$K = \frac{M_T}{M_B} = \frac{M_B \pm M_D}{M_B} \qquad (9.5)$$

液力变矩器变矩系数 K 又称为变矩比。它不是一个常数，是传动比 i 的函数，一般当 i 减小时 K 增大，$i=0$ 时达到最大值，以 K_0 表示，叫起动变矩系数（或制动变矩系数）。K_0 大说明机械的起步加速性能好或机械的爬坡能力强。

3. 液力变矩器的效率

液力变矩器的效率是指输出功率与输入功率之比。即

$$\eta = \frac{M_T n_T}{M_B n_B} = Ki \qquad (9.6)$$

液力变矩器的经济性能以液力变矩器的效率为评价指标。具体评价最高效率工况的指标有两个参数：一是最高效率 η_{max} 值的大小，二是高效工作区范围的大小。对以牵引工况为主要工况的工程机械高效工作区一般指 $\eta > 75\%$ 的变矩工况。要求 η_{max} 越高、高效区（$\eta > 75\%$）的范围要宽，经济性能越好。

四　液力变矩器的曲线

1. 液力变矩器的输出特性

输出特性亦称外特性，主要指变矩器在正常工况下，泵轮转速 n_B 不变，泵轮力矩 M_B、涡轮力矩 M_T 以及变矩器的效率 η 与涡轮转速 n_T 的关系曲线。当 M_B = 常数时，测量 $n_B = f_1(n_T)$；$M_T = f_2(n_T)$；$\eta = f_3(n_T)$，如图 9－12（a）所示。对于汽车常用此为试验条件。

当 n_B = 常数时，测量 $M_B = f_1(n_T)$；$M_T = f_2(n_T)$；$\eta = f_3(n_T)$，如图 9－12（b）所示。对于工程机械常用此为实验条件。

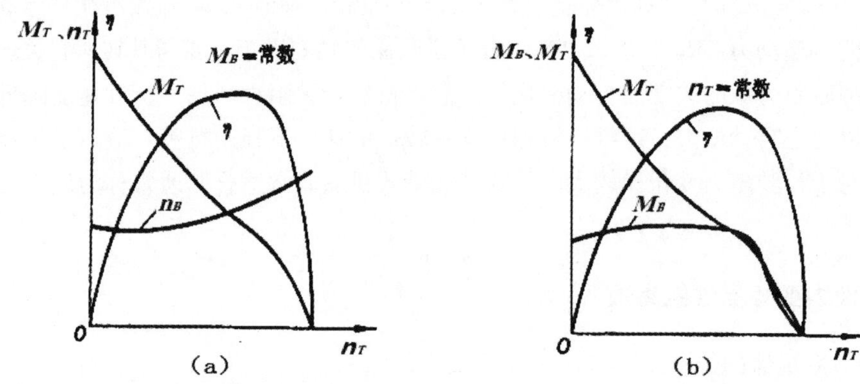

图 9－12　液力变矩器输出特性曲线

在液力变矩器的使用过程中，泵轮转速 n_B 可能是变化的，输出特性也在作相应变化，将各不同泵轮转速 n_B 的输出特性曲线绘制在同一张图上，所得到的就是通用特性曲线。

上述液力变矩器的输出特性是在正常工况（也称牵引工况）下获得的。在使用中，牵引工况并不是液力变矩器的唯一工作状况，而且还会出现涡轮转向跟泵轮转向相反，即反向制动工况；涡轮旋转方向与泵轮转向相同，但涡轮转速大于牵引工况下的最大转速 n_{Tmax}（在 n_{Tmax} 时，$M_T = 0$），即超越工况。

牵引工况、涡轮反转制动工况和涡轮超越工况，共同组成了液力变矩器的全部工况，全部工况的输出特性曲线，称为全外特性曲线。变矩器涡轮转速由零到空载转速范围内起牵引作用，通常所说的变矩器输出特性指的是牵引特性这一部分。

2. 液力变矩器的原始特性

原始特性是以力矩系数λ（用相似性理论和力矩公式得到的）及其他的特性参数变矩系数K、传动比i、效率η等，把这些特性参数与i的对应值标在图上，连接起来就可得出$\lambda_1=f(i)$，$K=f(i)$，$\eta=f(i)$的关系曲线，见图9－13所示。这些关系曲线能够本质地反映某系列变矩器的性能，因此，被称作液力变矩器的原始特性。而将这些关系曲线称为原始特性曲线。

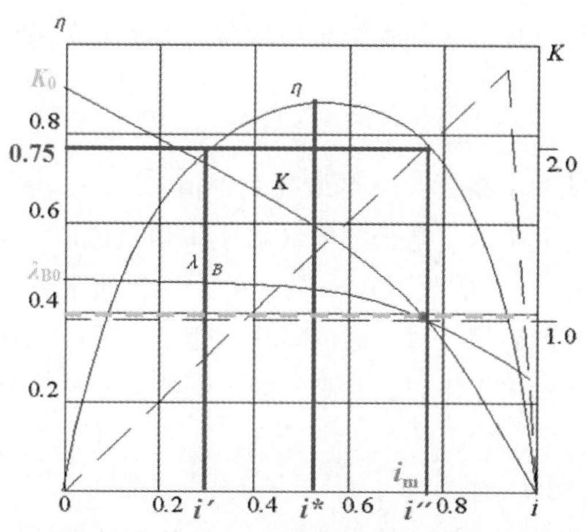

图9－13　液力变矩器原始特性曲线

把原始特性看作同一系列几何相似变矩器所具有共同的特性，故有了原始特性曲线，就可以做出该系列的任一变矩器的输出特性曲线，而不需要每一个都进行试验。

3. 液力变矩器的输入特性

输入特性是指液力变矩器泵轮力转M_B与泵轮转速n_B之间$M_B=f(n_B)$的关系，称为输入特性。因M_B、n_B由发动机施加给泵轮，故也称为发动机的负荷特性。

五　液力变矩器基本性能评价参数

（1）起动工况（制动工况）$i=0$时的工况称为起动工况。此时的评价参数为：起动变矩系数K_0和力矩系数λ_{B0}。

（2）最高效率工况$\eta=\eta_{max}$（η^*）时的工况称最高效率（最佳）工况。此时的传动比i^*，变矩系数K^*，力矩系数$\lambda_B{}^*$均作为评价参数。

（3）高效工作范围：效率值不低于给定值（一般为75%～80%）的区域称为高效区。相应得到两个对应传动比i'，i''和两个变矩系数K的值，作为评价指标的参数是高效区的最大变矩系数，以及高效区传动比的范围$d=i''/i'$的大小。

（4）偶合工况指变矩系数$K=1$时的工况为偶合工况。即传动比i_m时的工况。此时的评价参数为i_m和泵轮力矩系数λ_{Bm}。

六　液力变矩器基本性能评价

评价一个液力变矩器是否满足使用要求，必须对上述指标做全面衡量。了解了评价参数可进一步分析影响变矩器的性能因素。

在液力变矩器的各种性能中，常把变矩性能、经济性能和透穿性能称为变矩器的三项基本性能。

1. 变矩性能

评价液力变矩器变矩性能的指标，可根据起动工况（制动工况）即 $i=0$ 时的起动变矩系数 K_0 与偶合工况（$K=1$）时的传动比 i_m 来衡量。K_0、i_m 值大，变矩器的变矩性能好。为了使液力变矩器更好地适应外界的负荷变化，因此希望变矩系数 K 普遍地高一些，特别是 K_0 值要大一些。

2. 经济性能

评价其经济性能可从两个指标：一是最高效率值 η_{max}。二是高效率区域的范围宽度，此宽度一般是指变矩器效率不低于某一数值（对于工程机械取 $\eta=75\%$，对汽车可取 $\eta=80\%$）时所对应的传动比 i'、i''的范围 $d=i''/i'$的大小，通常 η_{max} 的值越大，高效区范围越宽，则变矩器的经济性能越好。对于运输车辆，变矩器不可能只在一个点工作，而是在液力变矩器工况的某一范围内工作，因此高效区范围的宽度对整个变矩器的经济性起着重要作用。

3. 透穿性能

指变矩器输出轴负荷对输入特性的影响程度；即变矩器涡轮轴上负荷透过变矩器而影响泵轮（发动机）的程度

液力变矩器的透穿性能，以透穿性系数 Π 来评价

$$\Pi=\frac{\lambda_{BO}}{\lambda_{BM}} \qquad (9.7)$$ （起动工况比偶合工况的泵轮力矩系数）

式中：λ_{B0}——起动工况（$i=O$）下泵轮力矩系数；

λ_{BM}——耦合器工况（$i=i_m$，$K=1$）点泵轮力矩系数。

当 $\Pi=1$，液力变矩器具有不透穿性。(如图 9－14 曲线 1)。此变矩器，如果涡轮力矩及转速变化，而泵轮力矩和转速均不变。不透性变矩器对适应性范围较小的发动机，能可靠地防止因其过载而引起的发动机熄火。

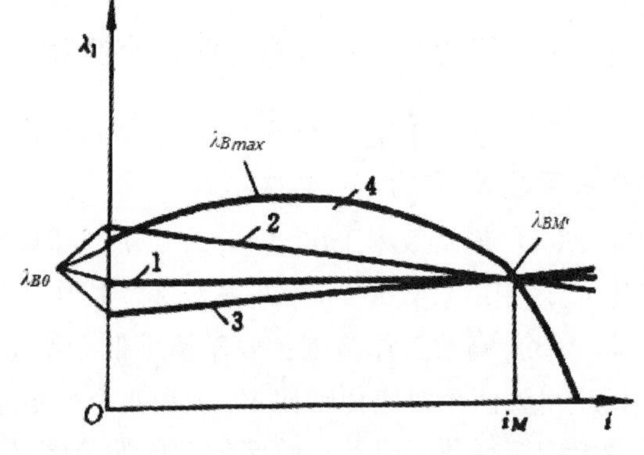

图 9－14　液力变矩器透穿性能

当 $\Pi>1$，液力变矩器具有正透穿性。(如图 9－14 曲线 2)。此变矩器，如果涡轮力矩及转速变化，就会引起泵轮力矩和转速变化，即泵轮力矩随涡轮力矩的增加而增加。正透性变矩器可使主机在轻载、高速的工况下获得发动机的最大功率来满足最大速度的需要。而在重载、低速的工况下，又使发动机能输出最大力矩来保证最大牵引力的需要。工程机械多采用正透性的变矩器。

当 $\Pi<1$，液力变矩器具有负透穿性（如图 9－14 曲线 3）。此变矩器，如果涡轮力矩

增大而泵轮力矩反而减小。负透性变矩器对机械传动系有不利的方面，故较少采用。

有的变矩器（如有些向心涡轮式变矩器）具有混合透穿性（如图9－14曲线4）。即 i 小于某一值的工况有负透性，而在 i 大于该值后有正透性。对混合透穿性能液力变矩器采用 $\Pi = \frac{\lambda_{B\max}}{\lambda_{BM}}$。

目前工程机械多采用具有不大的正透性、不透性和混合透穿性的变矩器，极少采用负透性变矩器。

任务9.2　液力变矩器结构类型

任务目标： 掌握液力变矩器的类型；熟悉综合式液力变矩器的结构特点及性能特性。

学习内容： 液压变矩器的类型；单级两相（三元件）综合式液力变矩器、单级三相（双导轮）综合式液力变矩器、单级四相（双泵轮）液力变矩器结构特点和性能；锁止液力变矩器、双导轮、双涡轮液力变矩器应用特点。

9.2.1　液力变矩器的类型

液力变矩器的种类较多，由于结构的不同其输出特性差异较大。

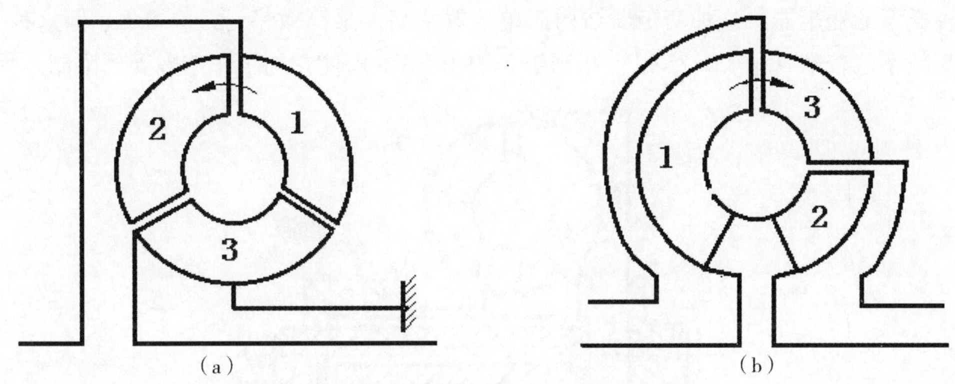

图9－15　123型和132型变矩器简图

1—泵轮；2—涡轮；3—导轮

按各工作轮在循环圆中的排列顺序（泵轮1、涡轮2、导轮3）可分为123型（正转变矩器），如图9－15（a），以及132型（反转变矩器），如图9－15（b）。123型从液流在循环中的流动方向看，导轮在泵轮前，而132型导轮则在泵轮后。

123型变矩器在正常运转条件下，涡轮旋转方向与泵轮一致，故称为正转变矩器。132型变矩器在正常运转条件下，涡轮旋转方向与泵轮相反，故称为反转变矩器。

132 型变矩器由于导轮位于涡轮前，导轮改变了进入涡轮的液流方向，因而有可能改变涡轮的旋转方向，由于涡轮位于泵轮前，负荷引起涡轮转速的改变直接影响着泵轮的入口条件，所以 132 型变矩器可透性大，此外，由于液流方向急剧改变，因此这种变矩器效率较低。工程机械中除个别采用 132 型变矩器外，大多采用 123 型变矩器。

按照插在其他工作轮翼栅间的涡轮翼栅列数，液力变矩器可分为单级、二级和三级，翼栅是一组按一定规律排列在一起的叶片，有两翼栅的涡轮称为二级，三列翼栅的涡轮称为三级。各列涡轮翼栅彼此刚性连接，并和从动轴相连。单级变矩器（即三元件液力变矩器），液流在循环圆中只经过一列涡轮和导轮叶片，它的构造简单，最高效率值高，但起动变矩系数小，工作范围窄。

多级变矩器的涡轮由几个依次串联的翼栅组成。如图 9－16 为二级变矩器简图，每两列涡轮翼栅之间插入导轮翼栅，所以在小的传动比范围内，有高的变矩系数，工作范围也较宽，但构造复杂，价格贵，在中小传动比范围内变矩系数和效率提高不大。因此近年来它的应用范围逐渐缩小，而被液力—机械式变矩传动装置所取代。

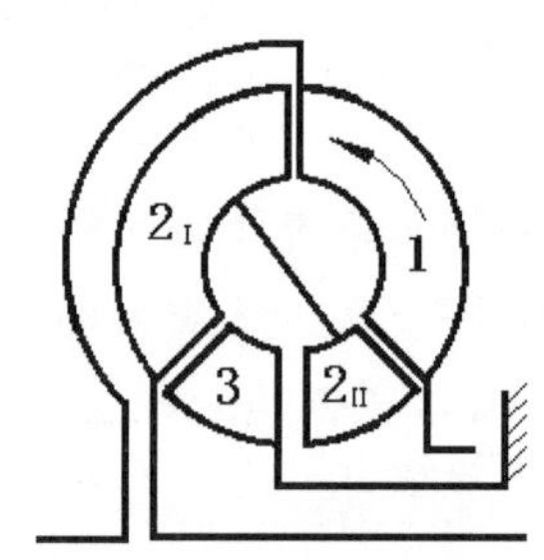

图 9－16　二级变矩器简图

1—泵轮；2—涡轮；2_{I}—第一列涡轮翼栅；2_{II}—第二列涡轮翼栅；3—导轮

按液力变矩器在工作时可组成的几个工况可分为单相、二相、三相和四相等。

1. 单级单相（三元件）液力变矩器

所谓单级指变矩器只有一个涡轮，单相则指只有一个变矩器的工况。图 9－17 所示就是这种类型的变矩器，这种变矩器结构简单，效率高，最高效率 η_{max} = 0.8。但这种变矩器的高效率区较窄（η = 0.75 以上相当于 i = 0.6～0.8）使它的工作范围受到限制。另外，

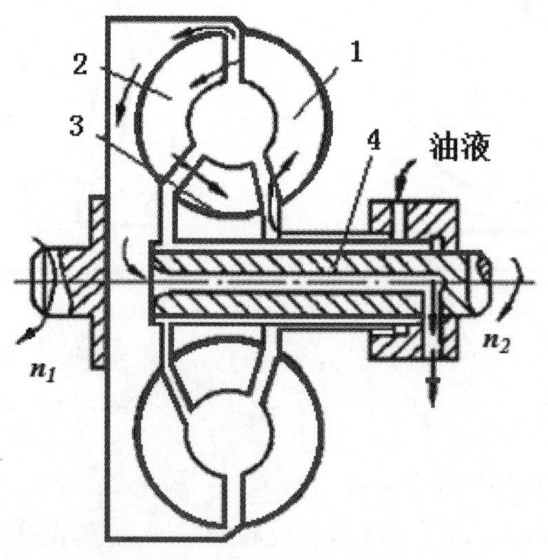

图 9－17　三元件液力变矩器简图

1—泵轮；2—涡轮；3—导轮；4—涡轮轴

为了使发动机容易有载起动和有较大的克服外负载的能力，希望起动工况（$i=0$）变矩系数 K_0 较大。故该型号变矩器的 $K_0=3$，只适用于小吨位的装卸机械。

2. 单级两相（综合）液力变矩器

图 9－18 为单级两相变矩器简图。是把变矩器和耦合器的特点综合到一台变矩器上，也称为综合液力变矩器。两相变矩器在整个传动比范围内得到更合理的效率。从变矩器工况过渡到耦合器工况或相反，是液流对导轮翼栅的作用方向不同而自动实现的。

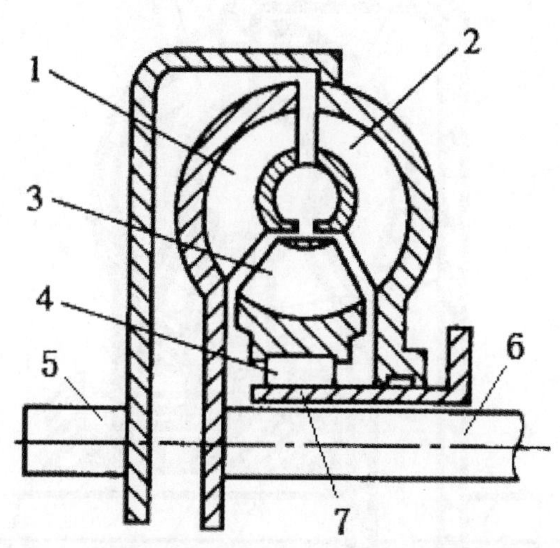

图 9－18　单级二相液力变矩器

1—涡轮；2—泵轮；3—导轮；4—单向离合器；5—主动轴；6—从动轴；7—壳体

3. 单级三相（双导轮）液力变矩器

单级三相液力变矩器是由一个泵轮，一个涡轮和两个可单向转动的导轮构成。它可组成两个液力变矩器工况和一个液力耦合器工况，所以称之为三相。图 9－19 为双导轮液力变矩器简图，泵轮由输入轴带动旋转，工作油液就在循环圆内作环流运动推动涡轮旋转并输出扭矩。液流从泵轮进入涡轮，再进入第一级导轮，经第二级导轮，再回到泵轮。

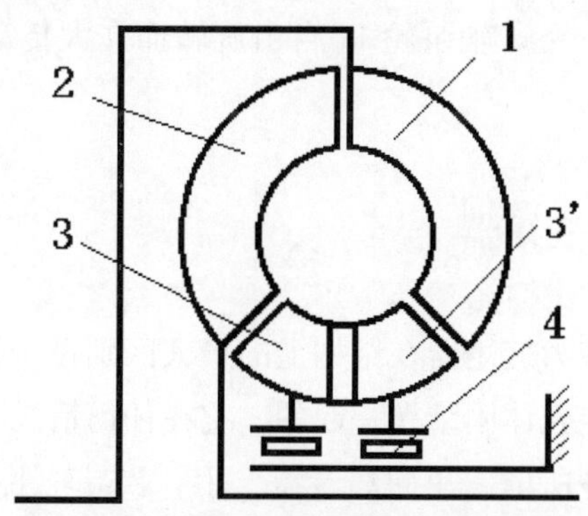

图 9－19　双导轮液力变矩器简图

泵轮；2—涡轮；3、3′—导轮；4—自由轮机构

4. 单级四相（双泵轮）液力变矩器

把泵轮分割成两个，可以在小传动比下改善效率。图 9－20 为单级四相液力变矩器结构示意图。主泵轮 1_{I} 和发动机连接，辅泵 1_{II} 装在主泵轮上，并通过超越离合器 9 与之相连。两个导轮 3_{I} 和 3_{II} 装在两个相互没有联系的单向离合器 7 和 8 上。

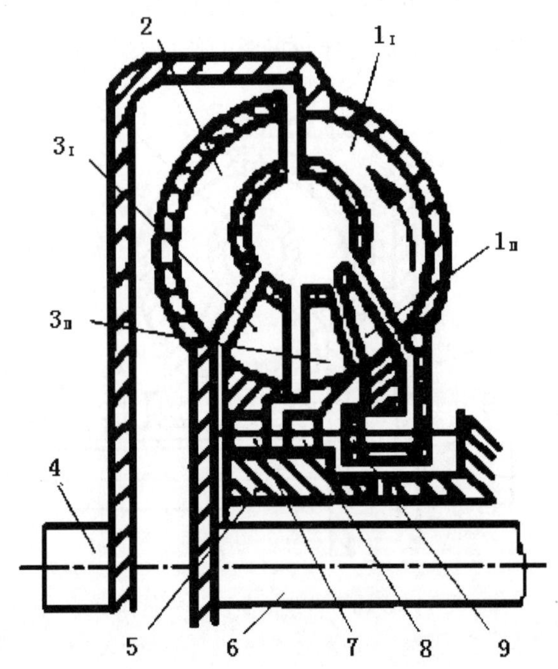

图 9－20　单级四相液力变矩器

1_{I}—主泵轮；1_{II}—副泵轮；2—涡轮；3_{I}—第一导轮；3_{II}—第二导轮；
4—主动轴；5—导轮座；6—从动轴；7、8—单向离合器；9—超越离合器

根据第二导轮流出的液流的方向，辅泵轮 1_{II} 或者在超越离合器 9 上相对主泵轮 1_{I} 自由旋转，或者超越离合器 9 楔紧两个泵轮一起旋转。

在小传动比（负倾角）下，辅泵轮 1_{II} 自由旋转而在大传动比（正倾角）下，辅泵轮和主泵轮 1_{I} 连接。

9.2.2　综合式液力变矩器

液力变矩器和综合式液力变矩器在结构上的最大区别在于导轮安装结构上的不同，液力变矩器的导轮总是与固定壳体固结在一起的，它在任何情况下都不能旋转。而综合式液力变矩器的导轮则装在一种所谓“单向离合器”上，当导轮上所受的液体反作用力矩为某一正方向时，单向离合器使导轮卡住，不能旋转，起变矩器作用，处于变矩器工况区。当导轮所受液体反作用力矩为反方向时，单向离合器将导轮脱开，使导轮随液流冲转处于自由转动的状态，导轮不起应有的作用，这时，就处于耦合器工况区。

工程机械常见的变矩器的主要形式有：三元件综合式液力变矩器、四元件综合式液力变矩器和带锁止离合器式液力变矩器，现分别叙述其工作原理和特性。

一　单级两相（三元件）综合液力变矩器

我们由公式（9.6）得知，液力变矩器效率曲线是二次抛物线。因此在工作时如偏离设计工况，则会因损失增加而效率下降。而由公式（9.2）得知，液力耦合器的效率是等于传动比的一条直线，传动比越大效率较高。我们把它们的效率曲线画在同一图上，如图9－21所示为液力变矩器效率和液力耦合器效率随涡轮转速 n_T 变化的关系曲线（泵轮转速 n_B = 常数）。

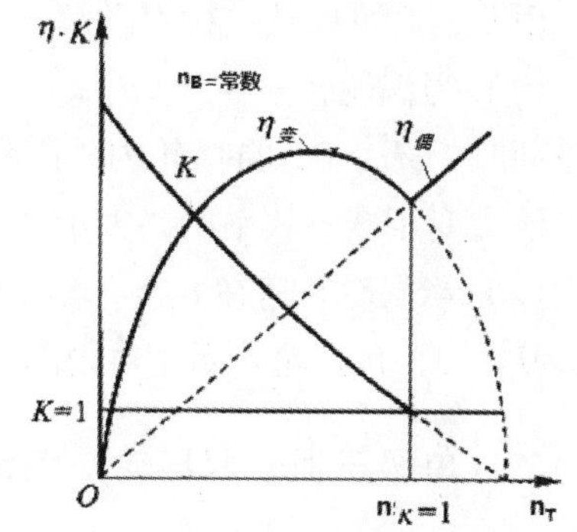

图9－21　三元件综合液力变矩器特性曲线

由图中可见，液力耦合器的效率 $\eta_{偶}$ 是一条上升的直线，而液力变矩器的效率 $\eta_{变}$ 则是一条二次抛物曲线。当涡轮转速在零到 $n_{K=1}$ 的范围内变化时，液力变矩器的效率始终大于液力耦合器的效率，即 $\eta_{变} > \eta_{偶}$。而在涡轮转速大于 $n_{K=1}$ 的范围内，液力耦合器的效率 $\eta_{偶}$ 又始终大于液力变矩器的效率 $\eta_{变}$。显然，为了充分发挥它们两者的良好性能，提高其效率，如果能使液力变矩器在 $n_T > n_{K=1}$ 的转速范围内处于液力耦合器的工况下工作，那么这种变矩器在整个工作范围内均在较高的效率范围内工作。此种综合了两者良好性能的液力变矩器称之为三元件综合式液力变矩器，见图9－22（a）。

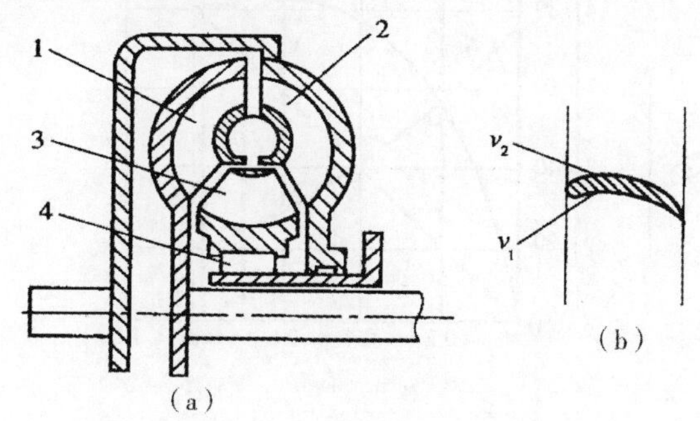

图9－22　综合液力变矩器循环园简图

1—涡轮；2—泵轮；3—导轮；4—单向离合器

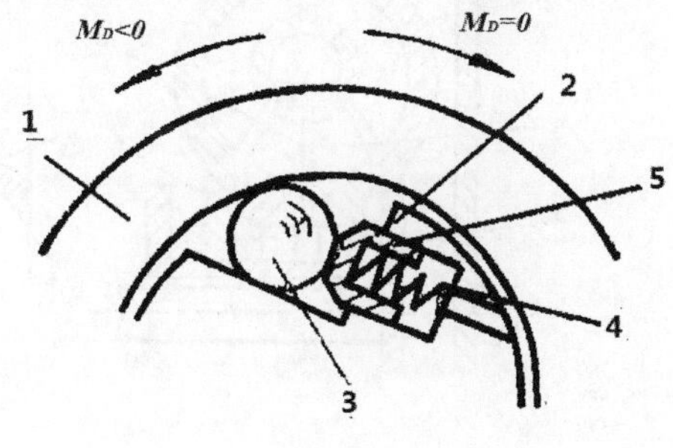

图9－23　单向离合器径向局部视图

1—外圈；2—内圈；3—滚柱；4—弹簧；5—推杆

从结构上，简单三元件综合变矩器只在导轮上加装一个单向离合器（自由轮、超越离合器），由外圈1、内圈2和滚柱3等组成。如图9－23所示。在内圈2上有楔形槽，滚柱3就放在槽内，并有弹簧4通过推杆5将滚柱顶向楔形槽外缘。自由轮的内圈2固定在导管上（固定不动），外圈1与导轮连接。

单向离合器的工作原理：如图9－23所示，当液体对导轮的反作用力矩 M_D 逆时针方向作用于外圈1上时，滚柱3被弹簧4、推杆5推向外缘，楔紧于内圈2和外圈1的缝隙中，外圈 1 不能相对内圈 2 运动，因此导轮就被锁在固定壳体上而不能旋转，这时，固定壳体施加于液体的力矩 $M_D>0$，实现变矩器工况区的各种工况。当液体对导轮的反作用力矩 M_D 有变为顺时针的趋势时，滚柱 3 被外圈 1 的轻微摩擦力带动，移向内圈 2 的楔形槽内缘。由于弹簧 3 的推力很弱，不能抵抗摩擦力，故滚柱 3 不能将外圈 1 锁在内圈 2 上，故外圈上只受到可以忽略的轻微摩擦力矩，故 $M_D\approx0$，这样，就没有外力矩作用于液体，M_D 也近似为零。这时，就进入耦合器工况区，导轮和外圈一起转动。

由此，就可以从结构上理解三元件综合式变矩器的工作原理如图 9－22（b）。

（1）当涡轮转速在 $0<n_T<i_{K=1}$（如图 9－21）范围内变化时，即液体冲击导轮叶片的正面时，$M_D>0$，自由轮内外圈刚好楔紧，导轮固定不动，以变矩器工况区各种工况工作。液力变矩器的效率始终大于液力耦合器的效率

（2）当涡轮转速在 $n_T>i_{K=1}$（如图 9－21）范围内变化时，即液流冲击导轮叶片的背面，$M_D<0$，自由轮外圈相对内圈自由转动，即导轮自由转动，相当于耦合器工况工作。

二　单级三相（双导轮）综合式变矩器

综合式液力变矩器比一般液力变矩器的高效区宽一些。而其在转入液力耦合器时与一般的液力耦合器的工况并不完全一样，这是因为存在一个随液流空转的导轮，要增加一部分能量损失，故其耦合器工况区的效率没有一般液力耦合器高。同样，变矩器工况的最高效率也没有一般变矩器高。

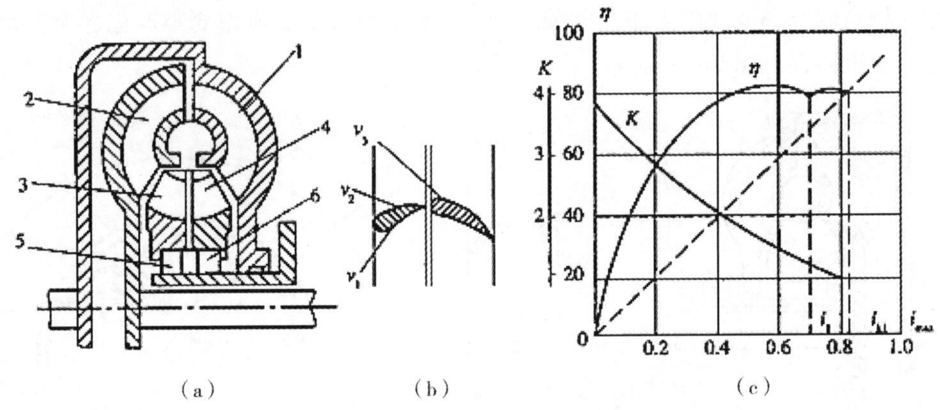

图 9－24　双导轮综合式液力变矩器

1—泵轮；2—涡轮；3、4—第Ⅰ、Ⅱ导轮；5、6—单向离合器

对于某些起动（零速工况）变矩系数 K 大的综合式液力变矩器，在由变矩器工况转变到耦合器工况时，其效率 η 值会有明显的下降。为了避免转换工况过程中效率的降低，把综合式液力变矩器的导轮做成两个：第一导轮和第二导轮，并分别用两个单向离合器与壳体连接，如图 9－24（a）所示结构图。这种双导轮综合液力变矩器如同两个变矩器和一个耦合器串联使用一样。

当涡轮负荷较大，涡轮转速较低时，涡轮出口处液流冲击在两导论的凹面上，如图 9－24（b）导轮受力示意图中的 v_1 所示。这时两个导轮的单向离合器都起锁住作用，此

时液力变矩器如同一个简单的三工作轮液力变矩器，称为第一变矩器工况区，即图9－24（c）原始特性曲线图中的转速比$0<i<i_1$区段。

当涡轮转速增加至一定数值时，即转速比在$i_1 \leqslant I \leqslant i_{k1}$时，液流冲击第Ⅰ导轮方向作用在第Ⅰ导轮背面。如图9－24（c）（即v_2），第Ⅰ导轮松开空转，而对第Ⅱ导轮仍冲击其工作面，此时液力变矩器以泵轮1、涡轮2和第Ⅱ导轮所组成的三工作轮液力变矩器工作。

当涡轮转速继续升高时，即转速比在$i_{k1} \leqslant i \leqslant i_{max}$时，液流也冲击第Ⅱ导轮的背面。如图9－24（c）（即v_3），第Ⅱ导轮松开空转，这时综合式变矩器转为液力耦合器工况工作。

由效率曲线可见，当$i_1 \leqslant i \leqslant i_{k1}$时，综合式液力变矩器的效率提高了，与单导轮综合式液力变矩器相比，效率曲线所包围的面积大了。效率在此区段提高的原因是第Ⅰ导轮松开空转时，第Ⅱ导轮进口冲角很小，和一个导轮比较，导轮进口撞击损失大大降低。

双导轮综合式液力变矩器结构稍复杂些，但其性能有了明显改变，故这种变矩器应用较广泛。目前TL160推土机、WD140推土机、CL7自行式铲运机等均采用双导轮变矩器。

液力变矩器由于泵轮直接连接于发动机的曲轴上，因此只要发动机不熄火，它总是不停地转动着。于是涡轮上的力矩不会等于零，涡轮也不会停止转动。所以它们是不能彻底分离动力的，这就会给机械换挡式变速器的换挡造成困难。因此如果机械上仍采用普通变速器时，必需配装一个摩擦式离合器，以便使发动机与传动系统彻底分离。此外，为了对机械进行拖发动，也要利用摩擦式离合器使液力变矩器锁死不起作用。

三　锁止式变矩器

由于变矩器的涡轮和泵轮存在转速差和液力损失，工程机械以正常速度行驶时，变矩器的效率不如机械变速器高。因此，装有液力变矩器的工程机械，其燃料经济性有所降低。为了进一步提高变矩器在高转速比工况下的效率，目前工程机械液力变矩器的发展趋势是采用带锁止离合器的液力变矩器，如图9－25（a）所示。

这种变矩器在泵轮和涡轮之间装有多片锁止离合器。锁止离合器是利用液压操纵的，在一定工况下进行接合和脱离。工程机械起步及在道路阻力较大的条件下行驶时，锁止离合器松开，变矩器按变矩器工况工作。当涡轮转速较高（即高速轻载）时，锁止离合器自动结合，将泵轮和涡轮连在一起，转为直接机械传动。此时，导轮依靠单向离合器开始在液流中自由旋转。如果没有单向离合器，那么泵轮和涡轮锁止而一起转动时，导轮仍固定不动，由于产生损失而使效率降低。

必须指出，将液力变矩器闭锁，虽然可以扩大高效率区的范围，提高大传动比的最高效率值，如图9－25（b）所示。但液力变矩器闭锁成纯机械式的传动则失去了液力变矩器所能赋予传动的各种优良性能。而且闭锁离合器需要增加操纵系统，因而使车辆的操纵变得复杂。

某些工程机械上采用了在综合式变矩器的基础上加闭锁离合器的结构。这种既是综合式变矩器又是闭锁式变矩器，就使传动既可以是液力传动也可以是机械传动。在作业或通

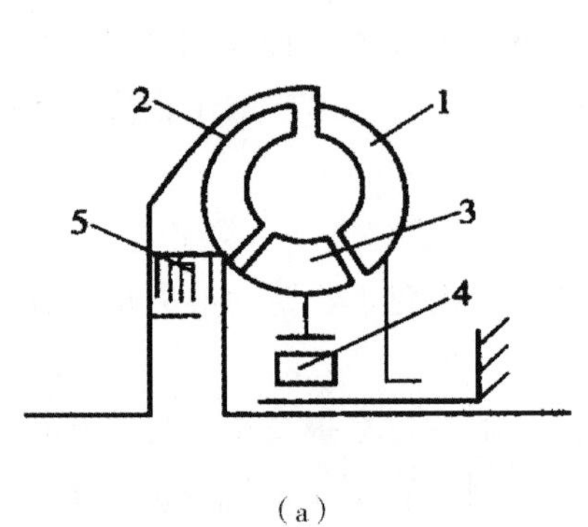

(a)

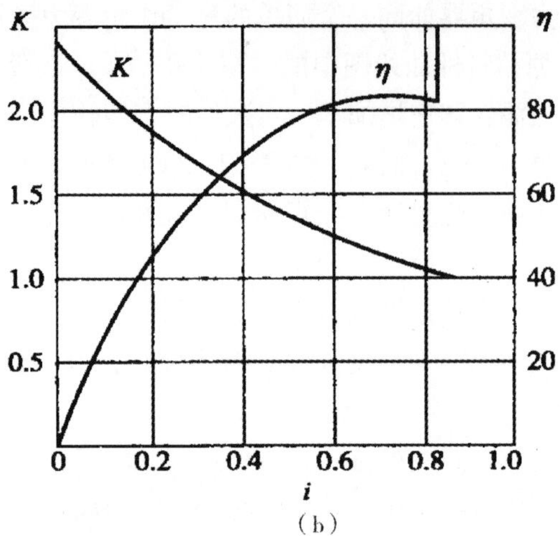

(b)

图 9－25　锁止式液力变矩器

1—泵轮；2—涡轮；3—导轮；4—单向离合器；5—锁止离合器

过困难地段时，采用液力传动，充分发挥液力传动能自动适应阻力剧烈变化的优点。在良好道路上行驶时，采用机械传动，充分发挥机械传动效率高的优点，提高行驶速度。

有时为了解决车辆用拖车方法起动发动机和下长坡时利用发动机制动，也可以采用可操纵的闭锁离合器的方案。此时，人为地将液力变矩器闭锁。

四　单级四元件（双涡轮）变矩器

综合式变矩器可以拓宽高效区范围，但不能显著地增加起动和低速的变矩系数 K。随着工程机械的发展，提出了二者都需要有较高的指标，同时还要求结构简单，制造方便。采用双涡轮变矩器是一个有效的办法。

图 9－26（a）所示是双涡轮变矩器的结构原理图。循环圆中的叶轮衔接序是“B－$T_{Ⅰ}$－$T_{Ⅱ}$－D－B”。泵轮 B 直接连接着输入轴 1。第一级涡轮 $T_{Ⅰ}$ 与齿轮 7 的轴相连，7 又与齿轮 6 啮合，6 则通过单向离合器 5 与输出轴 2 相连。第二级涡轮 $T_{Ⅱ}$ 则与齿轮 3 共同安装在同一根空心轴上，3 又与齿轮 4 啮合，4 则直接连着输出轴 2。

如图 9－26（b）所示的特性曲线中，负荷小时（$i > i_A$ 范围），第二涡轮 $T_{Ⅱ}$ 转速提高。而齿轮 4 的转速超过齿轮 6（第一涡轮 $T_{Ⅰ}$ 通过齿轮 7 对 6 减速）时单向离合器 5 脱开。第一涡轮 $T_{Ⅰ}$ 在液流中自由旋转，输入轴传给泵轮的功率只通过涡轮 $T_{Ⅱ}$、齿轮 3 和 4 传给输出轴。负荷增大迫使涡轮 $T_{Ⅱ}$ 的转速降低。到 $i = i_1$ 时，齿轮 4 的转速降低到和齿轮 6 转速相同，单向离合器楔紧，于是涡轮 $T_{Ⅱ}$ 按一定的速比旋转。输入轴传给泵轮的功率流分为两路：一路通过涡轮 $T_{Ⅱ}$、齿轮 3 和 4 传给输出轴 5，另一路通过涡轮 $T_{Ⅰ}$、齿轮 7 和 6 及单向离合器 5，总和到输出轴 4 上。

这种液力机械变矩器的原始特性曲线如图 9－26（b）。由原始特性曲线可见，这种液力机械变矩器在小传动范围的变矩系数和效率有显著改善。

近年来，双涡轮液力机械变矩器在 ZL 系列轮式装载机上得到应用。

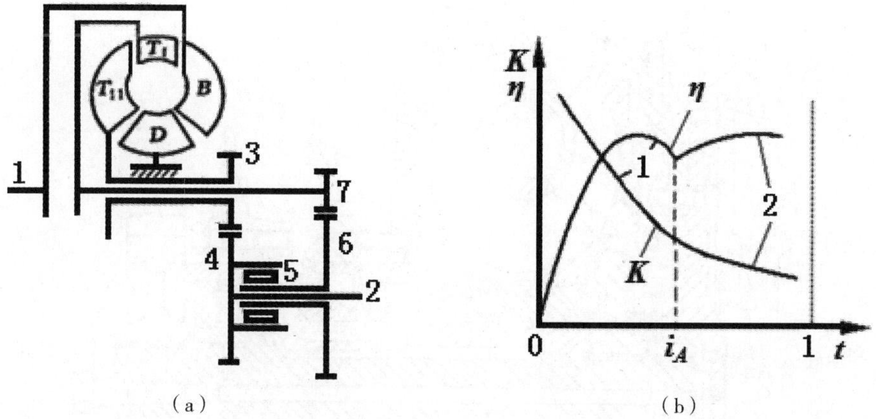

（a）　　　　（b）

图 9-26　双涡轮液力机械变矩器

1—输入轴；2—输出轴；3、4、6、7—齿轮；5—单向离合器

任务 9.3　工程机械典型液力变矩器构造

任务目标： 掌握工程机械典型液力变矩器的结构原理

学习内容： 966D 型装载机变矩器及其液压系统的结构原理；ZL50 装载机的变矩器结构原理；CL7 自行式铲运机变矩器结构原理；CAT988B 装载机变矩器结构原理。

实训任务： ZL50 装载机的液力变矩器的拆装和结构原理分析。

9.3.1　单级三元件液力变矩器

日本小松厂生产的 D85A-18 型、D85A-12 型推土机、WA380 型装载机，美国 Catepillar 厂生产的 966D 型装载机及国产的 TY220 型推土机等所用的液力变矩器结构相差不大，都采用三元件单级单相液力变矩器。下面以 966D 型装载机的变矩器为例介绍此类变矩器的结构。图 9-27 为 966D 型装载机变矩器。

变矩器泵轮 2 的外缘用螺钉固定在旋转壳体 1 上，泵轮内缘用螺钉与油泵齿轮 3 相连，并通过轴承安装在支承轴 8 上，支承轴 8 则用螺钉固定在变矩器壳体 6 上。旋转壳体 1 则用螺钉固定在接盘 12 上，接盘 12 通过花键与飞轮相固连，发动机通过飞轮驱动泵轮旋转，这就是变矩器的主动部分。

涡轮 10 用螺钉与涡轮轮毂相连，涡轮毂通过花键与涡轮轴（即输出轴）11 左端相连，并通过涡轮毂轴颈用轴承支承在接盘 12 的座孔内，涡轮轴 11 的右端则通过滚珠轴承安装在支承轴 8 上，并通过花键与输出齿轮 5 相连，变矩器的动力即由此输出，这是变矩器的从动部分。

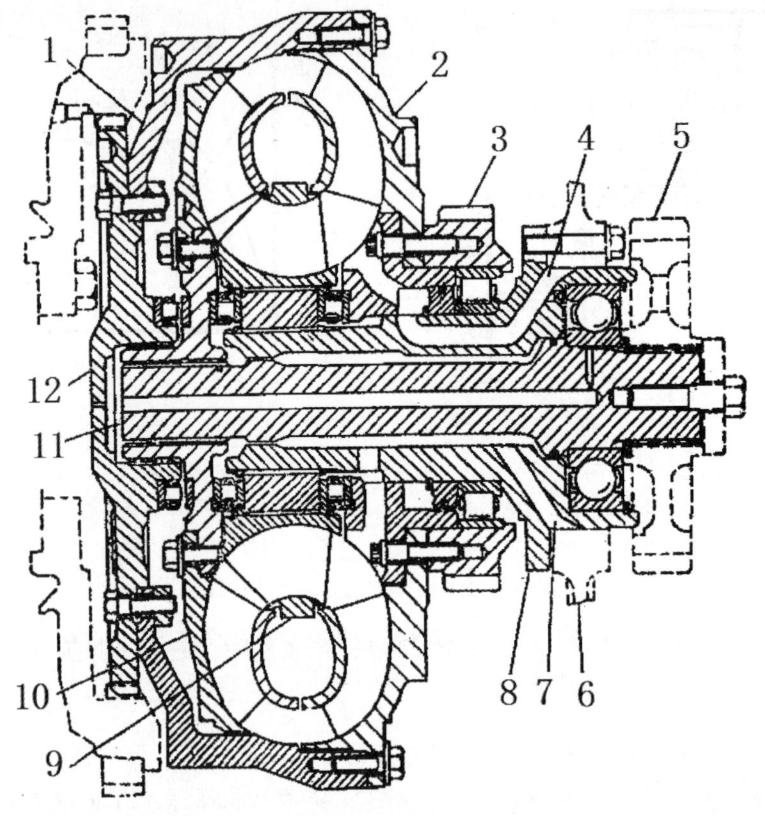

图 9－27　966D 型装载机变矩器

1—旋转壳体；2—泵轮；3—齿轮；4—油液进口；5—输出齿轮；6—变矩器壳体；7—油液出口；8—支承轴；9—导轮；10—涡轮；11—涡轮轴；12—接盘

变矩器的导轮 9 通过花键固定在支承轴 8 的端部，在三元件之间用止推轴承起轴向定位作用，支承轴上有油液进口 4 与出口 7。

这种变矩器的特性曲线图 9－28 三元件变矩器外特性相似。它的最高效率和涡轮转速为零时的变矩比较高。但当传动比较高或较低时，效率很低，容易发热，故不宜直接用于一般车辆上。通常是采用挡数较多的变速箱与之配合使用。

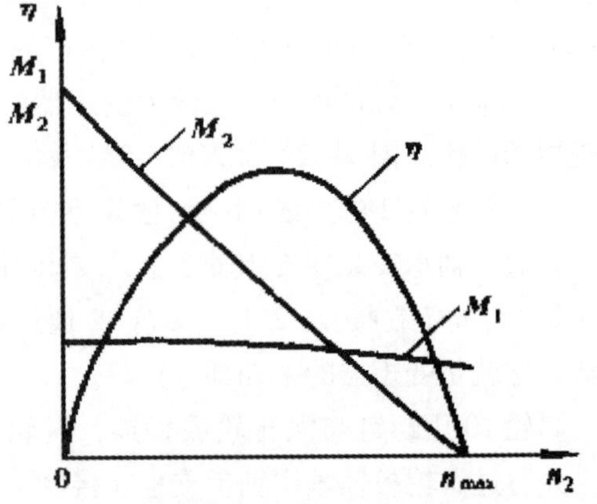

图 9－28　三元件变矩器外特性

966D 型装载机变矩器的液压控制系统：如图 9－29 所示，该变矩器的液压控制系统由油箱 1、滤网 2、滤清器 4、限压阀 7、冷却器 8 及连接管路组成。

油液经油泵 3 送入滤清器 4 滤清后，

经变速箱控制阀5送入变矩器6内循环工作，由于油液与流道相摩擦生热，温度升高，一般要求不超过去120 ℃，当温度过高时，则部分油液经出口流入冷却器进行冷却降温后，流回油箱，再经油泵送入变矩器。变矩器油液出口处的限压阀7控制变矩器内的油压接近415千帕，安全阀9的功用是当高压油路内因某种原因堵塞时，安全阀自动打开，使油液流回油箱，以保护液压系统。

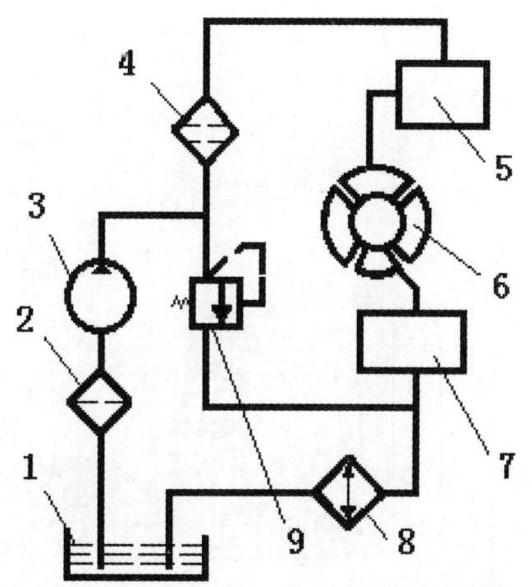

图9－29　966D型装载机变矩器的液压系统简图
1—油箱；2—滤网；3—油泵；4—滤清器；5—变速箱控制阀；6—变矩器；7—限压阀；8—冷却器；9—安全阀

9.3.2　单级四元件（双涡轮）液力变矩器

国产ZL50装载机的变矩器是属于此类变矩器，如图9－30所示。ZL50装载机的变矩器是双涡轮变矩器，两个涡轮分别与变速箱中的两个齿轮相连，从而扩大了变速范围。

柴油机的动力由弹性板5传给变矩器，弹性板5的外缘用螺钉与飞轮1相连，内缘用螺钉与旋转壳体3相连。与齿轮12连在一起的泵轮用螺钉与旋转壳体3相连，以上各件组成了变矩器的主动部分。主动部分的左端用轴承2支承在飞轮中心孔内，右端用两排轴承11支承在与壳体固定在一起的导轮轴13上。

第一涡轮6以花键套装在第一涡轮轴15上，轴15右端装有齿轮，通过该齿轮将从第一涡轮传来的动力输入变速箱，第一涡轮轴15左端以轴承4支承在旋转壳体3内，右端以轴承19支承在变速箱中，第二涡轮8也以花键套装在第二涡轮轴14上，轴14也与齿轮制成一体。第二涡轮轴14的左端用轴承7支承在第一涡轮轮毂中，右端用轴承17支承在导轮轴13内，第二涡轮的动力即由轴14上的齿轮输入变速箱内，以上就是变矩器的从动部分。

导轮9用花键套装在与壳体固定在一起的导轮轴13上。

从图9－30可见，变矩器通过第一涡轮轴与第二涡轮轴及其上的齿轮将动力输入变速箱，变速箱中与第一、第二涡轮轴15、14上的齿轮相啮合的两齿轮间装有单向离合器。

当变矩器传动比较低时，单向离合器处于楔紧状态，这时两个涡轮就像一个整体涡轮一样，其特性曲线如图9－26（b）“1”所示。

随外阻力的减小，第二涡轮的转速逐渐增高，使单向离合器分离，这时动力只通过第二涡轮传给变速箱，此时变矩器的特性曲线如图9－26（b）“2”所示。

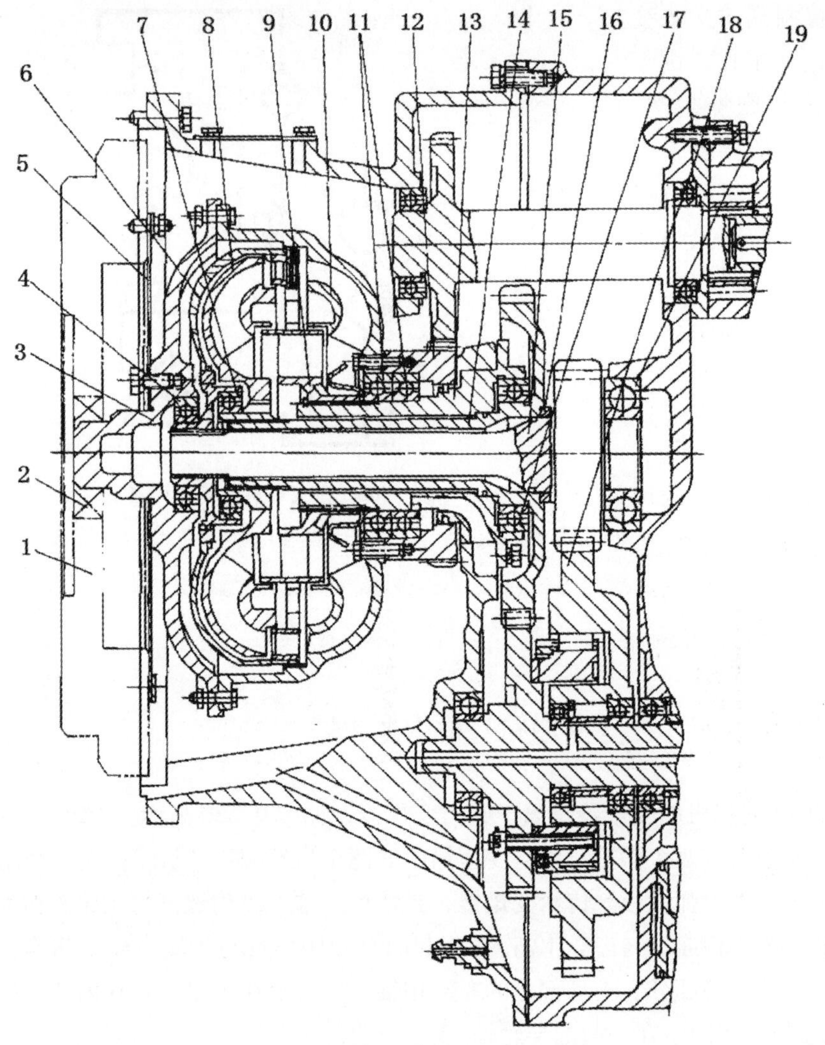

图 9－30　ZL50 型装载机变矩器

1—飞轮；2—轴承；3—旋转壳体；4—轴泵；5—弹性板；6—第一涡轮；7—轴承；8—第二涡轮；9—导轮；10—泵轮；11—轴承；12—齿轮；13—导轮轴；14—第二涡轮轴；15—第一涡轮轴；16—隔离环；17—轴承；18—单向离合器外环齿轮；19—轴承

由图 9－26（b）曲线可见，双涡轮变矩器在较大的传动比范围内，效率较高，即高效区较宽，这就是这种变矩器的主要优点。正是由于这一特点，就可以采用挡位较少的变速箱，以简化结构。例如，ZL50 装载机便是采用了仅有两个前进挡和一个倒挡的较简单的行星变速箱。

9.3.3　单级三相四元件（双导轮）液力变矩器

国产 CL7 自行式铲运机和 PY160A 型平地机变矩器是单级三相四元件，如图 9－31 所示。它在结构上具有两个特点：

一是它具有两个导轮，这两个导轮通过单向离合器与固定的壳体相连。根据不同的工况可实现两个导轮固定；或一个导轮固定，另一个导轮空转；或两个导轮都空转等三种工作状态，故称为三相。另一特点是带有自动锁紧离合器，可以将泵轮和涡轮刚性地连起来变成机械传动。

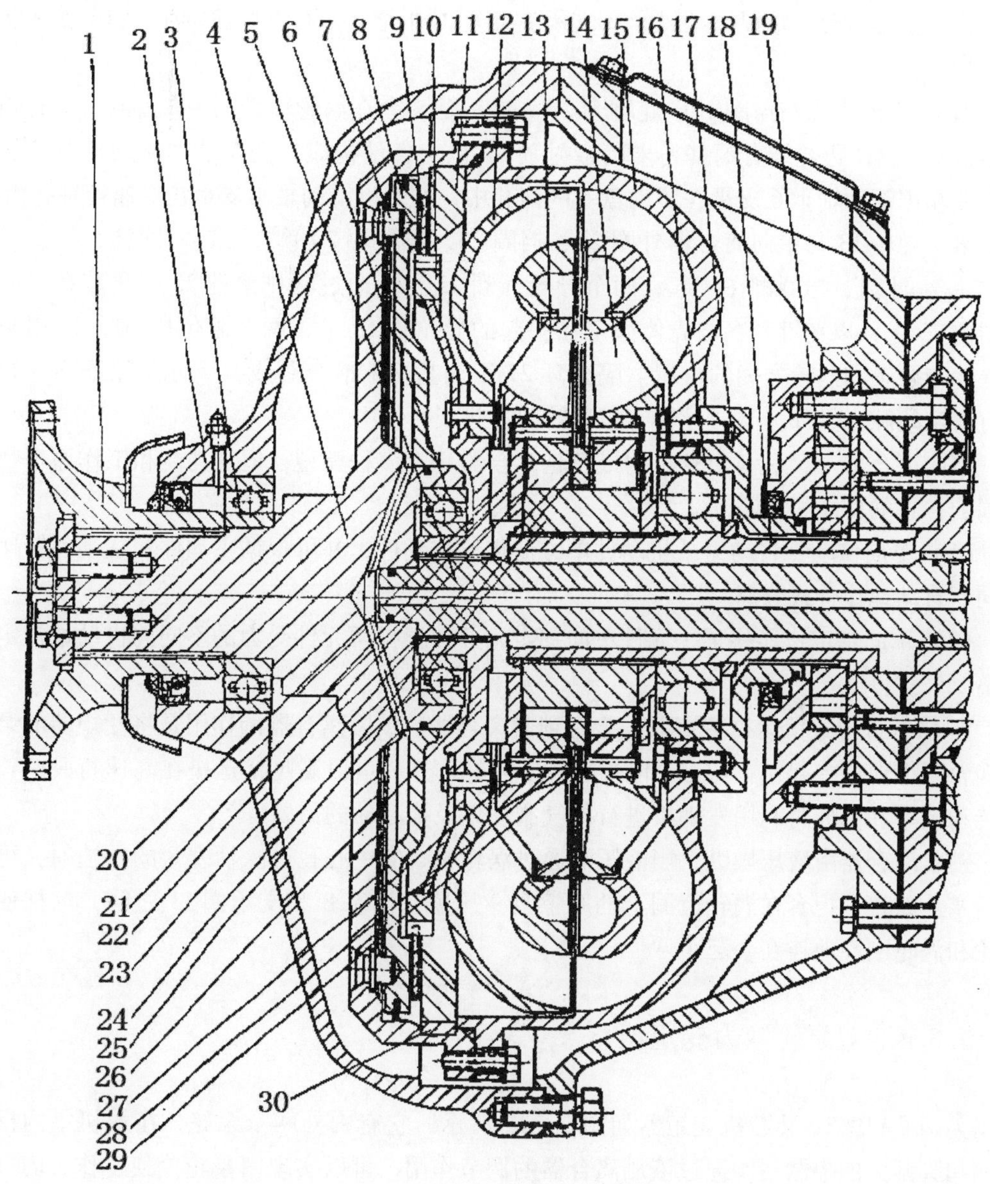

图 9－31　CL7 自行式铲运机变矩器

1—连接盘；2—变矩器外壳；3—滚动轴承；4—驱动盘；5—涡轮轴；6—滚动轴承；7—驱动销；8—活塞；9—锁紧摩擦盘；10—齿圈；11—支承圈；12—涡轮；13—第一导轮；14—第二导轮；15—泵轮；16—滚动轴承；17—驱动套；18—导轮轴；19—油泵主动齿轮；20—限位块；21—单向离合器外圈；22—滚柱；23—挡圈；24—单向离合器外圈；25—单向离合器内圈；26—花键套；27—隔离环；28—限位块；29—滚柱；30—键

柴油机的动力由连接盘1输入，连接盘1用花键套在驱动盘4的轴颈上，泵轮15外缘用螺钉与驱动盘4外缘相连接；泵轮内缘与油泵的驱动套17相连，支承圈11与驱动盘4用键30相连；在驱动盘4上有12个均布的驱动销7插入活塞8的相应孔中，使活塞既能随驱动盘、泵轮等一起转动，又能沿驱动销7做轴向移动，以上各件组成了变矩器的主动部分，主动部分左端以滚动轴承3支承在变矩器外壳上，右端以滚动轴承16支承在导轮轴18上。

涡轮12的内缘与齿圈10、花键套26铆在一起，套在涡轮轴5上，在齿圈上套有锁紧摩擦盘9（其两边烧结有铜基粉末冶金衬片），以上各件构成为变矩器的从动部分。从动部分左端用滚动轴承6支承在驱动盘4的内孔中，右端以滑动轴承支承在变速箱轴孔内。

第一导轮13与单向离合器外圈21、挡圈23、限位块20铆在一起，同样，第二导轮14与一外圈24、挡圈铆在一起；两个导轮外圈21、24通过两排滚柱22、29装在单向离合器内25上，以花键套在与壳体固定在一起的导轮轴18上，两个限位块20、28用来控制导轮与泵轴和涡轮之间的位置。隔离环27用铜基粉末冶金制成，一方向保证两导轮之间有一定间隙，另外，当两导轮有相对转动时起减磨作用。

单向离合器（又称自由轮机构或超越离合器）有多种类型，但其功能和工作原理都是相同的，它的功能如下：

（1）单向传动：将动力从主动件单方向传给从动件，并可根据主动件和从动件转速的不同而自动地接合或分离。

（2）单向锁定：能将某一元件单向锁定，并可根据两元件受力的不同而自动地锁定或分离。

在CL7自行式铲运机变矩器中装有锁紧离合器，锁紧离合器的作用是将变矩器的泵轮和涡轮刚性地连一起，就像一个刚性联轴节一样。这就可以满足铲运机在高速行驶时，提高传动效率和下坡时利用发动机进行排气制动以及拖起动的需要。

锁紧离合器由液压操纵，当液压油通过涡轮轴5的中心孔进入活塞8的左边时，可推动活塞8右移，把套在涡轮齿圈上的摩擦盘9压紧在活塞8和支承圈11之间，这样便将泵轮和涡轮刚性地连在一起了。

9.3.4 双泵轮液力变矩器

美国CAT988B装载机变矩器如图9－32所示，它有内外两个泵轮，在司机室内操纵手柄和脚开关的控制下，通过液压离合器的调节作用，可以实现内泵轮单独工作、内外泵轮同时工作或相对工作，由于变矩器有效直径和特性变化，因而使变矩器所吸收和输出的功率可以在相当大的范围内进行无级调节，从而达到使装载机的牵引力、铲掘力和柴油机功率三者之间，均能随工况变化而获得较理想的匹配。

该变矩器的构造如图9－32所示，两个泵轮是内泵轮6和外泵轮4，液压离合器由圆盘13、从动盘12和活塞11等组成，齿轮1和变矩器壳3制成一体，并与柴油机飞轮啮合，变矩器壳3和内泵轮6用螺栓与离合器壳5连接，圆盘13和活塞11通过销钉10与离合器壳 5 相连，变矩器壳 3、离合器壳 5、内泵轮 6 和发动机一起旋转，以上是变矩器的主动部分。

离合器壳 5 通过销钉 10 带动圆盘 13 和活塞 11 旋转；离合器从动盘 12 用螺钉与外泵轮 4 连接；涡轮 2 与输出轴 15 相连，输出轴 15 通过连接盘 9 将动力传至万向节。以上是变矩器的从动部分。

导轮 14 与支座 8 连接，支座 8 与变矩器盖连接，导轮 14 与支座 8 均不转动。

变矩器由液压控制装置控制，当系统在最大油压时，压力控制阀使离合器完全接合，内、外泵轮同时工作，变矩输出功率最大；当系统油压减小，离合器打滑，则变矩器输出功率减小；当系统在最小油压时，外泵轮与内泵轮脱离接合，变矩器输出功率为最小。

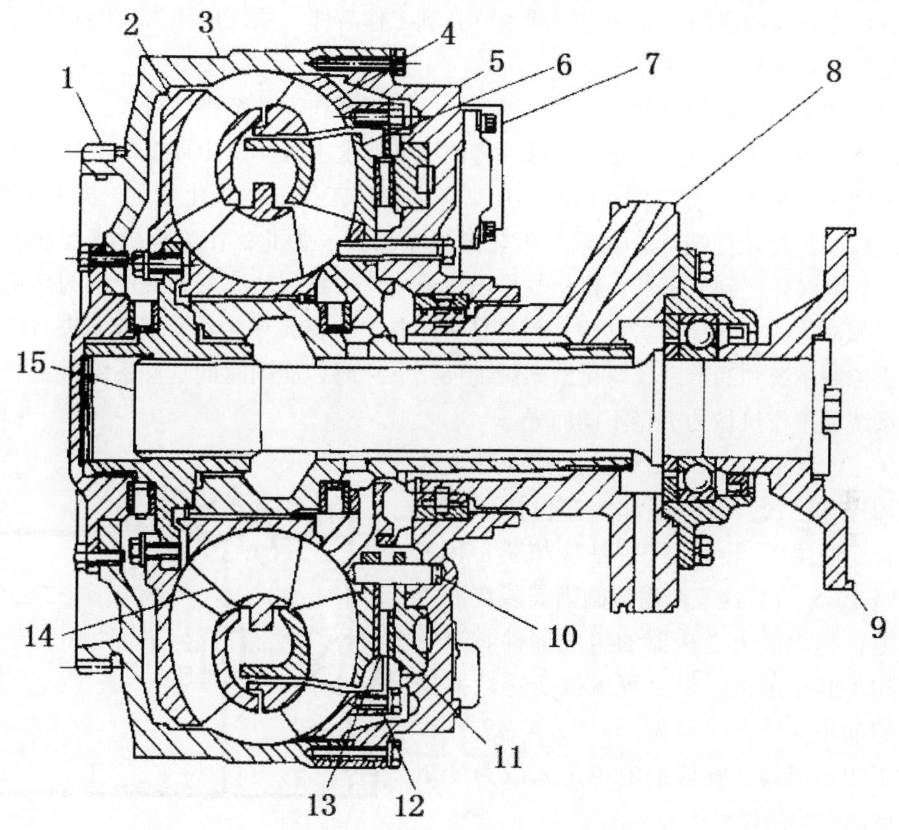

图 9－32　988B 装载机液力变矩器

1—齿轮；2—涡轮；3—变矩器壳；4—外泵轮；5—离合器壳；6—内泵轮；7—盖；8—支座；9—连接盘；10—销钉；11—活塞；12—从动盘；13—圆盘；14—导轮；15—输出轴

任务9.4　液力变矩器的补偿和冷却系统

任务目标：学习补偿和冷却系统在液力变矩器的作用。

学习内容：液力变矩器补偿和冷却系统的作用。

液力变矩器要能正常工作必须有补偿和冷却系统。它是保证变矩器正常工作不可缺少的组成部分。其作用有以下几个方面：

①补偿变矩器的泄漏，保证变矩器始终充满工作液体。系统的压力应调到一定值，以防止产生气蚀现象和变矩器性能下降。

②保证变矩器内液体温度正常，持续运转。变矩器在高效范围内持续工作时，至少有15% ~20%的传动功率损失转变成热量，将使油液温度上升。变矩器工作液体的正常工作温度为80 ℃ ~100 ℃。若工作液体温度过高，会加速工作液体氧化变质，丧失润滑能力，以及造成橡胶密封元件损坏，轴承和齿轮的过早磨损。为此，在工程机械上常采用齿轮泵，将冷却的液体送到变矩器，再从其排出口流出，带走因功率损失而产生的热量。这些热量在工作液体—空气冷却器（或工作液体—水热交换器）中传给空气或水进行冷却。

③当控制系统和润滑系统与供液系统的回路共用时，能同时向这些系统供液。变矩器的供液系统随工作机械的类型不同而异。

图9－33所示为YB－355－2型液力变矩器的补偿和冷却系统。其补偿和冷却包括下列一些部件：滤油器2、齿轮泵3、油冷却器8和三个溢流阀4、5、7，这三个溢流阀则安装在液力变矩器上，作为液力变矩器的组成部件。第一个溢流阀4的作用是限定工程机械变速箱换挡离合器的油压，压力一般为1.1 ~1.4 MPa。在油压低于规定值时，补偿油液不进入液力变矩器以保证离合器的操纵压力。

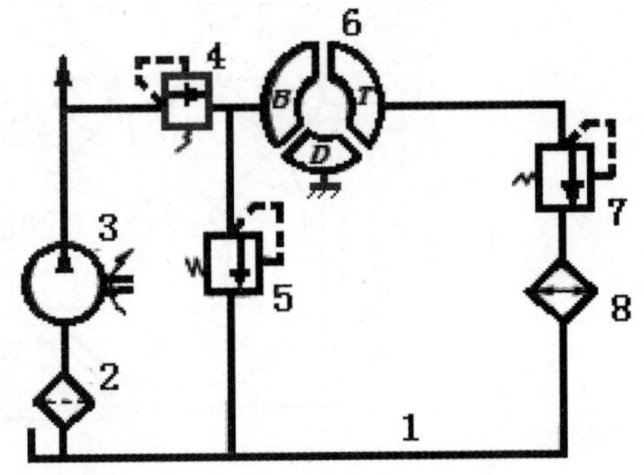

图9－33　液力变矩器的补偿和冷却系统
1—油箱；2—滤油器；3—液压泵；4、5、7—溢流阀；6 —变矩器；8—冷却器

第二个溢流阀5是控制工作液体进入泵轮时的压力，压力一般为0.35 ~0.4 MPa。它同时又起着控制供油流量的作用。

第三个溢流阀7是个背压阀的作用。它保证液力变矩器中的压力不得低于所规定的压力（0.25 ~0.28 MPa），以防止工作时液力变矩器因压力过低产生气蚀现象和工作液体全部流空。

任务9.5　液力变矩器的使用注意事项及应用

任务目标： 学习液力变矩器在工程机械中的应用。

学习内容： 液力变矩器使用注意事项及液力变矩器在工程机械中的应用。

正确使用液力变矩器是保证液力变矩器正常工作、发挥效能的前提条件。

一　液力变矩器使用注意事项

1. 日常检查

（1）油面检查。在任何情况下，变矩器的油量应符合规定的油面高度。防止因漏油而引起油面高度降低。如果液力变矩器和变速箱使用同一油箱，可只检查变速箱的油面高度。

（2）油温检查。通常驾驶室装有变矩器出口油温表。变矩器正常油温范围一般为 80 ℃ ~90 ℃，在重载工况（重载上坡），可允许油温到 110 ℃。若油温超过此值，可将变速器顺序降挡，直至油温低于此值。变矩器油温一般不允许超过 110 ℃，在正常行驶情况下，如果出现油温超过 110 ℃，应停车，将变速器换到空挡，使发动机在怠速范围内运转一段时，油温降至正常值后，再行车。若油温仍不下降，应停机仔细查找原因。

（3）进、出口油压检查。检查时发动机油门全开，变矩器分别处于起动工况和空载工况，分别检查进口和出口油压的最大值和最小值。如果油压不正常，应排除可能的故障。

2. 定期检查

（1）油质检查和换油周期。目前我国液力变矩器用油通常为 6 号和 8 号液力传动油。此两种油为专用油品加有染色剂，系红色或蓝色透明液体，绝不能与其他油品混用，同牌号不同厂家生产的也不易混兑使用；贮存使用中要严格防止污染，容器和加油工具必须清洁、严密，以免乳化变质。

检查油液时在手指上擦少许油液，用手指互相摩擦看是否有渣粒存在，并从油尺上嗅闻油液气味。如发现有沉淀、水分、油泥及异味，应当及时处理（最好每月抽样化验一次）。

根据使用条件，一般规定每工作 1000 小时换油一次。油中杂质增多或长期高温作业使油液变质，应及时换油。每次换油时必须清洗或更换滤油器。在恶劣工况下，应经常清洗或更换滤油器。如果在油液中出现金属颗粒，必须对油路系统的所有部件进行彻底清洗和检查。

（2）放油和充油。先在发动机停止运转的情况下放油。由于变矩器里可能有残余油液，可起动发动机在大约 1000 r/min 的转速下运转 20 ~ 30 秒将剩油排出。因此时润滑不良，变矩器的运转时间不应超过 30 秒。

加油时先在发动机停止运转时加入一定量的油液，然后起动发动机急速运转，使整个系统充油。在急速运转 2 分钟后，再加油到规定的油面高度。

(3) 保持油箱通气孔畅通。无论是装在油箱上或变速箱上的通气孔，都需要经常检查和清洗。如果通气孔堵塞油液将迅速氧化、变稠，形成油泥。每次换油时都应清洗通气孔。

(4) 检查综合式液力变矩器时先将加速踏板踩到底并制动变矩器输出轴，待变矩器出口油温升至最高时（100 ℃以上），松开变矩器输出轴使转速高于最大工作转速，并检查油温下降速度。一般在 15 秒之后油温应该开始下降。如果温度下降缓慢，表示导轮没松脱，继续处于固定状态，可能是单向离合器失效。如果油温迅速下降，则表示导轮及单向离合器工作正常。

(5) 检查变矩器起动工况。其目的是检查和判断在起动工况下发动机与液力变矩器的匹配是否符合设计要求。检查时先起动发动机预热并急速运转，将变矩器输出轴制动。然后提高发动机转速直到加速踏板踩到底为止。变矩器在此工况下的时间一般不应超过 30 秒，出口油温不应超过最高允许油温，观察此时发动机的转速和变矩器供油系统的进口油压与设计数据是否一致。

二　液力变矩器在工程机械中的应用

单一的液力变矩器很难完全满足工程机械的使用要求，因此需采用变矩器和其他机械传动机构（如变速箱）一起共同组成工程机械的传动系统。为使传动系统能够保证工程机械的必要速度、动力和经济性能，一般将液力变矩器或液力机械变矩器与机械变速箱组合起来，称之为液力机械传动系统。

在工程机械中，采用的液力机械传动方案有以下几种：

(1) 由液力变矩器和机械变速箱串联。此时，在变速箱的任何排挡下液力变矩器均串联进行工作。

(2) 由带闭锁装置的液力变矩器和机械变速箱组成液力机械传动。此时，在机械变速箱不同排挡下，液力变矩器可串联进行工作，也可以在闭锁情况下成为纯机械传动。这种方案可以得到两个传动范围，广泛应用在轮胎和履带工程机械上。

(3) 由液力变矩器、主变速箱和辅助变速箱组成的液力机械传动。这种传动，在高低挡传动范围的第一挡使液力变矩器串联进入工作，而其他挡时液力变矩器不工作，而成为纯机械传动。

思考与练习

一 填空题

1. 液力耦合器的传动效率等于__________。

2. 由于液力耦合器只起传递__________作用，而不能改变__________的大小。

3. 典型的液力变矩器是由__________、__________和__________三个液力部件组成。液力耦合器是由__________和__________两个液力部件组成。液力耦合器与液力变矩器最根本的区别是__________。

4. 液力变矩器中，__________接收发动机传来的机械能，并将其转换为液体的动能；__________将液体的动能转换为机械能而输出；__________是一个固定的导流部件。

5. 液力变矩器的循环圆指的是__________。

6. 液力变矩器的效率评价指标是__________、__________。对工程机械而言，高效区的工况是指__________。

7. 液力变矩器的基本性能评价指标是__________、__________、__________三项。

二 判断题

1. 液力耦合器正常工作时泵轮转速总是等于涡轮转速。(   )

2. 液力传动装置中，接受发动机传来的机械能并将其转换为液体的动能的部件称之为泵轮。(   )

3. 液力传动装置实现传动的必要条件是油液在泵轮和涡轮之间形成循环流动。(   )

4. 采用液力传动有助于吸收并减少来自发动机和机械传动系统的振动。(   )

5. 综合式液力变矩器在高速比区的效率很高，可以达到95%～97%。(   )

6. 液力变矩器的效率 η 等于其变矩系数 K 和传动比 i 的乘积，因此 η 与 i 成正比。(   )

三 简答题

1. 什么是液力传动？它与机械传动相比有哪些特点？

2. 液力耦合器的性能特点。

3. 简述液力变矩器的变矩原理。

4. 怎样理解液力变矩器的自适应性能？简单举例说明。

5. 液力变矩器的评价参数和评价指标。

6. 什么是综合液力变矩器？

7. 试简单分析如何提高三元件综合液力变矩器的性能。

附录　常用液压元件图形符号

摘自 GB/T786.1－1993

附表 1　基本符号、管路及连接

名称	图形符号	名称	图形符号
工作管路		管端连接于油箱底部	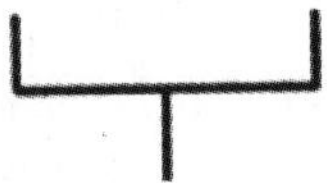
控制管路 泄油管路		密闭式油箱	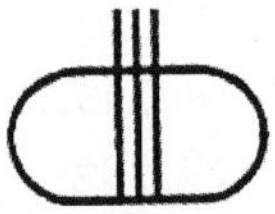
连接管路		直接排气	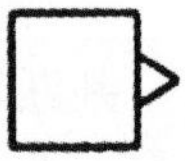
交叉管路	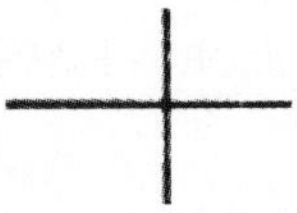	带连接措施的排气口	
柔性管路		带单向阀的快换接头	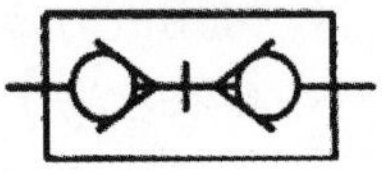
组合元件图		不带单向阀的快换接头	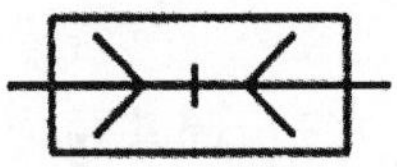
管口在液面以上的油箱		单通路旋转接头	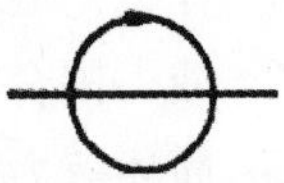
管口在液面以下的油箱		三通路旋转接头	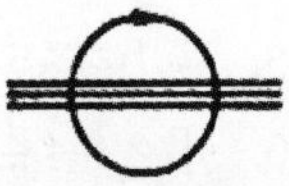

附表 2 控制机构和控制方法

名称	图形符号	名称	图形符号
按钮式人力控制	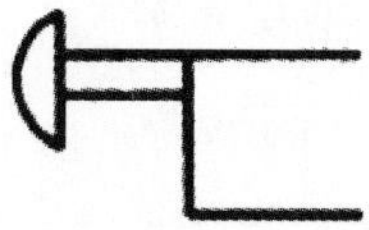	单作用电磁控制	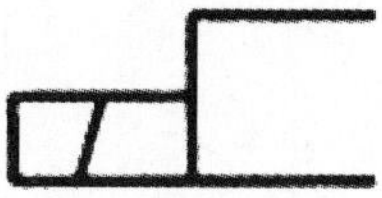
手柄式人力控制	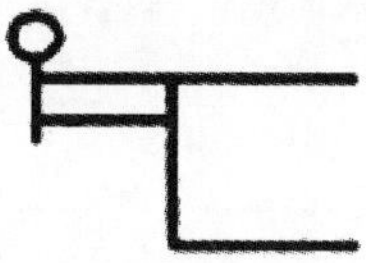	电磁—液压先导控制	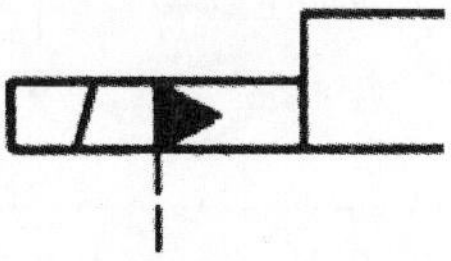
踏板式人力控制	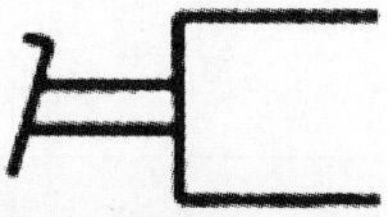	比例电磁控制	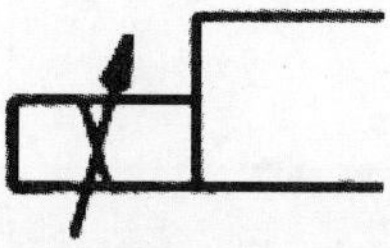
顶杆式机械控制	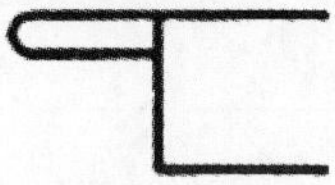	直控式液压控制	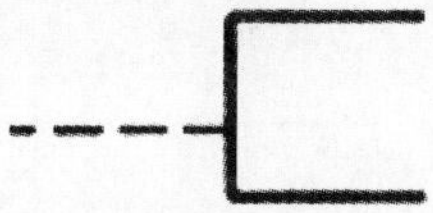
滚轮式机械控制	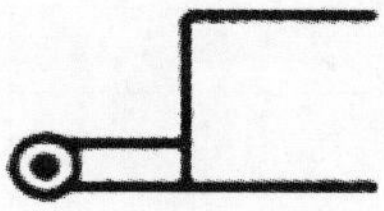	先导式液压控制	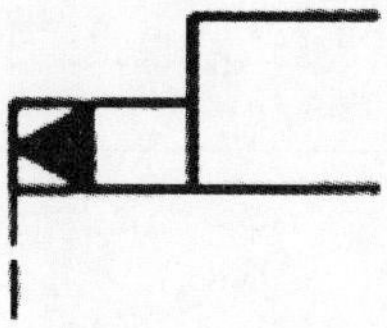
弹簧式机械控制		三位定位机构	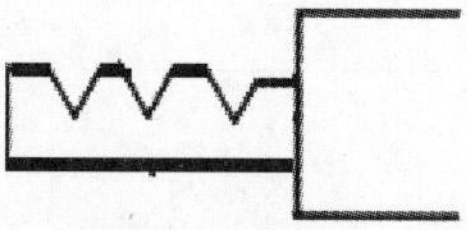

附表 3 液压泵、液压马达和液压缸

名称	图形符号	名称	图形符号
单向定量泵		单向定量马达	
双向定量泵		双向定量马达	
单向变量泵		单向变量马达	
双向变量泵		双向变量马达	
液压源		摆动马达	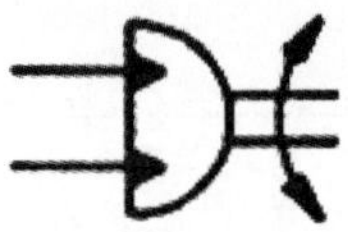
单作用弹簧复位缸	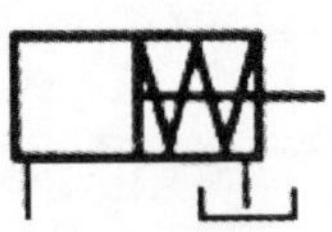	单作用伸缩缸	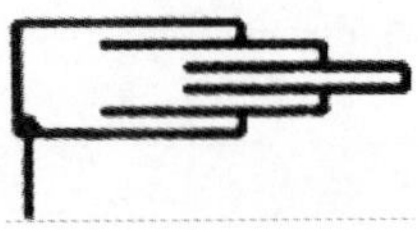
双作用单活塞杆缸	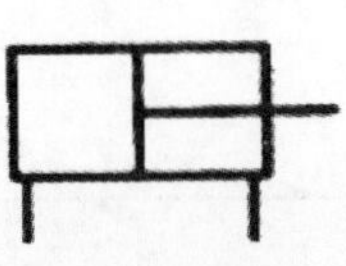	双作用可调单向缓冲缸	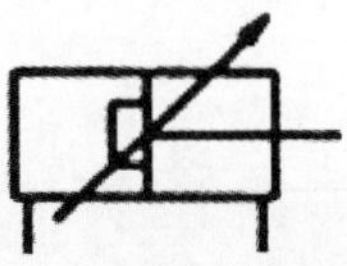

附表 4　控制元件

名称	图形符号	名称	图形符号
溢流阀	直动式溢流阀 先导式溢流阀	减压阀	直动式减压阀 先导式减压阀
直动式顺序阀		外控顺序阀	
先导式顺序阀		卸荷阀	
压力继电器		截止阀	
不可调节流阀		可调式节流阀	
平衡阀 （单向顺序阀）		单向节流阀	

续 表

名称	图形符号	名称	图形符号
调速阀	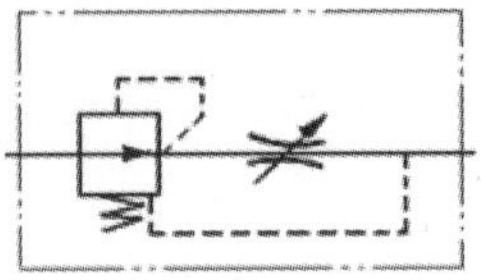 详细符号  简化符号	溢流节流阀 （旁通式调速阀）	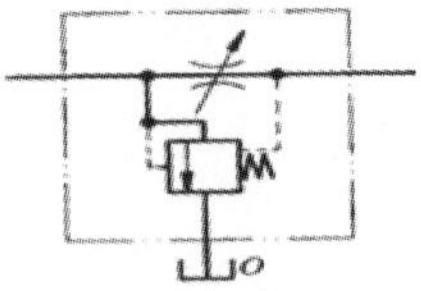 详细符号  简化符号
二位二通阀	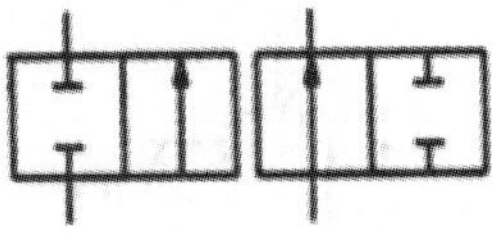	二位三通阀	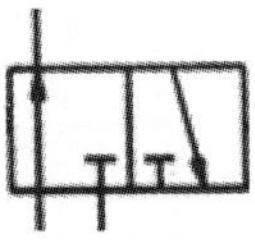
三位四通阀	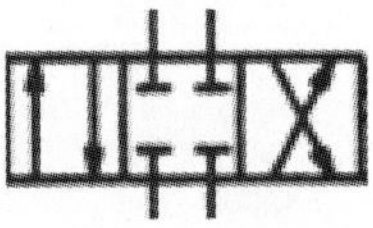	单向阀	
双向液压锁	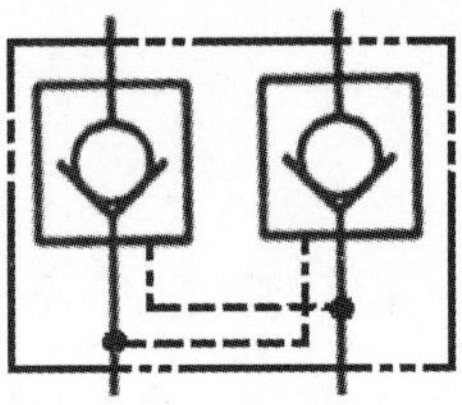	液控单向阀	

附表5　辅助元件

名称	图形符号	名称	图形符号
过滤器	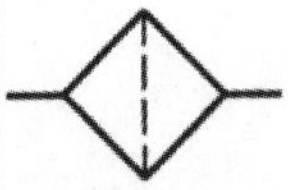 粗滤器 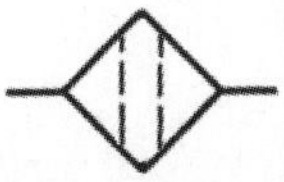　细滤器	蓄能器	 一般符号 　气体隔离式
压力计		冷却器	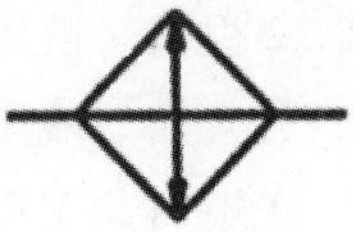
液位计		加热器	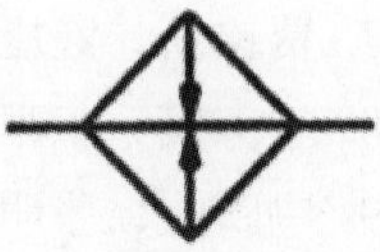
污染指示过滤器	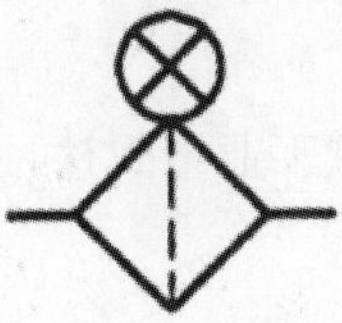	温度计	
油箱		原动机	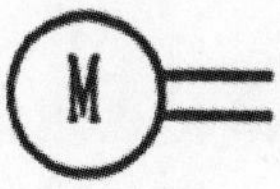 M

参考文献

1. 吉林工业大学等校．工程机械液压与液力传动（上、下册）［M］．北京：机械工业出版社，1979

2. 薛祖德．液压传动［M］．北京：中央广播电视大学出版社，1986

3. 聂崇嘉．液压传动与液力传动［M］．成都：西南交通大学出版社，1991

4. 唐银启．工程机械液压与液力技术［M］．北京：人民交通出版社，2001

5. 张春阳．工程机械液压与液力传动技术［M］．北京：人民交通出版社，2009

6. 张爱山，肖珑．液压与气压传动［M］．北京：清华大学出版社，2008

7. 贾铭新．液压传动与控制［M］．北京：国防工业出版社，2001

8. 李芳民．工程机械液压与液力传动［M］．北京：人民交通出版社，1999

9. 冯跃虹，张明军．工程机械液电一体化技术［M］．北京：机械工业出版社，2016

10. 刘新国．柳工挖掘机维修技术培训教材［Z］．内部资料，2011

11. 广西柳工机械股份有限公司销售分公司．柳工装载机培训教材［Z］．内部资料，2006

12. 雷天觉．液压工程手册［M］．北京：机械工业出版社，1990